集人文社科之思，刊专业学术之声

刊　　名：人权研究

主　　编：齐延平

执行主编：郑智航

(Vol.20) JOURNAL OF HUMAN RIGHTS

编辑委员会

主　　任：徐显明

委　　员：（以姓氏笔画为序）

　　　　　白桂梅　齐延平

　　　　　李步云　李　林

　　　　　张晓玲　徐显明

　　　　　常　健　韩大元

编辑部

主　　任：田　立

编　　辑：王明敏　王　统　马龙飞　冯俊伟

　　　　　何晓斌　张　华　崔靖梓

第二十卷

集刊序列号：PIJ-2018-269

中国集刊网：http://www.jikan.com.cn/

集刊投约稿平台：http://iedol.ssap.com.cn/

人权研究

JOURNAL OF
HUMAN RIGHTS
Volume 20

主　编／齐延平

执行主编／郑智航

第 二 十 卷

社会科学文献出版社
SOCIAL SCIENCES ACADEMIC PRESS (CHINA)

《人权研究》集刊序

"人权"，乃是人因其为人即应享有的权利，它无疑是人类文明史中一个最能唤起内心激情与理想的词。人权，在今天已不再是一种抽象的意识形态，而是已成为一门需要熟虑慎思的学问。在呼吁人权的激情稍稍冷却的时候，挑战我们的智慧与理性的时代已经来临。

近代以来国人对人权理想的追求，总难摆脱经济发展、民族复兴的夙愿，曾经的救亡图存激起的民族主义情绪，始终是我们面对"西方"人权观念时挥之不去的顾虑。在个人与社群、公民与国家、自由与秩序、普适价值与特殊国情之间，我们一直在做艰难的抉择。也正因此，为人权理想奔走呼号的人士固然可敬，那些秉持真诚的保留态度的人们也值得尊重。

人权不但张扬个人的自尊、自主、自强，也代表着一种不同于两千年中国法制传统的"现代"政治制度，它所依托的话语体系，既需要融合我们自己对理想社会的追求，也对我们既有的生活方式构成了严峻挑战。当意识到必须以一种近乎全新的政治法律制度迎接人权时代的来临之时，我们必须审慎思考自己脱胎换骨、破旧立新的方式。当经历"三千年未有之大变局"之后，一个古老的中国无疑遇到了新的问题。在这种格局下，人权的支持者和怀疑者都需要交代内心的理由：人权对中国意味着什么？对于渴望民族复兴的中国来说，人权对公共权力的规训是否意味着削弱我们行动的能力？对于一个缺乏个人主义传统的国家来说，人权对个人价值的强调是否意味着鼓励放纵？对于一个较少理性主义的国家来说，人权是否意味着将割裂我们为之眷恋的传统之根？对于这一源自"西方"的观念，我们又如何既尊重其普适价值又能不罔顾国情？诸如此类的问题，人权主义者必须做出回答，批评者亦必须做出回应。

人权既是美好的理想，又是政府行动的底线标准。

人权因其美好而成为我们为之奋斗的目标，毕竟，一个大国政道和治道的双重转换，确实需要时间来承载思想和制度上的蜕变。但是，对公共权力的民意约束、对表达自由的保护、对信仰自由的尊重、对基本生存底线的维持、对人的个性发展的保障，都昭示了政治文明走向以人权为核心的追求"时不我待"。我们必须承认，人权不是今人栽树、后人乘凉的美好愿景，而应当成为政府的底线政治伦理。政府的人权伦理不能等待渐进的实现，而是政府之为政府的要件。人权标准是一个"理想"，并不等于、也不应成为故步自封、拒绝制度转型的理由。

人权规范政府，但并不削弱权威。

近代民族国家的兴起和资本主义的扩张，将个人从传统的群体生活中抛出，个人直面国家，成为现代政治的基本特征。个人主义价值观的兴起，在文化意义上凸现了个性的价值，在制度设计上为保护个人提供了防护性装置。民主化消除了君主专制和寡头政治的专横，但又带来了"多数派暴政"的危险，而巨型资本渐趋显现的对个人权利的社会性侵害，也经由政府释放着它的威胁。因此，人权观念的主流精神，始终在于防范公共权力。

但是，政府固然没有能力为非，行善却也无能为力。缺乏公正而有力政府的社会，同样是滋生专制和暴政的温床。我们不会把尊重秩序与爱好专制混为一谈，也不会将笃信自由与蔑视法律视为一事。为公共权力设定人权标准，将强化而不是削弱权威，因为只有立基于民主选举、表达自由、尊重个性之上的公共权力才会获得正当性。与此同时，权威不等于暴力，它不是说一不二和独断专行。只有一个受到民意约束的政府，才能对维护公民的权利和自由保持高度的敏感。在一系列由于公共治理危机引发的严峻公共事件不断叩问我们良心的时候，我们相信，只有健全保障权利的政治安排，才能不致使政府因为无法获知民众的多元诉求而闭目塞听。我们需要牢记，一个基于民意和保障权利的政府才是有力量的。

人权张扬个性，但并不鼓励放纵。

人权旨在通过强化个人力量来对抗国家，它既张扬个性的价值，也坚信由制度所构造的个人创新精神乃是社会文明进步的根本动力。它让我们重新思考保障公共利益依赖于牺牲个人权益的传统途径的合法性和有效性是否仍然可行。在人权主义者看来，集体首先是个人的联合，公共利益也并非在各个场合都先于个人利益，它并不具有超越于个人之上的独立价值。为了所谓公益而把牺牲个人当作无可置疑的一般原则，将最终使公共利益无所依归。人权尊重个人自由，也倡导个体责任与自由结伴而行，它旨在改善个人努力的方向，排除在公共安排方面的投机，唤起普遍的慎重和勤奋，阻止社会的原子化和个人的骄奢放纵。自由与责任的结合，使每个人真正成为自我事务的"主权者"。当专断与暴政试图损害人的心灵的时候，人权思想具有阻止心灵堕落的功能。一个尊重个人价值的社会，才能滋养自立自强、尊重他人、关爱社群的精神氛围。一个尊重个人价值的社会，才能真正增进公共利益、获致国家的富强和民族的复兴。

人权尊重理性，但并不拒绝传统。

面临现代社会个人与国家的二元对立，我们期望通过培育权利和自由观念增强个人的力量。人权尊重理性，它将"摆脱一统的思想、习惯的束缚、家庭的清规、阶级的观点，甚至在一定程度上摆脱民族的偏见；只把传统视为一种习得的知识，把现存的事实视为创新和改进的有用学习材料"（托克维尔语）。理性主义尊重个体选择，但它并不是"弱者的武器"，甚至不能假"保护少数"之名行欺侮多数之实。"强者"和"多数"的权利同样属于人权的范畴。张扬理性乃是所有人的天赋权利，故人权理念不鼓励人群对立、均分财富和政治清算。我们主张人权与传统的融合，意味着我们要把界定"传统"含义的权利当作个人选择的领地留给公民自己、把增进公民德行的期望寄托于自由精神的熏陶而不是当权者的教化。我们相信，人权所张扬的理性价值，在审视和反思一切陈规陋习的同时，也能真诚地保留家庭、社群、民族的优良传统。

人权尊重普适价值，但并不排斥特殊国情。

人权的普适价值，系指不同的民族和文化类型在人权观念上的基本共识，它旨在唤醒超越国家疆界的同胞情谊，抛却民族主义的偏私见解。"普适价值"的称谓的确源于"西方"，但"西方"已不再是一个地理概念而是政治范畴。人权不是"西方"的专属之物，而是为全人类共享的价值。我们拒绝个别国家挥舞的人权大棒，仅仅是确信那些出于狭隘民族国家利益的人权诉求构成了对人类共同价值的威胁。二战以后，随着对威胁人类和平和尊严的反思日益深切和国际交往的日益紧密，人权概念从东方和西方两个角度得到阐释，它厘定了共同的底线标准，也容忍各国的特殊实践。没有哪个国家可以标榜自己为人权的标准版本。但是我们相信，承认人权的特殊性只是为了拓展各族人民推进人权保障的思想潜力，任何国家以其特殊性来否定人权价值都是缺乏远见的。特殊性的主张不能成为遮羞布，人权在消除不人道、不公正实践方面的规范意义，应被置于首要地位。正像宪治民主有其改造现实、修正传统的功能和追求一样，人权标准与现实之间的紧张关系必须通过优化制度安排、改造陈规陋习来解决。

当下纷繁复杂的人权理论，寄托着人们的期望，也挑战着人们的理智；既是我们研究的起点，也是我们审视的对象。人权是一门需要理性建构的学科。唯怀有追求自由的执着热情，又秉持慎思明辨的冷静见解，才能使之茁茁发展。《人权研究》集刊就是为之搭建的一个发展平台。

是为序。

徐显明

2008 年 12 月 10 日

目　录

目　录

CONTENTS

CONTENTS

权利发展

权利、利益与德性

——1990 年代权利观念发展之反思

黄　涛[*]

摘　要：在 1990 年代的市场经济大潮之下，中国法学界的权利观也在发生变化。不同于此前的权利观强调个体自主和法律下的自由，这个时期，权利开始同利益结合起来，利益成为界定权利的唯一尺度。这一以利益为核心的权利观的发展，导致了对权利主体的遗忘，也导致了权利的怀疑论的兴起，造成了 1990 年代权利理论深刻的内在危机。与此同时，这一权利理论的发展，也引发了权利理论研究者们的反思，相关理论研究者开始深入权利主体中，探究权利的来源，反思和批判权利等同于利益的观点，这一切都使 1990 年代的权利观念呈现比较丰富的内涵，也为新时期的权利理论的发展敞开了空间。

关键词：利益；权利救济；权利的怀疑论；德性

引　言

如果说，在 1990 年代初期之前有关权利的界定中，除了利益，还有个人的自由或选择，甚至还有某种情感的需求，比如说对隐私的要求的话①，那么进入 1990 年代中期，利益已经成为表达主体性的唯一要素，一切情感，乃至于亲情在法律体系中都要转化为利益的尺度进行衡量。这一

---

* 黄涛，华东政法大学政治学与公共管理学院副研究员，中共中央党校政法部博士后驻站研究人员。本文是作者所主持的国家社会科学基金青年项目"当代中国权利理论学术史研究"（16CFX002）的阶段性成果。

① 权利的本质由五个要素构成，分别为利益、主张、资格、权能和自由。主张此种权利观的代表参见夏勇《人权概念起源》，中国政法大学出版社，1992，第 44 页。

时期，权利的核心被视为利益的个别化和个别化利益的增长。这是在市场经济的发展状况下产生的一种权利观，是一种笼罩在市场意识形态之下的权利观。这一时期，在中国法学界中有一种主导性的看法，就是认为现代法治和权利同市场经济之间有内在的必然关系。[①]

权利既然是个体的利益、资格、主张，那么，一旦着眼点从这个个体自身转移，个体在现实生活中的具体的利益、资格、主张等就成为分析重点。换句话说，权利在此时就不再是特定个体的利益、资格、主张，而是特定的利益、资格、主张，对权利客体的兴趣因此超出了对权利主体的兴趣。由此迎来的是一个走向利益的权利时代，权利等同于利益，对利益的追求被确认为对权利的追求。在1990年代商品经济的发展过程中，这个拥有意志自由、拥有自己的选择权利的主体被遗忘了，消融在市场经济的大潮之中，变成了一个追求利益的经济人。权利主体在经济大潮中不断地积累财富，争取利益，与此同时，也导致了自身的危机，不仅引出了对权利的怀疑，也导致了法学研究者们对以利益为核心的权利观的深刻反思。

一 权利的利益化及其发展

有关经济人的图像在1990年代中期以来的法学作品中频繁出现。经济人很难说有自身的主体性，因为，在这里，人的主体性已经消融和淹没到对利益的追求之中。因此，在1990年代中期以来商品经济的大潮中，权利的利益化是一个不可避免的趋势。人们将在市场经济中提出的种种需要和利益、主张视为权利，忘却了权利主体自身对自主权和自我选择的其他面向的探索。或者说，这种自主权和选择权变成了千方百计地追求经济利益的具体方式，每个人都可以采用自己认为适当的方式自由追求经济上的利益，忽视了自主权和自主选择的其他内容。

[①] 参见1994年《法学研究》上先后发表的一系列讨论市场经济与法制关系的文章，例如文正邦《论现代市场经济是法治经济》，《法学研究》1994年第1期；顾培东《我国市场经济与法制建设几个问题的思考》，《法学研究》1994年第1期；郭宇昭《社会主义市场经济意识与法制建设》，《法学研究》1994年第3期。

尽管权利论在 1990 年代发生的这种重大变化到处都可以感受到，但在法学理论研究中，其最鲜明地体现在苏力的著作中。① 尽管苏力并非这种以利益为核心的权利观的"始作俑者"，但他的研究却可以视为以利益为核心的权利观的最精致的理论形态。他是 1990 年代中期反对法学研究中的大词的积极倡导者。这种对于大词的反对，使强调自主性和意志自由的主体性的权利观被无情地加以抛弃，主体的自主选择和意志自由不过是哲学家的语言游戏而已（这一点在他引入的波斯纳的著作中表现得十分鲜明）。权利不是别的，而是在个案中、在现实生活中提出的利益诉求和主张。在苏力笔下，秋菊的说法不加分析地被引入法学理论的分析中，他有关秋菊打官司的分析背后蕴含着一种以利益为核心的权利原则。相对于 1990 年代初强调的权利主体来说，秋菊的说法是具体的、特殊的，因此，不能用普适性的权利话语来限定它。苏力没有意识到，将秋菊的说法视为一种权利，一种有别于普适性的权利的权利（一种"地方性的"权利），不过是取消了权利主体的结果。将秋菊的说法视为权利，会导致权利的泛化②，从此，社会生活中的一切需要、一切诉求，都可以被视为权利，都需要国家制定法给予尊重。这样一种遗忘了主体的权利观，为利益取代权利提供了可能，远离了现代法治想要呵护的那个享有意志自由和选择自由的主体。只有在这类主体那里，才有可能建立一个权利论者想要追求的自由社会，形成良好的法律制度。

在苏力的笔下，秋菊不是一个具有自主性的主体，她受制于乡村共同体的种种规矩，因此，她要的说法不是现代法治提供的权利救济的法理。但值得追问的是，秋菊究竟是一个安于传统乡村共同体的农村女人，还是已经开始向现代的权利主体发生转换？苏力将权利等同于秋菊的诉求，无

---

① 苏力作为权利论的重要作者，长期以来并未受到重视。《法治及其本土资源》中《秋菊的困惑和山杠爷的悲剧》基于本土资源对西方式的权利进行了反思，《〈秋菊打官司〉的官司、邱氏鼠药案和言论自由》集中关注权利冲突问题，《读〈走向权利的时代〉》对夏勇等人的权利思考进行了批判式的回应。这些文章可以说相对集中地表达了苏力对权利问题的独特思考。苏力有关权利问题的最新的著作，参见苏力《公民权利论的迷思：历史中国的国人、公民与分配正义》，《环球法律评论》2017 年第 5 期。

② 这里所谓的权利泛化，是指将一切利益的诉求都视为权利诉求。但有关权利泛化的问题在这一时期并不为学者们所注意，而是要在 2000 年代才开始为学者们所注意。

视秋菊是不是 1990 年代初期的那个对于自主选择有强烈意愿的主体这个问题。这种看待权利的观念实际上偏离了 1990 年代初期的权利观念，这种分歧在他同夏勇的争论中表现得非常清楚。

1993 年前后夏勇主持了一项旨在反映 1990 年代初期中国人的权利意识的社会调研，其成果最终在 1995 年以《走向权利的时代——中国公民权利发展研究》为题出版①，这本书以翔实的材料反映了 1990 年代中国人权利意识的发展。苏力对于这一调研成果给予了尖锐的批评，由此引发了他和夏勇之间的一场争论。②

这场争论的焦点不在于夏勇领衔的调查研究是否合乎社会学规范，而在于他进行这一调查时的理论预设，夏勇及其合作者们预设了权利时代的来临，而苏力对此预设保持怀疑。苏力的一个根本性追问是，"是否自 1978 年以来，中国社会中的权利保护、权利意识和权利保护机制在一切方面都增强了"。苏力强调了他在对《秋菊打官司》的评论中展示的立场，他认为，1990 年代的权利保护机制不一定增强了，他提到了中国传统的"祖传秘方"、"宫廷秘方"以及"传媳妇不传女儿"的规矩等，认为这些也是权利的保护机制。然而，苏力并未追问，在他看重的这些规矩中，是否背后有一个能做出自我选择的、有自主性的主体。他对这样的主体不以为然，他早就将这个主体的预设视为西方话语的暴政，视为应该被排斥出去的大词。在讨论权利时，如果忽视权利主体作为一个有自由选择和自主性的主体的特征，就会取消权利的理想层面，一旦权利成为现实中的个体的诉求，苏力笔下的秋菊就同传统生活方式联系在一起，他剥离了秋菊生活的语境，也剥离了秋菊对现代事物的渴望，因而就无法感觉到"秋菊们"在成为现代主体过程中的努力，相反，他将秋菊描述成这种努力的对立面。

---

① 夏勇主编《走向权利的时代——中国公民权利发展研究》，中国政法大学出版社，2000。
② 尽管这场争论仅仅是以一篇批评文章和一篇反批评的文章的形式展示出来，但在本文作者看来，这场争论其实涉及了 1990 年代权利观念理解方面发生的重要问题。苏力的批评，参见苏力《读〈走向权利的时代〉》，载苏力《法治及其本土资源》，中国政法大学出版社，1996。夏勇的回应文章，参见夏勇《批评总该多一些——答谢、反思与商榷》，载夏勇《朝夕问道》，上海三联书店，2003。

本土化的权利观是权利观念本身发展的必然逻辑结果，而所谓权利的本土化恰好推动了权利与利益之间的等同。具体来说，权利等同于具体语境中当事人提出的要求，等同于他们的利益主张，等同于所有类似于秋菊式说法的东西。当然，如果用他的这种本土化的权利理论分析 1990 年代中期的中国人的权利主张，那么，这时候的人们关注的自然是利益。苏力在倡导本土化的权利观的同时也成为法律经济学在中国的最有影响的倡导者，因此并不令人惊奇，他以一种相较同时代的作者们更具理论性的方式为一种以利益为中心的权利观辩护，相比那些直接地主张权利即利益的研究者来说，这种理论无疑更精致也更隐蔽。

权利一旦与个体的利益和需要等同，必然走向实证化。权利不再是人的主体性的表达，不再是个人的意志自由的表达，而是等同于现实的利益。在苏力笔下，权利的标准被暗自替换。在这种权利观的背后，权利的主体性要素已经消失，一切个体的主张、需要都可以称为权利，权利被视为现实生活中的具体需要和主张，而对这些需要和主张的承担者也就是权利主体的关注反倒被取消了，实际上，人们不再关心权利主体的更为多元性的需要。

当苏力基于这种权利理解批评夏勇的走向权利时代的大型社会调查得出的结论的时候，他的确忽视了夏勇在这个调查背后预设的东西。根据夏勇的观点，我们的时代是一个走向权利的时代。权利意味着主体性，他在《走向权利的时代——中国公民权利发展研究》中不仅从需求层次，而且也从社会实力的层次对权利主体的发展水平进行了考察。① 在这里，权利主体的财富拥有程度、自组织程度、利益个别化程度、行为自主程度以及意识开化程度都会影响权利的实际享有状态。如果从人们行为自主程度和意识开化程度来看秋菊的话，的确可以说，秋菊再也不是传统乡民社会中的行为受到制约的女性，只要看一看秋菊进城之后的表现，便可以知道，这位对于现代事物充满了好奇心的乡村女性，至少不会自愿接受苏力强加

---

① 参见夏勇主编《走向权利的时代——中国公民权利发展研究》，中国政法大学出版社，2000，第 236～339 页。

给她的那套乡村秩序。尽管秋菊的说法可以被视为一种本土化的权利，但这个秋菊已经不再是传统乡村社会中的女性成员，这些都是苏力在对于秋菊打官司的考察中不曾注意到的。

不仅如此，不考虑权利的诉求背后的主体，简单地将个体的具体的、特定的需要等同于权利，必然会导致对权利概念的怀疑。实际上，沿着苏力所揭示出来的理解权利的道路前行，最终必然走向对权利的否定，走向一种更彻底的利益化的权利观。

二　权利的怀疑论

1990 年代中期以来的经济社会发展带来了一系列新的权利现象，对于社会权、发展权、福利权、环境权等新型权利的讨论也随之展开。2004年，十届全国人大二次会议通过了宪法修正案，财产权和人权以及福利权等进入了新的宪法修正案之中，这些被学界普遍地视为权利实践在进入 21世纪之后取得的瞩目成果。权利名目的增加和新型权利的出现，极大地挑战了传统的权利理论。

在这一时期，1990 年代中期盛行的以个体利益为中心的权利理论大行其道，如果说，本土化的权利观在《法治及其本土资源》中仅仅是昙花一现的话，那么，2000 年出版的《送法下乡》则更彻底地贯彻了本土化的权利理论，尽管这种理论始终是预设的，不喜欢探究法学理论中的大词的苏力始终没有公开地展示其本土化的权利观。① 相对于《法治及其本土

---

① 苏力在《送法下乡》（中国政法大学出版社，2000）中深化了对于乡民们的权利心理的进一步研究，尤其是第六章再度分析了秋菊打官司中的所谓纠纷的真实含义，尽管这里仍然没有呈现他对于权利的系统思考（也许这种思考在他看来本身是不必要的）。我们看到，他对纠纷的理解仍然是功能性的，他强调纠纷不是所有权，但忽视了为什么要围绕着耕牛的成本展开计算，他没有进一步思考，当纠纷集中在成本计算的问题上，并且通过这种计算就可以解决纠纷的时候，这里面蕴含的现代生活的要素。他甚至没有比较，在这个村子过去解决同类问题的办法是什么，有没有什么变化。这些就使他所谓的权利仅仅成为当事人的需要，而且并没有分析这种需要是不是 1990 年代的产物，苏力并没有将这些当事人的权利主张置于时代的背景中来考察，因而缺乏历史感。对《送法下乡》一书的类似意义上的评论，参见赵明、黄涛《地方性知识观的法哲学批判——以〈送法下乡〉为分析重点》，《中南林业科技大学学报》（社会科学版）2007 年第 2 期。

资源》,《送法下乡》更加凸显了基层司法过程中的权利并不是自由主体的权利。这是对《法治及其本土资源》思路的进一步延伸,秋菊的困惑最终走向了对基层司法、地方性知识的关切,由此而来的,是逐渐远离现代意义上的法治话语,现代意义上的一系列法律语言都变得内涵模糊,或者说具有了新的含义,而现代的权利话语也变得没有那么重要。

苏力的论述中隐藏起来的立场,在他的追随者桑本谦那里体现得更为明显,2008 年桑本谦发表了一篇题为《反思中国法学界的"权利话语"——从邱兴华案切入》的论文,这篇论文,在对权利本位说无力解决邱兴华案中的疑难问题之后,给出如下的看法,"一种权利是否能够得到保障,并不仅仅取决于法律是否规定、制度是否健全以及公民是否具有足够的权利意识,也不仅仅取决于法学家是否具有'为权利而呼唤'、'为权利而论证'、'为权利而斗争'的恒心和勇气,而更加取决于国家和社会是否具有支撑这种权利的充足资源"。在此基础上,桑本谦针对当代中国的权利话语展开了批评,"权利话语的使用者却很少考虑权利保障所需的资源和成本问题",在他看来,现有的权利主张者存在的问题在于,没有"对于权利保障所需要的资源和成本做出一个大概预算"。[1]

从权利保障的成本出发反对权利话语本身,是桑本谦这篇文章的基本逻辑,但只有我们将权利话语视为在根本上的利益分配,才能得出这样的结论。而将权利话语视为经济话语,是可以用来进行成本核算的,就只能是忽视权利主体的结果。当我们将目光紧盯当事人的利益诉求的时候,权利就不那么重要了,权利分析就会被经济学的成本计算取代。而在法律经济学的词汇中,权利成为一个空洞而虚幻的词,这一点集中体现在桑本谦上述文章中的一段激烈的批评性文字中,"'权利话语'的看家本领是修辞,而不是论证。它的主要技术就是展示情绪和激发共鸣,而不是提供数据和经验性事实"。

不同于苏力始终将眼光置于本土资源的研究,也不同于桑本谦对权利

---

[1]　桑本谦:《反思中国法学界的"权利话语"——从邱兴华案切入》,《山东社会科学》2008 年第 8 期。

话语的激进的怀疑姿态，有学者试图从历史出发，来重新审视自 19 世纪末期 20 世纪初期中国社会流行的权利观念。2003 年，赵明出版了《近代中国的自然权利观》一书，在这本书以及这本书出版前后发表的一系列论文中①，他重申了权利概念的有效性，权利不是单纯的利益获取，而是预设了一个走出人伦道德的世界之后的全新主体，这个主体具有革命性的力量，他视自己的欲望为正当，想要在此基础上建构一个全新的政治法律的世界。②《近代中国的自然权利观》揭示了权利的背后是一个新世界的承诺。《近代中国的自然权利观》落笔在五四运动之前，揭示了五四运动的真正动力，那些开始意识到自身权利的个体，开始了对新的世界的探索，这个新的世界最终在中华人民共和国那里获得了最终的实定法形式。因此，这一观念史的探索解释了真正的本土化的权利观的兴起，而苏力建立在费孝通基础上的对乡土中国的分析，显然无法完全反映现代中国自 19 世纪晚期以来发生的巨变，权利绝非只是一个空洞的词汇。

赵明对权利观念作为一种建构全新的政治法律生活原则的确信，恰好与桑本谦对这一原则的深刻的怀疑形成对比，其可以被视为 1990 年代夏勇和苏力有关权利理论的争论的继续。这一发生在 2000 年代的观点分歧，使我们不由得思考，权利理论在 1980 年代以来发生了怎样的转换，其如何从一个凸显主体性的概念，最终变成了一个仅具有修辞意义的空洞词汇。

在桑本谦的权利怀疑论出现之前，苏力有一篇非常有名、从表面上看并非谈论权利的论文，即他于 2004 年发表的《复仇与法律——以〈赵氏孤儿〉为例》一文。③ 这篇文章实际上涉及了权利理论中的重要论题，也

---

① 参见赵明《近代中国的自然权利观》，山东人民出版社，2003；赵明《近代中国的自然权利观："内在视角"的一种新解读》，载高鸿钧主编《清华法治论衡》第 2 辑，清华大学出版社，2002；赵明《近代中国对"权利"概念的接纳》，《现代法学》2002 年第 1 期；赵明《近代中国自然权利观的历史际遇》，《江西社会科学》2003 年第 2 期。

② 参见赵明《走出人伦道德的世界——近代中国权利文化生长的思想根源》，《湘潭大学社会科学学报》2002 年第 6 期；赵明《走出人伦道德的世界——近代中国权利文化生长的思想根源》，《湘潭大学社会科学学报》2003 年第 1 期。

③ 苏力：《复仇与法律——以〈赵氏孤儿〉为例》，《法学研究》2005 年第 1 期，此文后来被收入苏力在中国法学界比较有影响的另一部著作《法律与文学——以中国传统戏剧为材料》（生活·读书·新知三联书店，2006）中，并作为该书的正文部分的第一章，足见其在作者的同类题材的著作中的地位。

就是权利救济问题。所谓权利救济,是指"权利被侵害后对权利的恢复、修复、补偿或对侵权的矫正,它是一项实现权利的权利,争取权利的权利"。① 如果说,权利仅仅是主体性在法律中的显示,那么,权利救济事实上涉及的是主体性的自我维护。权利救济之所以必要,是因为权利自身必须有自我维护和自我实现的能力。从这个意义上讲,权利救济必然是属于权利理论的组成部分,这就是"没有救济就没有权利"背后表达的有关权利的深层次理解,或者按照黑格尔的话语来说,权利是一个自在自为的概念,它不仅仅是一种宣示,也有一种能实现自身的内在结构。实际上,当代中国的权利理论研究者一开始就意识到了这个问题,在1993年出版的《赢得神圣——权利及其救济通论》讨论权利救济问题的章节中,作者一上来就写道:"没有权利就不存在救济,合法权利是救济得以存续的依据;同样,'没有救济就没有权利'。一种无法诉诸法律保护的权利,实际上根本就不是什么法律权利。两面关系合成一个整体,构成了法治社会权利价值的基本要素。"②

在苏力笔下,复仇显然具有特定的制度意义,他讨论的不是一种野蛮的和不文明的人类行为,而是一种制度化的复仇,是文明和理性的产物。他通过对《赵氏孤儿》这部戏剧的历史社会学的分析,展示了复仇制度在中国的兴衰史。对权利研究者来说,这篇文章具有强大的冲击力。这种权利救济方式显然是被现代法治的研究者们拒斥的,在此前的法学理论中,报复因私人性而被认为是随意的、武断的。早在1990年代的权利理论中,就有针对私力救济的思考。1989年,顾培东的《社会冲突与诉讼机制》一书中谈到了私力救济,该书第二章一上来就说,"当私力救济作为一种普遍性社会现象从人类文明史中消失后,诉讼便成为遏制和解决社会冲突的主要手段。这一事实表征着一个极有意义的社会进步:人类不再依靠冲突主体自身的报复性冲突来矫正冲突的后果,尤其是不再用私人暴力杀戮

---

① 贺海仁:《自我救济的权利》,《法学研究》2005年第4期。
② 程燎原、王人博:《权利论》,广西师范大学出版社,2014,第362页。该书为《赢得神圣——权利及其救济通论》(山东人民出版社,1993)的第三版。

式的冲突来平息先前的冲突"。① 前述《赢得神圣——权利及其救济通论》也谈到了私力救济，"早期社会的私力救济，随着社会的发展渐已式微。在现代社会中，作为私力救济形式的血亲复仇和同态复仇早已不复存在"。② 两书都强调了诉讼作为一种主导性的权利救济机制，诉讼被视为私力救济向公力救济过渡的基本标志。诉讼的本质被认为是统治者的一种主观判断，这就是统治者认为，"任何冲突所危及的不仅仅是权益享有者个人，而且同时也危及统治秩序"。③ 很显然，私力救济会损害统治者所设定的统治秩序，在一个民主化的时代，私力救济无疑会破坏民主的立法机关也就是议会或者人民代表大会制定出来的法律。

然而，在《复仇与法律——以〈赵氏孤儿〉为例》中，苏力却为复仇这一典型的私力救济行为作了辩护，在他看来，报复不仅仅是一种生物学的反应，也有理智因素，或者说文化因素的参与。在《赵氏孤儿》这部戏剧中，在苏力看来，至少有三个因素导致了赵氏孤儿的极端报复行为。一是侵害者屠氏家族的复仇愿望和能力，考虑到屠岸贾家族可能对赵氏家族进行复仇，因此赵氏孤儿为了自身和家人的安全，必须将屠氏家族满门杀绝。二是惩罚必须有力度才能足以产生威胁能力，如果赵氏孤儿的报复不够严重，仅仅惩罚屠岸贾一个人，这种复仇就没有警示能力。三是制度性的，这种复仇的做法是当时社会公认的公道做法，因此有正当性，甚至有强制性，也就是说，赵氏孤儿必须进行满门杀绝的复仇。

尽管看起来这三个要素的确是文化性的，但在苏力笔下，他对于复仇这种救济的方式的分析却充满了理性时代的风格。实际上，支撑他的分析的是现代经济学中的博弈理论，他在第五部分"制度化的复仇：一种精制的文化"中谈到了这种博弈论，"无论是社会历史的现实，还是现代的博弈论研究都表明，如果要确保对方的合作，不搞机会主义，不心存逃脱惩罚的幻想，在多次博弈的前提下，博弈者唯一最有效的战术就是针锋相对，对于任何不合作都予以坚决的惩罚，但不加大惩罚"。基于经济学的

---

① 顾培东：《社会冲突与诉讼机制》，法律出版社，2016，第18页。
② 程燎原、王人博：《权利论》，广西师范大学出版社，2014，第377页。
③ 顾培东：《社会冲突与诉讼机制》，法律出版社，2016，第43页。

博弈论的分析，复仇甚至变成了制度生活产生的原因。

在苏力的分析中，复仇创造了一种共同体的生活方式，在这种建立在复仇基础上的共同体中，一切制度都要被视为复仇的辅助性制度。不仅如此，尽管苏力强调复仇不是一种纯粹的生物学的现象，但他不否认复仇是一种无法被排除掉的生物学现象，如此一来，即便复仇制度可能会衰落，但复仇永远不会消失，私力救济也会永远存在下去。[①] 那么，这种永不消失的复仇对权利理论来说究竟意味着什么呢？不管如何强调复仇的社会文化因素，复仇的起点是一种生物学的反应，这可以被说成是一种正义的心理冲动，一种带着正义感的怨恨，它可以促使权利主体关注自身的权利受到侵害的现象，但这种正义或者带着正义感的怨恨，没有超出个体的心理感受，因此，这种建立在复仇基础上的制度，其根基是个体性的。尽管苏力强调复仇的理性的或文明的因素，但离开了这一复仇制度背后的个体性预设，他得出的那些结论就显得荒谬。比如说，在一个不是以个体价值或者个体的报复本能为前提的社会秩序中，就无法解释报复为何会成为整个社会秩序存在的基础。

私力救济理论之所以在 2005 年前后出现，与 1990 年代以来逐步发展起来的个体化的权利观有内在的关联，这个 1990 年代的个体，在经历过商品社会的洗礼之后，成为一个对自身利益有排他性关注的个体，在这个个体的内心世界，对于利益的个别化和对于个别化利益的增长的关注变成了个体幸福的标准，这个个体甚至愿意以自身的性命为这样的利益去拼搏一场。这是 1990 年代以来的个体观在权利话语中的反映。我们在同一时期的法学研究者徐昕那里可以更清晰地看到这一点。[②]

苏力以中国古典时代的复仇案例为原型，展示的是农耕社会的制度生活图景，与之不同，徐昕的《论私力救济》一书从民间收债的故事出发，

---

① 在苏力这篇文章的分析中，还有许多值得进一步商榷的地方。比如说，将战国时代的门客制度也解释为为了复仇而存在，这是一种对"士"文化的简单并且粗暴的理解，而完全无视余英时在《士与中国文化》（上海人民出版社，2003）中对于先秦门客做出的观察和解释。实际上，即便是在儒士之外的如商鞅、李斯、吴起、韩非等这群"士"（门客），也并不完全是依附于当时的君子的。

② 参见徐昕《论私力救济》，广西师范大学出版社，2016。

这是发生在当代商业社会中的一个案例，具体来说，徐昕探究的是 1990
年代以来在华南经济比较发达的一个地区的民间收债现象。① 这个发生在
中国改革开放以来经济最活跃地区的民间收债个案，恰恰是 1990 年代以
来当代中国权利现象中的一个看起来比较另类，但其实十分普遍的权利现
象的缩影。

自 1990 年代以来，随着商品经济的进一步发展，尤其是 1997 年以来
经济社会的发展，现实中的权利制度出现了诸多问题。首先是新的权利诉
求层出不穷，以至于到 2004 年，宪法修正案不得不在根本法的层面将几
项基本权利诉求法定化。与此同时，权利的救济层面，面临着司法制度无
法满足和适应飞速增长的权利诉求的问题。不仅如此，随着经济社会的发
展，侵权和权利纠纷也越来越频繁地发生。考虑到诉讼成本，以及在经济
社会的发展过程中司法腐败和不公正现象的出现，权利主体开始诉诸公权
力之外的力量寻求权利救济。这是 2000 年代初期私力救济被关注的根本
原因。从这个角度看，徐昕从民间收债个案出发的私利救济的研究并非偶
然，民间收债案例的实质就是在市场社会条件下，权利主体试图采取司法
途径之外的方式实现权利救济。

2000 年代初期的权利救济呈现多元化的特点。因此，苏力的《复仇
与法律——以〈赵氏孤儿〉为例》也好，徐昕的私力救济理论也好，不
过是多元化的救济方式在法理学中的反映。在那个时期，法学理论研究者
已经开始讨论一种被称为非诉讼解决机制的权利救济原理，在其中最有影
响的是有关 ADR 的研究。② 徐昕在民事诉讼法学的研究中敏锐地感觉到了
这种新的权利救济方式对传统民事诉讼提出的挑战，毫无疑问，私力救济

---

① 这个地区在徐昕笔下根据社会调查规范做了处理，但根据书中的陈述，这个地区地处珠
江三角洲，是一个地级市，面积 2465 平方公里，是改革开放 20 多年来中国经济发展最
迅猛的地区之一。2003 年度其城市成长竞争力排名全国第九。参见徐昕《论私力救济》，
广西师范大学出版社，2016，第 69 ~ 70 页。仅从面积数据出发，读者就可以查阅到这个
在书中化名为东门市的地区即东莞市。

② 具有代表性的学者是范愉，其代表作参见范愉《非诉讼纠纷解决机制研究》，中国人民
大学出版社，2000。有关 ADR 的研究作品，参见范愉主编《ADR 原理与实务》，厦门大
学出版社，2002；范愉《非诉讼程序（ADR）教程》（21 世纪法学系列教材），中国人
民大学出版社，2002；范愉主编《多元化纠纷解决机制》，厦门大学出版社，2005。

是非诉讼的权利救济机制中最另类的一种权利救济机制，甚至可以说，这种权利救济的方式还称不上一种制度，在这种权利救济方式中，权利救济的主体等同于权利的主体，即便有时不完全等同，例如在民间收债案例中，权利主体诉诸第三方收债人实现自己的权利，但没有个体的授权，或者支付相应的成本，第三方不会主动介入权利主体的救济。因此，私力救济的显著特征，在于权利主体自身为权利而斗争的意愿。对此，徐昕本人有着清醒的意识，在对私力救济的概念进行界定的那一章，他区分了私力救济和私了，指出私力救济强调的是"当事人单方为权利而斗争的维权行动"。①

尽管徐昕强调私力救济不一定是指权利主体自身的救济，还包括个体借助于其他人或公共力量实现的救济，但如果没有权利主体为自身权利而斗争的强烈愿望和支付相应的成本，他人显然不可能主动帮助他实现权利救济。在徐昕选择用来说明私人救济的合理性的个案中，那位民间收债人帮助实现债权的动机尽管一开始是出于朋友义气，但很快发展为一种商业需要。因此，他显然是出于帮助他人实现权利救济从而得利的动机实施救济行为。

从表面上看，商业社会的私力救济和充满杀戮危险的报复社会中的私力救济并不相同。在商业社会，债权人不诉诸法庭，而是借助于商业性的收债人，是因为他可以以相对较小的成本实现收益，而如果诉诸法院的话，成本可能更高，因此，对商业社会的个案进行收益和成本的分析就可以对私力救济的动机做出解释，类似地，在一个充满杀戮危险的报复社会，只有强化自己的力量才能在报复活动中取胜，因此，培养自己的门客与士人无疑就是在家族化的力量之外，增强了实施和抵御报复的力量。由此看来，苏力和徐昕有关私力救济的分析之间有一种内在的同一性。他们分析的前提都是一个想要实现自身权利的权利主体，他只能依靠自身，尽管他也可以依赖其他人，但对这个权利主体而言，他人并非权利的主体，而是帮助他实现权利的他者，对他来说，这是一个工具化的他者，他为了

---

① 徐昕：《论私力救济》，广西师范大学出版社，2016，第 90 页。

获得这个作为权利救济工具的他者，需要提供一定的交易成本。因此，在苏力和徐昕有关私力救济分析的背后，仍然是 1990 年代后期以来权利观念发展的基本线索。这就是一个不断想要追求和实现自身利益的个体，这个个体的权利诉求已经远远超出了公共权力能够提供救济的程度，也因此，它越来越不信任公共权力，他也越来越发现自身的孤独。这正是 2000 年代早期以来一场全国性的司法危机背后的深层次的原因。也正是这场危机，引出了 2000 年代规模最宏大，也最有争议的一场司法改革。

在这种个体化的权利基础上产生的私力救济观念自身是成问题的。权利救济本身当然是一种权利，但不能简单地将它视为一种自我救济的权利，也就是说，不能简单地将其视为权利人或权利主体针对权利的自我判断和自我实现的资格和能力。对于权利理论来说，重要的是将权利的救济视为权利自身的一个要素，视为权利自身自我实现的内在动力。权利如何实现自身，是凭靠作为个体的权利主体实现，还是凭靠权利主体之外的他者来帮助权利主体实现，是值得思考的问题。在苏力和徐昕等人的讨论中，权利主要凭靠权利主体自身的复仇和自身实现权利的冲动实现，没有这种冲动，权利的救济是不可能的。在他们的论述背后，权利是否能获得救济的重点在于权利主体，或者说取决于个体自身实现权利的意愿和冲动，取决于个体是否愿意为权利而斗争。尽管苏力强调在赵氏孤儿生活的时代，有一种必须使家仇得到报复的文化，但他从未明确地指出这种文化究竟是什么，从何而来，如何维系和发展，而是从报复的效果层面进行相关分析。尽管他们强调可以通过私力救济形成一种秩序，一种无需法律的秩序，但相关的分析没有告诉我们，这种秩序究竟该如何形成，在他们的分析中，权利主体的成本收益的计算成为决定采取何种行为的主要原因。换言之，在他们的分析中，无论是消极的私了，还是积极的为权利而斗争，公共的法律制度都不过是手段，而并非目的。这样的私力救济究竟在何种意义上可以形成一个法治社会令人怀疑。只有在一个以交易为核心的经济社会，只有在那种总体上以合作作为社会活动的中心的商品社会，这样的私力救济才可能，换言之，只有在商品社会中，他们有关私力救济能够形成一种秩序的观念才能成立。但这个社会，奉行一种以个体利益为中心的权利观。

2004 年，贺海仁发表了《自我救济的权利》①　一文，本文直接针对在苏力和徐昕那里得到辩护的私力救济理论，从而极大地拓展了权利救济理论的思考空间，也在一定程度上引出了对权利理论的反思。在贺海仁看来，不能简单地将私力救济和公力救济对立起来，因为这一对立忽视了两者之间的历史关联，公力救济正是从私力救济发展而来的，是对私力救济的一种替代，而不是简单地抛弃私力救济。值得注意的是，苏力和徐昕等人坚持的正是这种对立，并在这种对立中凸显私力救济的价值，在他们那里，私力救济之所以正当，是因为公力救济无法充分取代私力救济，公力救济不仅不充分，而且成本更高，也就是说，他们质疑公力救济替代私力救济的充分性，甚至是可能性。在他们看来，即便在一个公力救济的时代，私力救济仍然有继续存在的空间，甚至将永远地存在下去。

贺海仁的分析在根本上延续了 1990 年代初期的中国学者有关权利救济的思考，这就是认为，公力救济取代私力救济，是因为在私力救济中（1）个体担任自己的法官，（2）这种救济是根据争诉双方的个性、身份、外貌或者其他个人性的特点来进行的，（3）由此得出的是实质正义，或者说，是权利人自以为的正义。在贺海仁看来，私利救济必须预设一种在事实上受到侵犯的权利或者人权，否则伴随着复仇而来的生物学意义上的弱肉强食的法则就会在共同体中上演。这就意味着，追求个体权利的主体，必须意识到自己也可能会侵犯他人的权利，而考虑到他人的权利在很大程度上是通过法律确认的，他就必须遵守法律。除非既定的法律是恶法，否则他对公力救济之外的私力救济的行动就只能以审慎的方式进行。很显然，这并非苏力笔下报复者的想法，也不是徐昕笔下的那个委托他人收债的债权人的想法。

及至今日，法学研究者们并未意识到，2000 年代初期私力救济学说

---

① 贺海仁：《自我救济的权利》，《法学研究》2005 年第 4 期。这篇文章中的主要思想，也就是主张人权的主体性原则反对原子式的个人主义思潮，反对各种形式的私力救济行动（如私刑、复仇等），提倡具有商谈精神的自力救济（如调解、和谈等）的思想，后来在一系列文章中得到进一步发展，参见贺海仁《小康的社会的权利理论》，社会科学文献出版社，2016。

的流行，很大程度上导致了 1990 年代权利观的消解。在这里，没有什么主体的自由选择和尊重，相反，私力救济的主体都是一些孤独的个体，这是 1990 年代个体化的权利观的极端化体现。在这里，权利的实现不是通过诉诸公共权利得到解决，而是凭借个体自身或者个体委托的他者来实现。在苏力和徐昕的笔下，这些个体是隐忍的，有一定的支持力量和财富，如此，赵氏孤儿才能潜伏 20 余年，而在民间收债人的背后，是一个能够支付相关费用的市场主体。可以想见的是，在以利益为中心的经济社会中，这种私力救济主要体现为一种利益的交易与计算，体现为权利主体如何采取成本更低的方式实现权利，只要在公共权力之外有实现权利救济的可能性，根据成本计算，权利主体就会转而诉诸这种可能性，这就是私力救济的本质。

然而，私力救济有一种更极端的表达方式，那就是当没有任何实现救济的可能的时候，个体将不惜以生命实现自身利益，这种私利救济的方式注定是悲壮的，这些不惜以生命获取自身利益的主体，缺乏一定的人力或财力支持，否则他们不会首先选择这样的手段。他们之所以采取自焚和自残等等极端手段，不是为了杀身成仁，而是为了拿生命来做交易。这样做显然有风险，并且不为现代法治承认，这种不惜以牺牲生命为代价，以期引起社会公众尤其是执政党和行政机关对其权利受到损害的状态加以重视，寻求权利救济的方式，可以说是私力救济的极端化表达。因此，无论私力救济有何积极意义，必须反思的是，这种个体主义的权利观念将会导致权利主体对共同体生活的更极端的不信任。在主张私力救济的学者们看来，在共同体的生活中加以宣告的权利，不过是修辞，甚至是遮羞布，更有效的恰恰是权利主体在私力救济过程中付出和获得的利益，成本计算因此压倒了权利宣告背后蕴含的共同体生活的价值和原则，一切都不过是交易而已。在经济社会的飞速发展面前，利益的交易与换算掏空了共同体的伦理价值，必然会带来人们对于共同体生活的深刻思索。

三　良知、德性与权利

早在 1980 年代末期，学者们就意识到利益是权利的一个部分，例如，在郑成良的《权利本位说》中，权利本位的要义之一是对多元化利益的确认。但利益在这个时期绝非界定权利的唯一要素，在 1980 年代末期乃至 1990 年代初期，权利并未等同于利益，或者对权利的界定并非以利益为核心。权利论仍然包含着价值方面的诉求，包含着对个体自主性和意志自由的承认。1994 年，张恒山发表了《关于义务与权利的随想》（上、下）。① 在这篇文章中，对于权利的看法和对于义务的看法更为明确，权利是由利益和正当两个基本要素构成的。并且，张恒山认为，界定权利的关键不是利益，而是正当。

在张恒山看来，"权利所确认、保护的是'追求'和'维护'之行为，而不是利益本身。在'维护'这种情况下，权利对利益的直接肯定与保护，只是肯定与保护主体的'维护'行为的手段"。"利益与权利没有必然相关性。利益只能是主体的目的指向，主体为追求或维护利益而采取的行为本身才是利益。"很显然，单纯的"我要"，或者"主张"（claim）无法成为权利，不仅如此，正当也不仅是来源于作为个体的那个权利主体，不是来源于个体自由选择和意志自由的自然正当，而是来源于社会成员的正当性的认可。正是在此基础上，他针对法律权利给出了如下定义，"法律权利是法律主体为追求或者维护某种利益而进行行为选择、并因社会承认为正当而受国家承认并保护的行为自由"。②权利当然是一种自由，但这种自由是建立在社会承认的基础上的，是经过一种社会评价而获得了正当性的自由。在权利的界定标准中引入了社会承认或社会评价的内容，是 20 世纪 90 年代权利理论中的一个值得注意的变化，这就明确地超出了将利益视为权利的内涵。

将社会评价和社会承认纳入权利内涵之中，使个体化的权利理论发生了转化。这就意味着，要想理解权利，必须首先理解权利背后预设的被社会承认和评价为正当的东西。那么，社会评价和社会承认的内容究竟是什么呢？在张恒山看来，社会评价和社会承认首先确立的是义务性的规范，

① 参见张恒山《关于义务与权利的随想》（上、下），《法学论坛》1994 年第 8 期、第 9 期。值得注意的是，张恒山这一时期以"北岳"为笔名发表了一系列文章。
② 张恒山：《法律权利的定义》，《法学研究》1995 年第 3 期。署名"北岳"。

在一个社会中，人们首先确立应当做的行为，哪些行为是应当做的，哪些是不应当做的。社会是在这些当为性的规范基础上建立起来的，而权利规范仅仅是表达正当的东西，是社会成员们认为可以许可的东西。只有在义务性规范的基础上，才能确立权利性的规范，因此，对于社会评价和社会承认的考察，使张恒山意识到，义务性的规范在逻辑上优先于权利性的规范，这是张恒山在同权利本位论者的争论中所逐步建立起来的立场，他从早期仅仅从法律规范的可操作性的角度来同权利本位论者进行争论的立场，走向了对于社会规范的生成机理的观察，确立了他的义务先定论的立场，出版了《义务先定论》一书。[①]

《义务先定论》一书最值得注意的地方，是对社会评价和社会承认生成机理的分析。究竟社会成员们是根据什么来确立义务性的和权利性规范的？在《义务先定论》中，我们看到，这里并非单纯通过人的自利性、通过人的理性，也同时通过人的道德心（良知）来为社会性的评价寻找支点，换言之，义务性的规范也好，权利性的规范也罢，都是上述三种因素综合评价的结果。在《义务先定论》中，我们看到，人的道德心（良知），而不是自利心，甚至也不是对于利益进行功利主义计算的理性，成为社会性评价与承认的重要来源。

1990 年代中期以来的以利益为中心的权利观，不过是 1990 年代初期主体性权利观的一个庸俗化版本，在这个版本中，利益这一权利客体取代了权利主体，主体消失在对利益的追求之中。张恒山对于道德心基础上的社会评价作为权利根据的揭示，再度将权利主体的问题提上前台，并且揭示了这里的主体并不是追求利益的个体，他不是将人对于利益的追求，而是将人的良知，作为主体的根本特征，并试图从这一特征出发，来揭示权利和义务的基础，不仅如此，在《义务先定论》一书的末尾，良知并不仅是个体的良知，而是一个由"行为人""旁观者""受动者"组成的社会

---

① 这一立场在张恒山出版于 1999 年的《义务先定论》一书中得到了非常清晰的表达，这本书是在他的博士论文和在 1990 年代中期以来的思考的基础上整合而成的，尤其是他在 1995 年前后的一系列思考，这些思考也主要发表在《法学研究》之上。参见张恒山《法律权利的定义》，《法学研究》1995 年第 3 期；张恒山《法律义务的合理性依据》，《法学研究》1996 年第 5 期；张恒山《论人权的道德基础》，《法学研究》1997 年第 6 期。

的良知，张恒山的良知论中，蕴含着人的社会性的基础，蕴含着法律规则产生的基础。这就进一步意味着，在张恒山的思考中，权利和义务的主体，就不单纯是个体，而是一个嵌入了社会生活中的个体。权利在这里呈现了一个共同生活的面向，在张恒山看来，权利论忽视了这个共同生活的基础，而在他看来，共同生活只能由义务规则加以确立。他正是在此基础上对于权利论展开深刻的批判。不过，在《义务先定论》中，这一权利赖以为基础的共同生活的面向，并没有得到充分的揭示，尽管在这里已经出现了"三人社会"的设想，在三人社会理论中，他试图揭示社会层面上的共同承认和评价，他质疑在鲁滨孙的孤岛生活状态中可能产生出法律规则，而是主张应该在一个由第三方参加进来的三人社会中，才会有法律规则的存在。而这些法律规则在他看来是出自良知，是建立在全体社会成员的良知基础上的，尽管同时也有人的自利心和计算式理性的参与，但良知基础上的三人社会究竟是如何形成的，《义务先定论》并未进行充分描述。

张恒山对于权利根据的反思，不仅反驳了利益论的狭隘的视角，也展示了一种走向共同体的权利时代的可能性，有关良知的学说丰富了对于权利学说中的那个主体性的认识，在他对于权利论的批判性的讨论中，我们看到了一个并未脱离社会生活的主体。相对于1980年代的那个想要脱离社会生活，但又被现实的社会生活限制的权利主体来说，权利的主体开始意识到自己的空虚，它开始意识到权利的主体应该懂得过社会生活。

如前所述，1990年代早期的权利观凸显的是一个超越了现有法律规范的权利主体，但这个主体的需要究竟是什么，在1990年代早期的权利理论中并未给予充分探究。在接下来的权利理论的发展中，对于利益的追求成为这个主体关心的最重要的事情。然而，这个主体关心的当然不只是利益，在他的权利观念中，利益不过是主体的一种需要，尽管可能是最主要的需要，但这绝不意味着主体只有对于利益的需要。在对苏力的批评进行回应的同时，夏勇也在思考有关权利的更深入的问题。

1996年，夏勇在哈佛大学完成了题为《权利与德性——从政治参与看中国的权利话语》的论文。① 这篇论文表明他对于权利的主体性的思考更深刻，权利的主体性不只是体现为主体的利益、资格和主张等这方面内容，也包含着政治参与，他开始意识到将权利等同于利益可能产生的问题，提出了"德性权利"的观念，德性权利的观念被视为对于此前的权利论的超越，在后来的回顾性的文章中，他这样来描述自己写作《权利与德性——从政治参与看中国的权利话语》一文的初衷：

> "我逐渐意识到，就美好的人类生活和健全的社会制度来讲，对个人尊严的信仰和对社会责任的信仰是不应该分离的，也是不可分离的。应当更多地从积极的而不是消极的角度，来强调对民主和人权的道德承担，强调对不同意见的宽容，强调关于妥协和中和的政治意愿；应该努力锻造一种德性，一种新德性。
>
> 于是，我提出'德性权利'的概念，并以政治参与问题作为案例，从历史文化、社会结构、政治哲学和经验素材等视角多维度地阐释这个概念。德性权利论本身，标志着我不再像写乡民权利的文章时那样，把利益的个别化和个别化利益的增长，作为叙述和解释当代中国人权利的不二法门，我开始从人的道德资格和意志的角度来研究权利，并由此开出了一片权利的文化解释空间。"②

夏勇意识到，仅仅从个体利益的角度解释权利并不充分。德性权利背后反映出来的是一种更积极的主体性观念。这个主体不再纯粹是一个利益的个体，而是一个既包含个人尊严，也承担社会责任的个体，《权利与德性——从政治参与看中国的权利话语》展示给我们的是一个关注公共生活，尤其是政治参与的权利主体的形象。

然而，政治参与如何被视为一种权利？按照通俗说法，这是一项民主

---

① 夏勇：《权利与德性——从政治参与看中国的权利话语》（英文版），载郑永流主编《法哲学与法社会学论丛》，中国政法大学出版社，1998。中译本由赵雪纲译出，载夏勇《中国民权哲学》，生活·读书·新知三联书店，2004。

② 夏勇：《我这十年的权利思考》，载夏勇《中国民权哲学》，生活·读书·新知三联书店，2004。

权利，是参政议政的权利，但这种权利在属性上毕竟不同于个体的利益、资格和主张，这种对政治生活的参与并不直接地与超越现有法律规范的主体性相关联。如果主体性强调的仅仅是个体的利益和需要，按照夏勇的说法，是利益的个别化和个别化利益的增长的话，那么，这一政治参与的需求为何也成了主体的内在需要？毕竟，政治参与常常表现为一种负担，而且他从对 1990 年代中国人的政治参与的调查中，发现了一种政治冷漠，在他看来，这种政治冷漠表明了"公民精神"的缺乏，表明了道德上的危机，表明责任感已经在很大程度上不再完整。

为了将政治参与视为主体性的一部分，就必须将德性权利视为主体性的一部分，为了实现这一点，夏勇不得不重新审视 1990 年代的主体性，他返回到了儒家伦理中，强调对人类共同生活的参与也是儒家个体观的一部分，他说，"与人类共同生活完全隔绝，而希望成为神圣灵感的接受者，这是一种弃世的个人主义修养观念，但儒家的自我观念与此相去甚远……我们确确实实可以看到，孔子的'大人'都是在公共职位上获得完满的自我实现的"。① 他从儒家的教义出发对于自我观的重新界定，意味着他寻找到了一种重新界定权利的资源，这是一种高级的权利，尽管看起来像是一种义务，这种高级的权利，意味着主体不只是追求自身利益的个体，也是一个想要融入共同生活中的个体，这种对于共同体的融入被视为个体的主体性的不可缺少的部分，在传统社会中，这被视为一种德性。

夏勇的"德性权利"观念极大地扩展了人们对主体性的认识，过去，权利仅仅被视为主体的利益、资格和主张，仅仅被视为与个体有关的事情。而在夏勇对于德性权利的论述中，主体不再只是个体化的利益主体，而是一个关切他人福祉的个体，或者说，这里的主体不是个体化的主体，而是一个进入了社会关系中的主体，人不再是一个孤独的个体。② 夏勇从当代学者有关儒家的价值观的论述中寻找到了他对于主体性的此种看法的支持，这样的德性当然不贬低个人权利的意义，相反，这种德性是个人权

---

① 夏勇：《中国民权哲学》，生活·读书·新知三联书店，2004，第 70 页。
② 夏勇：《中国民权哲学》，生活·读书·新知三联书店，2004，第 80 页。

利的扩展。一旦主体性从个体的利益方面走出，参与政治生活就当然成为人的内在主体性的一种实现，或者说，一种权利。

德性权利的提法大大超出了《走向权利的时代——中国公民权利发展研究》中预设的作为个体的主体，尽管此后夏勇再没有就德性权利的话题进行过写作，如他所言，有关德性权利概念能否成立，为什么能够成立或者不能够成立，以及如果成立，解释力和解释的边界等等这些问题都尚未得到进一步的讨论，但德性权利的一整套话语后来的确被他吸收到了对中国民权哲学的思考之中。如今，当我们回顾 1990 年代的权利观念史的时候，可以明确感觉到，夏勇的德性权利概念的重要价值在于扩展了对 1990 年代的权利观念背后潜藏的主体性的认识，这个主体不再只是一个关切个人利益的个体，而是一个包含了他者，保持对共同生活的关切的个体。

结　语

在 1990 年代如火如荼的商品化过程中，利益成为权利主体最基本的追求。权利主体越来越成为一个利益化的主体，以至于对于利益这一权利客体的强调最终超出了对权利主体的强调，权利越来越等同于利益。1990 年代初期的个体化的权利观因此最终演变成为一种以利益为核心的权利观。

在权利观念发展过程中，1990 年代末期出现了一种走向道德化的倾向。个体的生活必须在良知和德性中，在与他者的关系中获得满足，权利因此也就不能仅仅是个体的权利，在个体对于权利的追求中，必须同时预设共同体生活。张恒山在权利观念的根基处发现的基于良心的社会评价与承认，夏勇通过政治参与发现的德性权利观，都意味着权利不能仅仅是作为个体的权利，权利的核心不仅仅是利益。他们倡导良知与德性，对于那种将利益作为核心的权利论展开了深刻反思，与此同时，他们倡导的良知和德性又超出了个体层面，这是一种以共同生活为本质的良知，这也是一种参与共同体的德性。尽管在他们的笔下，还没有明确地出现有关共同体的论述，但这就为接下来有关权利的思考开启了一个更加开放的空间，权利的共同体应该是一个道德的共同体，而不是单纯利益合作基础上的共同体。这种建立在利益基础上的权利观，必然会导致对于共同体价值，对于道德和良知的怀疑，新的权利理论就不是将个体及其对于利益的追求置于权利理论的核心，而是必须将个体的共同生活纳入权利之中，这就预示着一个走向共同体的权利时代的到来。

Abstract：Under the tide of market economy in the 1990s, the view of rights in Chinese jurisprudence is also changing. Different from the previous view of rights, which emphasized individual autonomy and freedom under the law, during this period, rights began to be combined with interests, and interests became the only criterion for defining rights. The development of this view of rights with interests as the core led to the oblivion of the subject of rights and the rise of the skepticism of rights, which led to the profound internal crisis of the theory of rights in the 1990s. At the same time, the development of the theory of this right, has also sparked researchers rights theory of reflection. Relevant theory researchers began to go deep into the main body of rights, to explore the source of rights, rights equal to the interests of the reflection and criticism point of view. All of these things make right concept in the 1990s present a richer connotation, as well as the development of the theory of the right in this period.

Keywords：Interest；Right Relief；Scepticism of Rights；Morality

当代中国人权研究状况考察
（1991～2016）

——以 CNKI 代表性期刊论文为视角

刘志强[*]

摘　要：本文实证考察了当代中国人权研究状况，揭示与提炼了当代中国人权知识的生产格局、人权研究的特点、问题及其反思的面相。当代中国人权研究状况，呈现了从被动到主动、从宏观到具体的转变，以及多元化、规范化的发展趋势，彰显了人权研究在当代中国的不断进步，初步建构了中国特色社会主义人权理论体系。

关键词：当代中国；人权研究；人权文章

新中国成立一段时期内，人权研究一度被认为是禁区，直到 20 世纪 90 年代初这一禁区被打破，此后关于人权的讨论和研究如雨后春笋般展开。从 1991 年中国政府发布第一份人权白皮书《中国人权状况》首次承认了人权是一个伟大的名字，到 2004 年"国家尊重和保障人权"条款写入宪法，将人权保障理念上升至立法层面，再到三份《国家人权行动计划》发布，凡此种种举措，无不体现了我国人权建设事业不断提高的过程。人权建设和人权保障不断发展的同时，人权学术研究的整体水平也在不断回应与构建之中，研究成果丰硕。正是人权研究的深入开展，推动着人权思想启蒙和法制建设不断进步。一方面，人权研究为人权理论体系的完善提供了智力支持，另外一方面，人权研究促进了人权理念和人权意识

---

　　* 刘志强，广州大学人权研究院法学教授。本文系作者主持的教育部社会科学重大基地重大项目"中国人权话语体系构建与表达"（编号：16JJD820025）阶段性成果。特别感谢丘红江对本文的学术贡献及蒋华林、方琨对本文的修改意见。文责自负。

的传播。当下，学术界已经形成了中国特色社会主义人权理论体系范式。

在此背景下，本文通过检索 1991～2016 年中国知识资源总库（简称中国知网，CNKI）上主要期刊所刊载的人权研究论文[①]，对其进行实证梳理和考察[②]，并从知识社会学的视角对当代中国人权研究状况进行分析。[③]一方面，可以了解当代人权知识的生产格局及其与背后的社会环境之间的互动成因；另一方面，可以把握中国人权研究的演进轨迹，找出人权研究状况的特点。本文拟从总体上考察当代中国人权研究各方面的状况，进而揭示其存在的特点与问题，对于推动人权研究的深入发展，更好尊重、保障、提升人权终极目的，具有理论指导意义与学术价值。

一 当代中国人权研究状况的实证分析[④]

（一）论文数量统计分析

通过检索、筛选，进入统计范围的代表性人权研究论文（下称"人权

[①] 之所以将人权研究年限设定为从 1991 年开始，是因为学界普遍认为对于人权的系统研究是从 1991 年打破人权研究禁区开始的。如李步云认为"中国法学界开始系统研究人权，是从 1991 年中国社会科学院成立人权研究中心开始的"（参见李步云《愿把一生献给人权研究与人权教育》，《中国社会科学报》2011 年 6 月 28 日，第 16 版）。郭道晖有言，人权禁区从 1991 年开始解冻（参见郭道晖《人权六十年：从否定到回归》，《炎黄春秋》2001 年第 4 期）。徐显明认为，"改革开放后，尤其是上世纪 90 年代以来，人权理论研究重获新生……"（参见徐显明《人权法原理》，中国政法大学出版社，2008，第 56 页）。

[②] 研究数据最后统计日期为 2017 年 1 月 10 日。

[③] 知识社会学是对知识进行社会学考察的一门学科，它研究知识与社会的互动关系，但主要探究社会因素对知识的影响和作用。知识社会学理论认为，第一，知识是由社会决定的，决定于个人身处的社会群体，而"不是伟大天才孤立灵感的结果"；第二，知识在关系中进行生产和再生产，知识只有在关系中才能理解，这种关系是指社会存在、环境与思想的关系；第三，社会存在、环境又受制于社会的整体历史，应在社会历史变迁中来理解知识的生产。

[④] 为了更客观地量化论文的代表性，本文研究对象的选取以被引频次与被下载频次作为选取的标准，被引 10 次以上或被下载 500 次以上的人权研究论文纳入统计范围。检索方法如下：进入 CNKI "专业检索"界面，以人权为主题（SU＝人权），文献分类目录选择哲学与人文社会科学、社会科学Ⅰ辑、社会科学Ⅱ辑，发表时间选定 1991～2016 年。在论文选取上根据选取标准分两步进行：第一，对于被引频次大于 10 次的，以人权为主题（SU＝人权），在检索结果中以被引频次从高到低排序，逐个检索符合条件的人权研究论文；第二，对于被引频次小于 10 次的，以人权为主题以及以被引频次为检索条件〔SU（主题）＝人权 AND CF（被引频次）＝9、8、7…0〕在检索结果中筛选满足下载频次要求的人权论文。

研究论文")共计 992 篇。1991～2016 年代表性人权研究论文数量分布情况如图 1 所示。根据图中数据,从横向时间角度可以看出:在总体上,人权研究论文的数量随年份的变化呈现两个趋势。在 2004 年以前,人权研究论文的数量在整体上逐年增加,在 2004 年达到峰值,表明学界对人权研究的关注度不断提高。2004 年以后,人权研究论文的数量整体上逐年减少,反映出学界对人权研究的关注有所"降温",但从数量上看,仍然保持在相对较高的水平。

从纵向论文数量的角度看:1991～2016 年发表的人权研究论文数量各不相同,其中,数量最多的年份多达 89 篇,数量最少的年份为 14 篇,反映出各年份对人权问题的重视程度不同。值得注意的是,2000 年以后,人权研究论文的数量普遍高于 20 世纪 90 年代,表明进入 21 世纪以后,学界对人权展开了更广泛的研究。

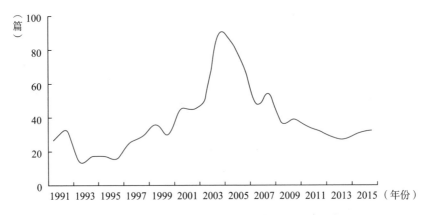

图 1 1991～2016 年代表性人权研究论文数量分布

2004 年以前,学界对人权的研究与当时所处的社会环境有关,它是历史发展的产物,同时也是对所处社会环境的回应。在 20 世纪七八十年代,中国人权意识处于觉醒与徘徊时期[①],一方面打破"两个凡是"的权威,开展真理问题的讨论;另一方面,由于历史遗留问题和顾忌,对于人

---

① 陈佑武:《中国人权意识三十年发展回顾》,《广州大学学报》(社会科学版) 2008 年第 7
　卷第 7 期,第 3～5 页。

权的新态势保持警惕态度①，进而，引发外国对我国人权状况的指责。20世纪90年代初，在外国的日益责难的压力下，国家领导人在不同场合批示要回应外国的人权指责，同时组织专家开展人权研究。例如1990年11月，在中宣部理论局召开的人权问题专家座谈会上，理论局负责人传达了当时国务院总理关于人权问题的批示：要求批判外国宣扬的"人权无国界论"。② 又如时任中共中央总书记的江泽民阅看了美国肯尼迪人权中心致中国科学院院长周光召一封信后批示：人权问题，回避不了，要认真研究和宣传。③ 其后，中国社会科学院、中共中央党校等单位开始展开人权研究活动，中央宣传部组织编辑《人权研究资料丛书》，国务院新闻办公室发表《中国人权状况》白皮书，等等。国家领导人的批示打开了人权研究禁区的大门，使理论界不再囿于"人权是资产阶级的口号"这一论断。由此，延续十余年的人权理论研究徘徊状态才算结束，人权领域的思想解放步入新阶段。④ 除此之外，助推这一时期人权研究进一步深入的还有其他国内外的重要事件。1992年初，邓小平南方谈话，提出"主要是要反'左'的政治方针"，扭转了意识形态上以"反和平演变"为中心的误导和纠缠于"姓资姓社"的僵化教条思维的局面。⑤ 1993年，联合国在维也纳召开第二次世界人权大会，会议通过《维也纳宣言和行动纲领》。中国代表参加了此次人权大会并参与《维也纳宣言和行动纲领》的讨论、起草和制定。1997年，中国签署《经济、社会及文化权利国际公约》；1998年签署《公民权利与政治权利国际公约》。1994年制定《国家赔偿法》；1996年，修改《刑事诉讼法》。1997年党的十五大和2002年党的十六大进一步将"尊重和保障人权"确立为执政目标之一。2004年"国家尊重与保障人权"条款写入宪法，将学界对人权的研究引入高峰。

2004年以后，人权研究的深入则是伴随着人权保护机制与实践的完善而进行的，具体有以下方面。2009年、2012年、2016年制定三份《国

---

① 郭道晖：《人权论要》，法律出版社，2014，第155～156页。
② 郭道晖：《人权论要》，法律出版社，2014，第156页。
③ 刘海年：《新中国人权保障发展60年》，中国社会科学出版社，2012，第69～70页。
④ 刘海年：《新中国人权保障发展60年》，中国社会科学出版社，2012，第69～70页。
⑤ 郭道晖：《人权论要》，法律出版社，2014，第158～159页。

家人权行动计划》，具体落实"国家尊重和保障人权"的宪法原则。2012
年十一届全国人大五次会议通过了关于修改《刑事诉讼法》的规定，修改
后的《刑事诉讼法》将"尊重和保障人权"写入总则。2013 年 11 月，十
八届三中全会通过了《关于全面深化改革若干重大问题的决定》，将"完
善人权司法保障制度"列为重要改革目标。人权司法保障这一重要命题首
次进入党的纲领性文件。2014 年 10 月，党的十八届四中全会通过《中共
中央关于全面推进依法治国若干重大问题的决定》，进一步提出加强人权
司法保障的要求。

（二）论文涉及的学科领域统计分析

从人权研究论文涉及的学科领域来看，当代中国人权研究的学科视角
呈现多元化的特点。本文以论文内容涉及的主要学科为标准，根据分析与
统计，人权研究论文涉及的学科领域包括法学、政治学、哲学、历史学、
伦理学、教育学、民族学、社会学、宗教学、经济学、语言学（见图 2）。

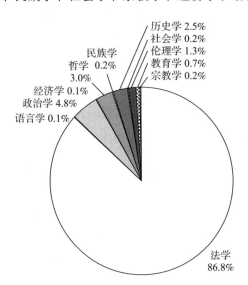

历史学 2.5%
社会学 0.2%
伦理学 1.3%
教育学 0.7%
宗教学 0.2%
民族学 0.2%
哲学 3.0%
经济学 0.1%
政治学 4.8%
语言学 0.1%
法学 86.8%

图 2　人权研究论文涉及的学科领域统计（1991~2016 年）

根据图 2 统计，法学学科方向论文最多，共计 861 篇，占 86.8%，表
明学界对人权的研究主要是从法学的角度进行展开，从法学理论与规范层
面来探讨人权与法治、人权与宪法、人权与刑事诉讼法、人权与司法保障

等方面的关系，学术成果比较丰硕。同时，这说明当代中国学界充分认可"对人权的尊重和保障、保护和促进主要是通过法律来实现"。[①] 与此同时，政治学、哲学、历史学等角度、方法对于人权研究的介入，反映出人权问题在当代中国引起了多学科的注意。人权是一个多学科研究对象已经成为共识，在当代学界从不同学科展开对人权的研究，也反映出学界对人权研究的不断深入和视野的拓展。

（三）论文涉及的内容统计分析

当代中国人权研究论文涉及的内容关乎人权的方方面面。本文从人权基本理论研究、具体人权理论研究、人权保障与实现研究、人权实践研究四个大的方面进行考察与对比分析。

1. 人权研究内容分类的界定

根据前文中论文涉及的学科领域分析，当代中国人权研究主要是从法学角度展开，故本文人权研究内容的分类方法参考孙世彦的观点。他认为法学对人权的研究分三个层次。（1）人权的基础理论研究，即厘清人权基本概念的一些问题。（2）对人权作为法律权利的研究，即确定哪些人权可以获得法律形式以及这些权利的具体内容。（3）人权的法律机制的研究，即研究和探讨什么样的机制如何实现对人权的尊重、保障和促进。[②] 笔者认同其观点，但此种分类方法仍没有完全覆盖人权研究的全部内容，如人权实践研究（狭义），包括人权外交、人权教育、人权研究的研究等。出于对人权实践研究的考虑以及为了更好地对人权研究内容进行分析，本文在此分类的基础上进一步细分为四个方面，即人权基本理论研究、具体人权理论研究、人权保障与实现研究、人权实践研究。

2. 人权研究内容的总体分析

根据表 1 关于人权研究内容统计（1991～2016 年）的统计，首先，人权基本理论研究与具体人权理论研究的论文数量合计超过半数，说明学

---

① 孙世彦：《人权法研究：问题与方法简论》，《法制与社会发展》2008 年第 2 期。
② 参见孙世彦《人权法研究：问题与方法简论》，《法制与社会发展》2008 年第 2 期。

界从理论层面展开人权研究的居多。其次，对人权保障与实现研究的论文也占较大的比例。从整体上来看，当代中国人权研究呈现理论研究与实践研究（广义）并重的局面。① 但在不同时期，侧重点又有所不同。根据图3，人权理论研究与实践研究可分成四个阶段进行描述。1991~1997年，学界从理论层面研究人权明显多于实践层面的研究，更是以人权基本理论研究居多，1991年、1992年尤为明显。这个阶段是人权研究突破禁区后，系统研究人权的起步期，学界围绕人权的概念、历史、人权观念等人权基本理论的研究比较多。1998~2001年实践研究略高于理论研究，这个时期受1996年修改《刑事诉讼法》、1997年签署《经济、社会及文化权利国际公约》、1998年签署《公民权利与政治权利国际公约》的影响，学界围

表1　人权研究内容统计（1991~2016年）

单位：篇，%

人权研究内容	数量	占比
人权保障与实现	406	40.93
人权基本理论	264	26.61
具体人权理论	272	27.42
人权实践	50	5.04
合计	992	100

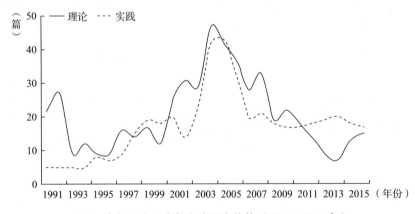

图3　人权理论研究与实践研究趋势（1991~2016年）

① 本文将研究类型分为理论研究与实践研究，人权基本理论研究、具体人权理论研究归为理论研究，人权保障与实现研究和人权实践研究归为实践研究。

绕国际、国内人权规范展开的讨论居多。2001～2009 年，理论研究与实践研究的走势几乎相同，而且在数量上相差不大，反映出这一阶段学界重视人权的理论研究，亦重视人权的实践研究。2010～2016 年，实践研究趋势保持平稳，而理论研究整体呈现下降的趋势，说明近年来学界愈加重视人权的实践研究。

3. 人权研究内容的具体分析

（1）人权基本理论研究

当代中国人权研究关于人权基本理论的研究主要集中在人权的历史、马克思主义人权理论、人权与主权、人权观念、人权属性、人权概念、人权主体、人权来源以及人权理论与传统文化等方面，具体如表 2 所示。

表 2　人权基本理论研究涉及的主要内容统计（1991～2016 年）①

单位：篇，%

主要内容	文章数量	占比
人权的历史	29	10.98
马克思主义人权理论	21	7.95
人权与主权	16	6.06
人权观念	15	5.68
人权属性	14	5.30
人权概念	14	5.30
人权主体	10	3.79
人权来源	10	3.79
人权理论与传统文化	10	3.79
其他	125	47.34
合计	264	100

根据表 2 的统计，学界对于人权基本理论的研究涉及各个方面。其中，研究人权历史的论文共 29 篇，涵盖对国内、国外人权历史的研究。

---

① 由于人权基本理论涵盖的范围广，学界讨论人权基本理论的文章众多，无法一一列举。本文仅对人权基本理论研究中相对集中的议题进行归类与分析，零星议题归入"其他"一类。

这反映出学界注重对人权史的梳理，站在实事求是的角度，总结人权产生和发展的历史规律。如徐显明所言，人权与社会科学领域的其他范畴一样，是一个在历史中生成的概念，理解、阐释"人权"这一概念，必须了解、把握人权在人类社会历史中的形成与演变。[①] 这一点在人权研究突破禁区初期体现得较为明显，这一时期产生了一系列关于人权历史研究的作品[②]，且研究国外人权历史的居多，因为近代意义上的人权概念形成于西方，人权研究禁区突破以后，学界系统研究人权尚处于起步阶段，百废待兴，故而注重对西方人权历史的探源。人权的历史源远流长，学界对西方人权历史的探讨一直伴随着人权研究的发展，但到了后期，逐渐出现较多对中国人权历史研究的论文[③]，反映出学界开始重视国内人权在历史发展中的经验总结。

其次，学界对马克思主义人权理论的研究也相对较多，集中于对马克思主义人权观点的阐述。马克思主义理论，长期以来，作为当代中国的指导思想在人权研究中也不例外。如刘海年在《研究人权要有正确的观念》一文中强调"研究人权必须以马克思主义为指导"。[④] 另外一个重要的原因是在改革开放后的一段时期内，中国思想理论和政治生活中存在歪曲和误解马克思主义人权观的现象，把人权看作"资产阶级的口号"，学界则从不同角度为马克思主义的人权思想正本清源。代表性论文如张文显的

---

① 参见徐显明《人权法原理》，中国政法大学出版社，2008，第 1 页。
② 人权禁区突破初期学界关于人权历史研究的代表性著作如夏勇的《人权概念起源》，此著作初版于 1992 年。代表性论文有李国亮《简论人权思想的起源与演变》，《中外法学》1991 年第 5 期；徐爱国《西方人权理论发展之历程》，《中外法学》1991 年第 4 期；董云虎《西方人权问题的提出和演变过程》，《科学社会主义》1991 年第 2 期；沈宗灵《二战后西方人权学说的演变》，《中国社会科学》1992 年第 5 期；王锦瑭《美国人权的历史与现实》，《法学评论》1992 年第 4 期；龚刃韧《战后人权进入国际法领域的历史起因及过程》，《北京大学学报》（哲学社会科学版）1992 年第 3 期。
③ 研究国内人权历史的代表性论文有王人博《论民权与人权在近代的转换》，《现代法学》1996 年第 3 期；杨成铭《中国历史上的人权意识和人权思想》，《武汉大学学报》（哲学社会科学版）1999 年 2 期；徐显明《世界人权的发展与中国人权的进步——关于人权法律史的理论思考》，《中共中央党校学报》2008 年第 2 期；郭道晖《人权六十年：从否定到回归》，《炎黄春秋》2011 年第 4 期；董正华《近代中国人权观念的嬗变》，《史学理论研究》2012 年第 2 期。
④ 参见刘海年《新中国人权保障发展六十年》，中国社会科学出版社，2012，第 7 页。

《马克思主义与人权》（载《当代法学》1992 年第 2 期）、夏勇的《人权与马克思——为人权申辩》（载《人权概念起源》，中国政法大学出版社 2001 年版）。

再次，学界围绕人权与主权的关系、人权的属性、人权的主体、人权的概念、人权的来源的争论不断。曲相霏在《改革开放 30 年我国人权原理主要学说回顾》一文中对这些论争的主要观点做了一个详细的梳理。[①]本文意在探讨产生这些论争的原因。人权与主权关系的争论原因在于 20 世纪中期以来，国际人权保护的产生和发展，对传统的主权原则提出挑战，由此产生了人权与国家主权关系的争论。[②]有些西方国家强调人权的普遍性，认为人权优先于主权、人权高于主权、人道主义干涉合法、人权无国界。而发展中国家强调国家主权的绝对地位，认为人权本质上是一国主权范围内的事情，国际人权领域的人权合作必须遵守主权平等原则。[③]学界围绕这些理论，展开了深入的分析。

人权的属性争论主要集中于人权的普遍性与特殊性；人权的主体之争围绕个人人权与集体人权展开；人权概念讨论较多的是人权与基本权利、人权与公民权的区别；人权论争的背后是不同人权观的体现，主要是资本主义性质的人权观与社会主义性质的人权观。[④]资本主义性质的人权观要点包括：天赋人权、人民主权观和政府限权观、代议制政府体制、国家权力的分立和相互制约平衡与人权保障法制化。其重视对私有财产权和个人公民权利的保障，而集体权利和经济、社会与文化权利则被排斥在保障的边缘。社会主义性质的人权观依据来源于马克思主义人权学说，要点包括：人权是历史的和社会发展的产物，人民当家作主是人权体制的基本原则，人民民主政府，人民参政议政，人民代表制度，对人权的政治、经济、社会诸方面进行全方位保障，集体人权优于个人人权，生存权和发展权优先于自由权和公民权。

---

① 参见曲相霏《改革开放 30 年我国人权原理主要学说回顾》，《人权》2009 年第 4 期。
② 参见张晓玲《人权理论基本问题》，中共中央党校出版社，2006，第 328 页。
③ 参见曲相霏《改革开放 30 年我国人权原理主要学说回顾》，《人权》2009 年第 4 期。
④ 参见徐显明《人权法原理》，中国政法大学出版社，2008，第 25 页。

（2）具体人权理论研究

学界对人权基本理论的研究主要集中在人权禁区突破初期，随着人权研究的不断进步，学界对人权的理论研究逐渐转向具体人权理论，如图4所示，进入21世纪以后，关于具体人权理论研究的成果呈现大幅度增长趋势。正如有学者指出的，近十几年来，学界越来越关注对具体人权理论的研究原因是多方面的：第一，是中国法治建设和权利意识发展必然带来的现象；第二，是中国法学研究和权利哲学的进步所必然到达的阶段；第三，是多年来对人权的基础理论研究奠定的理论基础所必然导致的结果。[①] 具体人权理论研究涉及的内容也是多方面的，主要内容如表3所示。

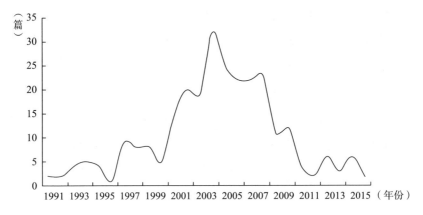

图4　具体人权理论研究趋势（1991～2016年）

表3　具体人权理论研究涉及的主要内容统计（1991～2016年）[②]

单位：篇，%

主要内容	文章数量	占比
环境权	50	17.92
特殊群体权利	19	6.81
发展权	17	6.09

[①] 参见孙世彦《人权法研究：问题与方法简论》，《法制与社会发展》2008年第2期。

[②] 具体人权理论研究涵盖的范围广，学界讨论具体人权理论研究的文章众多，无法一一列举。本文仅对具体人权理论研究中相对集中的议题进行归类与分析，零星议题归入"其他"一类。

续表

主要内容	文章数量	占比
言论自由	15	5.38
知情权	14	5.02
受教育权	13	4.66
平等权	12	4.30
诉权	8	2.87
迁徙自由	8	2.87
社会权	8	2.87
知识产权	7	2.51
宗教信仰自由	7	2.51
生存权	7	2.51
劳动权	7	2.51
其他	87	31.18
合计	279	100

根据表3的统计，具体人权理论的研究内容涵盖了第一、二、三代人权。相对于人权基本理论的研究，具体人权理论研究更具有中国问题意识。因为具体人权与人们的生活实践联系更为直接、密切，具体人权在现实中存在的问题，容易引起学界的关注。从具体研究内容来看，包括表达自由、知情权、受教育权、平等权、诉权、迁徙自由等等，这说明这些具体人权在现实生活中与我们生活密切相关，引发了学界的关注。例如，周永坤运用规范与实证相结合的方法对教育平等权问题进行研究并提出解决之道，作者指出先是因为阶级斗争为纲的思想的影响，后来出于经济政策方面的考量，教育平等权始终没有得到很好地解决，种种教育歧视已经严重阻碍了和谐社会建设，有些甚至引起了强烈的社会反应。① 又如殷啸虎、陈春雷在《迁徙自由的现实困境及实现路径分析》一文中指出，迁徙自由面临两难困境，即城市的建设和发展以及城镇化的过程中需要消除户籍的藩篱，承认并保障公民的迁徙自由；而大量外来人口无序流入城市，又增加了城市的人口压力，迫使城市不得不通过严格的户籍政策以及相关措施

---

① 参见周永坤《教育平等权问题及解决之道》，《华东政法大学学报》，2006年第2期。

限制外来人口的流入。① 基于这样的现实问题,作者展开了深入的研究。同样,其他对具体人权的研究,也是基于现实社会中的种种问题而展开的。因此,学界对于具体人权问题的研究,带有强烈的中国问题意识特点。

(3) 人权保障与实现研究

人权保障与实现是当代中国人权研究的重要内容。从图 5 趋势来看,人权保障与实现研究论文总体上呈现上升的趋势,说明学界越来越重视对人权保障与实现的研究,特别是 1998 年以后增长的趋势明显,反映出我国签署与加入《经济、社会及文化权利国际公约》和签署《公民权利与政治权利国际公约》,推动了学界对于人权保障与实现的研究。

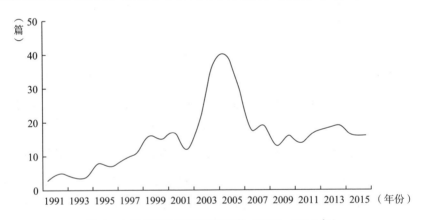

图 5 人权保障与实现研究趋势 (1991~2016 年)

首先,根据表 4 统计,学界对于人权保障与实现的研究主要集中在国际人权规范研究、人权与宪法、人权与刑事诉讼、国际人权保护、人权司法保障、人权保障的义务(责任)研究、人权与刑法以及特殊群体的人权保障领域。其中,研究国际人权规范、国际人权保护的论文合计 115 篇,这一方面是受中国政府积极参与国际人权活动、支持国际社会的人权事业以及签署多个国际性人权公约的影响。另外一方面,这反映出学界研究当代中国人权具有国际性的视野。如有学者指出,“研究人权应该有一种世

---

① 参见殷啸虎、陈春雷《迁徙自由的现实困境及实现路径分析》,《法学》2013 年第 6 期。

界性的眼光，只有这样，我们对国情的认识和把握才会更加全面、清晰和冷静"。①

表4　人权保障与实现研究涉及的主要内容统计（1991～2016年）②

单位：篇，%

主要内容	文章数量	占比
国际人权规范	75	18.47
人权与宪法	48	11.82
人权与刑事诉讼	43	10.59
国际人权保护	40	9.85
人权司法保障	28	6.90
人权保障的义务（责任）论	23	5.67
人权与刑法	19	4.68
特殊群体的人权保障	19	4.68
其他	111	27.34
合计	406	100

其次，围绕人权与宪法关系展开的论文有48篇，从具体研究内容来看，有研究具体人权的宪法保障的③，有对宪法上的人权条款进行规范分析的④，有对人权条款入宪进行探讨的。⑤ 这反映出学界充分认识到宪法

---

① 参见刘升平、夏勇《人权与世界》，人民法院出版社，1996，第2页。
② 人权保障与实现研究涵盖的范围广，学界讨论人权保障与实现研究的文章众多，无法一一列举。本文仅对人权保障与实现研究中相对集中的议题进行归类与分析，零星议题归入"其他"一类。
③ 代表性论文如赵世义《论财产权的宪法保障与制约》，《法学评论》1999年第3期；莫纪宏《受教育权宪法保护的内涵》，《法学家》2003年第3期；莫纪宏《论对社会权的宪法保护》，《河南省政法管理干部学院学报》2008年第3期；周伟《公民人身自由的宪法保护》，《法学》2003年第7期。
④ 代表性论文如焦洪昌《"国家尊重和保障人权"的宪法分析》，《中国法学》2004年第3期；韩大元《宪法文本中人权条款的规范分析》，《人权》2006年第1期；严海良《"国家尊重和保障人权"的规范意涵》，《法学杂志》2006年第4期。
⑤ 代表性论文如郭道晖《人权观念与人权入宪》，《法学》2004年第4期；秦前红、陈俊敏《人权入宪的理性思考》，《法学论坛》2004年第3期；童之伟《人权入宪的价值》，《法学家》2004年第4期；刘金国《人权入宪的法律价值》，《法学杂志》2004年第2期；莫于川《人权入宪对我国行政法民主化发展趋势的影响》，《国家行政学院学报》2005年第2期；等等。

在人权保障中的重要功能。人权入宪引起了学界的热烈讨论，说明"人权条款"承载了学界很多期待，虽然学界存在不同角度的解读，但指向同一个目标——建立一个更加完善的人权保障体系，以更好地实现宪法的核心价值。[①]

再次，研究刑事诉讼中的人权的论文有 43 篇，突出了学界重视对刑事诉讼领域中人权保障的研究。从具体研究内容来看，研究侦查阶段的人权保障问题的相对较多，反映出在刑事诉讼中侦查阶段存在较多侵犯人权的现象，因而引起学界的呼吁。

复次，研究人权司法保障的论文有 28 篇，反映出人权司法保障日益成为人权研究的热点问题。从时间上来看，集中于 2000 年以后，特别是在 2013 年 11 月，十八届三中全会将"完善人权司法保障制度"列为重要改革目标以后，学界开始广泛关注。[②] 一方面，这是因为长期以来，作为人权保障最后一道防线的司法领域，特别是刑事司法领域屡现侵犯人权的现象；另外一方面，这是中国人权事业从立法上确认向司法保障发展的结果。如蒋海松指出，立法旨在建立普遍性效力规则，立法所确认的正义需要必须通过司法实施落实到每个个案和每个公民身上。[③]学界对于完善人权司法保障的呼吁，反映出学界充分认识到司法对人权保障的重要性。

最后，涉及人权保障的义务（责任）论的论文有 23 篇，从具体研究内容来看，研究人权保障的国家义务的居多。笔者在《人权法国家义务研究》一书中梳理了学界对国家义务的研究现状，认为学界大多数是从国际人权法或者宪法抽象层面来论述，并强调有必要从国际人权法、

---

① 参见姜秉曦、张翔《基本权利理论研究 30 年》，爱思想网，http://www. aisixiang. com/data/103496. html，最后访问时间：2017 年 8 月 15 日。

② 代表性论文如韩大元《完善人权司法保障制度》，《法商研究》2014 年第 3 期；汪习根《论人权司法保障制度的完善》，《法制与社会发展》2014 年第 1 期；陈光中《应当如何完善人权刑事司法保障》，《法治与社会发展》2014 年第 1 期；张文显《人权保障与司法文明》，《中国法律评论》2014 年第 2 期；刘红臻《司法如何堪当人权保障的重任》，《法制与社会发展》2014 年第 6 期；等等。

③ 参见蒋海松《人权变革：从立法宣示到人权司法保障》，《学术交流》2015 年第 3 期。

国内具体部门法和法理学三位一体角度全方位进行研究。① 学界对于人权国家义务的强调，说明学界意识到国家是人权保障最主要的义务主体，人权的实现依赖于国家切实履行相应的义务。另外，随着人权全球化的发展，跨国公司的人权责任也进入了学界的研究视野，反映出学界对人权领域的新事物具有高度敏感性。

（4）人权实践研究

从图6呈现的趋势来看，人权实践研究②零星地分布在各个年份，数量最多的不超过5篇，说明学界在这些议题上研究得相对较少。特别是关于人权研究的研究，纳入本文统计范围的仅有6篇（见表5），说明学界对于人权研究本身缺少应有的反思与总结。涉及人权外交问题的论文有18篇，主要是从政治层面围绕美国的人权外交政策展开研究，其目的是回应美国的人权攻势。从发表论文的时间上来看，集中于20世纪90年代，进入21世纪以后，有关人权外交的论文减少了，一个可能的解释是随着中国人权建设的不断进步，美国对中国的人权问题指责减少，学界对于人权外交问题的研究相应地减少了。

研究人权教育问题的论文有15篇，从时间上来看，人权教育论文出现最早的时间是2000年，说明学界对于人权教育问题的研究起步较晚。这是因为人权实践离不开人权理论研究的环境，中国人权研究在20世纪90年代初打破人权禁区后才得以逐渐展开，人权教育及其研究随着人权研究的深入而发展起来。③ 另外，这也反映出随着中国人权的发展，学界逐渐意识到人权教育对于促进尊重和保障人权的重要作用。从研究内容上看，有对域外人权教育进行研究的，如哈佛大学人权教育、日本人权教育、菲律宾人权教育等等，这说明学界注重对国外先进经验的借鉴与学习。

---

① 参见刘志强《人权法国家义务研究》，法律出版社，2015，第2～6页。

② 需要说明的是这里的人权实践研究，是指狭义的人权实践研究，包括人权外交、人权教育、人权研究。

③ 参见曲相霏《人权需要信仰——对人权教育的一点思考》，载杨松才、陈佑武主编《中国人权研究机构与人权教育》，中国检察出版社，2010，第236～237页。

表 5　人权实践研究涉及的主要内容统计（1991～2016 年）①

单位：篇，%

主要内容	文章数量	占比
人权外交	18	36
人权教育	15	30
人权研究	6	12
其他	11	22
合计	50	100

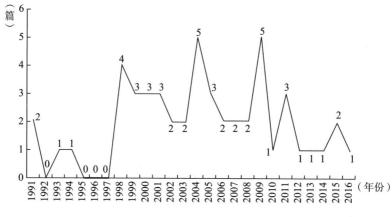

图 6　人权实践研究趋势（1991－2016 年）

（四）来源期刊统计分析

刊物是人权知识的一种呈现形式。根据统计，刊登人权研究论文的刊物多达 215 种。限于篇幅，本文只列举刊登人权论文数量较多，且具有较大影响力的刊物，如表 6 所示。

表 6　主要刊物统计（1991～2016 年）

刊物名称	刊登人权研究论文数量	刊物类型	主办单位	出版地
中国法学	43	法学类	中国法学会	北京市

① 人权实践研究涵盖的范围广，学界讨论人权实践研究的文章众多，无法一一列举。本文仅对人权实践研究中相对集中的议题进行归类与分析，零星议题归入"其他"一类。

刊物名称	刊登人权研究论文数量	刊物类型	主办单位	出版地
法学评论	39	法学类	武汉大学	湖北省武汉市
政法论坛	35	法学类	中国政法大学	北京市
现代法学	31	法学类	西南政法大学	重庆市
法学	30	法学类	华东政法大学	上海市
人权	29	综合类	中国人权研究会	北京市
法律科学（西北政法大学学报）	29	法学类	西北政法大学	陕西省西安市
河北法学	28	法学类	河北政法职业学院、河北省法学会	河北省石家庄市
法学研究	28	法学类	中国社会科学院法学研究所	北京市
法学杂志	27	法学类	北京市法学会	北京市
法学家	25	法学类	中国人民大学	北京市
法制与社会发展	23	法学类	吉林大学	吉林省长春市
环球法律评论	22	法学类	中国社会科学院法学研究所	北京市
武汉大学学报（哲学社会科学版）	21	高校综合性学报	武汉大学	湖北省武汉市
中外法学	20	法学类	北京大学	北京市
当代法学	18	法学类	吉林大学	吉林省长春市
法学论坛	18	法学类	山东省法学会	山东省济南市
政治与法律	15	法学类	上海社会科学院法学研究所	上海市
中国社会科学	14	综合类	中国社会科学杂志社	北京市
学习与探索	13	综合类	黑龙江省社会科学院	黑龙江省哈尔滨市
学术界	10	综合类	安徽省社会科学界联合会	安徽省合肥市
法商研究（中南政法学院学报）	10	法学类	中南财经政法大学	湖北省武汉市
北京大学学报（哲学社会科学版）	9	高校综合性学报	北京大学	北京市
中共中央党校学报	8	政治学类	中共中央党校	北京市
太平洋学报	8	政治学类	中国太平洋学会	北京市
比较法研究	8	法学类	中国政法大学比较法研究所	北京市
广州大学学报（社会科学版）	8	高校综合性学报	广州大学	广东省广州市

续表

刊物名称	刊登人权研究论文数量	刊物类型	主办单位	出版地
文史哲	7	综合类	山东大学	山东省济南市
中国社会科学院研究生院学报	7	综合类	中国社会科学院研究生院	北京市
世界经济与政治	7	政治学类	中国社会科学院世界经济与政治研究所	北京市
哲学动态	7	哲学类	中国社会科学院哲学研究所	北京市
中国人民大学学报	7	高校综合性学报	中国人民大学	北京市
哲学研究	6	哲学类	中国社会科学院哲学研究所	北京市
中国刑事法杂志	6	法学类	最高人民检察院检察理论研究所	北京市

根据表6统计，可以看出刊发人权研究论文的期刊种类多，涉及的学科领域广，主要集中为法学类、综合类、高校综合性学报类、政治学类、哲学类。首先，这说明当代中国人权研究已开展得较为全面，而主要集中在法学、政治学、哲学议题上。其次，不同刊物刊登人权研究论文的数量各不相同，表明不同刊物对人权问题的关注程度不同。从总体上来看，刊登人权论文的刊物有215种，而刊登6篇以上的刊物仅为37种，占17%，换言之，大部分刊物刊登人权论文的数量并不多。

从出版地看，出版人权研究论文主要刊物最多的是北京，高达19个，其他出版地除了武汉市有3个以外，均为1~2个。这些刊物的创办主要集中于当下中国政治、经济、文化较为发达的城市。正如笔者一篇拙文所指出的，靠近政治、经济、文化中心的地区，各种资讯比较丰富，信息传播和接受更加快速、便捷，普通公众的社会政治敏感度会比其他地区的公众要高，公众或者刊物对于社会政治议题包括人权议题会更加关注，因此刊物会重视对人权研究论文以及人权事件的关注和发表。①

从主办单位来看，高校是创办刊物的主要力量，在这些高校中有武汉

---

① 参见刘志强《民国人权研究状况的考察》，《法律科学》（西北政法大学学报）2015年第5期。

大学、中国政法大学、西南政法大学等国内法学学科影响力比较大的高校；学术团体，如中国法学会、中国人权研究会、地方法学会；科研院，如中国社会科学院、地方社会科学院。可见，高校不仅是人权研究的阵地，也是组织传播人权知识的重要力量。从主办单位的整体来看，当代中国形成了高校、学术团体、科研院并存的多元格局，刊物的繁荣凸显出学界重视人权研究成果的转化与人权知识的传播。同时，不同的刊物主办单位之间又互相竞争，在这种竞争之下，刊物不断走向规范化，对于人权知识的传播与提升人权研究的进一步研究具有重要的意义。

（五）作者群统计分析

作者是人权知识的生产者，其学科背景影响人权研究的展开。在当代中国，发表人权研究论文的作者众多，难以一一列举分析，本文列举发表人权论文数量较多且具有代表性的主要作者进行分析。

从作者研究内容来看，主要集中于人权理论的研究，代表性论文如李步云的《论人权的三种存在形态》《论人权的本原》；郭道晖的《论人权的阶级性与普遍性》《人权的国家保障义务》；徐显明的《人权的体系与分类》《生存权论》；汪习根的《发展权法理探析》。

从作者的学历背景来看，主要是本土培养的人权研究人才，除较早开始研究人权的学者外，大部分作者获得了国内知名学校的博士学位，且法学博士居多，部分为哲学博士、历史学博士。这反映出当代中国人权研究学者接受过系统的学术训练，具有扎实的理论功底。只有少数作者求学于国外，更多是以访问学者的身份到国外进行学习与交流。这与民国时期的人权研究学者形成鲜明的对比。笔者对民国时期的 23 位人权研究学者进行考察后发现，其中 16 位学者曾求学于国外名校，并且都获得了硕士或者博士学位。[①] 一方面，这凸显出当代中国高校教育环境和教育水平在不断提高，具备了培养人权研究人才的能力。特别是近年来，国内高校逐步

---

① 参见刘志强《民国人权研究状况的考察》，《法律科学》（西北政法大学学报）2015 年第 5 期。

招收培养人权法学、人权政治学、人权哲学等研究方向的硕士、博士研究生。① 另一方面，其体现出学界人权研究水平提高，能与国外学者进行交流与对话。

从作者研究领域来看，主要集中于法理学、宪法学、国际法、刑法、刑事诉讼法、环境法等领域。一方面，这反映出这些领域就是人权视域的本身及与人权存在密切的关系；另一方面，人权议题是诸多领域研究的对象。

从作者所在单位来看，大部分作者供职于一个单位，说明各人权研究机构具有稳定的人才队伍。影响力较大的学者则流动性相对较大，如李步云、郭道晖、徐显明等，这些学者的流动对于去向单位影响较大，体现为带动所在单位人权学科建设，例如，李步云先后供职于中国社会科学院、湖南大学、广州大学，并在其中参与或组建中国社会科学院人权研究中心、湖南大学人权研究与教育中心、广州大学人权研究中心（现更名为广州大学人权研究院)②，其对推动这些机构的人权研究、人权教育与培训等方面的发展做出了重要贡献。

（六）发表论文单位统计分析

高质量学术论文的刊发是作者学术研究能力的体现，同时也是科研机构综合实力的评价指标。发表人权研究论文的单位数量众多，本文列举了发文数量较多的单位进行分析，具体发文单位如表 7 所示。

表 7 发表论文单位统计（1991～2016 年）

单位：篇

序号	发表论文单位	数量	所在地区	是否设立人权研究中心/所③
1	中国社会科学院	76	北京市	是

---

① 参见中国人权网《国家人权行动计划（2012—2015 年）实施评估报告》第五部分：人权教育，http://www. humanrights. cn/html/2016/3 _ 0614/18292 _ 4. html，最后访问时间：2017 年 2 月 25 日。

② 李步云：《愿把一生献给人权研究与人权教育》，《中国社会科学报》2011 年 6 月 28 日，第 16 版。

③ 统计数据，参见中国人权网，http://www. humanrights. cn/html/jypx/rqyjjg/index. html，最后访问时间：2017 年 7 月 13 日。

序号	发表论文单位	数量	所在地区	是否设立人权研究中心/所
2	武汉大学	69	湖北省武汉市	是
3	中国人民大学	62	北京市	是
4	北京大学	57	北京市	是
5	中国政法大学	48	北京市	是
6	山东大学	44	山东省济南市	是
7	吉林大学	39	吉林省长春市	是
8	广州大学	28	广东省广州市	是
9	西南政法大学	28	重庆市	是
10	中南财经政法大学	24	湖北省武汉市	是
11	苏州大学	22	江苏省苏州市	是
12	湘潭大学	18	湖南省长沙市	否
13	复旦大学	15	上海市	是
14	南京大学	15	江苏省南京市	是
15	厦门大学	14	福建省厦门市	否
16	湖南大学	13	湖南省长沙市	是
17	中山大学	12	广东省广州市	是
18	东南大学	11	江苏省南京市	是
19	北京理工大学	11	北京市	是
20	北京师范大学	11	北京市	否
21	清华大学	11	北京市	否
22	中共中央党校	10	北京市	是
23	南京师范大学	10	江苏省南京市	否
24	华东政法大学	10	上海市	是
25	南开大学	9	天津市	是
26	外交学院	9	北京市	是
27	浙江大学	9	浙江省杭州市	是
28	西北政法大学	8	陕西省西安市	是

　　根据表7统计，发表人权研究论文最多的是中国社会科学院，其发文数量多、影响力大是因为中国社会科学院是受中央直接领导、直属于国务院的国家哲学社会科学研究机构，其以自身优势聚集了众多优秀的哲学社

会科学研究学者。除中国社会科学院以外，发表论文数量较多的单位均为高校，说明高校是当代中国人权研究的主要阵地。其中，武汉大学、中国人民大学、北京大学、中国政法大学、山东大学、吉林大学发文数量明显高于其他高校，这六所高校均为国内法学学科影响力较大的高校，拥有实力雄厚的科研队伍。

从人权学科的建设情况来看，本文统计的 28 所发表人权论文的单位中，有 23 所设立了专门的人权研究中心或人权研究所，其中 8 个先后被教育部与国务院新闻办批准成立为国家人权教育与培训基地（见表8）。国家人权教育与培训基地在中国人权状况不断改善的进程中扮演了重要角色，承担着对外宣传中国人权立场、维护国家利益，对内开展人权研究和教育的任务。① 可以看出，当代中国人权研究逐步向专业化、规范化方向发展。

表 8　国家人权教育与培训基地统计

设立时间	国家人权教育与培训基地	批次
2011 年	广州大学人权研究院、南开大学人权研究中心、中国政法大学人权研究院	第一批
2015 年	中国人民大学人权研究中心、山东大学人权研究中心、复旦大学人权研究中心、西南政法大学人权教育与研究中心、武汉大学人权研究院	第二批
到 2020 年	再增加 5 个	第三批

从发文单位所在地区来看，28 所单位中，有 9 所集中在北京市，占三分之一，说明北京市是当代中国人权研究力量的集中地。结合前文来源期刊的分析，可以看出，北京市不仅是人权研究主要阵地，同时也是传播人权知识、理念的重要地区。如前所述，北京是全国的政治、经济、文化中心，在京的人权研究机构具有地缘上的优势。从另外一个角度来看，其凸显出当代中国人权研究在资源分配上呈现地区分布不均的局面。

---

① 参见中国人权网关于人权机构的介绍，http://www.humanrights.cn/html/jypx/rqyjjg/，最后访问时间：2017 年 7 月 13 日。

二 当代中国人权研究的特点

（一）从被动研究到主动研究

根据前文分析，当代中国人权研究经历了从被动研究到主动研究的发展。处于改革开放起步期的中国，虽然在思想解放、经济建设方面取得了一定的进展，但以阶级斗争为纲的思想仍然存在，人权仍被一些人视为资产阶级的口号而遭到批判。1991年后开始发生了变化，西方国家日益指责中国人权问题，中国人权研究正是在外国人权指责的压力下开始的，其目的是回应外国的人权攻势。这一时期政府对人权的立场直接影响了学界人权研究的开展，在国家领导人的批示下，学界开始了对人权研究的热潮，进而产生了一系列研究成果。在研究成果的数量上呈现激增的趋势，如1991年、1992年在论文的数量上突增，而在1993年之后的几年则又回落，被动研究情形下的人权研究在成果数量上波动较大。从另一个方面来说，被动研究具有较强的工具主义与拿来主义，其目的是达到回应外国的人权攻势效果，因而被动的人权研究也具有较强的政治性。被动的人权研究，虽然在客观性、科学性方面存在不足之处，但不可否认，即便是被动研究，其带来的影响也是巨大的，它引起了学界更广泛的关注，同时为后续的研究提供了学术积累。但随着中国人权事业的发展，人权意识不断提高，以及人权研究不断深入，学界对于人权的研究逐渐转向主动，表现为不断组建、扩大人权研究队伍，由最初当局牵头组织的少数人权研究力量转向以高校为核心，社科院、学术团体并存的研究队伍，不同的研究单位之间形成有效的协作、交流等。其次，表现为以人权作为价值目标研究当代中国的社会问题，主动构建以中国问题为核心的当代中国人权理论体系，推动当代中国法制建设以及人权知识的传播。再次，表现为国家不断加大对人权研究的投入力度，这方面可以通过对比三份《国家人权行动计划》对人权研究的规划看出。相对于被动的人权研究，主动的研究具有更强的学术性；同时，从前文的统计结果来看，在研究成果的数量上，主动的人权研究产出更多，而且相对较为稳定。因此，从被动到主动的转变，是当代中国人权研究的进步。

（二）从宏观到具体

当代中国人权研究在内容上呈现从宏观到具体的转变。学界人权研究的内容受制于所处的历史环境。如前所述，人权禁区突破初期的人权研究主要是为了回应国际人权形势，学界人权研究多从宏观层面展开。前文人权研究内容中的人权基本理论问题，如人权的历史、人权的属性、马克思主义人权理论、人权概念的论争等等，多见于早期的人权研究中。这些宏观的理论多为对国外人权理论的引入，以及对国外人权著作的翻译，为我所用。

从前文的统计数据来看，进入 21 世纪以后，学界人权研究转向具体层面，表现为以具体人权理论与人权保障与实现为研究内容的成果增多，以及从具体的社会问题研究当代中国的人权理论，构建有关中国问题的人权理论体系。学界从宏观到具体层面的转变，得益于中国在国际上积极参与、支持国际人权活动，如签署与加入《经济、社会及文化权利国际公约》、签署《公民权利与政治权利国际公约》等国际人权条约；同时，当代中国人权保障体系不断完善，将人权作为立法、司法、行政的价值追求目标。

宏观的人权理论是基础，具体的人权理论则与人权的保障与实现直接相关。因此，从宏观到具体的转变是当代中国人权研究进步的表现，人权研究的最终目的在于促进尊重和保障人权。人权的实现，不仅需要宏观层面的理论指导，更需要研究在具体层面如何落实人权。人权具有普遍性与特殊性两个维度属性，参酌国际人权公约理论有利于当代中国人权研究乃至人权事业的发展，但当代中国语境中的特殊性，也具有时空建构下的普遍性。

（三）人权研究规范化

逐渐走向规范化是当代中国人权研究进步的表现之一。首先，在人权研究力量上，从中国社会科学院成立人权研究中心，到中国人权研究会的成立，再到各高校纷纷设立人权研究机构，当代中国人权研究形成了稳定的人权研究队伍，人权研究有条不紊地展开；同时，也使得学界人权研究有了更多交流与合作的可能。

其次，人权研究的规范化表现在人权研究者专业性上。根据上文统计，随着国内教育环境的改善，我国具备了培养人权研究人才的能力，大多数人权研究者取得国内知名高校的博士学位，也即受过系统的学术训练，直接影响了人权知识的产出。另外，越来越多学者走出国门，到国外优秀的人权研究机构访学、交流，越来越多国外的人权研究机构与国内人权研究机构展开合作与交流，例如联合培养人权研究人才、开展人权国际学术论坛等等。

再次，人权研究的规范化体现在人权研究成果的形式上。早期的人权研究论文中许多没有应用引证规范，而随着人权研究的深入，引证规范被广泛运用起来，特别是在高影响力的刊物中得到充分的体现。引证规范的运用一方面是对他人研究成果的尊重；另一方面使文章的论证更具有说服力；再者，让后人对人权的研究有追根溯源的可能；除此之外，随着互联网的发展，引证规范数字化以后，发展成为一种新的学术评价机制，对于人权研究的进一步规范化具有重要的作用。

最后，人权研究的规范化还体现在国家有计划地推动人权研究的发展。从三份《国家人权行动计划》对比可以看出，国家不断加大对人权研究的投入力度，设立人权学科、培养人权研究人才、加大资金投入、建设高端人权智库等等，均展示了国家的人权战略眼光。

（四）人权研究多元化

人权研究多元化是当代中国人权研究的又一特点。人权研究的多元化体现在以下方面。

首先，在当代中国人权研究中，人权研究机构呈现高校、社科院、学术团体多元并存的局面，它们共同构成当代中国人权研究的主要力量。

其次，人权研究学者的学术背景多元化，具有法学学科背景的居多，还有的研究哲学、政治学、历史学、社会学、伦理学、教育学、宗教学等等。具有不同学科背景的学者从其专业的学科角度出发研究人权问题，进而生产出多元的人权研究成果，促进了当代中国人权研究的繁荣。

再次，人权研究的多元化体现在人权研究成果传播方式上。如前文所述，学界不仅注重当代中国人权的研究，还注重人权研究成果的传播。就本文所研究的期刊而言，发表人权文章的期刊所依托的主办单位是多元的，对应的有高校、科研院、学术团体等；从类型上看，这些期刊有法学类、政治学类、综合类、历史学类、社会学类等等，多元并存。在传播渠道上，除了传统的纸媒传播，还有电子传播，如通过学术网站、微信、微博等互联网途径传播。

最后，人权研究的多元化还体现在研究成果类型上。除了本文研究对象——期刊论文，当代中国人权研究的研究成果还有著作、译作、会议论文、社评等等形式，可谓人权研究成果也多元。

（五）人权研究的不均衡

毋庸讳言，当代中国人权研究的格局存在不均衡的特点，体现在多个方面。首先，在人权研究队伍上，一方面是地域上的不均衡，如前文统计，作为全国政治、经济、文化中心的北京市以其地缘优势成为当代中国人权研究以及传播人权知识的主要阵地，表现为当代中国人权研究机构以及作为本文研究对象的来源刊物创办地多集中于北京市。资源上的倾斜导致在研究力量与研究成果上的差距，如中国社会科学院以其自身优势聚集了众多优秀的哲学社会科学研究学者，在内外合力的作用下，自然产生了数量较多、质量较好的研究成果，进而形成了优势积累，于是在各人权研究机构之间呈现不均衡的现象。

其次，不均衡的现象存在于刊物影响力与论文影响力方面。就刊物而言，根据前文统计，高影响力的刊物较之目前公开发行的刊物，数量很少。刊物作为论文的载体，高影响力刊物数量影响高影响力论文数量，根据上文统计，通过被引频次与被下载频次过滤后的人权研究论文数量，与公开发表的人权研究论文在数量上的差距极大。当然，影响论文影响力的因素存在于多个方面，除了刊载的刊物外，还有论文自身的学术质量、作者所在单位、作者的职称、作者在学界的权威性等等。当代中国人权研究呈现的不均衡特点，抑制了学界对人权研究的活力，进而制约了当代中国整体的人权研究水平。

最后，在学科领域上也体现了不均衡的特点。从前文统计数据来看，一方面，作者群的专业背景以法学学科为主；论文内容涉及的学科领域绝大部分从法学角度展开；在期刊类型上，以法学类期刊居多。人权研究涉及的学科领域主要为法学学科，凸显了人权与法学的密切相关性；人权是一个综合性的概念，同其他学科亦息息相关。从另外一个角度来看，则反映出其他学科对人权研究的关注程度不高。

（六）人权研究的政府主导性

当代中国人权研究由政府主导是一个明显的特点。政府主导性指政府在人权问题上的立场、观点对大众和理论界的人权立场与观点有着决定性的影响力或引导性。① 首先，当代中国人权研究在 20 世纪 90 年代初能够突破禁区，与政府对人权立场的转变密切相关。如前所述，当代中国系统研究人权是在外界的压力下开始的，由政府批示、牵头组织开展人权研究，回应外国政府对中国的人权指责。

其次，1991 年国务院新闻办发布《中国人权状况白皮书》，首次以文件的形式公开中国人权状况，政府的表态，获得了普遍的肯定，被普遍认为是中国人权事业发展的里程碑。它促使当代中国人权研究形成了一个相对宽松的学术环境。除此之外，国家领导人在不同场合的人权表态，也影响着学界的人权研究，这是政府主导人权研究展开的另一方面。

三　当代中国人权研究的反思

根据前文的分析，可以看到当代中国人权研究取得了长足的进展。但

---

① 参见甘超英《中国官方人权发展二十年——中国人权观研究》，爱思想网，http://www.aisixiang.com/data/9529.html，2006 - 05 - 13/，最后访问时间：2017 年 7 月 20 日。

也存在一些问题，这些问题值得对当代中国人权研究进行反思。

（一）人权研究与范式转换

从前文分析可以得出，我国人权研究范式比较单一，并且人权理论与人权话语脱节。人权理念在人权形象塑造与话语传播中占据基础性和统摄性的地位，但一个国家有什么样的人权理念，很大程度上要借助学术界的智慧与话语影响力。学术研究与人权话语宣传不能成为矛盾，要深化对人权问题的研究与表达，更好服务中国人权事业。也就是说，中国特色社会主义人权理论体系建构与表达是辩证统一的。人权理论研究如果说是承载"道"的话，那么，人权理论则需要转化为人权话语"言"的表达，人权研究通贯"道与言"，有生命力的人权理论背后一定有"道"，有深厚的思想，有深刻的识见，并能转化为话语传播出去。因而，在人权研究的理论体系构建过程中，既要关注人权研究的理论提升，也要讲究如何言说的问题，把人权之"道"的纵深探索、人权思想内涵的提升与人权理论言说结合起来。

学术研究乃天下之公器。学术界要善于把人权研究的成果观点转化为对外的人权话语体系。人权是防御权和合作权两位一体，两者随着时代不同，研究重点有所侧重。在人权研究中，应转换研究范式，以个人与国家之间合作为主的模式，应成为人权研究主导范式。因此，学术界要针对问题意识，进一步加强人权研究，整合碎片化人权观点，并在共识基础上构建以中国问题为中心的人权理论体系，发表带普遍性共识的人权观点，并为中国人权话语体系提供理论支持。中国人权话语体系的提出与建构，不仅为人权制度输送学理，也为中国人思考人权问题提供了世界观和方法论。学术界人权研究建构的中国特色社会主义人权理论体系，旨在从中国历史出发探寻中国的人权观念史，寻求对中国人权观念的理解，并为中国人权话语体系对外的表达提供准备与前提，以便在国际上讲好中国故事，在国内外表达人权好声音。

（二）人权研究与学术环境

当代中国人权研究经历了从禁区到不断进步的发展，这个发展过程与学术环境息息相关。当代中国人权研究，在20世纪90年代初开始系统研究人权以前，学界未曾产生出色的人权研究成果。随着中国政府在人权立场上的转变，学界的研究活力得到释放，人权研究成果在质和量上都得到极大的提高，进而在推动中国人权保障事业发展方面做出巨大贡献。例如，在学界的呼吁下，人权条款被写入宪法，使人权得到根本法的确认，等等。学界对于当代中国人权的研究价值有目共睹。因此，对学界的人权研究应予肯定与鼓励。学术研究在于追求真理，真理在不断的争鸣中才能越辩越明。作为综合性概念的人权，需要从不同的学科角度进行阐释，鼓励百家争鸣、百花齐放是应有之义。

如从前文论文数量统计数据呈现的趋势来看，虽然进入21世纪以来，人权研究的成果在数量上较之20世90年代，保持在相对较高的水平，但很明显的一个趋势是2008年以后，人权研究成果数量呈现持续走低的现象，此种现象值得我们注意。人权研究推动了中国人权事业的进步不言而喻。

（三）人权研究与资源配置

如前所述，当代中国人权研究存在不均衡的局面，其重要的原因在于资源配置上的倾斜。资源配置上的倾斜所产生的消极影响极大，它制约了当代中国的人权研究，乃至中国人权事业的发展。首先，资源配置倾斜于少数人权研究机构或者人权研究者，长此以往，形成"马太效应"，抑制了其他人权研究机构与人权研究者的主动性与积极性。例如，部分高校聚集了较多优秀的人权学者，拥有实力雄厚的科研队伍，研究成果丰硕，其在将来获得学术资源时拥有巨大的优势；相反，一些科研机构的可竞争空间被挤压得很小，形成恶性循环。此种现象在前文发文单位的数量及影响力的统计结果中得到充分的体现。

其次，资源配置上的不合理影响的不仅仅是人权研究，而且影响人权知识的传播，体现最为明显的是在人权教育方面。当代中国人权研究的主要力量集中于高校，人权研究者不仅仅是人权知识的生产者，也是人权知识的传播者。有学者曾对某高校人权教育情况调查发现，学生反馈不能学习人权知识的原因是大学里没有教师讲授人权教育课程。① 在当代中国高校中，开设人权教育的高校并不多，开设专门的、独立的人权法课程的高校更少。② 这与人权教育方面的资源配置密切相关。例如，国家在人权研究领域发展较为成熟的高校设立国家人权教育与培训基地，在这些基地所在的高校中，人权教育开展得比较好。另外，这些基地不仅针对高校学生开展人权教育，还对公职人员开展培训，对于人权知识的传播来说，这无疑具有重要意义。因此，合理的资源配置不仅能够推动人权知识在高校的传播，其传播范围还能辐射到高校所在地区。从三份《国家人权行动计划》来看，国家不断加大人权教育的力度，但需要平衡不同地区的人权教育资源，以促进人权知识的传播。因此，合理地配置人权研究资源，抑制资源倾斜带来的消极影响是当代中国人权研究面临的课题，需要从全局性层面提出解决这个问题的对策。

四 结语

综上，本文以 CNKI 代表性期刊论文为视角，实证考察了当代中国人权研究状况，并运用知识社会学的方法分析与揭示了当代中国人权知识的生产格局，人权研究的特点、问题及其反思的提炼。当代中国人权研究取得了长足的进展，呈现了从被动研究到主动研究、从宏观到具体的转变，以及多元化、规范化的发展趋势，彰显了人权研究在当代中国的不断进步，初步建构了中国特色社会主义人权理论体系。尽管如此，当代中国人权研究仍存在不尽如人意的地方。需要政府和学界共同努力，激发活力。

须指出的是，本文从 CNKI 代表性期刊论文的视角考察，一定程度上呈现了当代中国人权研究的状况，仍存在一定的局限性。由于收集与分析的文本繁重，人手不够，本文未把其他人权研究成果，诸如人权著作、报纸人权文章、硕博人权论文等成果纳入本文考察与分析范围。遗憾的同

---

① 参见李秋学《大学生人权教育状况调查与分析》，《人权》2004 年第 6 期。
② 参见孙世彦《大学法律教育中人权法教学的现状与思考》，《人权》2005 年第 6 期。

时，只能留待未来弥补。

Abstract：This article empirically examines contemporary China's human rights research, reveals and refines the production pattern of contemporary China's human rights knowledge, the characteristics of human rights research, issues, and the aspects of reflection. The status of contemporary human rights research in China presents a transition from passive to active research, from macro to specific, as well as the development trend of diversification and standardization, highlighting the continuous progress of human rights research in contemporary China and preliminarily constructing socialist human rights theory with Chinese characteristics system.

Keywords：Contemporary China；Human Rights Research；Human Rights Articles

中国人权发展的自主性

张　静*

摘　要： 近代中外文明的对话方式虽然具有压制性的特征，但中国人权的发展并不完全是外部压力的结果，也不能被放在任何外来理论的延长线上来理解，中国人权的发展具有自主性。多元的外来资源、多歧的外部压力、中国作为主权实体的行动自由度共同支撑起了中国人权发展的自主性空间。文明主体自我认同的需要以及中国人权问题的复杂性，是中国不得不进行人权理论创新和道路创新的内生性动力。中国人权的自主发展能力不是纯主观的理论学习能力或特定历史阶段的实践模仿能力，而是在偶然性与必然性相交织的历史上、在主客观互动的过程中所展现出来的一种持续的创造能力。

关键词： 人权；自主性；内生动力；自主发展能力

一　引言

新中国成立后中国人权问题的研究肇始于 20 世纪 90 年代，20 余载之后，在中国特色社会主义人权发展道路这一语词面前，似乎中国人权发展的自主性已经是一个不证自明的前提。诚然，在中国逐步崛起并走向世界的现实面前，中国人权的发展已然是无法否认的事实，中国与人权先行国

---

* 张静，河南工业大学法学院讲师，法学博士。本文系作者主持的河南省教育厅人文社会科学研究项目"中国特色社会主义人权观念的内生创造性"（项目编号：2017 – ZZJH – 088）、河南工业大学高层次人才科研启动基金项目"中国人权发展道路的主体性"（项目编号：2015SBS016）的阶段性成果。

家在人权实现方式和观念上的差异也是不言而喻的。然而，本文想强调的是，如果将中国人权的发展与中外人权实践的差异作为"中国人权自主发展"这一结论的前提是本末倒置了，容易造成中国特色社会主义人权理论和实践的双重困境。

就理论而言，如果不认真论证中国人权发展道路在何种程度上是自主的、是如何自主的以及为什么是这样发展的，那么就不能在逻辑上回应"反应论"、"误读论"、"不成功模仿论"以及"简单混合论"等理论。① 如果中国特色社会主义人权发展道路真的可以是一条无须向世界诠释"过往"的道路，那么在上面提到的双重事实面前，"反应论"、"误读论"、"不成功模仿论"或"简单混合论"等等的确都不是什么亟待解决的重大问题，然而，如果中国不是仅仅满足于自身人权发展道路的"可理解性"和"可接受性"，而是要提升自己的软实力、建构自己的人权理论、主张自身人权发展道路的正当性和文明意义，那么即便中国强大到可以对世界说"不"，中国人权发展的自主性仍然是一个在理论上必须认真论证的重

---

① 将中国人权的发展视为"对外部压力的被动反应"以及对"外来制度及实践经验的不成功模仿"是哈佛学派提出的"冲击—回应"模式为代表的，这是典型的西方中心主义研究进路。"反应论"往往认为救亡图存的压力以及收回领事裁判权的刺激是中国法律近代化的重要推动力，中国人权制度的变迁是特定历史情境下外部压力所导致的一种不得不的选择。同样，在论及改革开放后中国主流意识形态对"人权"态度的转变时，他们也往往会认为外部的经济制裁和美国将人权与最惠国待遇挂钩等等因素也是决定性的，例如 Thomas Risse 等人的研究（See Thomas Risse, *The Power of Human Rights: International Norms and Domestic Change*, Cambridge University Press, 1999, p. 0）。将中国人权的发展视为"对外部观念的误读"并不是国外研究者的专利，例如俞江教授在《戊戌变法时期的"民权"概念》一文中也明确指出，"不忠实原生词，望文生义，任意发挥想象，依据本国的知识传统和政治现实来理解现代政治思想和异国文化，是近代以来中国各个大规模文化移植时期的通病。清末如此，20 世纪 80 年代仍如此。可以说，'民权'一词的核心意义在近代没有得到恰当的阐释，是它在近代中国移植失败的主要原因"（参见俞江《戊戌变法时期的"民权"概念》，载曾宪义主编《法律文化研究》（第 1 辑），中国人民大学出版社，2005，第 174 页）。将中国人权发展道路视为"中外元素的简单混合"是一种实用主义的立场，这类观念主要包括同化论和修辞论等不同表现形式。"同化论"者往往将中国批准人权公约并不断按照公约要求完善国内立法解释为经济全球化背景下中国被外部世界同化的结果（See Ann Kent. *China, the United Nations, and Human Rights: The Limits of Compliance*, University of Pennsylvania Press, 1999）。"修辞论"往往将中国官方人权话语视为一种政治修辞，于是，中国人权道路上出现的那些中外元素被简单地理解为政治实践的需要（See Thomas Risse. *The Power of Human Rights: International Norms and Domestic Change*, Cambridge University Press, 1999）。

大问题。①

就实践而言，如果仅仅将发展结果和中外差异作为中国人权自主发展的理据，那么中国人权发展的原因既可以被归结为中国元素也可以被归结为域外元素，进而中国人权的发展既可以成为民粹主义者的盾牌，也可以成为极端自由主义者的长矛。简言之，如果不细致地说明中国人权发展的原因和路径，那么中国未来的人权实践仍然有走向歧路的可能。

基于上述两点考虑，本文尝试从中国人权发展自主性空间、自主性的内生动力以及自主能力这三个方面来说明：近代中外文明的对话方式虽然具有压制性的特征，但是不仅作为主权实体的中国对自身人权发展仍存在自主选择的空间，而且作为文明主体的中国也具备内生性的自主动力和自主发展能力，因此，中国人权的发展不能仅仅被视为外部压力的结果，它既不是对外来理论和经验的"误读"或"不成功模仿"，也不是中外元素的简单混合或诸多片段式的临时组合，更不能被放在任何外来理论的延长线上来理解。

二　中国人权发展自主性空间的构成要素

近代以来外部势力对中国经济和政治的楔入并没能窒息中国人权发展的自主空间。作为一个近代化和现代化的后发国家，中国接触到的外来资源一直就是多元的；作为"国际殖民地"的近代中国所面对的外部压力也是多歧的。② 而随着中国主权行动自由度的提升，中国在自身人权发展道

---

① 在国际舞台上，任何一个国家的人权话语权都不可能仅仅依靠国家硬实力来支撑，因此，如果以中国实力的增强作为"中国人权自主发展"不证自明的理由，是一种自欺欺人的傲慢；中国人权话语在国际人权对话中的地位和权力不仅仅需要强大国家实力在实践层面的支撑，更需要从根本上打破西方人权话语的垄断格局，建构自己的人权话语体系。从这个意义上说，"中国人权发展的自主性"问题既是建构中国人权话语体系（用中国话语解释中国问题）之必须，也是检验中国人权话语能力的试金石之一。

② "多歧"本义是"多岔道"。本文用"多歧"一词来描述中国人权发展道路上的外部压力，意在解释这种外部压力来自不同主体，并非铁板一块。随着具体历史情境的不同和中国策略选择的不同，这些外部压力既可能拧成一股绳变为合力，也可能被中国策略性地消解。正因为外部压力作用于中国实践具有多种可能的结果，因此本文认为整体性的外部压力是多歧的，历史为中国人权发展道路提供了多种可能。

路上的选择空间总体上呈现不断扩大的趋势。从这个意义上讲，中国人权发展的自主性空间是由多元的外来资源、多歧的外部压力以及中国作为主权实体的行动自由度共同支撑起来的。即便外部压力可以解释中国的宏观变化，却无法说明中国人权道路上那些具有中国特质的具体选择，而正是这些带有自主性的具体的选择构成了中国人权发展的独特道路。

（一）多元的外来资源

近代以来中国所接触到的外来人权观念从来就是多元的。在西方人权观念发展的历史上，不仅自然权利观念内部存在分歧，而且随着时代的发展，西方内部的人权观念也越发多元。从古典的自然权利理论到边沁的功利主义人权观，从洛克、卢梭到孟德斯鸠、密尔，从唯心主义的人权观到唯物主义的人权观，从国家主义到无政府主义，晚清中国知识界在短时间内迅速引介了在西方发展了几个世纪的政治观念和权利观念。民国时期，不仅之前的外来理论依旧多元，而且当时发达国家的法律社会化运动以及经由俄国十月革命进入中国的马列主义也越发加剧了这种多元的局面。改革开放后更是如此，随着全球化进程的加快，由于中国所面对的压缩的时空背景，前现代的、现代的、后现代的种种观念都能在中国找到属于自己的土壤。从这个角度来看，我们很难说中国的人权观念仅仅是模仿的结果。因为即便中国人权观念仅仅是对外来观念的模仿，其所模仿的对象也是需要经过选择的，至少在其认识这些可供模仿的对象的过程中，其要对不同模仿对象之间存在的那些相互矛盾的方面进行选择和辨别。简言之，就算中国人权观念是对外来观念的单纯模仿，外来人权观念本身的多元性也为中国的模仿提供了自主选择的空间。在此意义上，中国仍具有作为文明主体进行选择的自由，从而我们不能说中国的人权发展仅仅是外部压力的结果。

诚然，近代列强对中国司法主权的分割是以中国法律制度的不文明为借口的，由此，收回领事裁判权成为开启中国法律近代化进程的重要动力元素。从这个角度看，近代中国法律制度的变革似乎是为了收回领事裁判权而不得不为的结果。然而，这只是问题的一个方面。问题的另一方面是，自 1843 年《中英五口通商章程》第一次分割了中国的司法主权起，至 1902 年《中英续议通商行船条约》列强第一次有条件地承诺放弃领事裁判权止，在接近一个甲子的时间里，中国并没有如日本一样产生变革古老礼仪制度的强烈愿望，因此即便说清末的修律是"不得不为之"的结果，这种"不得不为"也是中国作为一个文明主体进行选择的结果。

对中国来说，不同历史时期来自外部的可供借鉴的制度也是多元的。清末的变法修律不仅有英日德的君主立宪模式可供参照，也有美国和法国的民主模式可资借鉴；近代中国刑事司法制度的改革也有大陆法系和英美法系的不同经验可供参考。同理，基于条约必须信守的原则，改革开放后的中国人权制度变迁尽管受到国际人权公约的影响（或者说被国际人权公约同化了），但是这种影响也不是强制性的。因为不但加入国际人权公约是中国自愿的选择，而且国际人权公约所提供的只是一个共同的标准，并没有规定具体的人权制度模式。因此，世界范围内一切可供借鉴的人权制度经验都是中国可以参照吸收的对象，对于选择何种方式按照何种步骤来发展中国的人权制度和实践，中国也是有选择自由的。简言之，由于外来的可资借鉴的制度经验是多元的，因此即便中国人权制度的变迁是特定情境下一种不得不的选择，对于具体的人权制度应当如何变迁，中国也是有选择空间的——中国人权制度的变迁至少不是完全被动的。

（二）多歧的外部压力

如果说外来资源的多元性只是说明了中国在如何改变的问题上是有自主性的，那么中国所面对的多歧的外部压力则意味着在变与不变的问题上中国也是有自主性的。

"欧洲基督教国家把它们相互间的义务与它们对非基督教主权国的义务是当作两码事来看待的。"[①] 因此，尽管近代外国势力楔入中国经济政

---

① 〔美〕吉尔伯特·罗兹曼主编《中国的现代化》，国家社会科学基金"比较现代化"课题组译，沈宗美校，江苏人民出版社，2010，第 29 页。

治结构的同时也传播了主权在民的观念和西方的人权理论，但是相对于中国普通个体作为人应当享有的权利而言，列强更关心的是中国既存的政权能否满足其国家利益而非这个政权的文明程度和人权主张。于是，在中国近代的历史上，我们看到，当清政府"量中华之物力，结与国之欢心"的时候，以文明和人权卫士自居的列强并不反对该政权在宪法中表达君权神圣的主旨，其反而成为加强和维护中国专制体制的重要力量。我们还看到，虽然列强允诺一旦中国法律与世界接轨便放弃对中国司法主权的分割，并且在 1926 年派遣了一个由 13 个国家组成的法权调查团来调查中国的司法状况，以决定是否放弃领事裁判权。但是，中国司法主权的最终收回并不是因为中国 20 世纪 40 年代的法律和司法状况与 20 世纪 20 年代相比有多少进步，而是因为在太平洋战争中列强竞相拉拢中国的现实需要。①可见，近代列强施加给中国的变革压力不是单向度的，其压强也不是不可以消解的，因此在变与不变的问题上中国不是全然没有自主性的，只是任何一种自主性的选择都是有代价的。

在近代以来的国际关系中，从来就没有任何免费的午餐和恩典，国家利益是中外文明在人权关系的互动中无法回避的客观存在。正是由于在世界人权事业的发展中夹杂了太多的国家利益，作为人类乌托邦的人权早已不再纯粹，而当人类那个关于人权的乌托邦理想与强者的国家利益相冲突的时候，人类往往如宿命般地选择让理想屈服。各国基于各自国家利益的考虑使近代以来中国人权事业发展所面对的外部压力在整体上是多歧的。同时，正是由于外部压力的这种多歧性，中国人权事业的发展在不同的历史节点上都有着可供选择的自主性空间，在变与不变的问题上，在何时变何时不变的问题上，中国的选择从来都不是唯一的。因此用外部压力来解释中国人权发展的变与不变、何时变与何时不变是有问题的——既然可供选择的路径不是唯一的，那么中国人权发展的真正驱动力只能是内部的、是主体性的。

---

① 〔日〕佐藤慎一：《近代中国的知识分子与文明》，刘岳兵译，江苏人民出版社，2006，第 138~139 页。

（三）主权的自由度

在以民族国家为单位的世界竞争结构中，没有民族国家的独立和统一就不可能有国家的富强和民族的兴旺，个体的权利和解放更无从谈起。从这个意义上说，主权的自由度是判断该国在自身人权发展道路上自主性空间之有无及程度的重要指标。

以此来观察近代以来的中国人权发展之路，我们会发现：虽然近代中国的主权被列强分割，虽然近代外国对中国的经济控制和对中国政治结构的嵌入，使国富民强的美好理想只可仰望而不可企及，但是中国从来就不是一个如印度那样的殖民地，"列强在中国所建立起来的那种先相互合作、后相互斗争、再相互合作的掠夺模式，构成了帝国主义历史上一种不太常见而且颇为特殊的类别。列强之间的尖锐斗争、中国辽阔的幅员及社会基础的统一，使帝国主义在中国不可能建立起'正式'的或完全的统治"。[1]因此，外国势力虽曾深深卷入中国的现代化进程，深深嵌入中国的政治经济社会发展之中，但是列强之间的竞争和利益冲突使中国在人权道路的选择上有着相当程度的自主空间和选择余地。中国不必限于移植某一特定国家的法律制度，不必因为具体的定向模仿而完全背弃自身的传统。当中国走上了独立的发展道路之后，中国人权发展的自主性空间更是大大拓展。如果不是因为新中国成立后中国的发展和主权自由度的提升，我们无法想象在20世纪70年代甚至80年代，中国都一直面临着一个比苏联更少敌意的国际环境，并或多或少免于西方的人权批评。同样，如果不是因为对自身主权自由度的坚持，我们也无法解释为何中国在美国没有取消将中国人权记录与中国最惠国待遇挂钩的政策前，中国没有对美国的强硬要求做出让步与妥协[2]，而在美国不再将两者相联系之后，中国反而更为积极地加入国际人权公约，更为主动地开展关于人权的国际合作与对话。

---

① 〔美〕吉尔伯特·罗兹曼主编《中国的现代化》，国家社会科学基金"比较现代化"课题组译，江苏人民出版社，2010，第38页。
② 〔美〕亨利·基辛格：《论中国》，胡利平、林华、杨韵琴、朱敬文译，中信出版社，2012，第452~461页。

至于将改革开放后中国主流意识形态对人权态度的转变解释为被国际社会"同化"或"社会化"的结果①，也是忽视了当代世界人权发展中各国主权的自由度问题。《世界人权宣言》及人权两公约虽然为各国的人权实践提供了一个共同的标准，但是这个标准也是开放性的。例如为了尊重世界多元文化中有关最高实在的差异，《世界人权宣言》没有用西方古典人权文件中的自然法理论、上帝、自然、理性或自明来论证人权的根源，而是在第一条开宗明义地提出规范性的原则来说明为什么必须经由各项权利之保障来捍卫人自由和尊严的平等，从而将对人权根源的论证开放给不同的宗教文化体系，以便在政治行动中达成更多的人类共识。这个开放性的国际人权制度结构并没有消解各国在各自人权理论建构及实践发展中的自主性空间，因此，所谓的"同化"和"社会化"即便可以成立，也不能否认存在中国国家主权自由度所支撑的、中国作为一个文明主体的自主性选择空间。

总而言之，不可否认，在中国人权发展的道路上，外部所施加给中国的变革压力一直存在；但同样不可否认，在中外文明互动的过程中，外部影响因素的作用方向从来就不是同质的。面对多元性的外来资源和多歧的外部压力，可供作文明主体和主权拥有者的中国所选择的人权发展路径从来就不是唯一的。正因如此，中国人权的发展不是"外源性"的，中国人权发展道路不能被理解为对任何外来资源的成功或不成功的模仿与复制，中国人权的发展变化也不是中国对外部影响的单方面妥协与屈从。

三 中国人权自主发展的内生动力

主体自主性的发挥不仅需要外部的自主空间，还需要有源自主体自身的自主性愿望，即内生性的自主动力。由多元外来资源、多歧的外部压力以及主权自由度所构成的中国人权发展的自主性空间，只是为作为文明主

---

① See Ann Kent, *China, The United Nations, and Human Rights: the Limits of Compliance*, University of Pennsylvania Press, 1999.

体的中国，对自身传统和外来资源的选择性吸收和创造性重构创造了前提，中国人权发展自主性这个命题之所以能成立，更重要的是作为文明主体的中国有着内生性的自主动力。

（一）文明主体自我认同的需要

中国人权发展内生性的自主动力之一是中国作为文明主体自我认同的需要。中国是带着数千年的文明优越感步入近代的，是时，在国人的心目中，中华文明不仅是伟大的文明，而且其本身就是文明的化身。论者常常认为，这种文明的自信和自负造成了近代中国人权发展的"重负"：不但从鸦片战争到清末变法修律，中国人权的发展蹉跎了近一个甲子的光阴；而且在清末礼法之争中，胜利的礼教派所坚持的借鉴外来制度的刚性上线——"三纲五常"作为中华文明的根基不容妥协，作为中华文明的核心价值观不容亵渎——也是基于这种历史的"重负"。这种"重负"观貌似指明了外来人权观念扎根中国本土的文化心理障碍，但是将文明的自信视为一种"重负"，无疑是以"西方先进—中国落后"这样的二分法为前提的，而这种二分法虽然并不否认中国变压力为动力的内在动机，但是其归根结底是认同了先进之西方对于落后之中国的支配力，是从方向性的层面对中国文明主体身份的一种变相消解。本文认为，作为文明主体的中国从来没有想要也不可能成为"他者"，中国人权观念和制度变革的动力虽然不能排除外部压力的影响，但更为根本的是基于文明主体自我认同的需要，这种需要无所谓先进落后，不管外部压力有或没有，它就在那里。

相对于带有价值判断色彩的"重负"理论，以客观的"自我认同需要"来看待中国人权的发展更具解释力。"重负"理论存在"谁视中国的文明自信为重负"的问题。如果是从异域文明的视角视中国的文明自信为重负，那么这种理论除了丰富异域文明对自身主体性的认知以外，并不能对中国人权问题复杂性的认知以及中国人权道路的证成，做出任何有启发意义的贡献。而如果是从内部的视角，认为中国人权发展的历史是中国自身不断摆脱重负的历史，那么其即便说明了"摆脱的历史"，也说明不了"摆脱"本身。如果摆脱的目标是明确的，那么为什么中国内部的人权发展方案从来都是多元的？为什么百年来的中国总是那么独特，或者说外部的"同化"为何从来就不曾彻底过？如果摆脱的目标是不明确的，那么中国为什么选择了这样一种道路而非他种道路去摆脱？显然这两种视角要么否定中国作为文明主体进行选择的可能，要么对这种选择本身缺乏解释力。

与此相对，以"自我认同的需要"来说明中国人权的发展则不存在上述问题。"理学是什么？理学即一面援道与佛，一面排道与佛，而开创的儒学思想体系。"[①] 因此，"师夷长技以制夷""中体西用""执中鉴西"等等也都算不得对中国文明主体身份的消解。晚清中国人权发展所蹉跎的那些岁月以及清末礼法之争的结局，尽管与这种自我认同的需要所造成的发展阻力有关，但也正是因为这种自我认同的需要，使其不可能有日本那样"脱亚入欧"的决绝，中国才有可能创造属于自己的人权理论，走出有中国特色的人权发展道路。由此，中国作为文明主体的身份才能成立，中国人权发展主体性的命题才有基础，中国特色社会主义人权理论和实践的证成才有可能。

当然，中国人权发展的历史上从来就不缺乏"西化"、"欧化"甚至"全盘西化"的论调，但是仔细推敲那些"西化论"者的主张，我们会发现：他们所强调的不过是技术方法层面的西化，而非对中国主体性和文明认同的抛弃。

首先，任何西化论者所面对的都是中国问题。换言之，任何西化的前提都是中国的问题意识。如果不是为了解决中国的问题，就无所谓固守传统还是抛弃传统的问题。对此，即便是明确主张"全盘西化"的陈序经也不否认：虽然其指出复古与中西文化的折中都不可行，中国文化只能全盘西化，但是这一论断却是研究"中国文化向何处去"的结论[②]——西化不是目标而是手段。

其次，中国西化论者所谓的"抛弃传统"也不可能抛弃所有的中国传

① 陶希圣：《北大、五四及其应负的责任》，载董鼐总编《学府纪闻——国立北京大学》，南京出版公司，1981，第41页。
② 参见陈序经《中国文化的出路》，岳麓书社，2010。

统而脱胎换骨。他们要抛弃的是那些"不合时宜"的传统，而那些能够接引外来资源的传统、塑造了他们生存方式和生存意义的文化之根与文化之魂则是他们无法抛弃的意义结构。众所周知，在中国近代思想史上，新文化运动时期是中国个体自由价值最为张扬的一段历史时期。然而，即便在这一历史时期，中国最为激进的自由主义者仍然不能认同仅仅注重物欲和感官享受的小我，在有个性的小我之上仍然存在一个有责任和担当的大我。例如陈独秀在《人生真义》中固然同意"执行意志、满足欲望（自食色以至道德的名誉，都是欲望），是个人生存的根本理由，始终不变的（此处可以说'天不变，道亦不变'）"①，但他同样不能同意尼采的价值虚无主义和超人学说。"盖尼采目博爱利他为不道德之恶劣行为，意过偏激，不合情理，使人未能释然"②，"杨朱和尼采的主张，虽说破了人生的真相，但照此极端做去，这组织复杂的文明社会，又如何行得过去呢？"③易白沙在《我》一文中虽然认为"以先后论，我为先，世界次之，国家为后"④，但其同时认为"有牺牲个体小我之精神，斯有造化世界大我之气力，有我溺我饥之心，斯有惟我独尊之概，故曰二者相成而不相悖也"。⑤可见，在新文化运动时期，在中国自由主义者的人权话语中，尽管作为人权主体之个人的地位有了近乎前无古人后无来者的提高，但是家国天下之情怀、修齐治平之精神结构依然故我，"尚私"但不"去公"是中国自由主义者塑造个体人格的基本价值取向。由此可知，即便是新文化运动时期中国最为激进的反传统主张，其所反对的也仅仅是与中国文化中那些与"人权""科学""民主"不相适应的部分，而非传统的全部。再

① 陈独秀：《人生真义》，载任建树、张统模、吴信忠《陈独秀著作选》（第1卷），上海人民出版社，1993，第347页。
② 陈独秀：《当代二大科学家之思想》，载任建树、张统模、吴信忠《陈独秀著作选》（第1卷），上海人民出版社，1993，第192页。
③ 陈独秀：《人生真义》，载任建树、张统模、吴信忠《陈独秀著作选》（第1卷），上海人民出版社，1993，第346页。
④ 易白沙：《我》，载陈独秀、李大钊等《新青年精粹》（第1册），中国画报出版社，2013，第115页。
⑤ 易白沙：《我》，载陈独秀、李大钊等《新青年精粹》（第1册），中国画报出版社，2013，第116页。

以"全盘西化论"的代表性人物、以世界主义者自称的胡适为例，其虽然是民国时期中国文化出路之争的代表者之一，但正如其自己在《充分世界化与全盘西化》一文中所言，其所主张的"全盘西化"是指"充分的世界化"。[1] 显然，就"充分世界化"而言，其并不意味着对中国作为文明主体的否定，也不意味着全然放弃了文明主体自我认同的需要，因为世界并不全然是西方的。

（二）中国人权问题的复杂性

中国人权发展另一重内生自主动力是中国人权问题的复杂性。即便中国想变成"他者"，那个"他者"的理论和历史经验也不足以提供完整的解决中国人权问题的智识资源。

晚清中国选择了文化上最为接近的日本作为学习对象。晚清的《钦定宪法大纲》作为中国近代历史上第一部宪法性文件，第一次规定了臣民的权利。这部文件往往被视为法律移植的结果。的确，从文本的相似度看，谁都无法否认该文件是以日本的明治宪法为蓝本制定的。但问题在于：既然两者不是完全的重合，那么它们之间的差异究竟意味着什么？众所周知，《钦定宪法大纲》规定了"发交议案"以及解散议院之时"令国民重行选举新议员"等权利，同时删掉了明治宪法中臣民"书信秘密受保护"和"移徙自由"等内容，并对臣民权利采用间接保护的形式，通过大权统于朝廷的制度设置掏空了臣民权利在反君权方向上的制度基础。可见，即便对于被迫移植日本制度的末代政权而言，不经改动的明治宪法也不足以为中国提供一个有效的强国方案。那么促使中国做出这种文本改动的中日差异何在？那些令文本制定者最为忐忑的中国因素是什么？我想原因大概有两个。一方面，在中国的传统中，一家一姓的朝廷可能被视为与"天下之公"相对的"一家一姓之私"而遭到否定。不幸的是，晚清朝廷还是一个非汉族的政权，其还有可能被视为与汉族的"多数人之公"相对的

---

[1]　胡适：《充分世界化与全盘西化》，欧阳哲生编《胡适文集》（卷五），北京大学出版社，1998，第453页。

"少数人之私"而遭到批判。民族国家意识对于反对外来侵略也许是有效的，但是其同时并不能在中国毫无悬念地支撑起一个以少数民族政权为核心的近代民族国家的建立。另一方面，日本文化中并不存在可以超越皇权的公领域，但是中国的皇权之上还存在至上的"天之公"——中国的"天"是"一种作为根据性和原理性的能量，它可以从场（王朝、国家、社会、秩序）的外部考问场本身的存立状态"。① 具体而言，中国独特的"天"观及"天理"观中天然地蕴含了两种彼此对立又彼此依存的政治观念：在"皇权代表天实行统治"的"尊君"观念中，"天"的权威被用作皇权的加固剂；在"以德配天"的政治观念中，被统治者也可以凭借天的权威来对皇权施压，"天"的权威甚至可能成为具体皇权的颠覆性力量。因此，民与天的勾连使晚清中国的民权理论具备反抗君权的特质和可能。在晚清地方离心倾向日趋增强的情势下，这种中日差异也即中国问题的复杂性，使作为立宪主体的晚清朝廷不得不对外来的制度进行改动，对作为权利主体的"臣民"重重设防。简言之，即便对于文化和历史境遇最为接近中国的日本，中国也无法照搬照抄。

人权观念本身蕴含着自由与平等价值的冲突。在人权先行国家的人权发展道路中，以自由为核心的第一代人权与以平等为核心的第二代人权有着明显的时空界限。作为资本主义反封建斗争的武器，人权观念中个体自由的价值在西方现代化进程开启之初受到特殊的重视，在西方的主流意识形态中，自由的核心价值地位虽有强弱不同的变化却始终不曾被动摇根基。只是在资本主义弊端充分显露以后，以平等价值为核心的第二代人权才开始了对以个人自由价值为核心的第一代人权的矫正和补充。与此不同，中国的人权建设是在 20 世纪初起步的。当中国真正放下对古老文明的自诩之时，中国人权的发展已经处于一个压缩的时空结构之中。这个压缩的时空意味着中国人权发展的进程在时间上和任务上是"错位"的。"人权先行的国家，比如比较典型的英国，其人权的发展经历了一个由自

---

① 〔日〕沟口雄三：《中国的思维世界》，刁榴、牟坚等译，孙歌校，生活·读书·新知三联书店，2014，第5页。

由权、平等权到生存权大致有序的人权代际递进发展过程。而对中国而言，政治权利的建设与经济社会权利的发展基本上是在统一历史切面上共时展开的。"① 这个压缩的时空所造成的中国问题的复杂性使得中国的人权发展注定要走一条与人权先行国家迥异的发展道路："那种不顾中国经济社会权利的实际发展水平，片面追求政治权利扩展的观点是不负责任的；而那种认为中国人的政治权利的建设唯有等到经济发展到较高的程度后才可展开的观点同样也是经不起推敲的。当世界人权思想和人权运动进入到以连带为特征的第三代时，中国的人权精神建设无论如何是不可能退回到第一代，从头开始的。唯有和谐的人权精神才能真正支撑起中国社会的制度转型和中华民族的精神再生。"② 虽然中国人权问题的复杂性意味着中国人权发展道路的选择未必是唯一的，但可以肯定的是"照搬人权先行国家的发展轨迹"不是中国的备选答案。

在中国人权的发展道路上，从来没有哪一种外来的理论如马克思主义一样深刻影响了并将继续影响中国人权的发展方向和发展进程。甚至美国学者阿里夫·德里克教授曾以令人信服的证据表明：在 20 世纪 30 年代，"当中国马克思主义者中最极端的正统分子都已经意识到了欧洲与中国历史中的不同之处，以及唯物主义公式无力解释中国历史中的许多重要方面时，他们还要坚持对于历史唯物主义的公式化的解释"。③ 那么，这是否意味着在马克思主义的"科学性"面前，中国丧失了自主性的内在动力？或者中国人权的发展道路可以被放置在马克思主义的延长线上来理解？答案显然是否定的。中国人权发展道路上产生了毛泽东思想和邓小平理论等一系列的马克思主义中国化的成果，这是不容否认的客观事实。

总而言之，由于中国人权问题的复杂性，任何一种理论和发展模式都无法有针对性地解决中国人权发展的全部问题，因此作为文明主体的中国

---

① 齐延平：《论中国人权精神的建设》，《文史哲》2005 年第 3 期。
② 齐延平：《论中国人权精神的建设》，《文史哲》2005 年第 3 期。
③ 〔美〕阿里夫·德里克：《革命与历史——中国马克思主义历史学的起源，1919—1937》，翁贺凯译，江苏人民出版社，2010，第 197 页。

必须要走一条自主的有中国特色的人权发展道路。中国人权问题的复杂性是中国不得不进行理论创新和道路创新的内生性动力。

四　中国人权的自主发展能力

外部的自主空间和内部的自主动力只能说明中国人权发展的最终动力是内生的，如果对中国人权发展道路自主性的论证仅止于此，那么中国人权的发展也可能被理解为中外元素的简单混合。因此，如果说上文着重论述中国特色人权发展道路为什么"能够"自主以及为什么"必须"自主，那么下文则是要以中国特色社会主义人权理论和实践为例，论证作为文明主体的中国，在自身人权发展道路中所展现出来的自主发展能力，即中国是"如何自主"的。中国人权的自主发展能力不是纯主观的理论学习能力或特定历史阶段的实践模仿能力，而是在偶然性与必然性相交织的历史上、在主客观互动的过程中所展现出来的一种持续的创造能力。

（一）创造性地解决中国人权问题的能力

中国人权发展的自主创造能力是创造性地解决中国人权问题的能力。近代中国人权的发展是在一个压缩的时空结构中展开的。在这个特定的时空结构中，中国的人权问题不仅仅是个体权利和自由的发展问题，还包括中华民族的整体发展问题。国家民族的独立统一生存发展、国民性改造乃至个体的生存发展既是中国人权发展道路上必须完成的目标，也是中国创造力发挥的刚性边界。换言之，中国人权观念萌生演进以及制度实践发展的终极动力始终是深藏于中国基体结构里的基本矛盾及发展规律，任何人权理论及以种种主义为名的意识形态，如果不能及时有效地回应此等矛盾，其便无法主导中国的人权观念及制度实践走向，终将为中国自身的历史所淘汰。在中国的多元人权发展方案中，中国共产党的社会主义人权发展方案之所以能够最终胜出，并非仅因为马列主义思想本身的精妙与完善，更不能被简单归结为成王败寇的历史偶然，而是因为中国共产党所提出并实践的人权发展方案更为有效地回应了中国的人权问题。[①] 因此，当下中国的人权发展道路之所以是"社会主义"的，不能仅仅从中国传统中的社会主义基因以及中国文化与马列主义思想的亲和之处来理解；中国人权发展道路不是理论导向的而是实践导向的，不是为了证明任何理论的正确性或验证其中存在某些真理成分，而是在不断回应中国人权问题的过程中、在主客观互动的过程中所形成的独特历史轨迹。这条轨迹中有相当多的部分表达了决策者或行动者的主观愿望，也有相当多的部分是非刻意创造的。例如尊重客观规律的唯物主义主张和"人定胜天"的思想路径在中国反天命从而解放个体的历史进程中发挥了重要的作用，但"大跃进"中对"粮食增产有限论"的批驳也正是以此二者为据的。中国的"大跃进"虽然在《中国共产党中央委员会关于建国以来党的若干历史问题的决议》中被认为是忽视客观经济规律的结果，但"大跃进"中夸大主观意志和主观努力的行动却是在按客观规律办事的理论形式下论证的。"自然发展的规律，是不以人的意志为转移的，但是当人们正确地掌握了自然规律，就能驾驭自然，改造自然。我们深信解放了的人们一定能够战胜大自然，深信我国的古话'人定胜天'是有道理的。"[②] 从这个角度看，中国特色社会主义理论内部不可能没有张力，但是这种内部张力的存在不是因为误读或不成功模仿，而是因为其不能为了理论本身在形式上的精妙与完善就放弃对实践有效性的追求，因此中国社会主义人权事业的前进或曲折都是中国创造性地解决自身人权问题的探索，不能被视为在主观上抛弃了某种正确理论指导或者被简单地视为传统糟粕作祟。

（二）创造性地理解和吸收域外人权资源的能力

中国人权发展的自主创造能力突出表现为中国理解并吸收域外资源的特殊意义结构。从清末开始的制度移植到当代中国内化国际人权标准的种种努力都表明，在人权发展问题上，中国作为"学习者"的角色是客观存

---

① 参见张静《民国时期三民主义民权观念结构分析》，《湖南社会科学》2015年第4期。

② 熊复：《驳"粮食增产有限论"》，《红旗》1958年第5期。

在的。然而，中国人权的发展却不仅仅是因为中国的"学习"，或者说中国的学习不是简单地照搬域外理论或制度，也不是对中外元素的简单排列组合，而是自主的创造——中国理解域外人权理论和制度的意义结构是内生的。

文化人类学家博厄斯这样理解观念和制度在跨文化传播过程中的文化嵌入性：文化内部某些主导的兴趣和文化嗜好是引发文化改变的重要因素。当一个社会面对一些异质的风俗制度时，这个社会总会以内部早已存在的文化价值倾向、民族精神等等来进行创造和诠释，以使新的元素符合自己已经存在的意义结构。① 马克思主义人权观念中国化的过程也存在这样的文化嵌入性。例如传统中国是以道德来为"人"或"民"归类的，因此将人贴上"阶级"的标签被许多中外学者认为是中国人权实践与中国传统最为深刻的"断裂"之一。然而，本文认为，中国共产党人对阶级的理解及其人权主体实践是在中国"道德理想主义"的意义结构中展开的，阶级主体观在跨文化传播的过程中存在明显的文化嵌入性。

"阶级"一词在中国有一个从侧重经济含义到侧重政治含义的转变过程。马克思和恩格斯在《德意志意识形态》中是用物质生产条件来划分阶级的，在马克思主义经典作家看来，"阶级"首先是一个经济概念。列宁认为"所谓阶级，就是这样一些集团，由于它们在一定的社会经济结构中所处的地位不同，其中一个集团能够占有另一个集团的劳动"。② 1925 年毛泽东在《中国社会各阶级的分析》中也是以个体在经济生活中的地位为标准来划分阶级的。按照马克思主义经济基础决定上层建筑的原理，政治意义上的阶级也应当是从属于经济意义上的阶级概念的。新中国成立之初，中国的社会主义改造也是着眼于从经济基础的角度改造民族资产阶级的。然而，在社会主义改造完成后，主流意识形态话语中"阶级"一词的经济含义逐渐淡化，政治含义日益强化。例如 20 世纪 50 年代后期出版的《国家和法的理论讲义》中就认为，虽然民族资产阶级在总体上被改造为

---

① 〔美〕弗郎兹·博厄斯：《人类学与现代生活》，刘莎译，华夏出版社，1999，第 32 ~ 56 页。
② 《列宁全集》，人民出版社，1995，第 11 页。

社会主义新人，但是并不影响国家政权对民族资产阶级中反抗和破坏社会主义建设事业的少数分子进行坚决的打击。[①] 到了反"右"运动和"文革"时期，统治阶级和被统治阶级大多是以政治标准而非经济标准来划分的，"阶级"一词被泛化和滥用。如果说马克思主义经典作家的"阶级"概念是以客观的经济关系作为基础，那么一旦抽离了这种客观性标准，"阶级"一词就面临着被主观化的危险，而原本被认为具有阶级属性的一切事物都可能偏离其原初的意义。改革开放前中国人权观念的曲折发展就与"阶级"一词之政治属性和判断标准不断被绝对化和主观化密切相关。

"阶级"语词含义的这一变化的确与苏联斗争哲学对中国执政党意识形态的影响有关。[②] 斯大林时期用阶级斗争的方式处理党内不同意见的争论与"文革"时期将阶级斗争应用于众多非阶级矛盾情形有着显而易见的相似性。然而，这只是问题的一个方面，问题的另一方面是：在中国道德理想主义的意义结构中，德性的精进才意味着自我价值的完满。因此，中国的革命不仅是一场经济基础的革命，更是一场道德革命。简言之，"阶级"语词含义的变迁有着特殊的中国逻辑——无论是经济标准还是政治标准，中国语境下的"阶级"最终都是从属于道德的，是通往理想社会的手段。

无论是中国的"大同"理想还是中国人理解的共产主义社会，都是一个人人道德高尚的理想社会。在新中国的意识形态中，单单过上有道德的物质生活并不是革命的完成，有道德的精神生活也是中国道德革命的应有之意——中国统一意识形态的行动并不仅仅是国家安全和国家建设的需要，也是中国道德革命的一部分。而当毫不利己专门利人的无产阶级道德成为普通百姓必须内化的修身目标时，传统中国在天理观念中所包含的人欲就被排除于道德之外了，新的天道并不认同原本由个人内心良知生发出

---

① 中央政法干部学校国家和法的理论教研室：《国家和法的理论讲义》，法律出版社，1957，第 94 页。

② 刘颖：《法概念的跨语际实践：苏联法在中国（1949—1958）》，法律出版社，2011，第 190~193 页。

的个体化的道德判断，而是外在地给道德做了一个新的定义，在"道德的政治权力"的左右下，这个新定义的正确性也是不容怀疑的。以阶级立场作为群体认同的标准，与传统中国以道德作为群体认同标准的逻辑仍是同构的。因此改革开放之前中国对阶级一词的政治属性的强调以及对人权主体资格之政治标准的强调不过是在更为完整的意义上使用了"阶级"和"人权"的中国式道德标准。

（三）持续的自主创造能力

中国人权发展的自主创造能力是一种持续的创造力。所谓持续的创造力有两层含义：一是过程的延续性，即强调中国特色的社会主义人权发展之路是在中国基体上不断发展演进的，其发展脉络是延续的而非断裂的；二是时间上的持续性，即中国特色的人权发展道路不仅曾经是持续创造的结果，未来仍会呈现不断创造的状态。

过程的延续性表现在如下两个方面。一是中国理解域外人权资源的意义结构不是断代的而是延续的；二是虽然中国人权的发展无法绕开对外来人权观念及制度经验的借鉴这一关节，但是真正能与中国内部的人权理论元素相结合并发生作用的那些外来观念和制度元素，一定在中国内部存在相应"期待"，是那些能够满足中国社会现实需要并"先得我心"的观念和制度。

如前所述，阶级语词在中国的变化是因为国人是用"道德"这一"前见"来理解"阶级"的。但并不是在所有的人类文明中，道德都可以与政治发生如此紧密的关联。基督教的天职观念和印度教的入世修行观念都不将从政作为入世精神的主要表现方式，而宋明儒学之后，在中国主流文化中政治已然成为个体人格的扩大，与基督徒和印度教徒不同，大多数中国人所秉持的是一种政治本位的人生观。

进而言之，道德与政治的这种关联对中国人权发展道路的影响不仅仅表现在中国特色社会主义人权主体观的形成过程中，也表现在晚清和民国的主流意识形态中——这种独特的意义结构对中国人权发展道路的影响是持续的。晚清新政以前，士林群体主要以作成于上的态度力图重构政治运行的方式，其精神基底仍是儒家"得君行道"的传统。① 民国时期"三民主义"所设定的民权主体资格是政治的，即国民党一大宣言所主张的"必不轻授民国之民权于反对民国之人"②；与此同时，"三民主义"所理解的民权主体又是道德的，这不仅表现在践行"三民主义"的方式，即恢复中国固有的道德：忠孝仁义信爱和平上；也表现为"三民主义"对自由平等的道德理解，即个体自由要服务于国族自由、平等的实现途径是"巧者拙之奴"。③ 由此可见，阶级语词在中国发生的意义转变不是偶然的，不是国人的误读或中外元素的临时组合，而是接续着中国传统、传承着国人对自身存在方式和存在意义进行自我体认的中国文化基因。从这个意义上说，中国人权发展道路不能被视为中外元素的简单混合而应当被理解为一种持续的创造。

中国特色社会主义人权观念中的所有元素并非都在中国接受了马克思主义之后才出现。晚清中国即出现了带有阶级性的人民主体观和对经济平等的强调。刘师培在《论新政为病民之根》一文中即指出清末的地方自治是绅民自治，其结果是"绅民之权日伸，平民之权日削"。一般认为，类似刘师培这样的批判是接受外来无政府主义观念甚或社会主义观念的结果。但是，这种带有阶级性的人民观在中国并没有来由。康乾盛世之后，人口与土地之间的矛盾逐渐严峻。到了晚清将土地平均分配给"全户"的传统井田理论在太平天国的天朝田亩制度那里已经发展为土地公有的理论。因此，清末的革命派和无政府主义者持一种带有阶级性的人民主体观，批判豪强地主富民阶层对土地资源的独占，要求以公益（大多数人的生存）为目标进行土地的重新分配，都是很自然的事情。④ 早期殖民国家的掠夺行动和其人口规模，使他们没能如中国这般较早地在平等价值生成之初即关注物质的匮乏对于整体性生存，进而对于个体性生存的重要意

① 张静：《儒家文化传统与晚清士林人权话语》，载齐延平主编《人权研究》（第13卷），山东人民出版社，2014，第41~43页。
② 浙江省中央党史学会：《中国国民党历次会议宣言决议案汇编》，浙江中共党史学会，1987，第8页。
③ 孙中山：《三民主义》，中国长安出版社，2011，第108~109页。
④ 参见〔日〕沟口雄三《中国的公与私·公私》，郑静译，生活·读书·新知三联书店，2011。

义，这是中国亲和社会主义人权理论的重要内生性动力。也正因如此，与西方社会将平等主要理解为政治层面和社会层面的平等不同，经济平等一直是民国以降中国主流人权观念、制度及实践的重要内容。由此可见，带有阶级性的人民主体观念和制度以及对经济权利的特殊关注并非单纯学习马列主义和移植苏联制度模式的结果——中国特色社会主义人权发展之路有着自身的历史脉络，是一种持续的创造，因而不能被放在马列主义的延长线上来理解，不能被视为一种"自我殖民"。

就时间的持续性而论，无论是社会主义还是人权，都是一个需要不断从理想走向现实的过程。社会主义之于中国是一个在实践中不断追求和完善的理想。人权之于人类，也是一个需要不断探索实践才能接近的乌托邦，它一直面临着诸多理想与现实的悖论，是人类在明知不可能完美的世界里为了追求某种可能的完美而进行的试探和实践。因此，当"社会主义"与"人权"组合在一起时，它在实践中所面对的未知问题不是减少了而是增加了。进而言之，在中国特色社会主义人权发展道路上有确定的目标却从来没有确定的行动路线。中国所面对的和将要面对的前现代、现代和后现代难题从来就没有固定的答案，甚至并非所有的问题都有经验可资借鉴，因此中国特色社会主义人权发展道路不仅过去是持续创造的结果，未来也必然要不断进行创造。

自20世纪30年代起，中国文化中的道德理想主义与马克思列宁主义相结合，其在现代社会所展现出的巨大社会动员能力一直被认为是中国社会主义制度优越性的重要表征之一。中国人权保障的进步是在独立内化国家建构成本和工业化成本的前提下发生的。中国的国家建构是在反抗侵略的战争中完成的，中国工业化基础的打造没有殖民主义的罪恶。"尚多数之公，去少数之私"的公私观，使中国在资源有限的前提下能够依靠自身的力量维持整体性的生存；中国的大同情结和道德理想主义使中国国家事业和人权事业的发展一直有着广阔的全球视野和世界主义倾向。爱好和平的中华民族能够在饱受欺凌的历史中走出来，依然谋求用对话而非对立的方式解决全球化背景下的文明冲突和人权分歧，并独立解决了十几亿人口的生存问题却没有对外部世界的其他族群造成伤害，这一事实本身就是对世界人权事业的巨大贡献。中国特色社会主义人权理论中的群己观、大同情结、道德理想主义等等都是人类在这个并不太平的星球上发展人权事业的一笔宝贵精神财富。然而，我们也必须承认，在中国特色社会主义人权发展历程中，在特定的时空环境里，缺乏规则约束的道德、被钝化了自我反思能力的理想以及一种激进的群体道德理想主义也曾为中国人权事业的发展带来曲折。因此，中国特色社会主义人权理论和实践都仍然需要继续探索和完善。

就世界人权发展的历史来看，如果作为人类之乌托邦的人权理想不是道德的，那么人权也无法成为人类最后的乌托邦。现代社会的危机已经证实了道德之于人权的重要意义，但是道德究竟怎样与人权结合才能给人类指出一个光明的未来，仍是一个需要不断探索的问题。中国的自主创造能力虽然既带来了中国的人权成就，也造成过中国人权事业的曲折，但是，无论如何，在已经走过的人权发展之路上，中国的理论和实践显然已经显现了不同于人权先行国家的诸多特质。因此，中国的成功或失败、前进或挫折都是人类人权事业发展的宝贵财富，至少其丰富了人类不断接近自身人权理想的诸多可能。

五　结语

除中国历史上寥若晨星的无君论者外，中国的历代思想家和政治家"都认同由一人执掌最高权力的政治制度和圣化的政治权威。他们不仅从来没有提出过治权在民的政治理念，反而在抨击暴君暴政的基础上设计以治权在君为一般法则的、理想化的'圣王之道'"。① 从这一点来看，如果没有外部的刺激和压力，中国王朝时代的那些非主流观念很难参与中国的人权实践进程。因此，中国人权的发展无法排除外来的影响。但如果仅仅将中国人权的发展归结为外部影响和压力，或者将其视为对任何一种或几种外来理论的模仿与实践，甚或认为中国人权的发展是中国元素与外部因

① 张分田：《从民本思想看帝王观念的文化范式》，《天津师范大学学报》（社会科学版）2004 年第 1 期。

素的简单混合或诸多片段式的临时组合，都不免会忽略中国传统及中国问题的复杂性。救亡图存的确是中国人权制度发展的重要驱动力，但是这种外源性的压力和动力并没有扼杀中国人权发展的自主性空间：多元性的外来资源、多歧性的外部压力以及中国主权的自由度，使作为主权实体和文明主体的中国对自身的人权观念及制度实践都有着自主选择的空间和余地。与此同时，中国作为文明主体自我认同的需要以及中国人权问题的复杂性是中国自主发展自身人权理论及实践的重要内生性动力。中国人权的自主发展能力不是单纯的学习能力和模仿能力，而是一种持续的创造能力，是中国以自身独特的意义结构创造性理解域外资源并自主重构本国传统的能力。中国人权发展道路有着自身独特的脉络与生成逻辑，不能被放在任何外来理论的延长线上来理解，不能被视为一种"自我殖民"，也不能被视为中外元素的简单混合或诸多片段式的临时组合。

Abstract：The conversational mode of modern Chinese and world civilization has the characteristic of compactibility, but the external pressure can't be regarded as the only reason of human rights development in China, and Chinese human rights development road can not be understand in the context of extension of any foreign theory. Chinese human rights development road is characterized by autonomy. Multiple external resources, ambiguous external pressure and degree of freedom of action of China as a sovereign entity support the autonomy space of Chinese human rights development together. The need of self-identification of civilization subject and complexity of China's human rights issues are the inner motivation for essential theoretical innovation and road innovation of human rights of China. The autonomous capacity of Chinese human rights development road is not the ability to learn and the imitation in human rights practice, but the continuous creativity during the interaction between subjective and objective and interleaving history of occasionality and inevitability.

Keywords：Human Rights; Autonomy; Inner Motivation; Self-development Capacity

健康权的历史建构

刘碧波*

摘　要：健康权在今天仍然是一个充满争议的概念，而这些争议的根源便隐藏在其产生的历史之中。主流的研究通常将健康权描述为公共卫生发展与启蒙思想演进的自然结果，然而这种历史叙事遮蔽了健康权发展过程中的诸多曲折，实际上构成了一种健康权的"教会史学"。通过将健康权回置于其产生、发展和演变的历史情境中来考察，可以看到健康权是一种逐步被"建构出来"的权利，并且这一建构过程绝非连续的、自然的，而是在一系列的观念冲突、价值取舍和政治斗争中断断续续甚至自相矛盾地生长起来的。在不同的历史情境下，不同国家对健康权的理解也大相径庭。20 世纪 80 年代以后，随着健康与人权运动的兴起，健康权得以被重新"发现"，并被视为抵御国家权力对个体的侵害以及新自由主义改革导致的健康不公平的一面旗帜，但这场运动自身的结构性特征也转化为健康权内在的张力。今天围绕健康权的诸多争议，应当从健康权的曲折命运中来理解；重述健康权的历史，也构成了我们重新认识和思考健康权的起点。

关键词：健康权；教会史学；历史建构；内在张力

一　引言：超越健康权的"教会史学"

在试图"重述"人权的历史时，塞缪尔·莫恩（Samuel Moyn）曾不

＊　刘碧波，清华大学法学院 2014 级博士研究生。

无揶揄地指出，当代人权史学者实际上非常类似于往昔的教会历史学家，在其建构的人权史叙事中，人权一经登场便被视为必然，具有天然的正当性和先验的合理性，先前的一切历史似乎都不过是在为迎接人权的诞生铺平道路。按照这样一种叙事，人权拥有极为古老的渊源——首先要"上溯古希腊与古罗马哲学中的斯多葛学派，接着追溯中世纪的自然法和近代早期的自然权利，最后归于大西洋两岸的美国革命和法国革命，以及随之而来的 1776 年《独立宣言》和 1789 年《人权和公民权宣言》"。①

关于健康权的历史叙事也呈现同样的面目。作为国际人权的一个（或许不那么显眼的）分支，健康权的历史与人权史基本同构，或者不过是后者的附庸。单独为健康权修史似乎并没有什么必要，也远未成为人权学者关注的重点。遵循与人权史相同的逻辑，健康权似乎早在遥远的古代即已有端倪②（甚至可以在亚里士多德那里找到先声③），经历漫长、曲折但未曾间断的发展，终于在 20 世纪中期瓜熟蒂落，并迅速成为当代围绕健康问题而产生的政治与公共政策争论的核心。

然而在莫恩看来，这样一种追根溯源"与其说使过去变得圆满，倒不如说是抛弃了过去"。所有这些断断续续的历史与思想碎片，都不过是"在事实已经成为事实之后再构建起来的先兆"。④ 这种"虚构"或"神话"式的历史叙事，不仅遮蔽了真实的历史，更妨碍了我们去理解究竟是哪些因素促成了人权（健康权）观念的产生和发展，其真正的力量、限度和困境又在何处。

本文旨在跳出这种健康权的"教会史学"观的偏狭，重新审视健康权的起源、发展与演变。与其说健康权是一项被"发现"的、有着悠远传统

---

① 〔美〕塞缪尔·莫恩：《最后的乌托邦》，汪少卿、陶力行译，商务印书馆，2016，第 5 ~ 8、11 ~ 12 页。

② Anne Emanuelle Birn, "Health and Human Rights: Historical Perspective and Political Challenges", 29 *Journal of Public Health Policy* (2008) 33. （主张不应将 1948 年《世界人权宣言》作为健康权的起点，而应追溯到更早的历史）

③ Brigit Toebes, *The Right to Health as a Human Right in International Law*, Hart Publishing, 1999, p. 3.

④ 〔美〕塞缪尔·莫恩：《最后的乌托邦》，汪少卿、陶力行译，商务印书馆，2016，第 12 页。

的权利，倒不如说它是一个相当晚近的"发明"。[①] 本文试图澄清关于健康的权利话语究竟是如何被建构起来的，其背后又隐藏着哪些观念冲突、价值取舍和政治斗争。这一讨论将有助于揭示健康权概念及话语的内在复杂性，进而使我们能够更深入地理解围绕健康权所产生的诸多理论争议和实践困境。

二 健康权的"史前史"：国家、健康与权利

通常的观点认为，尽管健康的权利化和健康权的法律化要等到 20 世纪中期前后才出现，但在此之前，公共卫生（public health）的发展（尤其是 19 世纪的公共卫生运动）以及相应的健康权早期话语的演进，已经为此提供了必要的经验准备和规范基础，二者由此构成了健康权的"史前史"。

（一）公共卫生史中的"国家"与"健康"

公共卫生史直到相当晚近才进入西方历史学界的视野。1958 年，乔治·罗森（George Rosen）出版了其开创性的著作《公共卫生史》，奠定了现代公共卫生史学的基本框架。[②]

在这部横跨古希腊到 20 世纪数千年历程的公共卫生"通史"中，罗森试图表明，采取集体行动来保护人群的健康有着悠远的历史。例如，早在四千多年前，古代印度城市中就已经注意到了清洁与排水的问题，并建立了公共浴室和下水道系统；早在古希腊时期，希腊城邦中便已经有了公共医生。[③] 这些做法在各大文明中都很常见，有些甚至达到了极高的体系

[①] 在西方学界（尤其是史学界与人类学界），已有少数学者开始注意到这个问题，并有意识地跳出健康权的主流历史叙事，运用谱系学和人类学的方法，试图还原健康权作为一种权利话语被建构的本质和历程。参见 Alex Mold and David Reubi（ed.），*Assembling Health Rights in Global Context: Genealogies and Anthropologies*，Routledge，2013，pp. 7 - 10，71 - 126。

[②] George Rosen，*A History of Public Health*，John Hopkins University Press，2015. 关于该书的地位及影响，可参见 Elizabeth Fee 为该书撰写的"导读"（pp. XII - LII）。

[③] George Rosen，*A History of Public Health*，John Hopkins University Press，pp. 1 - 4.

化程度。例如在共和晚期的罗马，就已经建立了较为完备的公共卫生设施，以及包括如"水道立法、浴场立法、下水道立法、殡葬卫生立法以及医疗卫生立法"在内的极为周密的"公共卫生法律体系"和相应的管理体制。其结果，便是罗马"在每平方公里 6 万人的人口密度条件下，维持了 265 年无瘟疫的记录"。① 从古典时代到中世纪，几乎所有的共同体——无论是城邦、王国或教会——都或多或少地承担着保卫人群健康的责任，并创建了相应的管理机制来防控疫病、保障清洁与卫生。

不过，一直到 16、17 世纪，共同体与其成员的健康之间才建立起更具结构性的联系。早期现代民族国家的建立以及随之而来的重商主义（mercantilism）的兴起，导致了一种对"人口"（population）及其健康的全新看法。对 17 世纪的重商主义者而言，人口"不仅仅是国家和统治者力量的标志"，还是其"力量的源泉"；健康的人口意味着生产力，疾病或者死亡都意味着对劳动生产力的削弱，进而损害国家的财富和力量。因此，对出生率、死亡率、发病率进行调节，维持和增加健康的人口，就成了重商主义"政治算术"（political arithmetic）的核心。人口作为"治理"的"最终目的"，构成了福柯（Michel Foucault）所说的"治理术"（governmentality）的中心问题。② "国家"与"健康"由此被紧紧地绑在了一起。

这种新观念对公共卫生最显著的影响，是促成了 18 世纪"卫生治安"（medical police）③ 运动的兴起。"卫生治安"的观念发源于德语国家。在德意志的"绝对主义"（abosolutism）传统之中，君主及其臣民之间的关系往往被理解为一种"家长式"（paternalistic）的关系；绝对君主有义务保障其臣民的健康，也"知道"何种举措最有利于臣民的健康，而"治安"（police）则构成了其中最为关键的环节。早期现代的德国思想家如普芬道夫、莱布尼茨等人都对"治安"概念有过讨论，莱布尼茨尤其强烈主

① 徐国栋：《罗马公共卫生法初探》，《清华法学》2014 年第 1 期。
② 〔法〕米歇尔·福柯：《安全、领土与人口》，钱翰、陈晓径译，上海人民出版社，2010，第 54～64、85～93 页。
③ 这一概念在国内常常被翻译成"卫生警察"。不过考虑到"治安"（policy）这一概念在 17、18 世纪的独特意涵，本文仍将其翻译为"卫生治安"。

张国家对人口健康状况进行调查和统计，并建立专门机构来对公共卫生、医疗、药品进行管理。① 不过，一直到 18 世纪末，"卫生治安"的观念才由约翰·弗兰克（Johann Peter Franck）进行了详尽的阐发。② "卫生治安"所涵盖的内容极为宽泛，不仅包括制定法律、建立专门机构和采取行政手段来对流行病、传染病进行防控，还扩展到了清洁卫生（包括住房、食物、饮水、服装、环境等）、母婴健康、职业卫生、事故预防、贫困救济、卫生人员的管理和教育等各个领域。到 19 世纪，"卫生治安"的观念已在西欧、北美传播开来，并促成了广泛的实践。③

工业革命的爆发则促成了公共卫生的进一步发展。在最早开展工业革命的英国，人口的集中、城市规模的扩大都带来了严重的公共卫生问题。恶劣的生存环境、高强度的劳动负荷、低微的劳动收入、难以果腹的食物、基本医疗条件的缺乏，使得工人阶级身体素质低下、疾病缠身，"既不能保持健康，也不能活得长久"，对此，恩格斯在《英国工人阶级的状况》中有着详尽的描述。而这一状况所影响的绝不仅仅是底层的工人阶级。频发的流行病和瘟疫（如霍乱）可能导致的社会动荡以及对 1848 年革命的恐惧，都使得公共卫生的改革迫在眉睫。因此，从 19 世纪中期开始，主要的工业国家如英国、法国、德国都开展了大规模的公共卫生运动。英国先后于 1848 年和 1875 年颁布了《公共卫生法》（Public Health Act），建立了高度集中的公共卫生管理机构；法国、德国也都采取了相应的立法和改革措施。而这一时期医学和流行病学的发展，尤其是 19 世纪末细菌学（bacteriology）的出现，更为公共卫生的发展提供了科学支撑。到 19 世纪末 20 世纪初，一种现代意义上的公共卫生行政体制——或者更宽泛地说，围绕"卫生"而建立起来的一套总体性的社会制度和政治安排——已初步建立。

在许多学者看来，罗森所建构的这套关于公共卫生史的叙事所提供的

① George Rosen, *A History of Public Health*, John Hopkins University Press, 2015, pp. 133 – 135.
② George Rosen, *A History of Public Health*, John Hopkins University Press, p. 147.
③ 这一观念还影响到了中国近代公共卫生体制的建立。20 世纪初中国卫生体制的建立也经历了一个从"警察卫生"到美式公共卫生的转变过程。参见杜丽红《近代北京公共卫生制度变迁过程探析（1905—1937）》，《社会学研究》2014 年第 6 期。

最重要的洞见，是阐明了国家与健康之间的结构性关联，奠定了"国家对于保护民众健康负有不可推卸的责任"这一命题的历史基础，进而当代的健康权话语得以主张国家在"尊重、保护和实现"公民健康权时所负有的种种义务。由此，公共卫生史构成了当代健康权理论的一个不可或缺的"前史"。

不过值得注意的是，罗森及其影响下的公共卫生史研究本身带有非常强的"进步史学"的色彩。作为一名资深的公共卫生专家，20世纪医学与公共卫生学的突飞猛进使得罗森笔下的公共卫生史很大程度上是一部公共卫生专家及社会改革家不断胜利的"英雄史诗"（heroic）式的历史。在20世纪50年代弥漫的乐观的时代精神逐渐消散之后，这种史观也遭到了越来越多的反思与批评。从20世纪70年代之后，受福柯的影响——尤其是他关于"生命政治"（bio-politics）的讨论①，公共卫生史学开始更深入地讨论公共卫生的兴起与现代国家的"生命权力"（bio-power）——对生命进行"干预、扶植、优化、监视、评估、调解、矫正"的权力——之间的关联，从"进步和胜利"的"亮面"转向对公共卫生之"暗面"的探讨，包括公共卫生运动中的专家权力、对个体的规训和压抑、与种族政治的关联以及公共卫生与殖民史等问题。② 在这种"暗面"的叙事中，公共卫生史往往有着非常强的"压迫性"的意涵，与现代意义上的权利保护相去甚远。

从另一方面看，由"国家保护人民健康"到国家"尊重、保护和实现"公民健康权的跨越也并非那么顺理成章。实际上，国家与健康之间的结构性关联并不必然需要一种"个人权利"来作为中介。正如罗森所指出的，"对健康与疾病问题的关注，首先是出于维持和增加一个健康的人口，

---

① 参见〔法〕米歇尔·福柯《必须保卫社会》，钱翰译，上海人民出版社，2010。关于"生命政治"的学术史，参见〔意〕吉奥乔·阿甘本《神圣人：至高权力与赤裸生命》，吴冠军译，中央编译出版社，2016，第9～21页。

② 关于 Rosen 的进步史学倾向以及后来历史学界对其的反思和批评，参见 Dorothy Porter (ed.), *The History of Public Health and the Modern State*, Amsterdam Atlanta, GA; Rodopi, 1994, pp. 1 - 4。

进而增强国家的经济和政治力量"。① 无论是在重商主义，还是在"卫生治安"的理念与实践中，"国家保卫人民健康"的出发点都不是"个人权利"，而是"国家"。也正是由于这个原因，尽管从 18 世纪之后国家在健康领域逐渐承担起越来越多的责任，但健康权的观念仍然只有极其微弱（如果不是牵强）的痕迹可循。我们在接下来对健康权早期话语的分析中将更清楚地看到这一点。

（二）健康权的早期话语

另一条研究脉络关注的是健康权早期话语的演进。通常的研究认为，健康权观念的产生与启蒙运动有着密不可分的联系，启蒙运动对自然权利的主张为健康权奠定了必要的观念基础。然而，无论是在 1776 年美国《独立宣言》还是 1789 年法国《人权和公民权宣言》中，"健康"都没有被列为人的"不可让渡的"（inalienable）权利。尽管法国大革命之后的确产生了主张国家对个体的健康负有责任的观点，并于 1789 年之后通过了数部法律，规定国家应向公民提供包括医疗服务在内的社会救助，但革命话语内部的分歧与此后动荡的政治环境，导致这些法律并未得到施行。② 实际上，在启蒙运动及其之后相当长的一段时间里，论述"权利"的主要著作仍然很少将"健康"纳入讨论的范围。

观念上的主要分歧在于，将健康理解为一种权利，与传统自由主义的权利哲学存在明显的冲突。这一点早已被许多学者概括为"社会权"与"自由权"的争论。③ 在经典自由主义的理论中，权利被视为对国家权力的限制，旨在防止其伤害公民的生命、自由与财产。在这一传统中，权利施加于政府的更多的是一种"不作为"的消极义务。而健康作为一种权利，要求的恰恰是政府的积极干预以及对财产权、自由权的某种程度的限制。尽管不乏有人试图在财产权基础上论证健康权的存在，但这些主张往

---

① George Rosen, *A History of Public Health*, John Hopkins University Press, 2015, p. 90.

② Matthew Ramsey, "Public Health in France", in Dorothy Porter（ed.）, *The History of Public Health and the Modern State*, Amsterdam Atlanta, G. A., Rodopi, 1994, pp. 48 – 49.

③ 龚向和：《社会权的历史演变》，《时代法学》2005 年第 3 期。

往极为牵强，并未被时人所接受。①

直到 19 世纪末 20 世纪初资本主义转型和社会连带主义等思潮的兴起重塑了个人、社会与国家间的关系，进而也改变了对于财产权的理解②，社会权的观念才逐渐被接受，并落实为具体的法律和公共政策安排。③ 与健康相关的权利也大致在这一历史时期开始进入一些国家的宪法，得到明确的法律表达。1917 年的墨西哥宪法是世界上第一部正式肯定经济与社会权利的宪法，尽管其并未单独规定健康权条款，但其第 123 条规定了对妇女、劳工家庭的医疗保障。此后 1918 年的苏俄宪法和 1919 年的《魏玛宪法》亦都包含了大量的社会权条款，后者尤其被视为保障社会权之典范。

大体上，到 20 世纪上半叶，围绕健康已经形成了四种主要的权利话语和法律渊源。（1）欧洲的福利国家政策，尤以《贝弗里奇报告》为代表，强调国家在提供社会保障和维护健康方面的重要作用。在其影响下，西欧各国在战后纷纷建立了带有一定福利色彩的医疗保障体制。（2）拉美国家宪法中关于健康相关权利的规定。自墨西哥宪法之后，在宪法中对公民的健康加以保护几乎成为一股潮流，席卷了拉美各国的宪法。④（3）以苏联为代表的社会主义传统，尤其是其 1936 年宪法第 120 条规定的"劳动者免费医疗"和对公民"在年老、患病或者丧失劳动能力的时候"提供物质帮助。(4) 美国的"新政自由主义"（New Deal Liberalism）传统，其最经典的表达是罗斯福于 1941 年提出的"四大自由"，尤其是"免于匮

---

① 例如，19 世纪德国公共卫生学家诺依曼（Neumann）的著作 *Public Health and Property* 便试图在财产权的基础上论证健康权的存在。按照 Neumann 的观点，健康对人而言是最大的"善"（good），而财产权是人们在国家中所拥有的最重要的权利。国家作为人们财产权的保护者，同样必须保护那些除了其自身的劳动力之外别无任何财产的人们。而健康对于劳动力而言至关重要，因此，劳动者拥有一种国家应当加以保护的健康权。不过显然，这一论证并未被人接受。转引自 Toebes, *The Right to Health as a Human Right in International Law*, Hart Publishing, 1999, p. 11。

② 张翔：《财产权的社会义务》，《中国社会科学》2012 年第 9 期。

③ Peter Schneider, "Social Rights and the Concept of Human Rights", in D. D. Raphael (ed.), *Political Theory and the Rights of Man*, Indiana University Press, 1967, pp. 81 – 94.

④ 随后的玻利维亚、巴西、智利、古巴、洪都拉斯、巴拿马、巴拉圭、秘鲁和乌拉圭等国宪法中都有健康权或者与之相关的条款。

乏的自由"（freedom of want），其中包含了"获得充分医疗救助的权利"。①

即便如此，这些与健康相关的权利话语与后来作为一种人权的健康权仍然相去甚远，或者充其量不过构成了后者的某些碎片。更重要的是，这些围绕健康权利的不同话语和法律规范各自奠基于不同的智识传统和社会背景之中，有着明确的意识形态差异和不同的制度偏好。欧洲的福利国家政策从整体上看是基于对社会整体福祉的考量，对传统自由主义财产权观念的适度限制，其内部又有不同分支，如英国的福利政策主要源于 19 世纪的社会改良运动、功利主义及 20 世纪凯恩斯主义的影响，而德国则主要源于其"社会国"的思想传统和 19 世纪"反社会主义"的政治情境。②至于拉美国家的宪法，尽管有学者将其归结为社会主义的影响③，但其背后的思想渊源要复杂得多，杂糅了殖民者留下的天主教人类尊严和社会正义观念、启蒙思想、欧美宪法模式及现实的革命经验，实际上是一种颇为独特的"拉美宪法传统"。④ 苏、美之差别则更不待言，在此基础上形成的种种围绕健康的权利话语，一方面当然为健康权在国际人权中的正式登场提供了丰富的渊源，但另一方面也意味着健康权向不同方向延展的可能性，从而必然导致争论的产生。

本节的分析当然不是要"颠覆"公共卫生的发展及健康权早期话语的演进作为"前史"的意义，无论如何，健康权绝非凭空而来。本节旨在反对莫恩所说的那种"在事实已成为事实"之后再诉诸历史求取"先兆"的做法。本节的分析指出，公共卫生的发展本身并未导致，也未必会导向一种个人的健康权利，而健康权话语也直到相当晚近才得以从传统自由主义权利哲学的束缚下脱围，且其内部存在相当大的观念差异和潜在的争议。这些事

---

① 〔美〕凯斯·桑斯坦：《罗斯福宪法：第二权利法案的历史与未来》，毕竞悦、高瞰译，中国政法大学出版社，2016。

② 徐健：《"社会国家"思想、公众舆论和政治家俾斯麦——近代德国社会保障制度的缘起》，《安徽史学》2007 年第 4 期。

③ Johannes Morsink, *The Universal Declaration of Human Rights: Origins, Drafting, and Intent*, University of Pennsylvania Press, 1999, p. 192.

④ 对拉美国家宪法思想渊源与制宪过程的分析，参见 Paolo Carozza, "From Conquest to Constitutions: Retrieving a Latin American Tradition of the Idea of Human Rights", 25 *Human Rights Quaterly* (2003)。

实提醒我们，健康权的出现或许并非先验理念自我显现的结果，而更有可能是人类社会生存形态变化挤压锻造、曲折反复、充满矛盾理念的产物。这一点在健康权日后的产生、发展与演变过程中得到了更加充分的展示。

三 健康权的诞生、沉寂与复苏

（一）诞生：从《世界卫生组织宪章》到《世界人权宣言》

健康权拥有一个相当"激进"的开端。1946年，在二战后的曙光之中，世界卫生组织（World Health Organization，以下简称WHO）成立。在其宪章中，健康权第一次得到了明确的表述：

"健康是身体、精神和社会的全部美满状态，不仅是免病或残弱。享受最高而能获致之健康标准，为人人基本权利之一，不因种族、宗教、政治、信仰、经济及社会条件而有区别。"①

WHO的建立是促成健康权诞生的直接原因。② 尽管以协调国际卫生事务为目的的国际组织早已有之，如1907年在巴黎成立的"国际公共卫生办公室"（International Office of Public Hygiene）和1920年成立的"国联卫生组织"（Health Organization of LON），但其主要目的都限于对传染病、流行病的防控。与这些组织不同，WHO自成立之初就确立了自身的双重使命：一方面像过去的卫生组织一样，承担诸如促进疾病防控、建立卫生标准等工作；另一方面则试图帮助和引导各国建立更好的国家卫生体系，促进其国民健康。③

二战中种种非人道的行为如种族大屠杀、人体试验等，当然是促成健

---

① World Health Organization, Constitution of the World Health Organization, "Preamble".
② 值得一提的是，在1944年最初起草的《联合国宪章》（United Nations Charter）草案中，并无只字提及"健康"（health）。直到1945年召开的旧金山会议上，在巴西和中国代表的提议下，才将"健康"作为联合国需要协调的事务之一，写入《联合国宪章》第13条、第55条和第57条，并建议建立WHO。
③ Benjamin Mason Meier, "Global Health Governance and the Contentious Politics of Human Rights: Mainstreaming the Right to Health for Public Health Advancement", 45 *Stanford Journal of International Law* 8 – 10 (2010).

康权诞生的重要原因，但 WHO 的"雄心"背后更直接的原因要归结为医学与科学技术的迅猛发展。战争为整个世界带来了惨痛的教训，但也促进了新的医学技术、科学疗法的发现及全球性的疾病监测体系的初步建立。由此而来的，是弥漫在医学与公共卫生职业共同体内部的普遍乐观心态和话语共识。作为一个主要由医学与公共卫生专家组成的专业性国际组织——参与宪章起草的，全部都是来自发达国家的医学与公共卫生专家——WHO 对建立一个更"健康"的新世界充满信心。

基于这种信心，宪章在许多方面都采取了相当激进甚至绝对化的表述。这首先体现在对"健康"的定义上："健康是身体、精神和社会的全部美满状态，不仅是免病或残弱。"这一定义实际上超越了以往从消极角度对健康的界定，即健康就意味着"没有疾病"（absence of disease），而更加强调健康的积极面相。要维持健康的状态，就不仅需要诸如防疫、治疗等传统的医学/卫生手段，还必须关注健康背后的种种社会决定因素，需要国家建立完整的国民健康体系，并承担改善营养、住房、社会保障、环境卫生等各方面的责任，即宪章中所提到的"促进人民卫生为政府之职责；完成此职责，唯有实行适当之卫生与社会措施"。其次是"最高而能获至（the highest attainable）之健康标准"的表述。尽管这一术语在日后引发了无穷的争议，但在当时的 WHO 看来，这绝不仅仅是乌托邦式的幻想，而是一种现实的可能性。正如其首任总干事布洛克·奇泽姆（Brock Chisholm）所说的："我强烈地相信，有了现代科学与医学提供的种种奇妙的手段，我们在促进人人享有最高而能获至之健康标准的问题上将取得巨大的进步。"[1] 最后则是将健康建构为一种人之为人的"基本权利"（fundamental rights）。为了能够将健康问题背后更宽泛的社会决定因素涵盖在内，WHO 必须寻找（或建构）一种强有力的话语支撑和规范基础来赋予其行为以正当性，与当时刚刚崭露头角的人权话语相结合、主动将自身使命置于人权框架之下，就成为 WHO 在当时处境下主动选择的一种话语策略。

---

[1]　Brigit Toebes, *The Right to Health as a Human Right in International Law*, Hart Publishing, 1999, p. 32.

宪章被时人视为健康领域的"大宪章"（Magna Carta of Health），不仅建立了一种"基于权利"（right-based）的健康权话语，还代表了"有史以来最宽泛的"对于健康及其所对应的国家责任的理解[①]——相应的，也意味 WHO 的职责与（潜在的）权力超越了此前所有的类似组织。在战后最初的岁月里，WHO，而非任何国家，成为健康权最积极的推动者。在紧随其后的《世界人权宣言》（以下简称《宣言》）的起草中，WHO 也向联合国人权委员会提交了大量的意见和建议。

然而在最后的《宣言》中，这些主张并没有被毫无保留地接受。1948年正式通过的《宣言》之中，既没有规定单独的健康权条款，也没有采纳《宪章》中"最高而能获致"的健康标准的表述：

"任何人有权享有为维持其本人和家庭健康安乐所需的生活水准，包括食物、衣着、住房、医疗和必要的社会服务。在遭遇失业、疾病、残疾、丧偶、年迈或其他超出其控制的丧失谋生能力的情况时，享有获得生活保障的权利。"[②]

与宪章相比，《宣言》的表述显然要保守得多。不过，细究《宣言》起草的历史（见表1），我们会发现实际上在最初的几个版本中，不但存在单独的健康权条款，其表述也大体与宪章保持一致。但从"日内瓦草案"之后，单独的健康权条款就被移除了。健康权被吸纳进"适当生活水准"和"社会保障"条款之中，"最高"标准也为"适当"（adequate for）标准所取代，同时，关于国家应采取何种措施的规定也消失了。

表 1　《宣言》历次草案中与健康权相关的条款

1. 汉弗莱草案	第35条　任何人都有权获得医疗保障。国家应当促进公共卫生与安全 第41条　任何人都有权获得社会保障。为预防失业并为失业、事故、残疾、疾病、年迈以及其他非自愿或不应有的失去谋生手段的风险提供保险，国家应当采取有效措施 第42条　任何人都有权获得良好的饮食与住房条件，有权居住在适宜并且健康的环境中

---

① Benjamin Mason Meier, *The Highest Attainable Standard: The World Health Organization, Global Health Governance, and the Contentious Politics of Human Rights*, PhD Dissertation, Columbia University, 2009, p. 15.

② United Nations, Universal Declaration of Human Rights, 1948, Article 25.

2. 卡森草案	第39条　任何人都有权从社区获取对自身健康的保障。此外，应当采取措施促进公共卫生，改善居住条件与营养水平 第40条　任何人都有权获得社会保障。社区应采取措施预防失业，并且筹措针对残疾、疾病、年迈以及其他非自愿或不应失去工作和生活水平的风险的保险资金 母亲与儿童有权获得特别的关照与自愿
3. 1947.6草案 （第一次人权委员会会议讨论稿）	第33条　人人皆有权享有最高而能获至的健康，不因经济或社会情境各异，而分轩轾 国家与社区对于人民健康与安全的责任，只能通过提供充分的社会措施予以实现 第34条　任何人都有权获得社会保障。国家应尽最大可能采取措施促进全面就业，并在个人面临由于失业、残疾、年迈以及其他超出其自身控制的原因而无法生存时为其提供保障 母亲与儿童有权获得特别的关注、照顾与资源
4. 日内瓦草案 （第二次人权委员会会议讨论稿）	第25条　任何人都有权通过国家或社区所能提供的食物、衣着、住房与医疗资源的最高水平保障自己的健康，不得因其经济与社会条件而有所区别。国家与社区对于其人民健康与安全的责任唯有通过提供充分的健康与社会措施予以实现 第26条　（一）任何人都有权获得社会保障。国家有义务采取或延续综合性的措施保障个人应对失业、残疾、年迈或者其他超出其控制的丧失谋生能力的情况 （二）母亲应获得特别照料与协助。儿童也应相似地获得特别照料与协助
5. 成功湖草案	第22条　（一）任何人享有为维持其本人和家庭健康安乐所需的生活水准，包括食物、衣着、住房、医疗和社会服务。在遭遇失业、疾病、残疾、年迈或者其他超出其控制的丧失谋生能力的情况时，其享有获得生活保障的权利 （二）母亲和儿童有权得到特别照顾与协助
6. 第三委员会草案 （第三次人权委员会会议讨论稿）	第22条　（一）任何人有权享有为维持其本人和家庭健康安乐所需的生活水准，包括食物、衣着、住房、医疗和必要的社会服务。在遭遇失业、疾病、残疾、丧偶、年迈或者其他超出其控制的丧失谋生能力的情况时，其享有获得生活保障的权利 （二）母亲和儿童有权得到特别照料与协助

资料来源：〔美〕玛丽·安·葛兰顿：《美丽新世界：〈世界人权宣言〉诞生记》，刘轶圣译，中国政法大学出版社，2016，第242~286页。

　　这种从激进到保守的转变原因何在？由于缺乏对相关起草过程及辩论的记载——这主要是因为健康权的问题在《宣言》起草过程中并非争议的焦点——我们很难对此进行充分的解释。不过至少有一点可以肯定：与WHO的宪章起草小组相对同质化的人员构成及"技术性"强的特点相比，《宣言》起草团队的构成本身就反映了战后世界秩序重建中复杂的国际关系，代表着更多元和异质的政治、社会与文化传统，自然也意味着更多的争议、让步与妥协。

关于健康权条款，最早的汉弗莱草案很大程度上是所谓"拉美宪法传统"的产物。① 基于对拉美宪法中健康权条款的总结，汉弗莱草案不仅规定国家应当提供直接与健康相关的医疗保障和公共卫生，国家还应当在保障饮水、住房、环境等健康相关因素方面承担责任。此后的1947.6草案出于"简洁"的考虑，参照宪章的表述形成了单独的健康权条款。

转折点是1947年底的日内瓦会议。在会上，美国人提出了一个全新的版本，其中只字未提"健康"，而将重点集中于"社会保障"。在美国人看来，健康并非一种独立的权利，而是"工作"所带来的一种附带利益；国家并没有义务保障所有人的健康，而只需要对那些不能维持自身生计的人提供帮助。这一看法遭到了苏联代表的反对，后者强烈主张应当将"医疗照顾"（medical care）明确写入《宣言》。双方争执不下。而在这次会议之后，健康权就再未作为一个单独的条款出现在《宣言》之中。

从更宏观的角度看，对健康权的讨论实际上从属于另一个更为根本性的问题，即关于社会和经济权利的争论。起草小组主要成员、联合国首任人权司司长约翰·汉弗莱（John Humphrey）曾回忆道，关于是否（以及如何）将社会和经济权利纳入《宣言》，起草时曾引起激烈的争议。② 如何处理这些"新"的权利与传统意义上的公民与政治权利之间的关系？是否需要对其加以列举？这些权利又如何（以及由谁）来落实和保障？尤其是，与传统权利不同，经济与社会权利的实现更依赖于本国的经济状况，

---

① 约翰·汉弗莱（John Humphrey）是起草小组主要成员之一，联合国首任人权司司长。关于"汉弗莱草案"与拉美宪法传统之间的关联，参见 Johannes Morsink, *The Universal Declaration of Human Rights: Origins, Drafting, and Intent*, University of Pennsylvania Press, 1999, p. 192。关于拉美宪法传统对《世界人权宣言》的影响，参见 Mary Ann Glendon, "The Forgotten Crucible: The Latin American Influence on the Universal Human Rights Idea", 16 *Harvard Human Rights Journal* 27 – 39 (2003).

② John Tobin, *The Right to Health in International Law*, Oxford University Press, 2012, p. 30.

落实的方式也会因为每个国家政治体制的不同而有很大的差异。① 在这些问题上，各国代表尤其是美、苏两大霸权之间形成了尖锐的对立，导致起草进程屡屡停摆。

尽管在人权委员会的斡旋与妥协之下，《宣言》最后仍然能够将这两类权利都包容在内，但这并不是由于分歧得到了解决，而很大程度上是因为"《宣言》在法律上并不具有自我执行的效力"，因而仍然为妥协的达成提供了空间。但是当《宣言》中"劝导性"的权利试图转化为国际法上具有形式拘束力的权利时，争论又重新燃起，并且由于"冷战"的降临而愈加尖锐。人权（也包括健康权在内）的命运也由此变得扑朔迷离。

（二）沉寂：WHO 的转向

《宣言》毕竟只是"言辞的宣示"。为了使《宣言》中列举的各项人权能够转化为可执行的规范，从 1951 年起，联合国人权委员会开始着手国际人权公约（International Covenant on Human Rights）的起草。此后，由于美、苏之间以及发达国家和发展中国家之间的激烈分歧，国际人权公约被一分为二，即《公民权利与政治权利国际公约》和《经济、社会及文化权利国际公约》。在这一过程中，关于健康权的规定先后产生了三个主要的不同版本（见表 2）。

在最初的条约起草过程中，WHO 发挥了重要的作用。《宣言》中保守而含混的健康权显然无法令其满意，因此当 1951 年国际人权公约开始起草时，WHO 表现出了相当高的积极性，并很快提交了一份草案。"WHO 草案"建立在宪章的基础之上，主要有 4 个特点：（1）主张一种"绝对"的健康定义；（2）强调采取社会措施应对健康相关因素的重要性；（3）规定了政府的责任；（4）涉及相当广泛的与健康相关的社会因素。这一方案遭到了美国和苏联的反对。美、苏两国提出的草案都极为简略：美国希望仅仅规定一个最笼统宽泛的健康权条款，而不包含任何具体措施；而苏联

---

① 〔美〕玛丽·安·葛兰顿：《美丽新世界：〈世界人权宣言〉诞生记》，刘轶圣译，中国政法大学出版社，2016，第 40、114~116 页。

则希望将其范围限制在"医疗照顾"领域。不过，"WHO草案"仍然得到了大部分欧洲和拉美国家的支持，其后的各个版本也基本上以此为雏形。

表2　《经济、社会及文化权利国际公约》草案中健康权条款的不同表述

1. WHO草案 （1951.4）	1. 人人有权享有最高而能获至的健康标准，健康是身体、精神与社会的全部的完满状态 2. 政府对其人民的健康负有责任，通过采取充分的卫生与社会措施来履行这种责任 3. 本公约缔约国应当在允许和尊重其传统和当地条件的基础上，采取措施来促进和保护国民的健康，尤其是 ——减少婴儿死亡率，使儿童得到健康发育 ——提高营养、住房、卫生、娱乐、经济和工作条件以及环境卫生的其他方面 ——控制传染病、风土病和其他疾病 ——提高卫生、医疗和其他相关职业的教育和训练水平 ——启蒙公众的健康观念 ——促进心理健康领域的活动，尤其是可能影响人际关系和谐的问题
1.1 美国草案	本公约缔约各国承认人人享有最高而能获至的健康标准
1.2 苏联草案	本公约缔约各国应当采取措施防控疾病，并创造保证人人在患病时能得到医疗照顾的条件
2. 1951年《国际人权公约》 （1951.7）	本公约缔约各国承认人人有权享有最高而能获至的体质和心理健康的标准。为实现和保障这一权利，本公约缔约国应采取立法来促进和保护健康，尤其是 （甲）减低婴儿死亡率，使儿童得到健康的发育 （乙）提高营养、住房、卫生、娱乐、经济和工作条件以及环境卫生的其他方面 （丙）预防、治疗和控制传染病、风土病、职业病以及其他的疾病 （丁）创造保证人人在患病时能得到医疗照顾的条件
3. 1957年《经济、社会及文化权利国际公约》 （第12条） （1957.1）	一、本公约缔约各国承认人人有权享有最高而能获至的体质和心理健康的标准 二、本公约缔约各国为充分实现这一权利而采取的步骤应包括为达到下列目标所需的步骤 （甲）减低死胎率和婴儿死亡率，和使儿童得到健康的发育 （乙）改善环境卫生和工业卫生的各个方面 （丙）预防、治疗和控制传染病、风土病、职业病以及其他的疾病 （丁）创造保证人人在患病时能得到医疗照顾的条件

资料来源：Benjamin Mason Meier, *The Highest Attainable Standard: The World Health Organization, Global Health Governance, and the Contentious Politics of Human Rights*, PhD Dissertation, Columbia University, 2009, p. 60.

　　然而从 1952 年起，一系列变化打乱了人权的法律化进程。随着"冷战"大幕逐渐拉开，美、苏两大阵营间的分歧和对立日益尖锐，《宣言》建立的脆弱妥协变得越来越难以维持，最终导致原拟合一的国际人权公约被撕裂为两部分，起草的过程也由此面临着更大的不确定性和更艰难的博弈。

　　对健康权来说，更大的影响来自 WHO 自身态度的转变。自成立以来，WHO 一直秉持其在宪章中的立场，坚持一种相当宽泛甚至绝对的健康定义，并与联合国人权委员会保持密切合作，不遗余力地推动健康权在国际法中的扎根。然而从 1953 年开始，这一立场出现了突然的变化。WHO 开始从健康权推动者的立场上撤退，并将自身仅仅定义为一个以推动医学科学技术普及、标准制定、全球传染病防控等为目标的纯粹的"技术性组织"（technical organization）。

　　促成这一转变的原因是多方面的。首先，苏联在 20 世纪 50 年代初短暂地退出 WHO，导致在这一时期 WHO 越来越多地受到美国的影响，而后者早在 WHO 成立之初就曾明确表达过对宪章的质疑，认为其中对健康的定义过于宽泛，主张 WHO 应将自身定位为负责国际性公共卫生和预防医学事务的技术性组织。[①] 其次，WHO 主要领导人的更换也对整个组织的工作重点与政策偏好产生了影响。取代布洛克·奇泽姆担任总干事的是来自巴西的坎道博士（Marcolino Gomes Candau）。与奇泽姆相比，坎道更多地将健康视为一个医学问题而非人权问题。在坎道的带领下，WHO 逐渐从原先的试图将健康背后的诸多社会相关因素一网打尽的立场上"撤退"，而将防控传染病（如疟疾、天花等）列为优先议程。[②] 在此背景下，医学手段，而非健康权，便成了其关注的核心。

　　WHO 立场的转变直接影响到了《经济、社会及文化权利国际公约》中健康权条款的最终形成。从表 2 中可以看到，1951 年草案与后来成为正

[①] 这一反对意见来自影响力颇大的美国医学学会。参见 Brigit Toebes, *The Right to Health as a Human Right in International Law*, Hart Publishing, 1999, p. 32。

[②] 韦潇、代涛、郭岩等：《不同时期世界卫生组织主要政策及其变化趋势研究》，《中国卫生政策研究》2009 年第 12 期。

式版本的 1957 年草案之间最主要的区别有两点。（1）1951 年草案中规定的缔约国保障健康权的"立法"义务，被更笼统的"采取……步骤"（take steps）所取代。（2）1951 年草案中规定了缔约国在"提高营养、住房、卫生、娱乐、经济和工作条件以及环境卫生的其他方面"的义务，而 1957 年草案则删除了对这些健康决定因素的列举，将其限缩为更笼统的"改善环境卫生和工业卫生的各个方面"。这两处关键的修改导致健康权在接下来相当长的时间里都处在含混且难以操作的状态，也引发了后世健康权学者的反复解释与争论。由于 WHO 从 1953 年之后就减少了其与联合国人权委员会之间的沟通，对此修改没有提出任何反对意见。不仅如此，在 20 世纪 60 年代前后其他涉及健康的国际人权文件（如《欧洲社会宪章》《儿童权利宣言》《消除对妇女一切形式歧视公约》《消除一切形式种族歧视国际公约》等）的起草中，WHO 也几乎未置一词。WHO 几乎将自身与联合国的人权议程完全隔离开来。①

　　如果说健康权的诞生与 WHO 的推动密不可分，WHO 的撤退也给健康权的发展带来了极为深远的影响。可以说，在健康权话语与规范生成的最关键时刻，WHO 几乎完全抛弃了这一由它一手创造的产物，既没有参与其规范体系的建构与含义的澄清，也没有将其与自身的实践相结合。缺少了 WHO 这一最有力的支持者，健康权在诞生短短数年之后就陷入了沉寂。这当然不是说战后各国的卫生事业与健康水平没有发展，实际上随着战后医学科技的前进以及相对和平环境下各国经济社会发展的复苏，绝大部分国家的健康指标有了较大幅度的提高。在国际层面上，WHO 领导的全球范围对抗传染病的努力取得了一定的成果；在国家层面上，各国也纷纷建立了现代化的医疗卫生体系，欧洲各国建立的福利性的全民医疗保障体制

---

① 一个非常有趣的事实是，1959 年联合国秘书长曾提议各国直接就人权问题向联合国各专门机构报告，其中关于《世界人权宣言》第 25 条中健康权的落实情况应当向 WHO 报告。但是 WHO 拒绝了，声称《宣言》第 25 条"就其措辞及精神"而言主要针对的并非"健康"问题，而是"社会问题"，因此其"实质性地超越了 WHO 职责与能力之所及"，应当向其他更合适的机构报告。这与其战后初年积极推动健康权进入《宣言》的态度形成了鲜明对比。参见 Benjamin Mason Meier, *The Highest Attainable Standard: The World Health Organization, Global Health Governance, and the Contentious Politics of Human Rights*, PhD Dissertation, Columbia University, 2009, p. 100。

尤其引人瞩目。但总的来说，这一切与健康权并没有太大关系。除了在少数国际文件与新独立国家的宪法中"宣示性"地出场之外，健康权的观念几乎没有激起任何运动，也没有与任何变革相结合，其甚至都不是一个特别显眼的、拥有广泛群众基础的观念。①

健康权的命运，实际上也是人权在战后的普遍命运，即莫恩所说的"出生即死"（death from birth）。在战后漫长的时间里，人权始终徘徊在"舞台的边缘"，"人权并非亟待实现的诺言，而是一座起先太过模糊、随后又太过保守的乌托邦，因而无足轻重"。② 这一评论总体上符合历史事实。直到 20 世纪 70 年代之后，伴随着一系列政治情势的变化和社会运动的推动，人权话语才得以复苏。也大致到这个时候，健康权才又再度回到人们的视野之中。

（三）复苏：从《阿拉木图宣言》到"健康与人权"运动

健康权的复苏仍然与 WHO 密切相关。20 世纪 70 年代以后，WHO 才又重新"发现"（rediscover）了健康权，并将其作为制定健康政策的规范基础。

促成这一转变的原因，首先是 70 年代全球范围内人权运动兴起及现实政治情势的转变。随着六七十年代大量发展中国家进入联合国并团结在"不结盟运动"的旗下，建立新的国际经济秩序的主张日益高涨，减少发达国家与发展中国家之间的健康不平等构成这一主张的重要内容。在此背景下，WHO 势必要对原有的政策议程加以调整，其对健康权的立场也由此出现转变。不过，更重要的还是人们对疾病和健康的理解发生了深刻变化。20 余年的实践证明，仅仅依靠医药科技的发展和普及，无法实现在全球范围内控制疾病传播、促进健康水平提升的目标，传统上以医院为中心的生物医学模式遭到了普遍质疑，社会医学（socialmedicine）重新得到

---

① 当时已有的关于健康权的条约也并没有得到遵守。例如，尽管《纽伦堡法典》早已对人体试验进行了规制，但在 20 世纪五六十年代，欧美各国仍然存在大量未经受试者同意的临床试验。

② 〔美〕塞缪尔·莫恩：《最后的乌托邦》，汪少卿、陶力行译，商务印书馆，2016，第 42 ~ 79 页。

强调。人们开始重新意识到健康问题背后的政治、经济、社会等结构性因素的重要性①，一种更宏观的健康政策框架——"初级卫生保健"（primary health care）逐渐浮现。

1978 年——这一年正是《世界人权宣言》诞生 30 周年，也是《经济、社会及文化权利国际公约》正式生效的第二年，而 WHO 则正在准备就其第 12 条"健康权"条款提交第一份执行报告——在经历了长达数年的漫长酝酿和艰难协商之后，国际初级卫生保健会议在阿拉木图召开。② 会议通过了《阿拉木图宣言》（Declaration of Alma-Ata），提出了"2000 年人人享有医疗保健"的目标。健康作为人的一项基本权利得到了重申：

"大会兹坚定重申健康不仅是疾病与体虚的匿迹，而是身心健康社会幸福的总体状态，是基本人权，达到最高而能获至的健康水平是世界范围的一项最重要的社会性目标，其实现则要求卫生部门及其他多种社会及经济部门的行动。"

《阿拉木图宣言》被时人视为"一场健康革命的开端"。不过更准确地说，它其实更多地意味着"回归"，即回归到 WHO 成立之初所设定的双重使命上来：既要作为一个专门的技术性组织，协调和处理国际卫生问题，又要领导和促进各国建立良好的卫生体系，提升其国民的健康水平。基于此，《阿拉木图宣言》要求"所有政府应拟订出国家的政策、战略及行动计划，开展……作为国家全面的卫生制度组成部分之一的初级卫生保健"，并规定了国家应承担的一系列责任，包括健康教育、营养、饮水、妇幼保健、地方病防控、传染病免疫、伤害预防、基本药物等，其中绝大部分曾出现在 1951 年 WHO 提交给人权委员会的健康权草案之中（见表

---

① 也正是在这一背景下，中国在 20 世纪 60 年代兴起的"赤脚医生"运动得到了 WHO 的高度赞扬，由此也引发了西方学者对中国医疗卫生体制的关注。一个代表性的研究，参见 David Lampton, *The Politics of Medicine in China: Policy Process* (1949–77), Dawson Publishing, 1978。

② 召开阿拉木图会议的动议由苏联于 1974 年提出，其起初并未被 WHO 所接受。会议酝酿及协商过程经历了激烈的政治博弈，参见 Socrates Litsios, "The Long and Difficult Road to Alma-Ata: a Personal Reflection", 32 *International Journal of Health Services* (2002), pp. 709–732。

2）。而健康权则为 WHO 领导和敦促各国政府履行这些职责提供了规范基础及话语支撑。

也正是这个时候人们才发现，在诞生近 30 年之后，健康权仍然只是一个空荡荡的口号。尽管此前的宪章、《宣言》及《经济、社会及文化权利国际公约》中都规定了健康权，但如上一节所指出的，这些规定更多的是"宣示性"的，缺乏落实的法律路径。更重要的是，尽管 WHO 意识到了健康权话语的重要性，也试图去完善健康权的规范体系和适用机制，但其对健康权话语的构建和使用仍然是生疏的、断断续续的。作为一个历来更强调自身"技术性"特点的组织，WHO 始终对于将"健康问题政治化"（politicizing health）怀有疑惧，尤其是在"冷战"背景之中，它更习惯于通过技术性手段（如医学技术的传播、标准的制定、医疗卫生援助等），而非借助某种权利话语和法律框架来解决问题。这导致《阿拉木图宣言》所规定的各项举措在相当长一段时间里都无法转化为清晰的、有约束力的法律义务，而只能依赖于各国的"良好意愿"（good will）。

《阿拉木图宣言》在当时并不成功。仅仅 10 年之后，在 1988 年的世界卫生大会上，WHO 就坦承"2000 年人人享有医疗保健"的目标已不可能实现，并将其推迟为"21 世纪人人享有医疗保健"（Health for All in the 21st Century）。失败的原因当然不能简单归结于《阿拉木图宣言》"缺少法律保障"。健康权规范的缺失及话语的羸弱当然也是一个原因，但其从来不是最主要的原因。20 世纪 80 年代以来新自由主义（neoliberalism）的崛起以及全球卫生政策主导权的转移①才是扼杀《阿拉木图宣言》的"罪魁祸首"。由世界银行所推行的"结构调整计划"（Structure Adjustment Programs）在全球范围内掀起了一股削减政府卫生支出、推行医疗卫生市

---

① 在 20 世纪 80 年代，世界银行取代了 WHO 成为"全球健康治理中最强有力的实体"。其对全球卫生政策施加影响的具体手段，参见孙晓云《国际人权法视域下的健康权保护研究》，光明日报出版社，2011，第 53～61 页。这一全球卫生政策主导权的转移，在一定程度上也和 WHO 长期疏于对健康权的建构与阐述有关，以致在面对这一状况时，WHO 缺乏有力的话语和法理资源来与之抗衡。

场化改革和私有化的浪潮，给发展中国家的卫生体制带来了灾难性的后果。① 《阿拉木图宣言》还没有来得及被落实为各个国家的"政策、战略及行动计划"，就遭遇了新自由主义的釜底抽薪，失败也就在所难免。

《阿拉木图宣言》的失败导致"初级卫生保健"的政策框架被大大削弱，取而代之的是更为狭窄的"选择性的初级卫生保健"（Selective Primary Health Care），即"选择经济上具有成本收益的策略和干预措施予以推广"来逐步地提高健康水平。后者实际上放弃了原来对健康问题背后的社会经济结构进行"重构"的宏阔目标，而将初级卫生保健限缩或者还原到了医学层面。② 与此相对应，健康权也逐渐被"医学化"（medicalization）了。③ 20 世纪 80 年代以后，健康权开始越来越多地被建构成一种有限的个人权利，即个人获取医疗服务（right to medical care）或健康保护（right to health protection）的权利，甚至是更狭窄的"病人权利"（patient's right）。④ 原本蕴藏在健康权话语之中对社会变革的呼吁则被压抑，甚至被抹去了。

不过在这一时期，另一场运动的兴起为健康权发展提供了宝贵的契机，这便是发端于 20 世纪 80 年代中后期的"健康与人权"运动。健康与

---

① 当然，严格来讲，新自由主义只是影响因素之一。各国的基本国情、医疗卫生体制等各方面皆有不同，导致医疗卫生市场化改革的动因也有所不同。就中国而言，尽管从 20 世纪 70 年代末起医疗卫生领域出现了非常明显的"政府退出"的现象，但其背后的原因并非新自由主义的影响，而更多要归结于政治局势的变化。不过从全球范围来看，新自由主义与医疗卫生市场化改革之间的因果关系大体上仍然能够成立。关于中国问题的详细讨论，参见 Jane Duckett, *The Chinese State's Retreat from Health：Policy and the Politics of Retrenchment*, Routledge, 2010（值得注意的是，尽管作者对中国政府的"撤退"做出了一个相当合理的解释，但其基于这一解释框架对中国当时正在酝酿的"新医改"未来方向及成败的预测，几乎全都是错的）。

② 刘桂生等：《不同语境下的初级卫生保健》，《医学与哲学》2008 年第 8 期。这一思路迄今仍在影响着我们对"基本医疗卫生服务"的界定。

③ Benjamin Mason Meier, "The World Health Organization, the Evolution of Human Rights, and the Failure to Achieve Health for All", in John Harrington and Maria Stuttaford (eds.), *Global Health and Human Rights：Legal and Philosophical Perspective*, Routledge, 2010, pp. 163 – 189.

④ 从 20 世纪 80 年代末开始，WHO 开始主动地推动"患者权利"立法。1994 年，欧洲各国通过了《促进欧洲患者权利宣言》，此后，"就患者权利事宜专门立法者，络绎于途，一时蔚为大观"。参见唐超《世界各国患者权利立法汇编》，中国政法大学出版社，2016，第 1 ~ 2 页。

人权运动最初是为应对艾滋病（HIV/AIDS）疫情的威胁而产生的。自 80 年代初首例艾滋病被报告以来，艾滋病疫情迅速蔓延，成为一个全球性的公共卫生问题。① 1986 年，WHO 制订了"全球艾滋病防治计划"，以指导各国防控艾滋病的实践。艾滋病在当时并无有效的治疗方式，各国政府普遍采用传统的公共卫生手段（如强制检验、姓名报告、旅行限制、强制隔离与检疫等）来加以应对。由于相关知识的匮乏和普遍的社会恐惧心理，这些手段往往缺乏必要的限制，很容易造成对个人权利的不当侵害。在此背景下，人权逐渐被学术界、同性恋群体、艾滋病患者及相关的非政府组织视为一种主要的策略，来制衡公共卫生防控措施的过度扩张。如何平衡公共卫生目标与个人权利保护之间的关系，就成了早期健康与人权运动关注的重点。

在人权话语更深度地介入艾滋病防控的过程中，时任 GPA 首席项目官员的乔纳森·曼恩（Jonathan Mann）发挥了不可或缺的作用。尽管在当时的许多人权专家看来，为了保护公众健康，对个体权利的侵犯是不可避免的（甚至是必要的），但曼恩及其领导下的 GPA 始终将保障人权视为有效防控艾滋病的前提。可以说，曼恩以一己之力，将艾滋病问题从一个医学/公共卫生问题"改造"成了人权问题。在其主导进行的对艾滋病首次全球流行病调查中，他呼吁人们更多关注艾滋病疫情背后的社会性、结构性因素（如贫穷、社会歧视、种族问题等），主张社会力量的广泛参与甚至更宏观的社会变革。在曼恩的推动下，一种"基于人权"（human rights-based）的防控战略逐渐浮现。1987 年，WHO 颁布了"艾滋病预防与控制全球战略"，将人权作为预防艾滋病传播、减少疫情影响的基本原则，其核心内容包括反对歧视、平等获得医疗服务和药品、保障个人隐私、获得相关信息和教育等。这些原则不但构成了此后所有国际艾滋病防控计划的基础，也为人们思考健康领域的人权保护构造了基本的框架。

① 一个值得注意的事实是，20 世纪 80 年代，发达国家普遍削减了其对 WHO 的初级卫生保健项目的预算支持，但与此同时增加了对预防和控制艾滋病疫情蔓延的"预算外经费"的支持。

对健康与人权运动而言，艾滋病议题既是一个开端，也是一个范例。人们从中意识到，健康与人权之间存在无法割裂的联系：没有良好的健康，就无法追求和享用权利；而没有充分的人权保护，健康也很容易受到侵害。因此，对健康与人权的追求应当齐头并进。[①] 在此后的 20 余年里，主要是在公共卫生专家、法律工作者及人权活动家的推动下，人权话语开始越来越深入地介入全球健康治理的各个方面，包括如母婴保健、药品可及性、烟草控制等议题都先后成为健康与人权运动关注的重点。[②] 而正是凭借这场运动提供的场景、经验及动力，健康权才真正从漫长的沉寂当中苏醒，获得了在规范、理论及实践各个层面进一步发展的空间。

四　健康权的争议与发展：规范 "基准" 与内在张力

几乎从诞生的那一刻起，对健康权的批评和质疑就未曾止息。早期对健康权的批评大多被包含在对经济和社会权利的总体质疑之中。例如，就在 1967 年《经济、社会及文化权利国际公约》通过不久，英国政治哲学家莫里斯·克兰斯顿（Maurice Cranston）便发表了著名的 "人权：真实的与假设的" 一文，对经济和社会权利作为人权的 "合法性" 提出尖锐质疑。按照克兰斯顿的观点，只有公民和政治权利才算得上是 "真正的（real）人权"，而经济和社会权利则不过是 "假设的"（supposed）。后者

---

① Jonathan Mann, Lawrence O. Gostin (etc.), Health and Human Rights, in Grodin, Tarantola, Annas, Gruskin (eds.), *Health and Human Rights: in a Changing World*, Routledge, 2013, pp. 16 – 26. 亦见 Lance Gable, "The Proliferation of Human Rights in Global Health Governance", 35 *Journal of Law, Medicine & Ethics* 534 – 535 (2007)。

② 有些议题传统上很少被置于人权的框架下加以讨论（如烟草控制），但在少数公共卫生专家、律师和人权活动家的推动下，它们也逐渐被 "改造" 成了一个人权问题。参见 David Reubi, "Constructing Tobacco Control as a Human Rights Issue: Smoking, Lawyers and the Judicialization of the Right to Health", in Alex Mold and David Reubi (ed.), *Assembling Health Rights in Global Context: Genealogies and Anthropologies*, Routledge, 2013, pp. 109 – 126。

不符合他所提出的构成权利的三项标准，即可行性（practicability）、普遍性（universality）和至关重要性（paramountimportance），因此充其量不过是一种美好的"理想"或者"愿景"。将理想与权利混为一谈，不仅毫无意义，更有可能导致人权这一"在哲学上历来备受尊重"的概念变得"含混不清、真意不彰且衰弱无力"。①

克兰斯顿的观点代表了其时颇为盛行的对经济和社会权利的"怀疑论"或"否定论"，即基于传统自由主义的权利理论驳斥所谓的"新兴权利"或"第二代人权"。② 在"冷战"正酣的背景下，这些批评得到了相当多的关注和呼应。例如哈耶克就援引克兰斯顿的观点，认为《世界人权宣言》不过"是一种试图把西方自由传统中的逐项权利与那种源出于马克思主义式的俄国革命的截然不同的观念融为一体的努力"，将经济和社会权利普遍化，就意味着"把整个社会变成一个十足的全权主义社会"。③

不过，在这些激烈的意识形态争论背后，实际的历史进程却是二战结束后西方资本主义从自由竞争向福利国家（thewelfarestate）的全面转型。战后西欧各国纷纷踏上了福利国家的发展道路，建立起"从摇篮到

---

① Maurice Cranston, "Human Rights, Real and Supposed", in D. D. Raphael (ed.), *Political Theory and the Rights of Man*, Indiana University Press, 1967, pp. 43 – 53.

② 克兰斯顿的观点也遭到了许多学者的批评。例如，针对可行性标准，阿玛蒂亚·森就曾指出，如果将可行性视为权利的必备前提，那么任何权利都是毫无意义的，因为没有哪种权利能够得到"彻底"的实现。经济和社会权利并不比公民权利和政治权利更不具有可行性，后者的实现往往也是渐进的、艰难的、不充分的。参见 Amartya Sen, "Why and How is Health a Human Right?" 372 *The Lancet* (2008)。针对至关重要性标准，也有学者指出，经济和社会权利绝非克兰斯顿所想象的"享受型"的权利，无论是食物权、住房权、健康权，还是其他如工作权、受教育权等，都与人的生存条件密切相关，是"生存权"的一部分，构成了人们享有和行使其他权利不可或缺的前提。针对普遍性标准，Raphael 在对克兰斯顿的批评文章中就指出，所谓普遍性未必是一种"强"的（即"所有人针对所有人"）普遍性，而同样可以是一种"弱"的普遍性，即一种权利虽然为所有人都享有，但并不必然设定了针对所有人的义务。经济与社会权利的义务主要就是针对特定国家之政府。参见 D. D. Raphael, "Human Rights, Old and New", in D. D. Raphael (ed.), *Political Theory and the Rights of Man*, *Indiana University Press*, 1967, pp. 61 – 67。克兰斯顿对此的回应，参见 Maurice Cranston, "Human Rights: a Reply to Professor Raphael", ibid., pp. 95 – 100。

③ 〔美〕弗里德利希·冯·哈耶克：《法律、立法与自由》（第 2、3 卷），邓正来等译，中国大百科全书出版社，2000，第 183~187 页。

坟墓"全方位的社会福利制度；即便在反共意识形态最为激烈的美国，20世纪60年代肯尼迪总统的"新边疆"计划和约翰逊总统的"伟大社会计划"也依然延续了罗斯福新政以来建设福利国家的政策框架，风起云涌的民权运动及最高法院在沃伦时代激进的"司法能动主义"更掀起了一场"权利革命"（rightrevolution）。可以说，从二战结束到20世纪70年代之前的20余年是经济和社会权利发展的"黄金时代"。包括工作权、受教育权、住房权、社会保障权等在内的经济和社会权利不再仅仅是停留在纸面上的"理想或愿景"，而是逐渐被落实到一系列具体的法律制度、司法判决和社会经济政策之中。真实世界中的权利实践，而非理论上对权利概念的抽象推演，构成了经济和社会权利获得承认和巩固的力量源泉。

然而，20世纪70年代的经济衰退宣告了"黄金时代"的结束。两次石油危机带来的经济"滞胀"（stagflation）导致西方各国出现了普遍的财政危机，福利国家的预算压力与日俱增，随之而来的是政治上保守主义的崛起和社会经济政策上的紧缩（retrenchment）。[1] 20世纪70年代末以后，新自由主义的政治经济学逐渐席卷全球，松绑、私有化、国家从社会公共服务供给领域撤退变得司空见惯。[2] 在此背景下，对经济和社会权利的批评与"拆散福利国家"的政策转向结合到了一起，变得更加尖锐。而如本文在上一节中所指出的，也正是在这一时期，健康权才被"重新发现"，相关的批评和争议也接踵而至。

如果说在此前相当长的一段时间里，由于健康权话语自身的相对沉寂，这些批评大多隐而不彰（或者并未单独集中于健康权本身），那么随着20世纪80年代以后健康权话语和实践的不断展开，围绕健康权的争论也逐渐趋于白热化。争论首先聚焦于两个问题：第一，健康权到底是不是一种真正的权利？第二，作为一种权利，健康权究竟包含哪些内容？其含

---

① 参见〔英〕保罗·皮尔逊《拆散福利国家——里根、撒切尔和紧缩政治学》，舒绍福译，吉林出版集团有限责任公司，2007。

② 〔美〕大卫·哈维：《新自由主义简史》，王钦译，上海译文出版社，2010，第3页。

义（meaning）为何、边界（scope）何在？①

就前一个问题而言，保障人人享有健康毫无疑问是一个美好且值得追求的目标，有着特殊的伦理意义和天然的道德正当性，但是究竟在何种意义上，健康构成了一种权利？其作为一种权利的理论基础何在？针对这一问题，20 世纪 80 年代之后的健康权研究者倾注了大量精力，试图探寻健康权的理论根基，各种理论层出不穷，关于这一问题的讨论迄今仍未终结。②

不过，与其说健康权究竟是否构成一种权利是一个学术问题，倒不如说它是一个政治问题。在 20 世纪 80 年代以后新自由主义大行其道、各国医疗卫生体制纷纷向私有化、市场化体制转型从而导致健康不公平日益加剧的背景下，健康权在许多人看来就成了抵抗这一变局的一面旗帜。在这个意义上，健康权的理论基础是什么并不重要，重要的是人们是否普遍承

① 对这些争议的一个综述，参见 John Tobin, *The Right to Health in International Law*, Oxford University Press, 2012, pp. 60 - 73。Tobin 将对健康权的批评分为 5 类，包括（1）自由放任主义的批评（the libertarian objection），其核心是鼓吹一种守夜人式的"最小政府"，反对政府干预自由市场；（2）对健康权权利资格的批评（the status objection），即认为健康权并非一种真正的权利，前述克兰斯顿的观点便是其典型代表；（3）对健康权规范表述的批评（the formulation objection），即认为相关国际公约中关于健康权的表述过于笼统，导致其含义不清、边界不明、无法操作；（4）相对主义者的质疑（the relativist challenge），即认为各国的经济社会发展状况、医疗卫生体制的基本模式不同，对健康的理解也不同，一种统一的健康权表述无法兼顾这种多样性；（5）基于资源分配困境的批评（the resource allocation dilemma），即认为健康权的实现依赖于大量资源的投入，在资源相对有限的约束条件下，一种边界不清的健康权有可能导致资源分配的扭曲与失衡。

② 例如，Norman Daniels 将罗尔斯的正义理论用于对医疗资源分配的分析，主张存在一种保障人人享有"最低限度体面的医疗保健"（a decent minimum of health care）的权利，参见 Norman Daniels, *Just Health Care*, New York, Cambridge University Press, 1985。Jennifer Ruger 借助其老师阿玛蒂亚·森（Amartya Sen）的"可行能力"概念，建立了一种以"健康可行能力"（health capability）为核心的健康正义理论，并将健康权作为健康正义的核心，参见 Jennifer Prah Ruger, *Health and Social Justice*, Oxford University Press, 2009, pp. 45 - 64。Alicia Ely Yamin 试图从人之"固有尊严"（inherent dignity）的角度出发，认为健康权是保障人之尊严的必然要求，参见 Alicia Ely Yamin, *Power, Suffering, and the Struggle for Dignity: Human Rights Frameworks for Health and Why They Matter*, University of Pennsylvania Press, 2016；而 John Tobin 则提出了一种"权利的社会利益"（social interest of rights）理论，认为健康权的正当性在于其背后所隐含的社会整体利益，参见 John Tobin, *ibid*, pp. 44 - 74。此外，还有不少学者干脆放弃了探寻健康权理论根基的尝试，将健康权视为一种无须辩护、不证自明的权利，从而走向了本文一开始所批判的那种健康权的"教会史学"。

认这种权利的存在，并愿意"为权利而斗争"。与此相对应，健康权是否
具有一套完整的、可操作的规范体系，能否作用于实践，就成了更关键的
问题。而这恰恰是健康权历来最为人诟病的地方。《经济、社会及文化权
利国际公约》中的健康权条款（第 12 条）存在太多语焉不详、悬而未决
之处。例如：到底什么是健康？所谓"最高而能获至"的健康标准在法律
上究竟意味着什么？健康权究竟涵盖了哪些内容？其对应的义务主体有哪
些？国家对于保障健康权负有何种义务，履行这些义务的手段是什么？何
种情况构成对健康权条款的违反，又应当如何救济？在相当长的时间里，
这些问题都未能得到必要的澄清，以至于在有些学者看来，"恐怕再没有
哪种人权，比健康权更含混不清、更争议重重了"。[1]

因此，在健康权被健康与人权运动真正"唤醒"之后，重建一套完整
的健康权规范体系、使健康权能够真正落地，就成了其支持者的首要目
标。从 20 世纪 80 年代末开始，健康权开始越来越频繁地出现在联合国和
WHO 的各项文件之中，关于儿童健康、生育卫生、妇女健康、精神病人
权利等问题的国际文件相继出台，而这一时期国际人权法学界的一系列研
究也为如何更清晰地界定经济和社会权利具体内容提供了指南。[2]

在此基础上，2000 年，联合国经济、社会及文化权利委员会颁布了
《第十四号一般性意见：享有能达到的最高健康标准的权利（第 12 条）》
（以下简称《意见》），第一次对健康权的规范内容、缔约国的义务、违反
义务的情形、国家层面的执行要求、缔约国之外其他行为者的义务等问题
做了全面的澄清。[3] 特别值得注意的是，第一，《意见》仍然维持了自
WHO 宪章以来对健康权的宽泛定义，强调健康权"必须被理解为一项享

---

① Jennifer Ruger, "Toward a Theory of a Right to Health: Capability and Incompletely Theorized A-greements", 18 *Yale Journal of Law & the Humanities* 273 (2006).

② 自 20 世纪 80 年代以来，国际人权法学界提出了诸多理论来澄清经济和社会权利的含义，
包括义务层次论、最低核心内容理论、最低门槛法理论、违反行为法理论等，这些理论
也被联合国经济、社会和文化权利委员会所接受，并形成了一系列的指导性意见和准则。
对相关研究的梳理，参见黄金荣《司法保障人权的限度——经济和社会权利可诉性问题
研究》，社会科学文献出版社，2009，第 213~219 页。

③ General Comment No. 14: The Right to the Highest Attainable Standard of Health (Art. 12 of the Covenant).

有实现能够达到的最高健康标准所必须各种设施、商品、服务和条件的权利"，这就意味着健康权绝非许多学者强调的狭义的医疗保健权，还同时涵盖了诸多决定健康的基本因素。第二，《意见》系统地区分了健康权国家义务的不同层次（即"尊重、保护和实现"健康权），尤其是提出了各国应承担的"最小核心义务"（the minimum core obligation），明确了哪些情形构成了对这些义务的违反，从而为国家保障健康权提供了相对清晰的政策框架和实施路径。第三，《意见》还提出了健康权的若干基本原则，包括可提供性（availability）、可获得性（accessibility）、可接受性（acceptability）以及质量保证（quality）等。这就使健康权不仅仅是一项具体的权利（a legal entitlement），还同时构成一种"方法"（a right-based approaches to health）。这一构造使得健康权一方面可以用来评价、衡量和指导各国的健康立法及政策，另一方面也使得其能保持开放性，因应时代的变化而扩展其内容。

《意见》是健康权发展史上的一个"里程碑"，它使得此前仅仅是一个"口号"的健康权真正具有了落实的可能性。尽管《意见》本身并不具备强制执行力，但它实际上提供了一个"基准"（base-line）。在此基础上，联合国、WHO 及其他国际组织陆续颁布了大量与健康权有关的文件、决议、报告，进一步充实和完善了健康权的规范体系；许多国家也以此为基准来理解和阐释本国宪法中的健康权（或与之类似的）条款。而在实践层面，联合国健康权特别报告员制度的建立①，以及健康权在各区域性人权机构及各国法院所取得的司法上的突破，也为健康权的实践展开提供了相对稳定的程序和机制，奠定了健康权进一步发展的经验基础。在诞生半个多世纪之后，一套相对完整的健康权规范体系和"官方话语"终于逐步成型。

但是另一方面，这套规范基准的出现并未终结健康权的争议。如本文

---

① Paul Hunt, Sheldon Leader, "Developing and applying the right to the highest attainable standard of health: The role of the UN Special Rapporteur (2002 - 2008)", in John Harrington and Maria Stuttaford (eds.), *Global Health and Human Rights: Legal and Philosophical Perspective*, Routledge, 2010, pp. 28 - 61. 作者 Paul Hunt 是首任联合国健康权特别报告员。

之前所说的，对于健康权，各国基于不同的经济社会状况、医疗卫生体制、法律文化传统，存在多种不同的甚至相互冲突的理解。在健康权漫长的历史建构过程中，这些分歧不但没有逐渐消弭，反而被内化而成健康权规范体系和官方话语内在的张力。这种张力尤其体现为以下三个问题。

第一，健康权究竟是一种"特权"（privilege）还是一种"权利"？按照《意见》的阐述，"健康是行使其他人权不可或缺的一项基本人权"，"每个人都有权享有能达到的、有益于体面生活的最高标准的健康"。① 就此而言，健康权显然是一种普遍的权利，而非仅属于某一部分人的特权。但在实践当中，这一问题要复杂得多。它取决于我们对另一个问题的回答，即医疗卫生服务究竟是不是一种商品、是否应通过市场化的方式来配置？倘若答案是肯定的，那么由于个体支付能力的差异，健康权就必定只是一种与个体经济地位挂钩的特权，而非普遍的权利。因此，这一问题实际上指向了一国的医疗卫生体制究竟应当是政府主导、强调公平还是市场主导、强调效率的公共政策之争，而这是晚近以来几乎所有国家医改过程中都争论不休的问题。

第二，健康权究竟是一种"个体性"（individualistic）的权利还是"集体性"（collective）的权利？健康权强调保障全体国民都能获得必要的医疗服务，其核心价值是普遍的社会共济（solidarity）。而在医疗资源有限的总体约束下，任何国家都必须实施某种医疗资源的"配给"（rationing），以实现最大限度且可持续的健康覆盖，而这必然意味着对个体健康权利的限制。因此，在许多建立了全民医保体制的国家（如英国、加拿大等），健康权都被视为一种与公民身份（citizenship）有关的集体权利而非个体权利。然而随着晚近以来患者权利运动和健康与人权运动的兴起，健康权变得越来越"个体化"，即越来越被视为赋予个人的一项绝对权利，个体可依此请求国家给付其所需的医疗卫生服务，而这实际上有可能危及作为全民医保体制根基的共济原则。在建立了全民医保体制的国家中，这

---

① General Comment No. 14: The Right to the Highest Attainable Standard of Health (Art. 12 of the Covenant), para. 1.

一争论从20世纪80年代以后变得越来越尖锐。①

第三，健康权究竟是一种"可诉"（justiciable）的权利，还是一种"不可诉"的权利？按照通常的观点，包括健康权在内的经济与社会权利往往牵涉更宏观的资源配置决策，这超出了法院的机构能力，因此经济与社会权利更适合通过民主过程而非司法过程来保障和救济。然而随着健康权的个体化以及健康与人权运动的兴起，健康权诉讼逐渐蔓延开来，甚至成为一个普遍的趋势（尤其在拉丁美洲），通过司法渠道来保障健康公平成为健康权学界鼓吹的主流观点。由此引发的问题是，健康权诉讼究竟在多大程度上有助于促进健康公平？对这一问题仍然存在相当激烈的争论。尤其在新自由主义改革的背景下，健康权诉讼是否能够真正对抗私有化和市场化导致的负面后果，还是适得其反、进一步加剧健康不平等，仍然有待进一步的观察。②

五　结语

按照莫恩的说法，反对人权的"教会史学"不是为了"举行安魂弥撒"，重述人权史也不是为了否定或者颠覆人权，而是为了更彻底地展现人权在当代的境遇，使我们正视人权在今天的机会与未来的前景。③ 本文

---

① 对这种"个体化"的健康权的批评，参见 Benjamin Mason Meier, "Employing Health Rights for Global Justice: The Promise of Public Health in Response to the Insalubrious Ramifications of Globalization", 39 *Cornell International Law Journal* 711 - 777（2006）。

② 在许多学者看来，健康与人权运动的兴起正是为了对抗新自由主义导致的健康不公平。参见 Schrecker, Chapman（etc.），"Advancing Equity on the Global Market Place: How Human Rights Can Help", 71 *Social Science & Medicine* 1520 - 1526（2010）。然而也有学者认为这一努力总体上是失败的，参见 David Reubi, "The Promise of Human Rights for Global Health: a Programmed Deception?", 73 *Social Science & Medicine* 625 - 628（2011）。更有学者指出，已有的健康权话语及诉讼实践往往偏重于强调国家的责任，由此构建了一种"个人 vs. 国家"的基本范式，却未能意识到在"冷战"结束之后，市场化和跨国药企攫取的巨大权力成为影响健康公平的最重要因素。参见 Daniel Tarantola, "A Perspective on the History of Health and Human Rights: From the Cold War to the Gold War", 29 *Journal of Public Health Policy* 42 - 53（2008）。

③ 〔美〕塞缪尔·莫恩：《最后的乌托邦》，汪少卿、陶力行译，商务印书馆，2016，第9页。

对健康权的历史"重述"也出于同样的目的。通过重新审视健康权起源、发展与演变的整个过程，本文的结论如下。

第一，健康权是一种被逐步"建构"（framing）起来的权利。与通常的讨论所预设的相反，公共卫生的历史发展和早期健康权利话语的演进都并不必然指向我们今天所理解的健康权，健康权并不具有所谓"长期的必然性和道德自明性"。并且，健康权的建构过程也绝非连续、自然的，而是在诸多观念冲突、价值取舍和政治博弈中，断断续续、碎片化甚至自相矛盾地生长起来的。

第二，正是在这一曲折的建构过程中，健康权被赋予了相当大的内在张力。健康权究竟是一种特权还是权利，是个体性还是集体性的权利，是可诉的还是不可诉的？围绕这些问题，不同国家基于不同的政治经济社会结构、医疗卫生体制、法律文化传统，存在多种不同的理解，由此而来的分歧曾对国际法上健康权的形成带来了显著的影响。尽管国际法层面的健康权规范建构在纸面上回答了这些问题，但争论实际上从未平息。

今天，健康权已经成为一种被广泛认可的人权。通过一系列会议、宣传、行动计划及相关国际机构、人权组织、政府部门的实践，健康权已然渗入全球健康治理的各个方面，成为健康领域最核心的话语范式之一。[①]主流的健康权研究很少会再回过头来审视这段曲折的权利生成史，更很少去追问这段历史究竟赋予了健康权怎样的内在张力，又如何决定了健康权实践的限度。尽管健康权在实践层面始终面临相当多问题，但大量研究仍然习惯于将此归结为各国未能贯彻和落实国际法上的健康权规范"基准"。在其看来，健康权并非问题，而是答案。然而本文的分析表明，健康权在理论上的争议和实践中的复杂性，只有回置于其生成与演变的具体情境中

---

① "以健康权为武器，形形色色的公民组织在世界各地发起了争取健康正义的运动。在联合国和各区域性人权保护机构发布的文件中，健康权占据了显要位置；各国法院和立法机关越来越重视对健康权的保护，许多国家都在宪法中明确承认了健康权。即便在长期忽视健康权的法学界，也有越来越多的学者开始研究健康权，深耕其规范内涵，探讨其落实途径，并试图借助某种道德哲学或正义理论为其奠定完整的理论框架。健康权显然超越了需要为自身存在之正当性辩护的防御性阶段，而成为全球健康领域社会政策和政治争论的核心。"参见 John Harrington and Maria Stuttaford（eds.）, *Global Health and Human Rights: Legal and Philosophical Perspective*, Routledge, 2010, p. 1。

才能得到恰切理解。并且，塑造这些争议和分歧的种种结构性因素，迄今仍在深刻地影响着各国医疗卫生体制的建构与转型，并由此造成了健康权在不同国家的不同命运。正是在这个意义上，对健康权历史的重述，构成了我们重新理解健康权，进而"正视健康权在今天的机会与未来的前景"的起点。

Abstract：The right to health is still a controversial concept today, and the root of these controversies comes from its history. Mainstream research usually describes the right to health as a natural consequence of human rights, but this historical narrative obscures many twists and turns in the development of the right to health, and in fact constitutes a "church history" of the right to health. By examining the right to health in its historical context of its emergence, development, and evolution, it is possible to see that the right to health is a right to be "constructed" and that this process is not continuous, but in a series of ideas conflict, value choice and political struggle in the intermittent or even contradictory to grow up. In different historical contexts, the understanding of the right to health in different countries is also very different. After the 1980s, with the rise of the health and human rights movement, the right to health was "re-discovered" and was seen as a banner against the health of the state power against the individual and the neoliberal reforms, The structural characteristics of the movement itself are also transformed into the inherent tensions of the right to health. Today's controversy surrounding the right to health should be understood from the tortuous fate of the right to health; restatement of the history of the right to health, but also constitute our re-understanding and thinking about the right to health.

Keywords：Right to Health; Church History; Historical Construction; Inherent Tensions

文化视域下的人权

传统中国文化视域中当代权利
观念的反思与重构

陈宏霞*

摘　要：传统中国文化的典型特征是以伦理为本位，故而无法孕育独立个人与相应权利观念。然而，现代西方占主导地位的自由主义权利观念同样在理论和实践两个方面困难重重。考察传统中国文化可以发现，在分配正义问题上传统农耕中国社会存在诸多行之有效的制度和实践，巧妙地发挥着现代个人权利观念的同样功能。更重要的是，在规范层面，传统中国文化为反思和重构现代自由主义权利观念提供了概念和规范性指导，即必须将不完全义务作为更为适当的探究权利观念的起点和依据。

关键词：伦理本位；权利；国人；村民；不完全义务

一　问题的提出

以伦理为本位，注重教化与义务已然构成对传统中国文化的一种典型性描述。如梁漱溟先生所言，"中国文化的最大之偏失，就在个人永不被发现这一点上。一个人简直没有站在自己立场说话机会，多少感情要求被压抑，被抹杀"。[①] 缘于个人构成权利与自由之主体，自由与权利

---

* 陈宏霞，周口师范学院民间规范与地方立法研究中心研究员。本文系国家法治与法学理论研究项目"善良风俗的司法功用与应用研究"（16SFB2004）的阶段性成果。

① 梁漱溟：《中国传统文化要义》，上海人民出版社，2011，第238页。传统中国文化以伦理为本位，尊重对方，反而没有站在自己的立场说话的机会。从个人权利视角来看，虽亦不免于被压迫被抹杀，但其压抑抹杀之者，是"理"而非"法"。其义务乃本于情义而自课者，却非外来强权之所加；是道德上之义务，非法律上之义务。个人站在自己立场则相争，彼此互为对方设想则相让。参见梁漱溟《中国传统文化要义》，上海人民出版社，2011，第244页。

之无形领域，由此传统中国文化无法孕育权利观念。① 无论是在思想体系层面还是制度法统意义上，中国传统与人权文化都是相冲突的和对立的。②

然则，不能孕育权利观念并不意味着传统中国不存在对权利所关涉之物的实践和制度安排。在坚持"本土资源"的学人看来，传统中国不存在权利概念并不是一种制度性缺失，因为"就实践而言，人注定是地方性的"。③ 从功能角度出发，现代学者苏力则指出，虽然没有西方希腊城邦的公民权利概念，传统中国依然孕育了各种制度和实践为权利关涉之物提供了某种务实而有效的妥实处理：自秦汉以后，作为国人，普通百姓通过选举、察举和科举等方式持续地参与到国家治理当中，而通过提供和平和安宁，通过代表皇权的行政和司法权的行使，传统中国的普通百姓亦大致享有了现代公民权所允诺的相似的基本权益和公共善品；作为村民，在分配和享用各种有价值物品时，父慈子孝、长幼有序以及男女有别等基本原则，亦能保障村落共同体成员之间的基本公平和合理。④ 因而，有没有公民或权利概念，对传统中国农耕社会的普通百姓的日常生活来说，并不构成一种有意义的重大变化。"传统中国不需要借助人权这一旗帜就能够构筑起一种生活相对富足安康、文明有序发展的生活模式。"⑤

在本文看来，到底是把没有个人（权利）观念看作中国文化的缺失，还是公民（权利）概念之于理解传统中国社会可有可无，就此展开论证是没有意义的。"权利拥有一种独特的、使之区别于义务和理想等其他道德

---

① 当然，如果仅从语词本身连接角度，"权利"一词在中国古代确实早已出现，如《荀子·劝学》："权利不能倾向也"；《荀子·君道》中说，"接之以声色、权利、愤怒、患险，而观其能无离守也"。然而，传统中国文化中的"权利"意指"威势"与"货财"，与现代西方"权利"所称谓的"自由"与"平等"显然不同。

② 参见齐延平《论中国人权文化的正当性根基》，《法制与社会发展》2018年第2期。

③ Richard A. Posner, *The Essential Holmes: Selections from the Letters, Speeches, Judicial Opinions, and Other Writings of Oliver Wendell Holmes, Jr.*, University of Chicago Press, 1992, p. 208.

④ 参见苏力《公民权利论的迷思：历史中国的国人、公民与分配正义》，《环球法律评论》2017年第5期。

⑤ 齐延平：《和谐人权：中国精神与人权文化的互济》，《法学家》2007年第2期。

承诺的概念结构。"① 这意味着框架和方法上的许多差别都可以把这两种权利观念解释的支持者和反对者分离开来。本文将尝试一种更加历史化和思辨化的路径来讨论这种分歧。在这里，本文同情但并不完全赞成苏力先生对传统中国文化中能体现为权利之物的制度和实践。② 本文将做出论证，深入地理解传统中国文化，而不是一味地陶醉于阿Q式的精神（我祖辈也曾经阔过）中，这实则是反思和重构现代权利观念所必需的。实际上，由西方自由主义所支配和孕育的现代权利观念无论是在概念上还是在实践中都困难重重。权利如果仍然是一种可欲之物并且为现代人所珍视，那么对用于言说这种可欲之物的话语，必须进行批判性的反思和重构。从方法上讲，诉诸传统中国文化不能仅停留于描述层面的实证分析，更要进入一种规范层面的价值评价。③ 传统中国文化之于当前权利观念不仅提供了实证层面的功能替代物，更重要的是传统中国文化构思相关"权利"实践和制度的方式，能为反思和重构现代西方占据主导地位的自由主义权利观念提供规范性的指引，尽管这种重构不是唯一的。

二 以权利为基础的西方自由主义权利观念及其困境

汉语"权利"一词是西方社会的舶来品，取自英文rights。论其字本义，为"正当合理"。④ 本义上的权利，可以说是任何一种文化都旨在要求、追求和实现的东西。但在西方尤其是启蒙运动以来的自由主义传统中，权利（rights）不出于对方之认许，或第三方面之一般公认，而是由自己说出，由个人来主张，将权利与个人主张捆绑在一起可以说构成西方

---

① 〔美〕安靖如：《人权与中国思想：一种跨文化的探索》，黄金荣、黄斌译，中国人民大学出版社，2012，第25页。
② 本文所谓的传统中国是指鸦片战争之前的中国社会和历史，而有关西方权利观念在近代以来中国的引介、传播以及利用传统中国儒学传统进行创造性吸收和转化的问题，详细分析可参见金观涛、刘青峰《观念史研究》，法律出版社，2009，第103~150页。
③ 参见张晋藩《中国传统法文化的历史地位与史鉴价值》，《法学杂志》2018年第1期。
④ 参见〔英〕戴维·罗斯《正当与善》，菲利·普斯特拉顿－莱克编，林南译，上海译文出版社，2008，第76~77页。

自由主义传统中最为独特的权利观念。① 如范伯格指出，"拥有权利能使个人像人一样地站立起来，能够与他人直接进行对视，并且在某个根本的方面感受到每个人的平等"。②

实际上，在经历过文艺复兴和启蒙运动的西方国家，它们所承受的一个共同遗产便是将把人看成自由、平等尊严和自决的个人观念吸纳进现行法律体制之中。③ 现代自由主义者指出，要想理解权利是什么必须回答这样一个先决问题，即成为道德主体意味着什么。④ 在这里，有关权利主体的两种道德观念是必须的：（1）权利中的主体需要被看作自由选择、独立的个体，对主体人格的尊重并非主体选择的目的，而是选择目的的能力；（2）自由主义权利主体的形象是具有平等的尊严，主体的权利资格不应该取决于他们的成就、德行和外在偶然因素，因为这些因素从一种道德的观点来看是任意的。⑤ 权利尊重人作为人，维护个人依据他们选择的生活来生活的平等尊严。权利之所以具有道德力量，是因为其对个人允诺了一种拥有自由、平等尊严和自治地位的社会生活，并且使之可能。⑥ 依据权利的自由主义观点，个人权利和政府权力在概念上必须看作不相容的，权利构成政府权力运用时消极意义上的独立约束条件。⑦ 这意味着权利能够成

---

① See John Finnis, *Natural Law and Natural Rights*, Clarendon Press, 1980, p. 206.
② Joel Feinberg, "The Nature and Value of Rights," *Journal of Value Inquiry*, Vol. 4, 1970, p. 252.
③ 参见〔美〕玛丽·安·格伦顿《权利话语——穷途末路的政治修辞》，周威译，北京大学出版社，2006，第 93 页以下。
④ 参见〔加〕L. W. 萨姆纳《权利的道德基础》，李茂森译，中国人民大学出版社，2011，第 149 页以下。
⑤ See John Rawls, *A Theory of Justice*, Harvard University Press, 1971, pp. 231 – 240.
⑥ 实践中，特别是旨在要求政府承认一种新的个人权利时，当事人经常诉诸的语词和话语是自由、平等与尊严。例如，在美国承认同性婚姻权利的 Obergefell 诉 Hodges 案中，联邦最高法院的裁判语言中就充斥着类似的话语。在联邦最高法院看来，原告"要求的是法律眼中的平等尊严。宪法授予他们那种权利"。Obergefell v. Hodges, 135 S. Ct. 2584, 2608 (2015)。
⑦ 严格来说，从价值角度，除了抵御和防范个人权利免受公权力侵害这一个体主观性价值以外，权利还具有公共价值观念、限制国家公权力、促进民族身份认同、促进社会资本更新等多种功能。参见齐延平、曹瑞《论基本权利的价值多重性》，《法学论坛》2018 年第 2 期。

为衡量政府权力合法性与否的判准。① 一种新的"权利"是否应当得到承认，应该诉诸权利自身所赖以为基础的道德观念。但是，个人权利存在的地方，也是政府权力必须和应当停止的地方。当政府权力侵犯个人权利时，应该受到严格的司法审查。②

在根本的意义上，权利的这种自由主义理解方式意味着权利乃是这样一种问题，即最大限度地或者最好地确保那些可以一贯地被分派给所有人的同等自由。"这种开放式的自由权利可以把行为彻底地区分为对他人权利的不被允许的违犯和对个人权利的可允许的使用。义务就只是这种自由权利据之阻止侵犯他人权利的东西；因此，所有的义务就将是附有相关权利的完全义务。"③ 然而，以权利为基础的最大限度的同等自由的现代自由主义规划要想得以可能，所面临的首要困难便是自由主义的建构是不确定的，因为自由没有任何量度标准。到底是什么使一套自由大于另一套自由，或者是什么使一套自由成为最大的自由呢？获取机会的自由比言论自由更大吗？又怎样知道如何确定何种权利和义务（必然是完全义务吗？）要被包含在那种与适用于所有人的类似自由相协调的最大自由之中？权利论的自由主义筹划面临的理论困难便是在没有度量标准的地方设定一个度量标准。因而，正如功利主义面临着如何测量效用，以便找到一种通用的单位来权衡一个人与另一个人的幸福，权利理论也面临着如何裁定相互矛盾权利的问题。④ 对于这些特殊的问题，自由主义本身显然无法给出充分的回答。

其次，在概念上将权利视为独立于政府权力所存在的问题是权利可以成为政府权力的重要源泉。在这里，权利能够作为政府权力产生的源泉不

---

① "在民主制度下，权利可以给政府压力，使政府改变航向、谨慎航行并避免轻率废止重要而持久的价值——记住过去的教海与避免前人的恶行。"〔美〕艾伦·德肖维茨：《你的权利从哪里来？》，黄煜文译，北京大学出版社，2014，第139页。

② See Richard H. Fallon, Jr., "Strict Judicial Scrutiny," *UCLA Law Review*, Vol. 54, 2007, pp. 1300 – 1303.

③ 〔英〕奥诺拉·奥尼尔：《理性的建构：康德实践哲学探究》，林晖、吴树博译，复旦大学出版社，2013，第290页。

④ 〔美〕夸梅·安东尼·阿皮亚：《想透彻：当代哲学导论》，姜昊赛译，新华出版社，2017。

是在理论假设意义上说的，也不是说权利构成抽象意义上的政府权力存在的合法性判准，而是在具体实践中如果没有某种权利，某些政府权力就根本不会存在和产生。① 换句话说，权利能够授予其旨在约束的某些政治机构以权力，某些权利构成政府权力扩张的基础。考虑一下社会经济方面的权利，如教育权进入各国的宪法条款中，这就在某种程度上授权或者要求政府可以通过税收建立和维持公共教育机构和设施，使得政府有权力诉诸教育发挥再分配的功能，而且使得政府能够进入传统的私人社会和经济生活中，将教育从家庭责任转移到政府权力当中。②

最后，在实践中坚持以自由、平等尊严和自治地位的原则为依据界定权利，不仅不会充分有效地保护个人"权利"，而且还会产生适得其反的悖谬后果，妨碍而不是有助于个人应该得到权利所允诺的各种价值。依据赫希曼对保守主义的著名界定，所谓悖谬命题是一种非常大胆的智识策略，其论证的结构极其简单，而得出的结论却非常极端。概括而言，依据悖谬命题，不仅一场运动或一项政策实现不了其目标，或者会付出预料不到的代价，产生消极的结果，而且得出这样的结论，即"推动社会向某一方向前进的努力将导致它向相反的方向移动"。③ 例如，寻求自由的法国大革命却导致社会堕入更严重的奴役，追求民主的普选权却带来危害更甚的寡头制与暴政，本身为了济贫的社会福利计划却制造了更多而非更少的贫困。

实际上，权利的自由主义论所存在的各种悖谬结果，已为权利的批评者特别是社群主义者所指出。姑且不论单独的个人无法组成社会这个困境，从法律角度，如果将权利所赖以为基础的自治吹捧到至上的高度，在逻辑上就可能意味着权利话语全面地轻视甚至抵制年幼者、严重疾病患

---

① See David A. Super, "Protecting Civil Rights in the Shadows," *Yale Law Journal*, Vol. 123, 2014, pp. 2813 – 2817.

② See David Landau, "The Reality of Social Rights Enforcement," *Harvard International Law Journal*, Vol. 53, 2012, pp. 204 – 207.

③ 〔美〕阿尔伯特·赫希曼：《反动的修辞：保守主义的三个命题》，王敏译，江苏人民出版社，2012，第10页。除了悖谬命题以外，保守主义经常诉诸的另外两个命题是无效命题和危险命题，前者主张变革没有产生任何效果，而后者主张变革必然会损害社会先前存在的重要价值和传统。

者、残疾人、孱弱的老年人以及那些看护他们的人的"权利"诉求，而且在这样做的过程中也损害了他们实现自身自由与独立的能力。同样，如果坚持认为即便是在传统家庭法领域中自给自足也应当成为每一个人的目标，这不仅会冒着家庭解体的风险，而且实际上也使妇女承担了照顾子女以及其他需要看护之人的责任。正如格伦顿所指出的，完全信奉个体自治观念，制造性别中立概念，忽视或者贬低各种健康有益的依附关系的做法，已经使得权利话语远离了大多数普通人的日常生活，进而在政治话语中成为一种穷途末路的修辞。①

三 "权利"故事的另外一种叙述：
传统中国的国人与村民

现代西方自由主义的权利观念所存在的困境意味着，如果权利仍然能为主体所珍视和追求，那么就必须对自由主义观念的这种内在困境做出某种拯救。② 传统中国文化为"权利"（正当合理）故事提供了另外一种叙述，在其中可以发现传统中国文化虽不存在"个人观念"，不曾生发"权利话语"，但传统中国存在的公正而有效的制度和实践"巧妙地"解决了围绕某些权利话语中的分配正义问题。③ 为了说明问题之所在，在这里主要以个体所遭遇到的国家和村落两级共同体如何处置体现某种权利之物的分配正义问题作为分析对象。

---

① 参见〔美〕玛丽·安·格伦顿《权利话语——穷途末路的政治修辞》，周威译，北京大学出版社，2006，第99~100页。
② 在西方学界，其他非自由主义式的权利构想方式，比较有代表性的路径和分析可参见 Rainer Forst, "The Justification of Human Rights and the Basic Right to Justification: A Reflexive Approach," *Ethics*, Vol. 120, 2010, pp. 711 – 740。
③ 作为理性动物的人类，依据西方的知识话语系统，其根本要求有三，即或在真，或在善，或在美。然则如梁漱溟所言，传统中国文化更在于巧，意指实用上最经济有效者。人类理性一天一天开发，巧之根本要求愈来愈强烈。因而，相较西方国家，"中国，乃是病在高明，非失之愚蠢"、"中国文化是人类文化的早熟"，即从心出发，转而以向内用力的态度处理人与人的关系，而非从身体出发，呈现为一种以向外用力的态度处理人与物的关系。参见梁漱溟《中国传统文化要义》，上海人民出版社，2011，第244、253页。这是探究传统中国文化所应当切记的。

（一）作为国人

国人作为一种政治法律身份，主要由公民概念得以塑造成形。[①] 然而，在大国疆域的传统中国，农耕文明中的普通百姓显然无法能动有效地自觉参与到国家层面的政治社会治理中去。但倘若如此，即说传统中国没有相关的实践和制度来允诺由西方希腊城邦中公民权利概念所承担的公共善品，则是有失公允的。客观社会情势是，大一统国家的政治治理必然"要求历代王朝必须在宪制层面高度关注、持续强化吸纳全国各地和各社会阶层精英参与国家治理"。[②] 因而，理解少数精英参与国家治理的方式以及普通百姓如何由此享受国家治理层面生发的利益收获和责任分配，便具有意义。

不存在一种固定确定的政治法律身份，在传统中国历代王朝吸纳全国各阶层群体参与国家治理时所诉诸的标准便是注重个体的贤能。对政治精英的选拔，虽然经过选举、察举到科举的变迁，但历代王朝始终关注的都是如何从农耕村落的普通百姓当中选择出"德才兼备"的政治文化精英。在传统中国农耕社会，这种传统的政治文化精英便是存在但超越于普通百姓的"士"或者"读书人"。[③] 然而，由于"皇权不下乡（县）"，对于"士"或"读书人"的培育和选拔只能放置在家庭层面，客观上要求"齐家"。这种以家庭为基本单位所培育和选拔出来的"读书人"，虽然最终承受官职、荣誉和地位的是成功考取功名的个体，但个体所取得的成就也自然及于他所属的家庭和家族。基于此，中国才有"一荣俱荣"、"光宗耀祖"以及"你生/养了个好儿子"之类的古话。这种权利不清晰、界限不明确的观念，显然在西方人眼中是不可理解的。

此外，挑选政治文化精英注重个体的贤能和品质也会产生制度层面的实

[①] 在西方世界，公民概念本身是城邦的产物，作为一种特权，是一种区分和歧视，如某城邦内的外邦人、奴隶、妇女和儿童都不是政治法律意义上的公民，参见〔美〕彼得·雷森伯格《西方公民身份传统：从柏拉图至卢梭》，郭台辉译，吉林出版集团有限责任公司，2009，第5～12页。

[②] 苏力：《公民权利论的迷思：历史中国的国人、公民与分配正义》，《环球法律评论》2017年第5期。

[③] 参见苏力《精英政治与政治参与》，《中国法学》2013年第5期。

践后果，即能够参与到政治治理构架中的主体就不存在国别身份、群体身份、族群身份、宗教身份以及民族身份的分殊，不存在固定等级区分和恶意歧视，也就不生发现代意义上的身份认同的问题。在春秋时期，中国就有了所谓的"楚才晋用"，而在当时楚人一直被中原各国视为"南蛮"。① 同样，宋朝时期来到中国开封的犹太人，不仅没有像其他世界各地的犹太人一样因各种原因受到社会歧视，反而完全融入了当地的饮食文化，乃至明朝皇帝要求开封犹太人一定要保持其祖先的文化传统。② 不存在文化和群体认同的需要和问题，可以说构成传统中国农耕社会最具特色的政治生态。

最后，作为国人，传统农耕社会的普通百姓除了"学而优则仕"，通过科举成为政治文化精英而获得相应的官职、荣誉和地位，生活在君主保佑下的普通百姓还获得了现代公民权利概念之于个体的最大公共善品，即和平和安宁，正所谓"皇恩浩荡"。在传统中国社会，虽然皇帝有时候只是个牌位，但皇权的存在本身，甚至顽固地存在，却意味着在皇权存在的大一统中国社会，虽循环于一治一乱却无革命③，亦没有周期性的战乱。对于不信神不信教的普通中国人来说，家庭构成了他/她生活意义的全部。④ 而所谓的"妻离子散""家破人亡"社会现象的产生，真正的社会背景都是大规模的战乱。在这个意义上，尽管是不自觉地生于、长于并死于某种存在皇权的大一统社会中，这种自在的存在于某种共同体当中的事实本身意味着，普通百姓也获得了现代公民权利概念所允诺的一种最重要公共善品——和平和安宁。

（二）作为村民

作为国人参与国家层面的治理，在大国疆域的传统中国社会只能是少

---

① 参见杨伯峻《春秋左传注》，中华书局，1990，第 1119 页以下。
② 参见潘光旦《中国境内犹太人的若干历史问题：开封的中国犹太人》，北京大学出版社，1983，第 20 页以下。
③ 参见梁漱溟《中国传统文化要义》，上海人民出版社，2011，第 206～208 页。
④ 在传统中国社会，五口之家的"户"构成了传统中国社会的基本生产和生活单位。"五口之家"可以说是在全社会层面分配利益和责任的一种相对便利的单位，承担大致公道的赋税劳役。商鞅变法就有分户析居奖励农耕的政策，如"民有二男以上不分异者，倍其赋"。而在宋代之前，几乎每一王朝建立之初都将因战乱而抛弃的荒地按"户"均等分配，清代的"摊丁入亩"也都是尽可能地在普通百姓间分担责任。

数具有贤能的个体或群体，作为普通百姓的中国人主要生活在农耕区域的村落共同体中。对大部分普通百姓来说，村落构成了生于此、长于此并死于此的生活全部。因而，作为村民，普通百姓的"权利意识""计较心理"更为浓烈、更为直观、更为实在。如孔子言："有国有家者，不患寡而患不均，不患贫而患不安。"①

　　然而，同样在传统中国社会，由于"皇权不下乡（县）"，诉诸具有普遍意义的公民权利概念非但无法理解，更有可能扭曲甚至贬低了在传统中国村落共同体层面用于分配各种有价值物品的实践和制度。但农耕文明的传统中国社会有其自身的逻辑，有其自身的原则和实践。概括而言，传统中国社会用以分配村落共同体成员间利益和责任的原则便是父慈子孝、长幼有序以及男女有别。父慈子孝作为两代人的双向责任和义务原则，有利于父母照料、抚育脆弱和易受伤害的儿童，也有利于儿童长大后看护、赡养身心脆弱和易受疾病困扰的老人。除世代之外，村落共同体同辈人之间的长幼有序作为一种分配利益和责任的原则，虽不免有些任性和专断，但作为一种稳定的、可得见的制度预期，能减轻甚至消除利益争夺对同辈兄弟情谊的侵蚀。因而，"长幼有序会增强村落的凝聚力，增强家族家庭的凝聚力。而只要减少了利益分配中的内耗和扯皮，从理论上看每个人也都可能从中获益"。② 至于男女有别，呈现为"三从四德"、夫唱妇随，则呵护了友爱的夫妻关系、和睦的家庭关系，虽然原则上允许男性以不顺父母、无子、淫、妒、有恶疾、多言、窃盗七种理由，即"七出"抛妻弃子，但存在的"三不去"，即有所取、无所归，与更三年丧，前贫贱后富贵，在实践中能够限制甚至实际上起到废除"七出"的社会作用。③

　　如果按照个人权利的视角，无论父慈子孝、长幼有序，还是男女有别，作为分配利益和责任的原则，它们显然违背了平等原则。然而，平等原则也并非无条件的最佳选项，在以血缘亲缘而筑成的村落共同体中，诉

---

① 杨伯峻：《论语译注》，中华书局，1980，第 172 页。

② 苏力：《公民权论的迷思：历史中国的国人、公民与分配正义》，《环球法律评论》2017 年第 5 期。

③ 参见金眉《试析唐代"七出三不去"法律制度》，《南京大学学报》（哲学·人文科学·社会科学版）2001 年第 6 期。

诸平等无意于荒唐，反而沦落为空谈。如果罗尔斯的以下论断可以成立，即现代政治社会公民间的合作要想可能、公平以及持续下去，除平等原则以外，还必须具备差别原则。① 在这个意义上，从概念层面，可以说传统中国在村落共同体成员间分配利益和责任的原则，就是基本正当的，亦是大致合理的。而"正当合理"，正是英文 rights 的原初意义。在传统中国，没有父母的抚养，子女就不能长大成人，而既然父母对子女有养育之恩，子女就应该在父母年老时尽赡养的责任，这是天经地义的事。只有通过父母抚养子女，子女赡养老人，人伦才能维系，子女跟父母的关系才会日益密切，彼此才会产生相爱之心。传统中国之所以没有权利思想，在梁启超看来，"没有权利思想属于恶果，而没有义务思想是造成这种恶果的恶因"②。但此处应当强调的是，父慈子孝、长幼有序、男女有别作为正当合理的分配原则，只有在村落共同体当中得以理解，也只有在关系当中才有意义。

由此可见，传统中国文化中不存在"个人"概念、"权利"概念并不构成传统中国一种智识或制度上的缺失，传统中国依然孕育了各种制度和实践以独到方式巧妙地大致公正而有效地处理了普通百姓在国家和村落这两个共同体中的分配正义问题。转换成现代权利话语就是，对任何一种权利之物的界定和实现都必须嵌入某种共同体和关系当中。此处应该指出的是，权利之物对共同体和关系的这种嵌入式依赖不同于现代西方社群主义者对共同体和关系的关注③，后者关切的是共同体对个人身份认同的需要，存在团体性的忠诚和依附关系，而且诸种团体性的忠诚和依附关系有时候

---

① See John Rawls, *A Theory of Justice*, Harvard University Press, 1971, pp. 50 – 55.

② 梁启超：《新民说》，5biao 译，云南人民出版社，2013，第 166 页。梁启超指出，传统中国人缺乏义务思想集中体现在纳租税和服兵役两方面，国人为国家尽义务，同时享受作为国民应得的权利，是人民跟国家联系的纽带，国民的爱国心也由此产生。

③ 参见〔美〕迈克尔·J. 桑德尔《自由主义与正义的局限》，万俊人等译，译林出版社，2011，第 211 页以下；〔加〕查尔斯·泰勒《自我的根源：现代认同的形成》，韩震等译，译林出版社，2001，第 134 页以下；〔美〕麦金太尔《追寻美德：伦理理论研究》，宋继杰译，译出版社，2003，第 50 页以下。应该指出的是，社群主义对自由主义权利的批评是为了强调社会中所无处不存在的各种有价值的依附、传统与道德义务，而不是为了增进权利概念的本真性理解，因而与社群主义者的纯粹批评不同，本文对西方自由主义权利的批评并非否定权利本身，而是为了反思和重构权利。

相互竞争，形成对抗，存有边界。①

在这里，与西方社群主义视域中的这种对抗的共同体和关系所不同的是，传统中国文化对共同体和关系的关切是动态和没有边界的。实际上，随着个体年龄和生活之延展，会渐次有其四面八方若近若远数不清的关系和共同体。这种情义关系由近及远，更引远而入近，"每一个人对于其四面八方的伦理关系，各负有其相当义务；同时，其四面八方与他有伦理关系之人，亦各对他负有义务。全社会之人，不期而辗转互相连锁起来，无形中成为一种组织"。② 当然，在中国传统语境中，动态不意味着传统中国的共同体和关系不能识别和确立；同样，没有边界也不表示传统中国的共同体和关系不存在分殊和差序。传统中国文化之于人与人间权利叙述的最大贡献则是，"不把重点固定放在任何一方，而从乎其关系，彼此相交换；其重点实在放在关系上"。③ 将重心放在关系上意味着传统中国文化中体现某种价值之物的权利得到界定和实现固然重要，但更重要的是维持权利之物得到界定和实现的介质必须得以持存和维系。只有这样人伦情理关系才得以巩固，轻重得其均衡。如果将此理应用于社会权力与个人自由之间，现代西方自由主义的一大难题将得以圆满解决。对社会权力与个人自由之间最合理的解决，理应是这样：平常时候，不落一偏；必要情形，伸缩自如。对这一难题如果说"两边都不要偏，而是要均衡"则是不着边际，说了等于没有说。然而对此问题，依据传统中国文化伦理，一个解决方案则是要求站在社会一面时必尊重个人，而站在个人一面时，则应以社会为重。仅以两方互以对方为重时，均衡关系才能产生。

四 不完全义务与新权利图景的构建

虽然传统中国文化中存在权利得到界定和实现的诸种制度和实践，就

---

① See Christopher Heath Wellman, "Associative Allegiances and Political Obligation," *Social Theories and Practice*, Vol. 23, 1997, pp. 181 – 204.

② 梁漱溟：《中国传统文化要义》，上海人民出版社，2011，第79页。

③ 梁漱溟：《中国传统文化要义》，上海人民出版社，2011，第91页。

实践而言,人必然都是地方性的,但这种地方性的制度和实践自身并不能得到证成,也不能证成任何东西。因为所谓的证成必然是一种价值导向的思考。① 为了避免陷入决定论的窠臼,也为了揭示传统中国文化之于当前权利观念反思和重构的相关性,分析者必须进入一个规范层面。在这里,虽然任何一种实践都是地方性的,但某种特殊的地方性实践仍然有可能孕育出普适性的价值理念。逻辑上,也只有在规范层面之上,分析者才能知道何种意义上的传统中国文化资源对当代权利观念的重构是相关的,传统中国文化资源又在哪个方面为重构权利观念提供基础和依据。

(一) 不完全义务的界定

在传统中国文化语境中,任何一种体现为权利之物都必须在某种共同体、某种关系当中得到界定和实现。只有在某种共同体中,抽象权利的意义才得以具体,亦只有在某种关系当中,一般权利的内容才予以填充。理解权利,必须首先构建权利拥有意义和内容的关系,从义务出发。就此而言,所谓的个人享有权利只是在结果意义上说的。"权利是结论,而不是根据。有关权利的断言是漫长而复杂的运思过程的产物。当我们对人类利益有着不同观点时,我们对权利的观点也是不同的。"② 可以说,与西方自由主义权利观念不同,传统中国文化中的权利话语更强调个人权利与群体权利具有相互依赖性,如安靖如指出,"个人权利只有在组织良好的群体中才能得到有效实现,因此,任何个人权利都在一定程度上要依赖于其对全体所履行的义务。在这个方面,重要的是不要把政治国家混同于民族,也不要忽略了各种中间群体,因为它们对于个人和更大群体的繁荣也都非常重要"。③

然而,在这里应该指出的是,传统中国文化中权利之物对共同体和关

---

① 参见〔德〕卡尔·拉伦茨《法学方法论》,陈爱娥译,商务印书馆,2004,第94~99页。

② 〔英〕约翰·格雷:《自由主义的两张面孔》,顾爱彬、李瑞华译,江苏人民出版社,2002,第87页。

③ 〔美〕安靖如:《人权与中国思想:一种跨文化的探索》,黄金荣、黄斌译,中国人民大学出版社,2012,第273页。

系的这种嵌入式依赖，不应当被理解为任何个体的权利得到满足和实现，必须以履行某种具体和完全的义务作为前提和条件，即权利不能被理解为"预付的""有条件的"。① 在本文看来，体现为现代意义权利之物的古代中国传统文化中的实践和制度，并非一种直接指向具体个体所必须承担的完全义务，而是要求共同体必须承受的针对所有个体的一种非完全义务，一种仁爱的义务。借助于仁爱对整个生活世界的统摄，最终达成人生进取、国家富足、社会安定三者之间的"和谐"。② 实际上，任何社会必然存在某种必不可少的共同道德，这种共同道德构成了人权的基础性规范。③

当然，传统中国文化中的共同体，主要呈现为家庭、家族、村落、部落、族群等一种社群单位，之所以必须承受这种仁爱的非完全义务，一方面是为了培育少数精英个体能动地参与政治生活的行动能力，这种公共政治生活所必需的行动能力潜在地存在于该共同体内部的所有成员身上；另一方面是为了应对农耕部落社会组织语境下普遍存在的每一个体所存在和必须面对的脆弱性和易受伤害性，个体的这种脆弱性在传统中国，某种意义上甚至在当前社会，都是无法规避的人生历程和社会情势。④ 质言之，传统中国的诸种社群共同体必须承受这种仁爱的不完全义务，其旨在让每一个体"长大成人"。为了理解传统中国文化中仁爱的这种不完全义务之于重构现代权利观念的重要意义，必须首先对何谓不完全义务做出某种

---

① "预付人权"是我国学者赵汀阳对西方"天赋人权"内在的困境而提出来的，是理解权利的另外一种思维模式，即权利并非天生，要先履行某种具体义务，而后权利才得以定形。参见赵汀阳《预付人权：一种非西方的普遍人权理论》，《中国社会科学》2006年第4期。在本文看来，预付人权固然相比天赋人权是一种权利观念的进步，然而如果以此主张个体必须履行某种具体义务，该个体才能拥有和获得该权利，存在消解权利概念本身的危险。这是由于实践中总有某些义务，即便是具体和完全义务，没有得到履行，但该个体仍然拥有权利。如夫妻之间虽然一方违反相互忠实的义务，但还没有达到感情破裂到离婚的地步，该主体仍然有生育权利。

② 参见齐延平《和谐人权：中国精神与人权文化的互济》，《法学家》2007年第2期。

③ 英国著名人权学者米尔恩指出，"行善、尊重人的生命和公正、伙伴关系、社会责任、不受专横干涉、诚实的行为、礼貌和儿童福利"是任何一个社会必不可少的道德原则。参见〔英〕A. J. M. 米尔恩《人的权利与人的多样性：人权哲学》，夏勇、张志铭译，中国大百科全书出版社，1995，第57页以下。

④ 参见〔美〕麦金太尔《追寻美德：伦理理论研究》，宋继杰译，译林出版社，2003，第250页以下。

阐释。

在哲学上，不完全义务与完全义务的区分经由康德、密尔而为学人所熟悉和引用。[①] 需要注意的是，不完全义务只是意味着义务的"不完整性"，而非没有义务。既然一种义务可以凭借多种方式成为不完整的，那么不完整义务的概念便存在多种解释。然而，就当前分析目的而言，可以借助于"维度"这个概念来阐释何谓一种不完全义务。[②] 如果一种义务在以下三个维度上缺少其中之一就可以称为不完全义务。（1）不确定的行为，即是说究竟应该何种行为最终被履行，不完全义务给承担者留下了一定的余地，例如救助一个正在溺水者的不完全义务，它并不一定要求你下水，你也可以选择扔给他一个游泳圈。在这个意义上，任何义务原则都必然使行为流于不确定的状态，特别是应用不完全义务时，慎思熟虑和沉着判断都是不可或缺的。"这种判断过程既是概念上的必需，也是制度上的必需。它需要详细阐述司法程序和执行程序。"[③]（2）不完全义务的义务履行的场合和时机是不确定的，特别是不应当将不能够通过司法上的奖惩而被强制执行，就是说该义务是不完全的。除了司法的强制执行，还有许多社会调控模式，这些调控模式既是有效的也具有压迫性。（3）不完全义务的履行不是或最初不是分配给具体的权利持有者，即不存在确定的接受者。如某种紧迫情形下，可能存在许多需要帮助的人，在某种条件或某种关系没有确定的情况下，行动者就不清楚究竟谁是不完全义务的接受者。

在这个意义上，传统中国文化中的这种仁爱义务显然是一种不完全的义务。首先，仁爱行为本身具有不确定性。例如，有时候仁爱要求"亲亲相隐"，但仁爱也要求"大义灭亲"，这两种相互冲突的义务要求为处于

---

① 参见〔德〕康德《道德形而上学原理》，苗力田译，上海世纪出版集团，2005，第40~50页。

② See e. g., George Rainbolt, "Perfect and imperfect obligations," *Philosophical Studies*, Vol. 98, 2000, pp. 233 - 256.

③ 〔英〕奥诺拉·奥尼尔：《理性的建构：康德实践哲学探究》，林晖、吴树博译，复旦大学出版社，2013，第288页。

具体共同体和关系的个体提供了不确定性的行为指导。① 其次，传统中国文化中的仁爱要求，如父慈子孝，虽然很难包装成现代意义上的法定权利和义务并通过司法强制执行，但村落共同体内的熟人舆论、家族规矩等社会调控模式，都可能逼迫仁爱义务不得不最终履行和实现。最后，仁爱的接受对象可能无法事先得以确定。传统中国社会中情况似乎是这样，作为普通家庭无法满足帮助那些有脆弱、易受伤害的所有个体，也没有能力同时培育所有男孩都成为"读书人"。让某些具备资质和潜力的男孩"长大成人"需要时间、在场、花费精力和资源，普通百姓家庭所能提供的只是有选择地培育和帮助。因而，培育和帮助那些有参与政治行动可行能力之需要的人的义务就不能被归诸一切有需要的人身上。

（二）一种新的权利图景

如果传统中国文化所允诺的仁爱这种不完全义务得以成立，那么在这种仁爱义务的观照之下，一种新的现代权利图景便得以渐次投射。传统文化视域中的这种权利图景相较西方自由主义的权利图景，能更好地捕捉到权利所具有的效能，同时能避免权利论的自由主义所存在的理论困境和实践方面的危险。

首先，依据权利论的西方自由主义者的观点，权利作为一种私人事务，个人坚持权利诉求的全部要点就在于"胜过"福利、便利、幸福等其他考虑，将权利视为一种伦理上的基本"王牌"，坚持最大限度的同等自由。② 然而在传统中国，体现某种有价值物品的权利实践和制度却并不纯粹是私人事务，而是蕴含着强烈意义的公共关怀，让相关主体"长大成人"。通过强化家庭、家族、村落、部落、族群等的仁爱义务，这种公共关怀可以得到满足。当然，依据传统中国文化中的相关制度和实践，体现某种公共关怀的权利之物得以建构，其主要是为了维持公共政治行动能力

---

① 参见陈姿桦《论儒家伦理中的"亲亲"之道——以〈春秋〉为中心》，《天府新论》2018 年第 1 期；李拥军《"亲亲相隐"与"大义灭亲"的博弈：亲属豁免权的中国面相》，《中国法学》2014 年第 6 期。

② See Ronald Dworkin, *Taking Rights Seriously*, Duckworth, 1977, p. XI.

所必需的品格和特质，亦为了应付农耕文明下普遍存在的人之脆弱性和易受伤害性。在传统中国社会，或者一般意义上的现代风险社会中，人不仅是互相有别的理性存在者，而且他们还是易受伤害的和具有需要的存在者。① 显然，为了对付这种情势，必须构想某种制度和实践予以积极回应。

在传统中国制度和实践当中，由于权利总是嵌入某种共同体和关系当中，因而这种特殊的共同体和关系以及所构建的权利就并不是抽象意义上的根本和基本，相反，它们乃是实证的义务和经验的权利。这种实证义务和权利的特殊内涵依赖于特殊的社会政治安排以及行动者所承担的角色和任务。例如，父母或教师为了履行他们对自己照顾的儿童的义务而需要做出的特殊行为，自然取决于这些角色在某个特定社会中得到的具体界定。特定社会中的这些角色和实践以及作为它们的组成要素的义务和权利都向伦理批判和证实保持开放。② 在这个意义上，权利可以是一种为了出现好的结果而采用的"经验法则"，而不是一种把原则适用于事例而设计出来的运算法则。在不完全义务的筹划当中，任何一种原则的应用乃是深思熟虑和审慎判断的问题。

其次，权利论的西方自由主义观念构思权利的视角是从接受者出发，识别确定某种具体主张具有可行性的完全义务。然而，传统中国文化语境下仁爱义务构建权利的视角则是行动者的视角。从行动者而非接受者的视角构建权利原则的好处就是，它允许义务可以被渐次识别出来，而不需要先识别出所有的义务以便再识别出任何一种具体义务。③ 由于行动者构建权利原则的目标并不在于对义务类型做出求全责备的识别，因而虽然行动

---

① 参见〔英〕奥诺拉·奥尼尔《理性的建构：康德实践哲学探究》，林晖、吴树博译，复旦大学出版社，2013，第 255 页。

② See H. L. A Hart, "Are There Any Natural Rights?" *Philosophical Review*, Vol. 64, 1955, pp. 175 – 191.

③ 拉兹也指出，"只有在一个人的利益是另一个人以特定方式行动的理由，而这一行动能够保护和增进那个人的利益情况下，并且只有这一理由是某种义务的决定性特征的情况下，最后，只有这种义务对于那种保护和增进产生某种权利的利益的行动至关重要的时候，当然也有其他理由认为一个人应该服从这样一种义务，这一定义认定权利才是某种义务的充分理由"。〔英〕约瑟夫·拉兹：《自由的道德》，孙晓春等译，吉林人民出版社，2011，第 169 页。

者构建权利原则允诺的较少，但是可能释放更多的东西。对权利的这种建构原则允许权利所相关的义务能够以十分自然的方式被扩展，从而除了为仁爱这种非完全的义务奠定基础，而对那些脆弱、依赖性强和易受伤害的群体和个体来说（如儿童、妇女、老人的生活，贫困者的生活），不完全义务是相当重要的。

从行动者的视角，权利所相关的义务不仅是完全义务，而且更应该是不完全义务，"权利在实践思想中的特殊角色就是基于他人利益的义务的理由"。① 当然，对权利所相关的义务可能存在模糊和不同看法，但一个人在思考自己应该做些什么，进而明确相应理由，这点却很重要。提出这一问题的必要性，而不是轻松地假设我们彼此不负有任何义务，可以成为另一条更为全面的道德考量思路的开始，而权利问题也可以在那里找到自己的位置。一种权利的含义，如接受教育的权利以及以这种权利为基础的义务，取决于其他附加前提，而这些通常不可能全部都是事先决定的。如森所言，"关于各种不同人权的权重关系如何，其各自要素之间如何协调统一，以及如何将人权主张与也应引起我们道德关注的其他主张结合起来，也存在争议。即使接受了一揽子人权，这仍然会为进一步的讨论和辩论留下空间，事实上这正是这一问题的本质"。② 正因为这一点，权利才被认为具有某种动态特征，不仅是现有义务的基础，而且随着环境的改变，权利也能产生以原有权利为基础的新义务。不完全义务构成了"永恒的权利可能，权利生长的自然之种"。③

最后，权利并非像自由主义者所设想的那样旨在维持一种独立、自治的平等道德生活，而是任何一种共同生活得以可能的构成性要件。这是因为人不仅是互相有别的理性存在者，而且他们还是具有行动需求和易受伤害的存在者。在农耕文明的传统中国，在价值多元存有合理分歧的现代风险世界，任何理性存在者的合理性和相互的独立性都是不完整的、可以相

---

① 〔英〕约瑟夫·拉兹：《自由的道德》，孙晓春等译，吉林人民出版社，2011，第166页。

② 〔印〕阿马蒂亚·森：《正义的理念》，王磊、李航译，中国人民大学出版社，2013，第357页。

③ Joel Feinberg, *Rights, Justice, and the Bounds of Liberty*, Princeton University Press, 1980, p. 153.

互伤害的和由生命生活过程本身产生而出的。因而，除非每个人得到生理上的照料和充分的社会化，否则我们就不能生存；或者即便是能单纯地生存，如果没有受到与他们所处之社会相适合的教育和指导，那么单纯的存在者也就无法转变为拥有可行能力的行动者。在传统中国文化中，肯定个人拥有合法利益的观点根本就不是什么新鲜事。一个人的"权利"就是个人合法的利益和能力，但他必须努力履行他对自己和他人所负的义务。

在不完全义务的观照下，他人需要照料和关注就并非出于某种随意的目的，而是因为这些东西是他们变成和保持为行动者所必需的条件。在这些理性的与有需要的存在者之间，对他人之需要不管不问的自我中心的原则显然无法得到普遍接受和承认。因为凡是接受这个原则的任何企图都可能会削弱其中某些成员的行动能力，而维系权利行使和运用所必需的这种可行能力则是权利话语得以有效运用的关键。在这个意义上，如果权利论的自由主义传统可以从自然法传统的沉船中把关于正当合理的解释打捞出来①，那么当代西方自由主义权利观念的捍卫者就必须认真对待仁爱这种不完全义务，认真对待传统中国文化。

五 结语

当前西方的自由主义权利观念，无论在理论还是实践上都困难重重。这意味着权利要想仍然为主体所珍视的事物，就必须诉诸某种资源进行反思和重构。在这里，以伦理为本位、以仁爱为本质的传统中国文化，为理解权利观念提供了另外一种叙述故事。某种意义上，如安靖如

---

① 在权利论的现代自由主义者看来，仁爱并非一种与权利相关联的义务，而是一种慈善活动，一种超越职责范围外的额外奉献和个人偏好。然而，正义是古代西方主要的美德，仁爱则是神学上的美德之一，基督教较为悲观的奥古斯丁主义传统认为凡人之城与上帝之城之间是和解无望的。因此，经历了文艺复兴和启蒙运动而进入现代的西方世界，当尼采所言的"上帝死了"之时，正义和仁爱面临着必然分离的命运。但应该指出的是，为现代自由主义奠基的洛克，仍然是在神学的框架中思考，在洛克那里仁爱仍然是义务性的，因为对洛克而言自然法所规定的义务是基本的。参见〔英〕洛克《自然法论文集》，李季璇译，商务印书馆，2014，第15~18页。对权利论的自由主义者而言，权利才是基本的，义务或者责任只是权利的推论性结果。

所言："中国存在一种与众不同的权利话语，一种有自己的概念、动机和发展轨道的权利话语。"① 在中国传统文化视域中，任何一种权利之物的界定和实现都必须嵌入某种关系和共同体当中，为的是让每个主体"长大成人"。

应该指出的是，诉诸传统中国文化中的仁爱这种不完全义务重构权利观念，并不表示完全舍弃西方自由主义权利观念中人格独立平等的根基②，也不意味着返回到以家族为社会组织的传统中国文化中去。实际上，在今天这样复杂流动的社会中，要想恢复传统中国文化中以家族为核心的社会组织，以礼教为政治手段，显见其为不可能之事。要治国平天下，在今天不是礼教之所能奏功了。尽管如此，本文认为传统中国文化中的仁爱作为古圣贤的垂训，仍是具有无限价值的宝藏。③ 以传统中国文化中的修身和仁爱为根本观念，配上现代社会的人格独立观念，先修身而立己，立己而觉己，觉己而觉人，然后国治而天下平。

Abstract：In historical China culture is ethic-based, which could not come out the conception of individual and rights. Liberal conception of rights dominated by modern western culture, however, is conceptually incoherent and will bring about absurd results. From the perspective of historical China culture, despite the lack of the concept of citizen and the corresponding rights system, historical China had realized distributive justice by a unique method within the two communities of the state and villages in more or less just, systematic and effec-

① 〔美〕安靖如：《人权与中国思想：一种跨文化的探索》，黄金荣、黄斌译，中国人民大学出版社，2012，第28页。
② 严格来说，在传统中国文化中，现代西方自由主义权利所赖以为基的独立人格观念，亦未始找不到一些根源。我国以君子为人格完整的表征，不过这人格的完整，是道德上人格的完整，不是法律上人格的完整，所以只能作为个人修养的张本，不能成为法律制度。不过，有些概念，与法律上的独立人格概念很相接近，倘能予以发扬，亦未始不能相互沟通。如《论语》"君子矜而不争"之"矜"，"君子和而不同"之"和"，"君子无所争，也必射乎"之"射"，都有浓厚的制度化的人格意味。参见王伯琦《近代法律思潮与中国固有文化》，清华大学出版社，2005，第77页。
③ 参见王苍龙《"公民式君子"抑或"君子式公民"——重新思考君子与公民》，《天府新论》2018年第1期。

tive way, avoiding the failure of liberal conception of rights. Furthermore, in a normative sense, historical China culture adds up a concept by which reflecting modern liberal conception of rights, i. e. non-perfect duty should be a suit base to study rights.

Keywords: Ethic-based; Rights; Countrymen; Villagers; Non-perfect Duty

论人权之正义根基与价值品格：中道

贾永健[*]

摘　要： 从法哲学视角来看，"人权"这种建构的本质是对人欲的中道规制。近代以前主流正义论，从德性高于欲望的理念出发，对人欲的正常发展和满足普遍持限制甚至是压制态度。这导致人欲受限过度，人类物质生活的整体质量水平过低，与中道的正义观相悖。诞生于近代西方的人权概念，是对这种不正义状态的根本反动或矫正，极大地推动了人欲的普遍满足，但也带来矫枉过正的风险。当"人权"观念被偏狭理解为"私欲至上"时，会减损国家和法律（人权的最根本保障）之权威，对人权实现无疑是"自毁长城"。只有坚守"德性与欲望""欲望和法律""国家与人"关系的中道正义，方可实现人权的初衷：人的普遍自由。

关键词： 人权；人欲；中道；正义；普遍自由

对于"人权"这一概念或观念，麦金太尔曾略显偏激地直言："在中世纪临近结束之前的任何时代或中世纪语言中，都没有可以准确地用我们的'权利'（a right）一词来翻译的表达式……从这点来看，居然存在着这类人之为人都具有的权利，自然令人诧异……真理是显而易见的，即：根本不存在这类权利，相信它们就如相信狐狸精与独角兽那样没有什么区别。……这类权利的存在不可能得到证明。……因此，自然权利或人权是

---

　* 贾永健，河南大学法学院校聘副教授，法学博士。本文系河南大学科研基金项目：2018年河南省哲学社会科学规划年度项目（2018CFX021）；河南大学基本科研业务费·种子基金（jbkyzz047）。河南大学科学研究基金项目"控告权滥用的法律治理路径研究"（项目编号：2015YBRW014）的资助成果。

虚构的，只不过是具有高度特殊性的虚构。"① 因此，若把"人权"视为一种"人为建构"而非神秘神圣的意识形态，那么就有必要从法哲学角度思考它缘何自诞生以来都被现代社会奉为崇高价值。它一定是贴近满足了人的普遍需求，顺应了人类社会的发展大势而具有了坚实的正义基础和人性基础。本文即尝试从法哲学视角，思辨"人权与人欲"关系，从人性深处探析人权的正义根基。

一 普遍压制人欲的"前人权时代"

"人权"的内容实质，乃是人之欲求。人人生而平等，最基本的是指人人生而就有欲求，没有例外。有欲求就追求欲求的满足，也是人之动物本能的体现。但是在人类漫长的历史长河中，在人权概念诞生之前的"前人权时代"，人之欲求往往备受人类社会主流正义理论及法律制度的束缚与压制。正义为权利之逻辑基础，权利就是应得的、正当的从而是正义的利益，什么样的利益是正义的，取决于当时的正义观念。② 在古代，人之欲求之所以没有成为人之权利，其根由在于当时的正义论不能给予充分的正当性支持。

（一）古代西方自然正义论的束缚

西方的古代正义论发源于古希腊的自然正义思想。古希腊人对自然的认识就构成了自然正义论的基础，或者说其自然观决定了其自然正义观。在他们看来，"自然不仅是一个运动不息而充满活力的世界，而且是有秩序和有规则的世界，不仅是活的而且是有理智的（intelligent），不仅是一个自身有灵魂（soul）或生命的巨大物体，而且是一个自身有心灵（mind）的理性动物"。③ 自然运行的永恒规则和秩序，就是"自然法"（natural law），它"是更好的或终极的法律，出自宇宙之本性"④，"是与本性（na-

---

① 〔美〕麦金太尔：《追寻美德：道德理论研究》，宋继杰译，译林出版社，2011，第88～89页。
② 参见夏勇《人权概念起源：权利的历史哲学》，中国政法大学出版社，2001，第28页。
③ 〔英〕柯林伍德：《自然的观念》，吴国盛、柯映红译，华夏出版社，1998，第4页。
④ 〔意〕登特列夫：《自然法：法律哲学导论》，李日章、王利译，新星出版社，2008，第3页。

ture）相合的正确的理性；它是普遍适用的、不变的和永恒的"①。根据这样的自然观，古希腊在道德和政治领域形成了以自然法为终极根据的自然正义论，并一直主导古代西方（从古希腊、古罗马直到中世纪）正义观念。②

就促使"人欲"发展为"人权"来说，该正义论存在如下重大局限和束缚。

第一，人从属于自然，束缚了人的主体性意识生长。"在亚里士多德式宇宙观和自然观为主导的古希腊、斯多亚以及中世纪观念中，自然的图景与人的价值是完全融为一体的。"③ 人是自然的一个环节，处于一个"无生物—植物—动物—人—神"的自然生命链条之中。④ 人作为自然的一部分和一个环节，从属于自然，匍匐于自然脚下，只能被动听从自然（nature）根据各人迥异本性（nature）所作的地位决定、职位安排和利益分配，服从自然的法则，没有多少主动选择的余地。在这种结构下，人即使具有了主体性意识，也难以发展到具有超越自然的主体地位。形成"人权"的关键问题，不仅在于人能否超越自然，更在于人能否突破这个宏大的自然论框架束缚，成为独立的利益主体或权利主体。

第二，个人从属于国家，限制了个人独立价值的膨胀。城邦并不是个体之间的结合，而是团体之间的结合。⑤ 在城邦面前，人除了体现人的一面之外，更重要的是体现作为"城邦构成"的一面。在城邦中，人才能生存、自足并过上优良生活。"等到由若干村坊组合而为'城市'（城邦），社会就进化到高级而完备的境界，在这种社会团体以内，人类的生活可以

---

① 〔古罗马〕西塞罗：《国家篇　法律篇》，沈叔平、苏力译，商务印书馆，2002，第104页。
② 参见〔意〕登特列夫《自然法：法律哲学导论》，李日章、王利译，新星出版社，2008，第3~4页。
③ 林国荣：《自然法传统中的霍布斯》，渠敬东编《现代政治与自然》，上海人民出版社，2003，第2页。
④ 〔古希腊〕亚里士多德：《动物志》，颜一译，《亚里士多德全集》（第4卷），中国人民大学出版社，1996，第270页。
⑤ 〔法〕库朗热：《古代城邦——古希腊罗马祭祀、权利和政制研究》，谭立铸等译，华东师范大学出版社，2006，第118页。

获得完全的自给自足；我们也可以说：城邦的长成出于人类'生活'的发展，而其实际的存在却是为了'优良的生活'。"① 因此，"城邦在本性上先于个人和家庭。就本性来说，全体必然先于部分……自然生成的城邦先于个人，就因为'个人是城邦的组成部分'"。② 个人失去了城邦身份，就失去了人的全部。在与城邦从属关系的束缚下，个人不会膨胀为超越城邦的个体，也难以成为作为权利主体的个人。

第三，个人依赖国家，制约了个人与国家的分离。个人对国家的依赖，主要体现为只有城邦才能成就人。原因在于以下几点。其一，人在本性上是政治的动物，人在城邦中才能显明和实现本性，让自己成其为人。"人类自然是趋向于城邦生活的动物（人类在本性上，也正是一个政治动物）。凡人由于本性或由于偶然而不归属于任何城邦的，他如果不是一个鄙夫，那就是一位超人，这种'出族、法外、失去坛火（无家无邦）的人'，荷马曾鄙视为自然的弃物。"③ "凡隔离而自外于城邦的人——或是为世俗所鄙弃而无法获得人类社会组合的便利或因高傲自满而鄙弃世俗的组合的人——他如果不是一只野兽，那就是一位神祇。"④ 其二，个人在城邦中才能存活并获得自足。"每一个隔离的个人都不足自给其生活，必须共同集合于城邦这个整体'才能让大家满足其需要'"⑤，"等到由若干村坊组合而为'城市'（城邦），社会就进化到高级而完备的境界，在这种社会团体以内，人类的生活可以获得完全的自给自足"⑥。其三，个人在城邦中才能完善自身德性，过上优良的幸福生活。至善就是人的幸福，幸福就是合乎德性的生活。⑦ 而德性的培育只能在城邦中实现。"这样，

① 〔古希腊〕亚里士多德：《政治学》，吴寿彭译，商务印书馆，1965，第7页。
② 〔古希腊〕亚里士多德：《政治学》，吴寿彭译，商务印书馆，1965，第9页。
③ 〔古希腊〕亚里士多德：《政治学》，吴寿彭译，商务印书馆，1965，第7页。
④ 〔古希腊〕亚里士多德：《政治学》，吴寿彭译，商务印书馆，1965，第8页。
⑤ 〔古希腊〕亚里士多德：《政治学》，吴寿彭译，商务印书馆，1965，第8页。
⑥ 〔古希腊〕亚里士多德：《政治学》，吴寿彭译，商务印书馆，1965，第9页。
⑦ 参见〔古希腊〕亚里士多德《尼各马可伦理学》，廖申白译注，商务印书馆，2003，第9~23页。柏拉图的《美诺篇》中，非常努力地讨论美德的本质是美诺和苏格拉底共同探讨的主题，美德被认为是一种对至善的回忆（〔古希腊〕柏拉图：《美诺篇》，《柏拉图全集》（第1卷），王晓朝译，人民出版社，2002，第501页）。

从一个伦理视点出发，从定义为道德共同体的国家概念出发，个人与国家在道德目的上是如此一致"，在个人对国家如此依赖的情况下，个人与国家难分难离，几乎不存在对立，更不会形成对抗，反而存在"某种为大多数现代思想所陌生的团结一致性"。①

第四，人欲备受压制，权利难以生成。根据自然正义论，欲望都必须也必须被理性压制、控制和管制，始终处于被统治的地位。正义的个人与正义的国家具有同构性，个人需要使欲望服从理性统治和压制，使自己内部各部分秩序井然才是正义的；国家也自然地被统治者服从自然地统治着。自然正义的要求归结为一个命题，就是"按照自然生活"。"这是一个义务性命题，根据这个命题，不管是为了个人的正义，还是为了国家的正义，个人欲望都需要节制（包括主动自制和被动规制）。"② 自然赋予个人（不管是统治者和被统治者）的主要是义务。"在古代人那里，个人在公共事务中几乎永远是主权者，但在所有私人关系中却都是奴隶。"③ 在人欲备受压制的自然正义下，不存在权利生长的土壤。

第五，人与人自然不平等，人欲普遍满足缺乏正当根据。自然赋予了每个人不同的自然本性，这决定了各人在城邦中都有自己应有的位置、职位和作用。依据自然正义或自然法，人与人的自然不平等，决定了人的政治地位的不同。统治者与被统治者在自然天性上就是不平等的，统治者在自然本性上优于被统治者。个人依据各自本性不同作统治者和被统治者，各司其职，各负其责，安分守己，才是合乎自然的，也才是正义的。在这种自然正义观下，"民与官""人与人"之欲求关系缺乏普遍平等基础，普遍意义上的"欲求满足"并没有正义根据。

---

① 参见〔英〕巴克《希腊政治理论》，卢华萍译，吉林人民出版社，2003，第9页。海因里希·罗门评论希腊的自然法思想时就说，"在亚里士多德眼里，如同在柏拉图眼里，城邦乃是伟大的导师，严格说来，他们是不承认公民反抗它的自然的、主观的权利的"。参见〔德〕海因里希·罗门《自然法的观念史和哲学》，姚中秋译，上海三联书店，2007，第17页。

② 参见〔古希腊〕柏拉图《理想国》，郭斌和、张竹明译，商务印书馆，1986，第152~155页。

③ 〔法〕邦雅曼·贡斯当：《古代人的自由与现代人的自由》，阎克文、刘满贵译，上海人民出版社，2003，第48页。

基督教神学思想主导的中世纪，其正义论本质上是一种神义论，即上帝才是正义的唯一的、终极的来源和根据。它从一个秩序井然等级分明的宇宙永恒理性秩序出发，而不是从个体出发，它强调的是法而非权利，是神圣义务而非个体权利。人不仅要服从上帝的神圣理性——永恒法，还要把自然法作为制定法律（人法）、安排生活的根据。根据"恺撒的物当归恺撒，上帝的物当归上帝"的基督教二元权力观，人有两个"王"：天上的上帝和世俗的君主。两个"国"：天上的国和地上的国。因此每个人都负担着双重的义务——服从上帝和服从君主。①

总而言之，在以自然正义为核心的古代西方正义论下，作为权利主体的个人及作为权利内容的私人利益在道德上也没有凸显和膨胀的正当基础。人欲普遍充分地满足不能获得正义的支持，难以形成和发展为普遍"人权"。

（二）古代中国"宗法"正义论的压制

古代中国的社会正义论，是以居主导地位的儒家思想为基础而形成的。在古代中国，宗法是传统政治法律思想文化的核心概念，宗法精神是贯穿社会结构一切领域的根本观念，宗法原则是历代王朝法律制度建构的根本指导思想。② 有学者甚至认为，"理解宗法，乃是理解历史上的中国及其人民的思想核心之一"。③ 因此，古代中国以儒家思想为基础形成的主流正义论可以概括为一种"宗法"正义论。④

在儒家看来，全部五伦宗法关系恪守作为宗法准则的礼，秉持各自宗法德性（"父慈、子孝、兄良、弟弟（悌）、夫义、妇听、长惠、幼顺、君仁、臣忠"《礼记·礼运》），社会就能达到"父子有亲，君臣有义，夫妇有别，长幼有序，朋友有信"（《孟子·滕文公上》）的理想状态。这样的宗法社会，也即儒家心中的正义社会。

---

① 参见〔古罗马〕奥古斯丁《上帝之城》，王晓朝译，人民出版社，2006。
② 冯尔康主编《中国社会结构的演变》，河南人民出版社，1994，第 237 页。
③ 毛国权：《宗法结构与中国古代民事争议解决机制》，法律出版社，2007，第 10 页。
④ 详见贾永健《儒家"义务对等"型法正义思想及其异化反思》，《原道》2016 年第 1 辑。

建立在儒家思想基础上的宗法正义，对于人之欲求的普遍满足总体亦呈现消极作用。

第一，人欲被最大限度地压制，利与义严重对立。儒家并非绝对的禁欲主义者，人得以存活下来是其道德社会实现的前提，所以儒家亦有反对人殉、杀戮等害人行为的人本思想。但他们主张人人之基本生存欲求得以满足就够了，而后就应当予以教化向善，作君子，成尧舜。"是故明君制民之产，必使仰足以事父母，俯足以畜妻子，乐岁终身饱，凶年免于死亡；然后驱而之善。"（《孟子·梁惠王上》）子适卫，冉有仆。子曰："庶矣哉！"冉有曰："既庶矣，又何加焉？"曰："富之。"曰："既富矣，又何加焉？"曰："教之。"（《论语·子路》）因此，欲望满足的正当程度仅限于能生存的水平。"利"虽然未被绝对排斥，但"义"是高于"利"的，与"怎样做人"联系起来而成自律、礼让、奉献之义，"君子喻于义，小人喻于利"。个人利益（私欲）完全丧失了道德正当性和权威性。①这里与"人之私欲"（利益）渐趋对立的"义"，就是"宗法正义"。

宗法正义论是以义务为中心建构社会秩序的正义理论。人欲的扩展和膨胀导致求利和争利，无疑会使人们难以固守各自的宗法义务，在根本上严重威胁、危害甚至破坏宗法正义秩序。所以，在宗法正义下，"义利"严重对立，人欲和个人利益不仅得不到正当性支持，而且备受压制，个人要克制欲望才能升华自身道德修养境界，所谓"克己复礼为仁"（《论语·颜渊》）。

为利益而斗争，素来为儒家宗法正义所不容。荀子谴责利益争斗说："斗者，忘其身者也，忘其亲者也，忘其君者也"《荀子·荣辱》。儒家一直视诉讼为争利之斗的不道德行为，而努力提倡息讼、无讼。"子曰：'听讼，吾犹人也，必也使无讼乎。'"（《论语·颜渊》）。所以，维护私人利益、满足普遍私欲的行为和追求，是被宗法正义和古代法律所限制甚至禁止的。

---

① 参见夏勇《人权概念起源：权利的历史哲学》，中国政法大学出版社，2001，第30～31页。

第二，个人被宗法等级伦理所决定，难以形成独立、自主、平等的人格。宗法正义下，个人不过是嵌在宗法等级结构中的一个结点。每个人都有由血缘（实在血缘和拟制血缘）关系所决定的身份：君臣、父子、兄弟、夫妻、朋友。相应的身份承担着相应不同的宗法责任：父慈、子孝、兄良、弟弟（悌）、夫义、妇听、长惠、幼顺、君仁、臣忠。而且，这些身份及责任之间存在"贵贱、尊卑、长幼、亲疏"等不平等的等级差别。君、父、夫、兄的地位是尊而贵，相对应的臣、子、妻、弟的地位是卑而贱。即使被认为唯一处于平等地位的一伦——"朋友"，作为拟制的"兄弟"，亦有"长幼之别"。每个人恪守着由身份差异决定的差等义务，安分守己，卑贱要服从尊贵，做到"君君、臣臣、父父、子子、兄兄、弟弟、夫夫、妇妇"①，就是一个正义的人。在人与人不平等的基础上形成的社会差序格局就是正义的社会秩序。②

在这样的宗法正义秩序下，首先，个人不是独立的主体，而是从属于作为社会单位的宗族或家族。③ 其次，每个人的地位和责任都被基于宗法的身份所完全决定了，几乎没有任何自主性，只有服从和顺从的德性。个人只有在服从和顺从这样的宗法正义秩序下，才会有无限的自主空间，即通过自我克制，提升德性境界，成仁成圣。但这是一种履行义务的自主，并非追求利益的自主。

第三，人人承负沉重义务，义务本位是宗法正义的基本特征。中国传统政治法律思想将义务作为形成和调整社会秩序的主要手段，给每一等级身份都设定了对应义务。从最高君主的敬天、保民、仁爱、修身、齐家、治国、平天下……到一般人的事君、孝亲、尊兄、敬长、爱妻、养子、友朋……，从上对下的惠、施、宽，下对上的孝、悌、忠等，到具有普遍性的"恕"和"省"等。而尊卑贵贱对很多人来说是相对的关系，每个人会有多重身份，身份重叠，义务交织。这样，宗法正义秩序下的每个人所

---

① 《论语·颜渊》云："君君、臣臣、父父、子子。"《易》下，《咸传》云："君君、臣臣、父父、子子、兄兄、弟弟、夫夫、妇妇。"转引自瞿同祖《瞿同祖法学论著集》，中国政法大学出版社，1998，第314页。
② 参见费孝通《乡土中国》，江苏文艺出版社，2007，第25~32页。
③ 〔德〕黑格尔：《历史哲学》，王造时译，上海书店出版社，2001，第122页。

承负的义务，可谓严重超载。"子贡求息"（《荀子·大略》）的故事生动说明了，忠实履行义务的君子，忙碌一生都难得有休息身心、缓解疲劳的闲暇。义务本位的宗法正义下，处于卑贱地位的大多数人基本上只有"忠、孝、敬"的绝对服从和安分守己义务，难有主张"权利"的正当根据。

综上所述，在古代正义论下，人欲的普遍满足受到极大束缚和限制，"人权"之主体要素（个人）和内容要素（人欲）的形成和发展缺乏充分正当性根据。但中西相比，在发展人权概念的"个体、利益、权威"三大要素方面，西方具有更丰富的思想资源做基础，以致现代"人权"概念首先在西方发源和生成。[1]

二　全面解放人欲的"人权时代"

物极必反。人类历史进入近代，首先在西方迎来了一个全面解放人欲的大时代。自西方启蒙以降，在现代正义论（古典自然法思想）的证成、支持和推动下，长期备受压制和束缚的人和人欲获得了最大解放，人之欲求得以极大释放和满足。启蒙以来的时代，本质是一个"人（普遍个人）—人欲（普遍利益）"急速突起并肆意膨胀的时代。其时，人欲获得全面解放的载体就是"人权"，故而这个时代亦可谓"人权时代"。

这一点可从启蒙时期的古典自然法学对人权的形式、内容和主体三要件的塑造中予以窥探（因已在另文详论，故而下文为免赘述，仅简要论之）。[2]

（一）欲望平等：人权的形式要件

古典自然法学认为，人最初的生活状态，即人的自然状态，乃是一个

---

[1] 详情参见夏勇《人权概念起源：权利的历史哲学》，中国政法大学出版社，2001，第23~118页。

[2] 详细展开可参见贾永健《论古典自然法学对现代人权概念的塑造》，载齐延平主编《人权研究》（第17卷），山东人民出版社，2016，第3~24页。

无国家甚至无社会的状态。没有国家和社会的羁绊，没有自然与上帝的压制，"这是一种平等的状态……人人平等，不存在任何从属或受制关系"，所以每个人天生都是独立平等的个体①；"那是一种完备无缺的自由状态，他们在自然法的范围内，按照他们认为合适的办法，决定他们和处理他们的财产和人身，而无需得到任何人的许可或听命于任何人的意志"。②"人类天生都是自由、平等和独立的。"③ 各人都拥有自由意志和理性，凭其理性而据各自意志自由行事，所以每个人都是自由自主的。自然状态中的人，或者人在本性上，是完全平等和自由的独立个体。

人与人生而平等，构成了人权的形式要义：人人平等地普遍享有人权。这里的"平等"实质上意味着人与人的欲望平等，应当同等对待同等满足。因为这里平等的"人"，乃是充满欲望的"欲望个人"。它构成了现代"人权"的主体要件。

(二) 欲望个人：人权的主体要件

首先，古典自然法学通过构造"自然状态"，解放了人，突出塑造了个人。"个人"获得完全独立自主。古典自然法学的创始人之一霍布斯在政治思想领域，对"人"运用"作分解的减法"，减去了束缚和压制人的自然、上帝、国家等一切政治性羁绊和外在权威，把人还原到孤零零的原子式"自然状态"。他在对"国家"做无限地分解减法之时，割断并解构了个人联合的纽带，斩断了个人之间的一切联系，包括社会的和政治的一切联系，结果发现剩下来的只是个人的根本对立："一切人反对一切人的

---

① 参见〔英〕洛克《政府论》（下篇），叶启芳、瞿菊农译，商务印书馆，1964，第3页；〔英〕霍布斯《利维坦》，黎思复、黎廷弼译，商务印书馆，1985，第92、117页；〔法〕卢梭《论人与人之间不平等的起因和基础》，李平沤译，商务印书馆，2007，第79~80页。

② 〔英〕洛克：《政府论》（下篇），叶启芳、瞿菊农译，商务印书馆，1964，第3页。类似说法，可参见〔英〕霍布斯《利维坦》，黎思复、黎廷弼译，商务印书馆，1985，第97页；〔法〕卢梭《论人与人之间不平等的起因和基础》，李平沤译，商务印书馆，2007，第57页。

③ 〔英〕洛克：《政府论》（下篇），叶启芳、瞿菊农译，商务印书馆，1964，第59页。

战争"状态，即"自然状态"。① 这样，霍布斯就把"公民状态"还原为了前国家的"自然状态"，实现了对人的"去政治化"。人类天性是相互独立、自由平等的原子式个体，不具任何政治性和社会性。

其次，霍布斯开创性地纯粹从自然生物和心理意义上考察人，以人的现实感性需求来界定人性，并得出结论：人性中普遍存在的是欲望，欲望是推动生命运动的根本动力，没有欲望就没有生命。"欲望终止的人，和感觉与映像停顿的人同样无法生活下去。"② 人在自然状态中没有其他规定性，只有纯粹的欲望和激情。这即是作为霍布斯政治哲学基础的人性公理之一的"自然欲望公理"：无限贪欲是人的首要规定性。③

自此开始，古典自然法学就努力塑造作为欲望个体的个人，完成了对现代人权主体要件的创造。

（三）欲望至上：人权的内容要件

人既是充满欲望的个体，就唯满足欲望至上。满足欲望，成为人类追求的最高目的。"一切意义的全部可理解性，其最终根源都在人类的需要。目的，或者说人类欲望的最为迫切的目的就是最高的、统辖性的原则。"④ 从这个原理出发，"欲望至上"成为现代西方主流政治思想的一个基本原则⑤，也是现代"人权"观念的核心内容。

"欲望至上"的根据在于正义的"欲望化"。在正义与道德领域，霍布斯就认为，"善与恶是表示我们的欲望与嫌恶的名词"，"当个人的欲望就是善恶的尺度时，人们便处在单纯的自然状况（战争状况）下。于是所有的人便都同意这一点：和平是善。因而达成和平的方式或手段，如我在

---

① 参见〔德〕卡西尔《启蒙哲学》，顾伟铭等译，山东人民出版社，2007，第 16 页。
② 〔英〕霍布斯：《利维坦》，黎思复、黎廷弼译，商务印书馆，1985，第 72 页。
③ 参见〔英〕霍布斯《论公民》，应星、冯克利译，贵州人民出版社，2002，《献辞》第 4 页。
④ 〔美〕施特劳斯：《自然权利与历史》，彭刚译，生活·读书·新知三联书店，2003，第 180 页。
⑤ 安东尼·阿巴拉斯特就把"欲望的至上性"作为自由个人主义的基础理念之一，参见〔英〕阿巴拉斯特《西方自由主义的兴衰》，曹海军等译，吉林人民出版社，2004，第 33 ~ 41 页。

前面所说的正义、感恩、谦谨、公道、仁慈以及其他自然法也是善；换句话说，它们都是美德，而其反面的恶行则是恶"。① 这样，是否有利于实现人的欲望，被当作判断正义与否的标准。

在古代正义论中，理性主导欲望，古代正义可谓一种"理性正义"。而到了近代，理性工具化为人的专属能力和手段。其力量固然非常强大，最终还是要服务于人的欲望。"理性的功能就是计算出欲望如何得到满足，一种欲望如何与另一种欲望相互调和。"② 近代的人性论（古典自然法学）完全颠倒了古代人性论中"理性和欲望"的地位关系，人根本上改变了对人自身的看法。

现代正义以人的欲望正义为根本标准，可称为一种"欲望正义"。它使得人的欲求及其满足在道德上获得了古代从未有过的高度正当性，不啻为一种伦理道德"革命"。在过去，满足违禁的欲望令人产生负罪感。而在今天，如果未能得到快乐，就仿佛会降低人的自尊心和自信心，"人们会自我反省：'我哪里出问题了？'"③

总而言之，古典自然法学中的"人"，是"充满欲望、以满足欲望为目的、拥有理性工具且平等自由"的个体。他不再是古代自然正义论所认为的"介于神和兽之间的自然存在"，而是首先如"兽"一样充满欲望、以欲望为追求，其次又有理性而能如"神"一般自由创造，是"神与兽的合体"。

人欲中之首要与核心内容是"自我保存"。因为自我生命的存在，是一切欲望存在和实现的前提和载体。④ 既然满足自然欲求是正义和道德的核心标准，那么"自我保存就是'首要的善'"⑤，"自我保全的欲求乃是

---

① 〔英〕霍布斯：《利维坦》，黎思复、黎廷弼译，商务印书馆，1985，第121~122页。

② 〔英〕阿巴拉斯特：《西方自由主义的兴衰》，曹海军等译，吉林人民出版社，2004，第42页。

③ 〔美〕贝尔：《资本主义文化矛盾》，赵一凡等译，生活·读书·新知三联书店，1989，第119页。

④ 参见〔英〕霍布斯《利维坦》，黎思复、黎廷弼译，商务印书馆，1985，第92~98页。

⑤ 〔英〕霍布斯：《论人》，第11章第6节，转引自〔美〕施特劳斯《霍布斯的政治哲学：基础与起源》，申彤译，译林出版社，2001，第18页。

一切正义和道德的唯一根源"。① 所以，"自我保存"当然也是"人权"概念的首要内容：生命健康权。

为保存自我，首先，需要生命和身体完整免受他人侵害；其次，需要一定的物质财产满足存活需要；再次，有充分的自由，以寻找和获得持续生存以及实现幸福的资源。详言之，第一，生命和身体完整；第二，人人生而平等，任何一个人都不具有处置另一个人的正当权力，所有侵害都是不义；第三，人身、思想和言论自由；第四，拥有财产。②

这样，以"自我保存"为中心的欲求及其实现条件，就构成了"自然权利"及后来"人权"的内容要件，并在 18 世纪政治法律文献中演化为"人权"。1776 年的美国《独立宣言》开篇就宣称："我们认为下面所说的，都是自明的真理：一切人生而平等，造物者赋予他们若干不可让渡的权利，其中包括生命、自由和幸福的追求。"它最早以政治文件形式肯定了人所享有的固有权利，从而被马克思誉为"第一个人权宣言"。随后1789 年的法国《人权宣言》，则第一个完全撕去了"自然权利"的最后一点古代伪装，抛弃古代自然正义的最后一点痕迹——"自然"，直接将其公开宣布为不可让渡的神圣的"人权"。③

总之，经由古典自然法学塑造主体、形式和内容等要件后，"人权"这个"伟大的名词"自此诞生。④ 人类历史也由此进入一个"人权时代"，其主要特征就是人欲——人的自由得以全面解放和释放。人之欲望借助近

① 〔美〕施特劳斯：《自然权利与历史》，彭刚译，生活·读书·新知三联书店，2003，第185 页。卢梭也认为自然状态中的人"把对保护自己的生存有害的品质成为邪恶，把对保护自己的生存有益的品质成为美德"。参见〔法〕卢梭《论人与人之间不平等的起因和基础》，李平沤译，商务印书馆，2007，第70 页。
② 参见〔英〕霍布斯《利维坦》，黎思复、黎廷弼译，商务印书馆，1985，第 92~98 页；〔英〕洛克《政府论》（下篇），叶启芳、瞿菊农译，商务印书馆，1964，第 3~17 页；〔法〕卢梭《论人与人之间不平等的起因和基础》，李平沤译，商务印书馆，2007，第 57页。
③ 参见〔意〕登特列夫《自然法：法律哲学导论》，李日章、王利译，新星出版社，2008，第 53~54 页。
④ "人权"由"自然权利"转化而来的一个突出表现就是，在自然权利体系中"自我保存"是首要的自然权利，相应地，在人权体系中"生命权"和"生存权"都是首要的人权，"生命至上"也是现代人所普遍信仰的一个核心人权观念。参见李步云主编《人权法学》，高等教育出版社，2005，第 118~124 页。

代古典自然法思想的"欲望正义"（权利正义）论获得了充分正当性，"人权时代"即是"（欲望）自由时代"。

（四）权利本位：人权的法律要求

古典自然法学以欲望为根本标准的正义论，在人权诞生后演绎成了以"人权"为中心的正义论。保障人权，就是正义的；危害人权，就是不义的。根据这种"人权至上"的正义论，正义的法就是"保障人权"的法，就是以"人的权利"为价值本位的法。这是"人权至上"（人欲至上）的现代正义理念对法律的根本要求。

这一要求首先是在近代古典自然法学的"自然法"中得以落实的。近代启蒙时期产生的古典自然法学，对古希腊以来的西方自然法思想进行了彻底的变革。其中，最为根本的变化，就是人的权利成为"自然法"的价值重心。这个特点是"17、18 世纪的自然法观念与中世纪及古典的自然法教诲之间的根本差异。……（古代的）人们一提到法律通常主要是指种种义务，只是在派生意义才指种种权利。亚里士多德说，法律所不命令的就是法律禁止的，告诉了我们法律的最初含义"。① "前现代的自然法学说教导的是人的义务；倘若说它们还多少关注一下人的权利的话，它们也是把权利看作本质上是由义务派生出来的。就像人们常常观察到的一样，在17、18 世纪的过程中有了一种前所未有的对于权利的极大重视和强调。可以说重点由自然义务转向了自然权利。"② "这一区分是政治思想史的一个决定性转折点，它划定了一个从永恒秩序向人、从规范和义务向权利转变的新时代，也赋予了自然法论述以个人主义的根本特征。人类通向使自我利益合法化或得以确认的新道路已经开辟。"③

不管自然法具体内容如何，其根本目的和价值重心，都是人的欲求。

---

① 〔美〕列奥·施特劳斯：《政治哲学的危机》，李永晶译，载刘小枫编《苏格拉底问题与现代性》，华夏出版社，2008，第24页。

② 〔美〕施特劳斯：《自然权利与历史》，彭刚译，生活·读书·新知三联书店，2003，第186页。

③ 林国荣：《自然法传统中的霍布斯》，载渠敬东编《现代政治与自然》，上海人民出版社，2003，第31页。

"不存在什么绝对的或无条件的义务……按照自然，世间只存在着一项不折不扣的权利，而并不存在什么不折不扣的义务。"① 所以，近现代的"自然"法，就是首先维护和实现自然权利的"法"。洛克因而不无激情地宣布："Salus populi srprema lex '人民的福利是最高的法律'，的确是公正的和根本的准则。"②

一言以蔽之，近代的"自然法"乃是源自人并服务人的"法"，是以人的"权利"（欲求）为价值本位的"法"。古典自然法学成功地把作为法律之正当性根据的"自然法"，规定为以人的自然权利（人权）为中心目的的一系列法则。"到了美国与法国大革命前夕，自然法理论已经变成有关自然权利的理论……它为人权辩护"，完全是"一套有关权利的理论"。③

由此，权利本位的法律正义论，构成了现代社会的主流法律意识形态。它要求，国家法律只有模仿这样的"自然法"，以保障人的权利为目的，才是正义的。为追求和证明自身的正义性，现代国家的宪法和法律，要将在现代正义论中的应然人权（人之普遍欲求）转化为实有权利（现实利益）并以国家强制力做后盾予以有力保障。④ 权利本位之实质，就是"欲求本位"，是"人权至上"（欲望至上）的正义论在法律理论中的落实。

三 "人权时代"的人欲过度膨胀问题

启蒙以降，从政治思想到法律理论，"人权时代"俨然已经铺展开来。从西方到东方，从官方到民间，"人权"都是主流的概念话语，人人都"为权利而斗争"来争取自己的利益（欲求）。在法哲学层面上，这意味

---

① 〔美〕施特劳斯：《自然权利与历史》，彭刚译，生活·读书·新知三联书店，2003，第185页。
② 〔英〕洛克：《政府论》（下篇），叶启芳、瞿菊农译，商务印书馆，1964，第100页。
③ 〔意〕登特列夫：《自然法：法律哲学导论》，李日章、王利译，新星出版社，2008，第70页。
④ 李步云：《论人权的三种存在形态》，《法学研究》1991年第4期。

着千年以来人类历史的一个巨变——人欲获得了正面评价和正当地位，被堂而皇之奉为圭臬。这无疑是人类历史的巨大进步，但进步之下的晚近百年里也凸显一些尖锐问题。对"人权"观念之"解放人欲"一面的极端主义理解，形成社会中偏激的"权利话语"，造成权利滥用问题突出，私欲极端膨胀，极大污损了"人权"观念之正义性。

（一）违背法律与正义的权利滥用

"权利滥用"（abuse of rights）是"指权利人行使权利的目的、限度、方式或后果有违法律设置权利的本意和精神，或者违反了公共利益、社会利益，公序良俗或普遍之正义情感，妨碍了法律的社会功能和价值的实现"。[①] 自从产生了"权利"概念，"权利滥用"就相伴而生，其产生之根源，乃是人性中存在的贪欲和私心。"权利滥用"问题严重侵犯国家、社会或者他人利益，破坏法律秩序，本质上则是违反并损害正义的不义行为。

这可从社会治理领域中比较突出的"控告权滥用"问题，作一管窥。[②]

控告权是我国宪法赋予公民的一项独特救济性权利，体现了我国宪法"保障人权"的社会主义优越性。该权利滥用甚为突出，主要表现就是"缠访闹访"问题，具有明显的不义性。

一是谋取不义私利。公民滥用控告权，其根本动机往往是为了谋取不当利益。不管是谋取自身利益还是他人利益，所谋求的都是属于违法或不当的利益。当前，公民为谋取不当利益而滥用控告权的典型表现就是，一些公民没有正当的法律和事实根据，以国家机关及其工作人员存在违法失职行为为名，通过各种方式向上级政府提出控告，借助上级带给下级政府的政治压力，从而获得下级政府给予的不当利益。对此，学界有大量的实

---

① 周旺生主编《法学》，北京大学出版社，2007，第419页。
② 关于"控告权滥用"问题，详见贾永健《控告权滥用的类型及其法律治理》，《公民与法》2014年第10期。

证调查案例。① 这类控告行为的特点，就是如不能满足该控告人的利益要求，他就会指控有关国家机关存在违法或者失职行为，即使已通过法律程序查清排除该控告理由，还会不依不饶地向上级控告，直到利益要求获得满足。为达到该目的，引起上级国家机关对控告的重视，控告人还会编造控告事实，直接违反宪法和法律"不得捏造或者歪曲事实进行诬告陷害"的义务规定。比如有学者在对信访的调查中，就经常发现信访者"不诚实"，在信访材料中将问题夸大，或加进一些道听途说无法证实的内容，如官员腐败等，作为促使诉求得到尽快满足的策略。②

二是采取不义方式。当然，滥用控告权来谋取不当利益，往往是通过违法或违反社会公德的不义控告方式来实现的。其中，影响和危害较大的方式有两种。

其一，"闹大"式控告，即是指公民通过制造一些产生"道德震撼"或破坏性后果的行为事件来引起社会对其诉求的关注，从而倒逼政府满足其控告要求的行为。③ 根据媒体的报道，这种"闹大"式控告中"闹大"的技术策略或表现形式，包括群体性的集体上访、围攻政府、堵塞交通、打砸抢烧、挟尸等行为以及个体性的网络发帖、跳楼跳桥、自残、自焚、下跪等极端行为。④ 严格来说，这些"闹大"行为都是反法治的，是违反了诸多法律的（比如《治安管理处罚法》甚至是《刑法》），是对社会稳定秩序的挑战和破坏。其逻辑，就是以反法治和反秩序，刺激当前政绩考核中社会稳定"一票否决制"给党委政府的压力，由此谋取政府对自身控告需求的满足。它也是力图绕开法定体制，使控告在法律体系之外直接由不具法定职责的政府解决和满足，因而它也是反法治的。当前党政系统维护社会稳定的目标管理责任制，是其存在的制度根源或者是其利用的制度

---

① 相关的典型调查案例，可参见田先红《从维权到谋利——农民上访行为逻辑变迁的一个解释框架》，《开放时代》2010 年第 6 期；陈柏峰《无理上访与基层法治》，《中外法学》2011 年第 2 期。

② 参见陈柏峰《缠讼、信访与新中国法律传统——法律转型时期的缠讼问题》，《中外法学》2004 年第 2 期。

③ 参见徐祖澜《公民"闹大"维权的中国式求解》，《法制与社会发展》2013 年第 4 期。

④ 参见陈柏峰《群体性涉法闹访及其法治》，《法制与社会发展》2013 年第 4 期；徐祖澜《公民"闹大"维权的中国式求解》，《法制与社会发展》2013 年第 4 期。

工具。① 而发达的新媒体，将个别因"闹大"而控告需求获得满足的案例迅速扩散放大，逐渐演化为许多人竞相模仿的"控告行为模式"，成为一种滥用控告权的典型表现形式。

其二，"缠讼"式控告，就是公民以控告司法机关违法失职行为为名通过各种渠道和手段无休止要求国家对司法机关生效裁决重新启动审判程序。具体来说，经过司法裁决处理的纠纷当事人（主要是败诉方），因不服法院生效裁决，而以司法机关存在违法失职行为为由，无休止地向上级国家机关提出控告，要求再审。② 信访或者说是上访，就被作为"缠讼"式控告的主要途径。因为通过上访，可以将本属于法律的诉求转变为政治诉求，由相关"涉法涉诉"信访制度，正当寻求政治权力对司法的法外干预③，从而达到提起再审、实现自己利益要求的目的。"涉法涉诉"信访制度"一面敞开大门，向民众提供一种在法律系统之外解决法律问题的途径，一面为对司法活动的行政性干预提供制度化的正当渠道"。④ 这种"缠讼"式控告现象，造成的社会、政治和经济成本压力巨大，已经为政府所关注和重视。⑤

滥用控告权的行为，虽然并非控告行为的主流，却具有极大的危害性。公民滥用控告权的所谓"理由"，实质是一种以"不义对不义，以悲情对无耻，以违法对违法"的扭曲逻辑。一些公民根据这种逻辑，以缠访、闹访等形式滥用控告权，虽然可能一时、一事实现了所谓具体的"个殊正义"，但是对国家和社会来说，那更为长远和普遍的正义，却遭受到了根本损害。

---

① 参见陈柏峰《群体性涉法闹访及其法治》，《法制与社会发展》2013 年第 4 期。

② 陈柏峰：《缠讼、信访与新中国法律传统——法律转型时期的缠讼问题》，《中外法学》2004 年第 2 期。

③ 其中，国家信访制度强调"各级党政机关的领导干部是信访工作的主体，在信访工作中起着主导作用"，为党政领导通过信访干预司法提供了政治依据。参见中国行政管理学会信访分会编《信访学概论》，中国方正出版社，2005，第 62 页。

④ 梁治平：《法治：社会转型时期的制度建构》，《法治在中国：制度、话语与实践》，中国政法大学出版社，2002，第 123 页。

⑤ 阳广霞：《广东省人大通报立法专题调研情况，共提出 124 个具体建议"基层干部称 60% 精力花在信访维稳上"》，《南方都市报》2013 年 5 月 21 日，第 6 版。

第一，削弱国家和法律的权威性、正义性。滥用控告权谋取不义的私利，并采用破坏正义、违反法律的"闹大"和"缠讼"方式，首先，让人们看到政府能被要挟而服务于某些人的私利，滥用权利者反而获得更多更特殊的利益。然而政府本应是服务公共利益的，这就必然降低政府在人们心中的威信和公正性，最终损害国家的公正性和权威性，削弱人们对国家的正义性认同。其次，它们诉诸的都是法律之外的个人权力，期求的是不具法定职责的权力超越法律规定来干预法律运行（特别是"缠讼"式控告），使得"权力干预法律"的实践日益普遍以及信"访"不信"法"的反法治观念不断蔓延，直接削弱司法的终极性权威，根本动摇法律作为国家和社会最高权威的法治地位。①

第二，消耗和浪费公共资源，侵害其他公民利益。首先，对控告权的滥用，在迫使政府耗费大量精力和财力满足或者摆平权利滥用者时，从另一个角度来说，也意味着国家依法满足其他公民正当控告要求的资源被大量占用，从而使得依据法律正当控告的公民，失去了大量实现控告的机会，严重影响对他们正当权益的救济。其次，那些不具处理控告法定职责的政府部门，被迫超越法律处理控告的同时，其法定的本来正当职责必然会大量落空而得不到履行，本应用来履行法定职责的权力和资源，被用来处理不当控告。这样一来，其法定职责所服务的公民所得的服务水平和层次自然大大降低，利益受到损害。最后，政府被迫给予权利滥用人的不正当利益，实质上是来自其他公民的纳税。这些资源本应用于普遍的公共利益，然而却用于了满足某些公民的私利。这无疑是对其他公民利益的又一次非法剥夺和侵占。

第三，损害社会正义。滥用控告权的"不义对抗不义，以违法对抗违法"逻辑，如若在社会中不断蔓延传播，为更多人所信奉和实施，必然造成不义和违法行为在社会中泛滥，最终受害的是社会正义和社会团结。特别是"闹大"式控告，更是具有极强的负向行为激励和示范效应。它让人们更多地信"闹"不信"法"，因为"大闹大解决，小闹小解决，不闹不

---

① 参见赵贵龙《司法与信访：从冲突走向融合》，《人民司法》（应用版）2009年第7期。

解决"。① 然而，"闹大"行为蕴含的极端、暴力等因素和发展倾向，是对社会正义的致命威胁，如若不断发展和膨胀，最终可能使得社会陷入充满暴戾之气的混乱状态，濒临崩溃之渊。②

第四，败坏公民德性。对控告权的滥用，让权利滥用人获得许多不当利益，无疑会让其他公民深受"教育"。这种不良"教育"的结果，极大败坏公民德性。一言以蔽之，控告权滥用，会鼓励产生诸如"挟权为私、投机钻营、蔑视法律、迷信权力、崇好暴力、易走极端"等严重威胁正义秩序的不良品性。

由此窥知，权利滥用的背后，实质是权利主体的私欲极端膨胀。而权利滥用多发的背后又有着偏激的权利话语推波助澜。

（二）偏激权利话语加剧权利滥用

首先，权利话语极度强势，责任话语缺位。③ 还以"控告权滥用"问题为例，当前，维权话语成为舆论甚至学界解释当前所有控告案例的单一垄断性话语，而忽视了虽是少数却客观存在且危害很大的"缠访、闹访"等滥用控告权现象。④ 这种话语因建立在以权利为本位的现代正义论基础上，占据了道德制高点，用来解释控告事例，就赋予了控告公民以极大道德正当性和道德力量。这样，只要高举维权的旗帜，控告人行为无论是否正当合法，都会获得那深深信奉"权利话语"的媒体人特别是知识人的极大同情和支持。而这些人掌握着巨大的话语权，他们的鼓与呼就具有道德上的强大压迫力量。他们高扬"维护权利"的强大呼声，压倒了法治话语，抛弃了责任话语，逼迫着政府突破法律底线对滥用权利者迁就、让步。然而，他们忽略的是，现代正义论仅仅有权利支撑是不稳定的，与此伴随的必然要有责任作平衡，"强有力的权利话语并不需要排斥一种相当

---

① 人们信"闹"不信"法"的形成逻辑，参见陈柏峰《群体性涉法闹访及其法治》，《法制与社会发展》2013年第4期。

② 徐祖澜：《公民"闹大"维权的中国式求解》，《法制与社会发展》2013年第4期。

③ 陈柏峰：《无理上访与基层法治》，《中外法学》2011年第2期。

④ 该问题的提出，可参见陈柏峰《无理上访与基层法治》，《中外法学》2011年第2期。

发达的责任语言"。① 权利话语过度膨胀，会导致人们私欲的狭隘膨胀，形成无政府的混乱，最后甚至会撕裂社会，摧毁现代正义存在的基础载体。舆论对权利鼓吹的同时，却遗漏了对责任的强调，一定程度上刺激着某些公民的贪欲，而形成所谓"谋利型控告"。这种控告权滥用行为，就是典型的缺乏公民责任意识的结果。

其次，法治话语在社会舆论中声小力弱。当有控告案件尤其是具有悲情色彩的"闹访、缠访"案例被公开后，诸多媒体，特别是微博、博客、论坛等现代网络"新媒体"，往往不问甚至罔顾事实和法律，主导着社会舆论一边倒地对不当控告的公民予以极大同情，并积极在道德上声援、证成和支持其违法的权利滥用行为；同时，对相关国家机关予以强烈道德谴责，激起全社会道德义愤，并以"不达目的誓不罢休"的执着，努力将这种社会公愤转化为对政府的巨大政治压力。这种舆论和政治的联合暴力所到之处，压倒一切，无论法律和秩序。最终的结果，往往是某些公民赢了甚至赚了，舆论娱乐了，法治却输了，且输得很惨。② 在这过程中，那极为珍稀的法治话语和理性声音即使出现，瞬间即被铺天盖地的骂声所淹没。社会舆论的这种专断暴虐的喜好，或者说排斥法治话语的特点，很快就会被许多人习得和熟练利用。不管是为申诉冤屈，还是谋取私利，某些提出控告的公民会趋向千方百计制造"爆点"，不管是否违法，甚至是否违背社会公德，只要能引起更过关注，激起更大的道德同情就可以。这就如同赌博，因为这种引起关注的行为，对控告人来说是悲剧，甚至是付出生命的惨重代价。

（三）权利滥用本质是私欲过度膨胀

在古典自然法学奠定人权之初步基础时，就确立了人权之主要主体实为"个人"（私人），其核心构成"人欲"，二者结合将"人权"之实质内容最终规定为人之"私欲"。

---

① 〔美〕玛丽·格伦顿：《权利话语》，周威译，北京大学出版社，2006，第188页。
② 参见柴会群《"永州幼女被迫卖淫案"再调查　唐慧赢了，法治赢了没?》，《南方周末》2013年8月1日，第1版。

在马克思的批判视野下，发轫于启蒙时期的"人权时代"，"扯断人的一切类联系，代之以利己主义和自私自利的需要，使人的世界分解为原子式的、相互敌对的个人世界"。^①"与 citoyen［公民］不同的这个 homme［人］究竟是什么人呢？"马克思回答："不是别人，正是市民社会的成员"。所谓人权，本质上"也无非是市民社会成员的权利"^②。"自由是可以做和可以从事任何不损害他人的事情的权利，……，这里所说的人是作为孤立的、退居与自身的单子的自由。……，自由这一人权不是建立在人与人相结合的基础上，而是相反，建立在人与人相分隔的基础上。这一权利就是这种分隔的权利，是狭隘的、局限于自身的个人的权利。"^③"私有财产这一人权又是什么呢？是任意地、同他人无关地、不受社会影响地享用和处理自己的财产的权利……平等，无非就是上述自由的平等，就是说，每个人都同样地被看成那种独立自在的单子。"^④安全呢，安全不过是享有这种利己主义自由的保障。"可见，任何一种所谓的人权都没有超出利己的人，没有超出作为市民社会成员的人，即没有超出作为退居于自身，退居于自己的私人利益和自己的私人任意，与共同体分隔开来的个体的人。……把他们连接起来的唯一纽带是自然的必然性，是需要和私人利益，是对他们的财产和他们的利己的人身的保护。"^⑤

马克思深刻揭示了人权的社会实质是市民社会成员的自利需要和私人利益，"人权"这一权利是自私自利的权利，具有天然的内在局限和异化风险，那就是"私欲过度膨胀"。"人权至上"也易于片面理解为"私欲至上"。从"控告权滥用"问题可以窥见，权利滥用多出于私欲膨胀而严重破坏法律和正义。

由此可知，滥用权利的法哲学本质就是"人之欲求的过度"。

① 《马克思恩格斯全集》（第3卷），人民出版社，2002，第196页。
② 《马克思恩格斯全集》（第3卷），人民出版社，2002，第182页。
③ 《马克思恩格斯全集》（第3卷），人民出版社，2002，第183页。
④ 《马克思恩格斯全集》（第3卷），人民出版社，2002，第184页。
⑤ 《马克思恩格斯全集》（第3卷），人民出版社，2002，第184~185页。

四 迈向中道正义的"普遍自由时代"

在亚里士多德看来,"过度"即为"恶","中道"才合"正义"。正义即一种中道,是两种极端之间的中道。① "公正是一种适度"②,"有三种品质:两种恶——其中一种是过度,一种是不及——和一种作为它们的中间的适度的德性"。③ "世间重大的罪恶往往不是起因于饥寒而是产生于放肆。"④ 追求自身欲求的满足,是人之天性。⑤ "自爱"是人之基本欲求,具有自然正当性,柏拉图称之为"必要的欲望"。⑥ 出于自爱天性的"必要欲望",决定了每个人都应有正当的"人权",满足其自爱需求。这是"人权"观念得以生成、存在并被普遍接受的根本人性基础或者说自然正义基础之所在。然而,自爱超过限度,柏拉图称之为"不必要的欲望"⑦,

---

① 在亚里士多德文本中,"中道"的英语译法一直是"mean"。孔子的"中庸"思想中也包含有"中道"思想,即"过犹不及,适度为中"("子贡问曰:'师与商也孰贤?'子曰:'师也过,商也不及。'曰:'然则师愈与?'子曰:'过犹不及。'"《论语·先进》)在汉语学界,严群先生就曾因喜于中西先知相通性将其首先译为"中庸"(参见严群《亚里士多德之伦理思想》,商务印书馆,1933);周辅成先生意识到其与儒家"中庸"之别而译为"中道"(参见周辅成《西方伦理学名著选辑》,商务印书馆,1964,第292~234页)。苗力田也沿用了"中道"译法(参见〔古希腊〕亚里士多德《尼各马科伦理学》,苗力田译,中国社会科学出版社,1990);而廖申白新译的《尼各马可伦理学》将其译为"适度"(参见〔古希腊〕亚里士多德《尼各马可伦理学》,廖申白译注,商务印书馆,2003)。更多当代中国古希腊学者主张译为"中道":"就其要避免过度和不足这点说,亚里士多德所说的'中道'和中国古代儒家所说的'中庸'是相同的,但我们中国人理解的'中庸'还包含其他含义,为了避免别的联想,我们还是将它译为'中道'。"(汪子嵩等:《希腊哲学史》(第3卷下册),人民出版社,2003,第932页)关于"中道"和"中庸"之异同,是思想史的重大问题,本文的重心在于运用"中道"理念,对这一重大问题力所不及,请读者参见前述学者著文研思。

② 〔古希腊〕亚里士多德:《尼各马可伦理学》,廖申白译注,商务印书馆,2003,第146页。

③ 〔古希腊〕亚里士多德:《尼各马可伦理学》,廖申白译注,商务印书馆,2003,第53页。

④ 〔古希腊〕亚里士多德:《政治学》,吴寿彭译,商务印书馆,1965,第72页。

⑤ 〔古希腊〕亚里士多德:《政治学》,吴寿彭译,商务印书馆,1965,第55页。

⑥ 〔古希腊〕柏拉图:《理想国》,郭斌和、张竹明译,商务印书馆,1986,第334页。

⑦ 柏拉图认为"不必要的欲望"或者"非必要的快乐和欲望"可以分为"浪费的"欲望和"得利的"欲望。参见〔古希腊〕柏拉图《理想国》,郭斌和、张竹明译,商务印书馆,1986,第335、352页。

就是不义的"自私"或者贪欲。①

所以，"中道正义"意味着人欲必须有所节制，每个人的欲求都应当保持在必要限度内，超过限度即是不义的贪欲。"限制人欲"应是"人权"的题中之义。人权是对人欲既解放又限制的中道规制。显在的限制表现，乃是为卫护普遍人欲（人之积极权利），需要对部分人欲（他人与公权力者的贪欲）时刻保持警惕、对抗和限制，在这种思路主导下，人权体系中才有了消极权利，作为个人对抗他人与公权者贪欲的防卫权②；潜在的限制，表现为人权其实还内在包含对私欲的限制，即与权利行使必然相随的义务和责任，只是在当前权利话语的强大声势下，这种限制往往被隐而不见，以致对控告权理解偏狭，所内在的责任和义务成为视野盲区。总之，人权既体现对人之正当欲求的卫护和满足，又体现着对人（权利主体和权力主体）之不当欲望的矫正和制约，最终追求各人利益欲求的平衡与中道，实现中道的正义。人欲的过度膨胀（权利滥用），反而污损了"人权"的伟大，必须予以高度警惕和全面规制。

总之，"人权"这种建构的正义性，就在于它的"中道"品格（对人欲既解放又限制的中道立场而非片面的"解放人欲"）；其进步性就在于实现人与人之间关系的正义——普遍自由，如马克思所言的："每个人的自由发展是一切人的自由发展的条件。"③普遍性是正义的基本特征，普遍的自由才是正义的。康德所毕生致力探究的正义，就是一种自由的普遍性正义法则：任何人有意识的自由行为，按照一条普遍的自由法则，能够和每一个人的意志自由的行为同时共存和相互协调。这是普遍道德法则的绝对命令。④纯粹实践理性原理的定理三："一个理性存在者应当将他的准则思想为普遍的实践法则"，纯粹实践理性的基本法则就是："这样行

① 〔古希腊〕亚里士多德：《政治学》，吴寿彭译，商务印书馆，1965，第55页。
② 参见郭道晖《公民的政治参与权与政治防卫权》，《广州大学学报》（社会科学版）2008年第5期。
③ 《马克思恩格斯选集》（第1卷），人民出版社，2012，第422页。
④ 〔德〕康德：《法的形而上学原理——权利科学》，沈叔平译，商务印书馆，1991，第39~42页。

动：你意志的准则始终能够同时用作普遍立法的原则。"① 而欲实现人与人之间关系的正义和普遍自由，关键是人与人之"欲求"的平衡与中道。

（一）"中道"：人权的精神内核和正义根据

首先，人权是"权利与权利""自我与他人""权利与责任""自由与法律"的中道。"权利"（rights）对个人来说也是一种"权力"（power），一种正当的力量。"滥用权利"就是在专断或暴虐地行使绝对权力。阿克顿曾言："不负责任的权利必定是不受制约的权利"，并呼吁"把绝对权力放到责任的集中营里吧！"② 这种滥用权利的自由，突破了法律的界限，就不再受法律保护而必然不复存在。"在民主政治的国家里，人民仿佛是愿意做什么几乎就可以做什么，因此，人们便认为这类政体有自由，而把人民的权力同人民的自由混淆了起来。什么是自由？……自由是做法律所许可的一切事情的权利；如果一个公民能够做法律所禁止的事情，他就不再自由了，因为其他的人同样会有这个权利。"③

人是社会中的人，必然要与他人、与群体（社会）发生关系和联系。因而个人的行为，都必然会对他人和社会产生影响。为保护社会免受个人恣意的侵害，才产生了约束个人的责任和道德，这些都构成维系社会存续的重要纽带。私欲膨胀、滥用权利，是权利主体对自身所应负担责任的背离和抛弃，这不仅可能损害他人正当权利，而且还会危害社会整体利益，破坏社会公德和社会秩序，最终损害"人权的道德基础"。所以，"人权"必然内在要求对"过度私欲"进行合理规制，在最终意义上实现人的个体与群体关系的中道与和谐。

其次，人权是"自由与权威""权利与权力"关系的中道。在现代社会，"自由与权威""权利与权力"是既对立又统一的关系。

一方面，"权利滥用"削弱甚至瓦解国家权威，造成"自毁长城"恶果。国家能力多强，人权保障水平就有多高。强大的国家权力和权威是人

---

① 〔德〕康德：《实践理性批判》，韩水法译，商务印书馆，1999，第 26~31 页。
② 〔英〕阿克顿：《自由与权力》，侯健、范亚峰译，译林出版社，2011，第 294~295 页。
③ 〔法〕孟德斯鸠：《论法的精神》（上册），张雁深译，商务印书馆，1961，第 154 页。

权存在和实现必需的条件与保障。自由和权利的极端张扬和私欲膨胀，即权利滥用行为，消解国家权力，最终根本上危害到人权的保障和实现。没有国家权力的状态就是古典自然法学所谓的"自然状态"。这种状态下，人们虽然应该享有各种自然权利，但实际上面临着诸多现实威胁和危险，甚至连最基本的"自我保存"都难以实现。霍布斯笔下的自然状态，是"每一个人对每个人的战争"状态。① 洛克认为，人之自然状态因缺少普遍法律和公认裁判者与执行者容易滑向"战争状态"。② 卢梭则直言："自然状态中不利于人类生存的种种障碍，在阻力上已超过了每个个人在那种状态中为了自存所能运用的力量……人类如果不改变其生存方式，就会消灭。"③ "自然状态缺陷论"是对以商品经济为基础的"市民社会"中权利生成和实现的悖论或缺陷的理论概括。如马克思所言，在以"实际需要、自私自利"为基本精神的市民社会中，人们所谓"自由是可以做和可以从事任何不损害他人的事情的权利，……，这里所说的人是作为孤立的、退居与自身的单子的自由。……，自由这一人权不是建立在人与人相结合的基础上，而是相反，建立在人与人相分隔的基础上。这一权利就是这种分隔的权利，是狭隘的、局限于自身的个人的权利"。"可见，任何一种所谓的人权都没有超出利己的人，没有超出作为市民社会成员的人，即没有超出作为退居于自身，退居于自己的私人利益和自己的私人任意，与共同体分隔开来的个体的人。……把他们连接起来的唯一纽带是自然的必然性，是需要和私人利益，是对他们的财产和他们的利己的人身的保护。"④ 人人私欲膨胀，极端追求自我权利，很容易陷入"人人为战、人人无权"的共输困局。

为克服或补救自然状态或市民社会这种权利保障缺陷，古典自然法学提出了社会契约论，来建立国家，设立政府。"这一切都没有别的目的，只是为了人民的和平、安全和公众福利。"⑤ 后来的美国《独立宣言》将

---

① 〔英〕霍布斯：《利维坦》，黎思复、黎廷弼译，商务印书馆，1985，第94~95页。
② 〔英〕洛克：《政府论》（下篇），叶启芳、瞿菊农译，商务印书馆，1964，第77~78页。
③ 〔法〕卢梭：《社会契约论》，何兆武译，商务印书馆，1963，第18页。
④ 《马克思恩格斯全集》（第3卷），人民出版社，2002，第183~185页。
⑤ 〔英〕洛克：《政府论》（下篇），叶启芳、瞿菊农译，商务印书馆，1964，第80页。

古典自然法学的这种理念明白昭告："为了保障这些权利，人类才在他们之间建立政府。……新政府所依据的原理，和用以组织其权力的方式，必须使人民认为这样才最可能达到他们的安全和幸福。"①　这样，现代"政治社会的功能不是关注公民是否幸福，也不管他们是否能成为亚里士多德所说的那种举止高尚的君子，而去创造幸福的条件，去保护它们，或用行话来说，要保护人的自然权利"。②　通过社会契约建立国家后，人权就可以借助国家权力上升为法律权利，从而超越私利局限，获得普遍权威性，就具有了普遍实现的可能性。所以，在现代社会，国家权力是人权获得普遍实现而不可缺少的有效工具。国家权力必须保有充分的权威，才能有效遏制"贪欲"对人权普遍性根基的破坏，这是人权实现的前提。质言之，人权若要实现人的普遍自由，必须国家权力有效限制人之贪婪私欲，实现人与人之欲望关系的中道。

另一方面，"权力滥用"也是人权必须防范的重大敌人。根据现代正义论，人的自由和权利是国家权威和权力的唯一正当目的和根据，因此，国家权威和权力应当切实保障、服务并服从于人的权利和自由；然而，现实历史表明，自人类诞生以来，除却"天灾"，国家权力滥用所带来的"人祸"对人权危害最烈。罗素曾云："一方面，政府是必需的，没有政府，只有很少一部分人有望继续生存，而且只能生活在一种可怜的贫困状态中。但是，另一方面，政府也会带来权力的不平等，并且那些拥有极多权力的人会利用这种权力来满足他们自己的欲望，而这些欲望是与一般人的欲望截然相对立的。"③　所以，波普尔才说："国家尽管是必要的，但都必定是一种始终存在的危险或者（如我斗胆形容的）一种罪恶。"④

"权力滥用"的法哲学本质，也是"人之欲望的过度"——贪欲。"说'国家'行使权力是一种转喻的说法：行动的并不是国家，而是由国

①　〔意〕登特列夫：《自然法：法律哲学导论》，李日章、王利译，新星出版社，2008，第72页。
②　〔美〕列奥·施特劳斯：《政治哲学的危机》，李永晶译，载刘小枫编《苏格拉底问题与现代性》，华夏出版社，2008，第23页。
③　〔英〕罗素：《权力论》，吴友三译，商务印书馆，1991，第144页。
④　〔英〕卡尔·波普尔：《猜想与反驳》，傅季重等译，上海译文出版社，1986，第500页。

家权威赋予特权的人。"① 国家侵权行为的实质还是人的行为，根源还在于人性。对手中掌控国家权力的人来说，他们不但仍然具备人性之"恶"，甚至这些人性之"恶"还会被权力无限放大，做出超越一般人的更大邪恶。基于这一人性根源，"一切有权力的人都容易滥用权力，这是万古不易的一条经验"。② "权力导致腐败，绝对权力导致绝对腐败。"③ "权力必然使权力占有者腐化，这诚然是政治学中一条很好的'规律'。"④

因此，"权力滥用"之所以是"人权"必须防范的"重大敌人"，就在于其也是"人（权力主体）之欲望的过度"，违背了中道正义。为保障人权必须对"权力滥用"的防范和治理，就是对"人欲过度"的矫正，就是恢复人欲的中道。所以，人权的良好发展也就是人欲关系的平衡与中道。"自由与权威""权利与权力""国家与公民"关系只有处于一个"中道正义"状态，二者相得益彰而非互相损害，才是"人权"存在和发展的前提基础。在充分实现人权的过程中，需要国家权力和公民权利、社会利益与公民权利的中道平衡。不仅国家的权力首先要受到有效制约和监督，而且人的权利也必然受到限制；不仅要防止和纠正权力滥用，也要防范和规制权利滥用，维护国家必要权威和社会整体利益。

由此来看，国家和公民信守中道的正义，才会社会和谐稳定，国家长治久安，人权普遍发展。如亚里士多德所言："大家既然已公认节制和中庸常常是最好的品德，那么人生所赋有的善德就完全应当以'毋过毋不及的'中间境界为最佳。处在这种境界的人们最能顺从理性。趋向这一端或那一端——过美、过强、过富或太丑、太弱、太贱、太穷——的人们都不愿顺从理性的引导的……这样的一个城邦就不是自由人的城邦而是主人和奴隶所合成的城邦了；这里一方暴露着藐视的姿态，另一方则怀抱着妒恨的心理。一个政治团应有的友谊和交情这里就见不到了。然而世上倘若没

① 〔美〕斯科特·戈登：《控制国家——从古代雅典到今天的宪政史》，应奇等译，江苏人民出版社，2005，第11页。
② 〔法〕孟德斯鸠：《论法的精神》（上册），张雁深译，商务印书馆，1961，第154页。
③ 〔英〕阿克顿：《自由与权力》，侯健、范亚峰译，译林出版社，2011，第294页。
④ 〔美〕斯科特·戈登：《控制国家——从古代雅典到今天的宪政史》，应奇等译，江苏人民出版社，2005，第2页。

有友谊，就不成其为社会。"①

"中道"之所以说是人权的精神内核和最终正义目标，乃是因为它是人欲"鼓励、保护和节制、限制"之间的中道平衡。

第一，"人权"在现代的生成就是对以往民众基本欲求遭受过度压制之状况的纠偏，是对人欲关系的中道矫正。在那种状况下，民众时常遭受统治者肆意侵害，连基本生存欲求都得不到保障，民权过弱几近没有而公权过强。② 这是一种"过度"，是违反"中道"、破坏正义的恶。人权本身就体现着对民众正当欲求的扶持和护卫，对统治者贪欲的纠处和矫正。

第二，人权还内在包含限制公民欲求的一面，促使公民与公民、公民与社会利益关系的平衡和中道。人权充分释放了人的普遍欲求，与此同时，也带来了相应的社会问题，即人之欲求的过度。欲求过度，即是不正义，在法律层面表现为"权力滥用"和"权利滥用"问题。"权力滥用"是公权者过度欲望所致，防范和克服"权力滥用"是现代政治法律制度的主要问题意识；而"权利滥用"问题则是公民追求欲求的过度所致，其往往被掩盖起来，隐而不见。"权利滥用"问题对正义同样具有极大危害，可能会损害人的个体之间以及个体与群体之间的中道正义。人权所内在的公民义务和责任，就是对公民欲求的限制，就是对公民与公民、公民与社会关系之中道正义的维护与恢复。

"中道"作为人权精神内核和最终正义根据，根本上源于对人性的认识。"人类本质上乃是一种'介于其间'（in-between）的存在物——介于禽兽和众神之间。"③ 人因分有神性，拥有理性，而获得神圣尊严，具有获得和实现自由权利的资格与能力；同时，人也保有兽性，充满着无限欲望，因而需要节制人欲，才能实现普遍的自由和权利。不主张节制和限制人欲，必然推崇权力专制或者唯个人权利至上。这种观点是对人性的片面

---

① 〔古希腊〕亚里士多德：《政治学》，吴寿彭译，商务印书馆，1965，第 208～209 页。

② 参见夏勇《中国民权哲学》，生活·读书·新知三联书店，2004，序言第 2 页。

③ 〔美〕施特劳斯：《自然权利与历史》，彭刚译，生活·读书·新知三联书店，2003，第155 页。参见〔古希腊〕亚里士多德《政治学》，吴寿彭译，商务印书馆，1965，第 9页；〔古希腊〕亚里士多德《尼各马可伦理学》，廖申白译注，商务印书馆，2003，第191～192 页。

认识，对人之神性的过度信赖，对人之兽性的忽略或忽视。历史上那曾经的惨痛教训已使"人们日渐明白，无论流血的社会变革，还是不流血的社会变革，都绝不可能消除人性的恶。只要有人，就会有恶意，有嫉妒，有仇恨；因此，不可能存在一个不必使用强制规范手段的社会"。①

总之，人权所实现的中道正义，内在包含着对人（公权者和公民）之贪欲的节制。它以普遍限制各方欲求的方式，来防止任何一方欲求过度而使双方利益关系偏向任何一个极端，使其始终保持一个中道的正义状态。限制与自由是"中道正义"这个硬币的两面，不可分割。诚如施特劳斯所言："人由于其理性，有着别的世间的存在者所不可能有的选择范围。对于这一自由范围的意识，伴随着另一种意识：对那一自由完全不加限制的使用是不正当的。人的自由伴随着一种神圣的敬畏之心，伴随着一种先见之明：并非一切事情都是可以做的。我们可以把这种由敬畏之心激发起来的恐惧感叫做'人的自然良知'。因此，节制就如同自由一样自然，一样源远流长。"② 因此，"限制对人而言，就像自由一样自然。人生来如此，他除了克制自己低下的冲动外就无法达到人性的完满。正义与强制并非水火不容；究其实而论，把正义视为一种仁慈的强制，并非完全错误"。③

在古典正义论看来，"正义"绝非"免于强制的自由"④，而是一种"仁慈的强制"。⑤ 这种"仁慈的强制"，在现代社会就是"法治"。所以，人权所追求的普遍自由，必得通过"法治"来实现。

（二）"法治"：保障"人权"迈向"普遍自由"的必由之路

"法治"之所以能保障"人权"通向普遍自由，原因可归结为亚里士

---

① 〔美〕列奥·施特劳斯：《我们时代的危机》，李永晶译，载刘小枫编《苏格拉底问题与现代性》，华夏出版社，2008，第6页。
② 〔美〕施特劳斯：《自然权利与历史》，彭刚译，生活·读书·新知三联书店，2003，第131页。
③ 〔美〕施特劳斯：《自然权利与历史》，彭刚译，生活·读书·新知三联书店，2003，第134页。
④ 参见〔英〕伯林《自由论》，胡传胜译，译林出版社，2011，第170~171页。
⑤ 〔美〕施特劳斯：《自然权利与历史》，彭刚译，生活·读书·新知三联书店，2003，第134页。

多德的两个著名命题。

其一，"法律即是摈绝了欲望的理智"。① 因此，法律能够从外在有效节制人的贪欲，并且还能培育和提升节制人欲的内在力量——德性，从而维持并实现正义。节制人欲通向正义之过程大概分为三步：第一，节制的前提是人性基本需要或者说正当必要的欲求得到满足，在现代社会即是合法正当的公民权利获得有效尊重和保护；第二，必要条件是外在权威的限制或协助；第三，最终目标，塑造和培育人的内在节制——德性，提升神圣人性，从内在促使人与人关系达致充分的正义。因此，通向正义的关键是第二步，由此步骤人的德性方能得以提升并成为节制人之贪欲的内在力量；但德性提升所依赖的外在权威即是法律。② 总之，法律及其要素——强制、权威、权力，对人提升德性并趋向正义非常必要。

其二，"要使事物合于正义，须有毫无偏私的权衡；法律恰恰正是这样一个中道的权衡"。③ 由此，实现"中道"（mean）的正义，其主要手段是法律，方式就是法治（rule of law）。原因如上所述，法律能免除一切私人情欲的影响和干扰，是理智的体现，故而能毫无偏私，中道而公正地对待利益关系和处理利益冲突。"这就是人们在有纷争时要去找法官的原因。去找法官也就是去找公正。因为人们认为，法官就是公正的化身。其次，找法官也就是找中间，人们的确有时把法官叫作中间人，因为找到了中间，也就找到了公正。所以公正也就是某种中间。"④ 正是在这种意义上，法律被视为判断行为是否正义的首要准则。⑤ 在古希腊语中，"公正的、正义的"就是"合法的"引申含义甚至是其同义，"法律代表着正

---

① 〔古希腊〕亚里士多德：《政治学》，颜一、秦典华译，中国人民大学出版社，2003，第110 页；吴寿彭先生译为："法律恰恰正是免除一切情欲影响的神祇和理智的体现。"〔古希腊〕亚里士多德：《政治学》，吴寿彭译，商务印书馆，1965，第172 页。

② 〔古希腊〕亚里士多德：《政治学》，吴寿彭译，商务印书馆，1965，第71 页；〔古希腊〕亚里士多德：《尼各马科伦理学》，苗力田译，《亚里士多德全集》（第8 卷），中国人民大学出版社，1997，第235 页。

③ 〔古希腊〕亚里士多德：《政治学》，吴寿彭译，商务印书馆，1965，第173 页。

④ 〔古希腊〕亚里士多德：《尼各马可伦理学》，廖申白译注，商务印书馆，2003，第138 页。

⑤ 参见〔古希腊〕亚里士多德《尼各马可伦理学》，廖申白译注，商务印书馆，2003，第133、148、129 页。

义"的观念由此就延续了下来。①

特别是在现代社会，如柏拉图《政治家篇》中的神话故事隐喻，"启蒙之后，上帝被放逐，神明撒手人世，人变得无法无天，欲望再次翻转了宇宙"。② 出路何在？可供人们借鉴的，就是柏拉图很早就提出的两种方案：一是神明重新操起船舵（《理想国》）；二是人类通过法律来模仿神明，回归神圣（《法律篇》）。③ 然而，历史一再证明孔子的感叹："圣人，吾不得而见之矣；得见君子者，斯可矣。"（《论语·述而》）根据亚里士多德的"中道"人性论，人毕竟不是神，而是介于神—兽之间的存在（an "in-between" being between the brutes and the gods）④，永远无法摆脱兽性。那么神明的统治在现实中终究是不存在的，人类亦唯有模仿神明的智慧进行统治。法律是一种理智的技艺，是对神明纯粹理智的模仿，所以"法治"是对智慧统治之最佳政体的模仿。⑤ 只有当人追随神明的踪迹而为人类社会建立起法律的时候，人回归神圣之旅，才真正开始起航。"法治"是次一位的最佳统治方式。⑥ "谁说应该由法律逐行其统治，这就有如说，唯独神祇和理智可以行使统治；至于谁说应该让一个人来统治，这就在政治中混入了兽性的因素。"⑦ 实行"法治"，就是人类追求正义的"第二次起航"。⑧

由此来看，人权所最终追求的中道正义和普遍自由，唯有通过法治才能充分实现。唯有厉行法治，方能从根本上限制公权者的贪欲，治理"权

---

① 参见罗念生、水建馥《古希腊语汉语词典》，商务印书馆，2004，第 209 页；〔古希腊〕亚里士多德《尼各马可伦理学》，廖申白译注，商务印书馆，2003，第 129 页注释①。

② 程志敏：《宫墙之门：柏拉图政治哲学发凡》，华夏出版社，2005，第 139 页。

③ 参见程志敏《宫墙之门：柏拉图政治哲学发凡》，华夏出版社，2005，第 134~139 页。

④ 参见〔古希腊〕亚里士多德《政治学》，吴寿彭译，商务印书馆，1965，第 9 页；〔古希腊〕亚里士多德《尼各马可伦理学》，廖申白译注，商务印书馆，2003，第 191~192 页。

⑤ 〔美〕施特劳斯：《自然权利与历史》，彭刚译，生活·读书·新知三联书店，2003，第 143 页。

⑥ 〔古希腊〕柏拉图：《政治家篇》，《柏拉图全集》（第 3 卷），王晓朝译，人民出版社，2003，第 155 页

⑦ 〔古希腊〕亚里士多德：《政治学》，吴寿彭译，商务印书馆，1965，第 172 页。

⑧ 参见程志敏《宫墙之门：柏拉图政治哲学发凡》，华夏出版社，2005，第 135 页。

力滥用";厉行法治,才能约束公民贪欲,防止"权利滥用",有效实现人与人欲望的和谐共存,使人权实现的自由更具普遍性。同时,也要求现代法律必须在各自欲求利益关系上,坚守一种"中道正义"立场,不偏不倚,持中守正。

五　结语

为矫正"古代只有少数人欲求得以满足而多数人被普遍压抑"的极端状态,近代以来的人类文明发展出了"人权"概念,由此,人欲张扬,普遍性大大拓展,"少数人滥用权力、专享欲望"的不义格局被颠覆,是人类历史的破天荒创举和壮举。"人人得享人权"的应然目标,使得人类整体获得了生存发展的基础条件,为人的自由全面发展奠定了坚实基础,创造了重要积极条件。未来共产主义之"普遍自由",必得在"人权"充分发展并扬弃的基础上实现。因此,人权的"初心使命"就是矫正人欲关系的极端,构建普遍自由的中道。

然人权的初衷虽是让人人获得全面自由发展、得享"伟大尊严",但人权被滥用、人欲过度膨胀、私欲至上,最终可能导致一种道德危险:本为提升人的尊严,结果人却实际被降为了禽兽,丧失了人之尊严。[1] 这也是一种违背"中道"理念的不正义状态,反而污损了"人权"的伟大和人的伟大。人因分有神性,拥有理性,而获得神圣尊严,具有获得和实现自由权利的资格与能力;同时,人也保有兽性,充满着无限欲望,因而需要节制人欲,才能实现普遍的自由和人权。不主张节制和限制人欲,是对人之神性的过度信赖,对人之兽性的忽略或忽视,必然导致权力专制和私欲至上。

综上,"人权"这种建构的正义根基,就在于其处理纷繁复杂"人欲关系"的"中道"立场。徐显明先生曾言:"人权规范政府,但并不削弱

---

① 〔美〕施特劳斯:《自然权利与历史》,彭刚译,生活·读书·新知三联书店,2003,导言,第32~33页。

权威""人权张扬个性，但并不鼓励放纵""人权尊重理性，但并不拒绝传统""人权尊重普世价值，但并不排斥特殊国情"①，深刻道出了"人权"的内在"中道"品格。

Abstract：From the view of legal philosophy, the nature to construct "human rights" is to balance human desire through mean. In modern times, people's most desires were suppressed excessively by the Justice theory. This state of satisfaction of human desire is extremely unbalanced, and violate mean. The concept of human rights born in the modern west is a radical reaction or correction to this state, and promotes universal satisfaction of human desire greatly, but also increased the risk of overcorrecting. When the concept of human rights was interpreted as "supremacy of lust", it will reduce the authority of state and statutory (the most fundamental guarantee of human rights), and obstruct the achievement of human rights. Only by adhering to mean relationship of "desire and statutory", "state and human", it may be possible to achieve the purpose of human rights, which means universal freedom of human.

Keywords：Human Rights; Human Desire; Mean; Justice; Universal Freedom

---

① 徐显明：《〈人权研究〉集刊序》，载齐延平主编《人权研究》（第 17 卷），山东人民出版社，2016，第 1～4 页。

论立法者－主权者视角下的
现代西方人权问题

董静姝[*]

摘　要： 本文试图从立法者（建构与决断普遍理性法则的权威角色）与主权者（在例外状态中行动的至高权力角色）的视角，审视现代西方某些发达国家的人权实践。揭示其以特殊性置换普遍性、制造常规化例外状态的做派，恰恰对其所宣称要保护的人权构成威胁。在多元文化共存的全球化背景下，应对人权问题需要作为一名"阐释者"，尊重、理解和沟通不同的人权观念与制度，如此才能真正推进人权建设。

关键词： 人权；立法者；主权者；阐释者

现代国际秩序中，西方发达国家惯以"立法者"形象自居。此处的"立法者"并非通常狭义上的实在法创造/颁布者，而是在更广阔的意义上指称建构普遍理性法则的权威角色，这种权威角色对各种价值纠纷作出最终决断——符合普遍理性法则的价值被赋予合法性，违背普遍理性法则的价值则必须接受改造或干脆被砍斫。具体到人权问题上，便是西方发达国家作为"人权立法者"对后发达国家推销"普世"人权法则，乃至以"人权高于主权"[①] 的冠冕赋予国际人道主义干涉合法性。然而，其立法者

---

*　董静姝，中国政法大学法学院讲师。

① 在某些西方发达国家的话语体系中，"主权高于人权"是某些后发达国家漠视甚至侵犯本国公民人权的遁词。这些发达国家主张人权作为所有人有尊严地生存所必需的基本权利，其获得承认与保障乃是超越国界的，是所谓的"人权高于主权"。而在后发达国家看来，"人权高于主权"则是西方发达国家站在一个基础并不稳固的道德制高点上，以启蒙者甚至救世主之态，通过强行兜售所谓的"普世"人权观念和制度，对他国内政横加干涉甚至企图予以支配的借口。

角色本身是否能够站稳脚跟，却是颇值得推敲的；所谓"普世法则"也是颇耐寻味的。如果西方发达国家"立法者"角色与"普世法则"并不能获得证立，那么其对后发达国家人权建设的"立法者式关怀"也就面临破产。

同时，这些西方发达国家出于"维护人类整体安全或本国公民安全"的考虑，在政治法律实践中，将具有（或不具有）某些属性的人弃置于人权保护的例外状态，使其沦落为只具有赤裸生命的"神圣人"，甚至将该例外状态"常规化"，则人权主体遭受侵犯不仅在道德上是可辩护的，甚至在法律上也是可证成的。这又展示出一幅"主权高于人权"的图示。对这种图示的理解，则必须仰赖于对"主权者"——例外状态中的至高权力角色——形象的敏锐洞察，这将有助于我们更深一步地理解西方发达国家人权保护中可能存在的谎言与困境。

因此，本文将从立法者和主权者的视角对现代西方人权问题予以反思，并立足于现代世界多元文化共存和全球化浪潮汹涌这一时空背景，探索人权问题的新出路。

一　立法者视角下的现代西方人权问题

前现代到现代的变迁承载着极其丰富的内涵，而其中之一就是从荒野文化（wild culture）① 到园艺文化（garden culture）的转向，与此相伴的是政治和知识精英以立法者的面目颁布和推行某种"普世法则"，对"次优越者"或"次文明者"重新衡量与塑造。这在人权领域的相应表现，就是某些西方发达国家以"人权立法者"的姿态，对后发达国家的人权建设予以"启蒙"。

（一）园艺文化与立法者

在前现代，一方面，世界无须费心于考虑如何使自己存在，秩序被认为是从自然渗透人间，或从神明贯注尘世的。在此意义上，秩序虽然并非完全

---

① 如果考虑到"文化"一词的深刻内涵，严格地说，"荒野文化"并不是一种文化，因为文化有耕作、塑造的意义，而荒野文化则是"顺其自然"式的。因此"荒野－文化"的语词组合本身可以说在逻辑上是矛盾的。

不仰赖人为的建构，但人始终处于一种较为沉寂的状态，不会过多跃跃欲试于干涉、打断或重塑其所处世界的存在，不会野心勃勃地将大众习以为常的生存环境与生活方式整饬一新。另一方面，由于流动性的（相对）缺失，地域樊篱和文化屏障不易被突破，不同国家之间（甚至国家内部不同地区之间）、不同文化类型之间的交往并不十分密切和频繁，各自的特殊性和彼此间的差异性明显，但它们大体上能保持相安无事。① 具有上述两方面特质的前现代世界便是"荒野文化"的世界，它"是一种内含自我平衡和自我维持机制的生活方式，是一种诸模式共存的现象，这一文化对其政治统治者来说，从未表现出一种对于'管理'的需要，从未表现出对于有目的的干预的需要，即使这种干预不过是为了使这一文化本身能够维持原状"。②

然而，当现代的历史之幕拉开，"上帝死亡"作为标志性的精神事件意味着人类僭越了神明的立法权，运用理性进行自我统治的宏图闪耀出灿烂光芒。一方面，人们将曾经的世界视作无可容忍的"未经秩序化的自然存在"——它是没有受到理性设计的，也就是无意义和无目的的，于是就是不可信赖并不可任其自便的，但同时又是可改造、可形塑的。③ 人们相信，自己的生活——无论是公共生活抑或私人生活——都需要大量精心的设计，一个美好的秩序不可能无须规划而自行生成、无须培植而自行繁殖、无须保护而长存不绝④，而是必然以建设性的技巧来实现。另一方面，对理性能力的追捧也导致了对特殊性的敌视。理性精神希望将任何事物、

---

① 这些不同地域和文化的差异"在当事人看来，表现为一种稳定的、和谐的结构。这一结构是以敬畏之心进行冥思苦想的对象，或许还是进行坚持不懈的刻苦钻研的对象，但是，从另一个方面来看，它仍然是固定不变的，永远无法为人类的实践所控制。这一世界观恰好是一种由荒野文化所构成的 oikoumene（古希腊语，意为人居住的世界）所期待的"（〔英〕齐格蒙特·鲍曼：《立法者与阐释者：论现代性、后现代性与知识分子》，洪涛译，上海人民出版社，2000，第111页）。

② 〔英〕齐格蒙特·鲍曼：《立法者与阐释者：论现代性、后现代性与知识分子》，洪涛译，上海人民出版社，2000，第111页。

③ "未能成其为应当所是，乃是当下所具有的不可救赎的原罪。"（〔英〕齐格蒙特·鲍曼：《现代性与矛盾性》，邵迎生译，商务印书馆，2003，第18页）

④ "我们可以说，只要是存在通过设计、操纵、管理、建造而成并因此而持续，它便具有了现代性。"（〔英〕齐格蒙特·鲍曼：《现代性与矛盾性》，邵迎生译，商务印书馆，2003，第12页）

任何情境都纳入自己的势力范围，以便（在理论上）有条不紊地认知和（在实践中）游刃有余地应对——只有当这些事物和情境是"普遍的"，理性才能宣称自己统辖了全局。在政治法律实践中，也希望确立和实施某种统一的权威"标尺"，在这种标尺所指之处，所有无法被它纳入的特殊性都作为"非理性"的碎片遭到无情的清除，而这却被称作启蒙或教化。

具有上述两方面特质的现代世界便是"园艺文化"的世界，它像规划园地一样规划人类的生活秩序，像培植秧苗一样培植笼罩于某种普遍法则之下的观念制度，像铲除杂草和虫害一样铲除普遍法则无法"收揽"的特殊性。与此相应的便是园艺师角色，而这一形象在知识和政治领域中的恰当"摹制品"正是立法者：他有意识地从事一种改造活动（既是观念的改造，也是制度的改造），将民众的生存环境和生活法则视作一种应当被施以影响和控制的对象，并用某种普遍法则消弭不同地域、不同文化之间的"自然差异"，试图将诸种特殊性熔铸在一个统一整体中，而一旦某种特殊性无法被整合，它就被视作对理性的威胁而必须（"必须"同时意味着价值上的正当性和实践上的必然性）遭到消灭。

尽管园艺文化很快剥夺了荒野文化的合法性，立法者势如破竹地挥动着理性之剑披荆斩棘。但这种"理性设计普遍法则"的立法者角色，却逐渐遭到质疑。（1）对于"理性设计"而言，尽管人类怀揣神明的雄心，按照自己绘制的理想蓝图设计世界，但是，一方面，当这些蓝图过分超脱于人们的现实存在，或者说罔顾实践路径的历史维度和空间维度，它就势必遭遇现实存在的抵抗。另一方面，有限的理性让我们无法对所有情况做出精确的预判和推演——这也是人类立法者和神明立法者最不被可忽略的区别——因此蓝图的施行反而可能发生始料未及的消极甚至灾难性后果。①（2）对于"普遍法则"而言，如果说全知全能的神明立法者颁布对整个宇宙皆有效力的普遍法则，那么，当然具有理性局限的人类立法者，其宣称的"普遍性"就是可疑的：这种"普遍性"并非涵盖所有认知角度，而是将自

---

① "计划经济""计划生育"从红极一时到被冷落遗弃，这正是因为人类无法像神明一样对所有事情都作出完美无缺的计划，反而可能导致始料未及的负面影响。

身的认知角度凌驾于其他认知角度之上，或者说以自身的视角终结了全部其他视角。立法者不反思自身的有限性，而是颇为自负地怀揣着传教士般的狂热，企图将自己制定的有条件的法则无条件化，以适用于任何地域和文化群体，对所有异己的特殊性持一种非常不宽容的态度，将其视作发展迟缓的、落后的、不成熟的、不完善的，甚至畸形残缺的，从而是必须接受"普遍法则"规训的。从国内秩序中"精英"和"群氓"／"庸众"的概念划分，以及从国际秩序中"发达国家"与"后发达国家"／"发展中国家"的概念划分，便可清晰地窥见"普遍法则"创造者（立法者）的优越感和其教化"启蒙对象"的意图。但是，没有充分证据证明这多种多样的特殊性就是低劣的，或者说没有充分证据证明"普遍法则"确乎具有（无条件的）优越性；反而，愈来愈多的证据表明，实际上是政治法律实践中的权力结构"决定"了价值等级体系，也即，在政治法律实践中处于强势地位的人群，为了巩固和扩张自身的权力，或者为了维持和加强对其他弱势人群的控制，出于节约暴力成本的考虑，将自身的特殊性装扮为普遍性以推而广之。如果说赤裸裸的物质性暴力的使用只会让承受者表面臣服而内心抗拒，那么，这种以"普遍理性"为妆容的"启蒙"式暴力则更瞄准了对精神的驯化，并由此削弱外在反抗。而假如"被启蒙者"对"普遍法则"仍然表示出怀疑和拒绝——或者，洞察了实然意义上的力量优势并非能够在逻辑上当然推导出应然意义上的价值优势这一秘密——那么，他就会被贴上"反启蒙"的标签，从而"正当地"招致物质性暴力的迫害。

　　由此，我们看到，高明的独裁统治并非像大众以为的那样全然依靠恐怖，毋宁是，权力的行使者同时将自己等同于理性的代言人，援用"普遍价值／真理"迎合与掩饰其野心。而普遍价值／真理和权力的联姻释放出巨大的能量：权力将所有"异己"当作必须被驱逐的反动势力；而普遍真理／价值将这些反动势力贬斥为低劣的东西，彻底打断其存在的根基，为权力提供强大的合法性辩护。并且，这种独裁统治（的企图）不仅发生在国内秩序中，也发生在国际秩序中：某些国家在全球范围内对"普遍法则"的推广，正是为了将世界上其他国家和地区都纳入自己的价值版图，企图将国际性事务转换为自己的"内政"，或者说企图将内政的疆域拓展到全球，从而缔造一个新的"帝国"。

在本节最后，希望略作讨论的是，西方发达国家的"立法者"形象，尽管如上所述与基督教中的上帝存在若干差异，致使其"理性设计的普遍法则"不像上帝颁布的律令那样真的辐射宇宙万物、贯通过去未来。然而，这种对"普遍化"的执念（或者说，对利用"普遍化"的执念），却可以说恰恰以基督教为渊薮与"模范"：源自犹太教的基督教，把"特殊宗教"（只有犹太人才是上帝的选民）改造为"普遍宗教"（无需犹太人这一特殊肉身，上帝的选民向任何人开放）。而这种改造的结果，则是将本来只被某一民族承认和信奉的价值普遍化，并且由于主张上帝是唯一的真神，那么这种普遍价值也就是唯一合法的价值。于是，对异教的不宽容——不仅在精神上否定，甚至从肉体上抹杀——也就是合法的。西方历史上多少腥风血雨的战争，恰恰是在基督教的旗帜下大肆进行的。① 而如今，在西方发达国家，基督教虽然已被"放逐"出公共领域，但这种"以上帝之名向世界宣战"的"普遍化"的精神遗产，却被完好地继承下来。

（二）"人权立法者"的"普世价值"僭政

当把讨论的语境限缩于人权，我们看到，"人权"作为一个普遍的现代政治概念，最早出现于17、18世纪的欧洲②，随后更在政治法律实践中获得制度化承认与保障，并逐渐丰满。如今，无论各个国家在人权观念上有怎样的分歧、在人权制度上有怎样的差异，起码对于是否承认和保障人权这一最基本的问题都取得了肯定性共识。但"病症"在于，某些在政治、经济、文化上具有强势地位（但强势并不当然等于价值优越性）的西方国家，虽然确乎对人权观念和制度的成型与进步作出了卓越贡献，但是在人权理论和实践发展的过程中，这些国家却"自觉"承担起一种可疑的"人权立法者"角色，规定一批"普世人权观念和制度"，以此衡量所有国家的人权建设情况，要求不符合标尺者予以改造，并对拒绝改造的国家作出居高临下的道义

---

① 参见郑智航、王刚义《宽容意识与权利话语的逻辑转向》，《法制与社会发展》2008年第3期。

② 参见魏联合《"人权"概念的提出和演变发展》，《人权》2001年第3期。

谴责，乃至以"人权高于主权"为由——这一主张的逻辑显然正是普遍性对特殊性的优位，或曰无界性对有界性的凌驾——施加军事性的"国际人道主义干涉"。但是，我们可以对这种"人权立法者"角色提出如下质问。

在所谓的"普世人权"之说中，对"人"之界定是高度抽象的，或者说，把"人"理解为除了"人"这个纯然事实之外丧失一切性质和一切具体关系的苍白符号，一具没有历史、性别、种族、宗教等丰满血肉的空瘪形骸。然而，一旦当某个人被剥夺了在这个世界上的位置——一个能在与他人（最经常的便是其同胞）的联系中，使其言论具有意义、行动具有效果的位置——只剩下"人"这一光秃秃的存在，那么，他的人权就是脆弱不堪的。① 尽管当今世界全球化浪潮汹涌，但主权国家仍然是而且在一段相当长的时间内将仍然是国际法的首要主体，并对本国公民福祉承担首要责任。在此意义上，人权概念及其实践就必须在主权国家内部的公民权利中得到编码后才获得充分性和现实性。② 而"公民"这一概念本身便具备"个人－集体"双重维度，在个人维度上，它意味着享有作为人的尊严与生存发展的条件；在集体维度上，它意味着对某个共同体③的归属和认同，乃至进行积极的政治参与。失去集体维度，个人维度便无所寄托，因为没有家园和政治身份的个人也就被抹掉了在这个世界上的位置，他将被如何对待就完全听凭让人绝望的偶然性。④ 因此，也就不难理解，为什

---

① "除非他犯罪，否则别人就不会根据他做了什么或不做什么来对待他，这时的人权就岌岌可危了……某些情况下的特权，大多数情况下的不公正，是祸是福，都只能根据偶然情况来衡量，而与他们现在、过去和将来做什么无关。"（〔美〕汉娜·阿伦特：《极权主义的起源》，林骧华译，生活·读书·新知三联书店，2008，第389页）

② "到今天为止，抽象意义上的人权尚未存在过，享有人权的前提是先得具备某主权国家之公民身份。"（吴冠军：《阿甘本的生命政治》，《神圣人：至高权力与赤裸生命》，中央编译出版社，2016，第38页译者导论）

③ 这种共同体也就是指某个特定的国家，而非"世界共同体"，因为与"世界共同体"相对应的"世界公民"——至少目前——还只存在于理论之中。在政治法律实践中，当提到公民，只是某个国家的公民，而不是世界公民。因此，人权也只能被转码为某个具体国家的公民权利，并非具有"普遍性"的世界公民权利。

④ "人几乎不作为一种完全解放的、孤立的存在而出现，不依托某种更大的全面秩序而在自身得到尊严，他很可能再度消失在人群中。""在人缺乏自己的政府而不得不回到最基本的权利时，没有一种权威能保护它，没有一种机构愿意保障它。"（〔美〕汉娜·阿伦特：《极权主义的起源》，林骧华译，生活·读书·新知三联书店，2008，第383页）

么联合国《世界人权宣言》第 15 条第一款和第二款前半部分会作出如下规定："人人有权享有国籍，任何人的国籍不得被任意剥夺"，并且各国后来又签订了《公民权利与政治权利国际公约》；也就不难理解，为什么无国籍者或迁徙异国的难民理论上同样作为人权主体（并且其理应最是人权具体体现的人），却总是被迫游走在人权保障的例外空间，乃至仿佛被遗忘或排除于人类共同世界；也就不难理解，为什么纳粹德国会在把犹太人送入集中营予以灭绝之前，先剥夺犹太人的公民资格。这都是因为，抽象的"人"最终必须降落到某个特定国家的公民身份上，人权在公民权利中才能更好（即更具现实意义）地获得安放；否则，一个失去公民身份的光裸的"人"，无论在理论上应当获得怎样的人权承认和保障，在政治实践中，他却处在人权庇佑的荒地。[①]

那么，既然人权必须被转换为公民权利，这也就意味着人权观念和制度具有某种边界性。但划定这种边界并非意味着树立内部与外部的相互敌意，也并非意味着内部与外部具有优劣之分，而是在标记一种双方都应彼此尊重的理性区别：边界内部的人有其共同的历史脉络、地理疆域和文化底色（也正是这些同质性要素圈定了边界），从而能够以复数称谓自称为"我们"，以区别于边界之外与"我们"不具有历史－地域－文化同质性的"他们"。而"我们"与"他们"都应当承认，被历史－地域－文化基因决定的、具体的现实存在，本身优先于一切外来的规范（即使这种规范以"普世"为名）。"我们"与"他们"都自主地依据自身的现实存在去确立和实施某种人权－公民权利观念和制度，这才是正当的。以特定血统－乡土联系来排他性地维持和尊崇特定共同体的"血与土"之说固然是残忍的，但强行剥夺这些联系以建造一种蜃楼般的"普世人权景观"也是残忍的——或者可以说，后者恰恰同样是一种"血与土"，只不过披上了

---

① 当然，诸如难民之类的人群的生存境况，本身就可能对公民概念提出质疑，进而思考是否应当有"突破主权国家樊篱"的世界公民概念，以便惠及难民。但当前的现实告诉我们，这样的未来或许在很长一段时期内都不会到来，并且，恰恰应当更加强调对一国主权的捍卫。因为有相当数量的难民是某国主权受到侵犯（来自外部的军事干涉）的产物，一个国家丧失自己的政治自主性，该国公民的公民权利也就难以获得切实有效的保障。

精心的伪装，因为当某国以"人权立法者"自居，它其实是用自己国家的公民偷偷置换了作为普遍概念的"人类"，也就是将自己国家的具体公民权利等同于"普世人权"，并以此"启蒙"和"教化"其他国家，乃至将对自己国家人权观念和制度的接受或拒绝等同于对人权本身的接受或拒绝。① 这就导致了非常可怕的结果：由于"人类"和"普世人权"是一个将所有人都网罗其中的概念，那么，所谓的"人权公敌"就根本被排挤在"人类"和"普世人权"之外；而一旦"人权公敌"遭到"非人化"，它被施加任何恐怖的侵犯都不仅不是不正当和不合法的，甚至是被视作"为了保卫人权"而应受承认和称许的。诚如施米特所言："今天最可怕的战争只有以和平的名义，最骇人听闻的奴役只有以自由为名，最残忍的非人性只有以人类的名义才可能得以推行。"② 而事实却是，"如果一个国家以人类的名义与其政治敌人作战，那就不是一场为人类而战的战争，而是一场某个具体国家试图篡取一个普遍概念以反对其军事对手的战争。这与人们对和平、正义、进步和文明的滥用如出一辙，其目的无非是把这些概念据为己有，而否认敌人同样拥有它们。'人类'这个概念是一种特别有力的意识形态工具"。③

对于西方发达国家来说，其以"人权立法者"自居，必定不仅仅是甚至压根儿不是出于一种（无法证明，并或许连其自身都不会相信的）价值优越感和随之而来的"教化野蛮"的使命感，而毋宁说是由于资本膨胀的野心：资本在其萌芽阶段和发展初期倾向与国家结盟，从国家那里获得支持性力量；然而随着其逐步膨胀，其将突破国家樊篱，乃至企图将全球变成一个抽象的世界性资本市场；而早已与资本紧密联姻的国家也便将手伸

---

① 利奥塔曾分析了法国人权宣言给人带来的困惑："由此而宣布的法律究竟是法国人的还是人类的，用权利的名义进行的战争究竟是征服的战争还是解放的战争……那些不是法国人的民族究竟应当成为法国人还是凭借赋予他们自己遵守这个宣言的宪法而成为人。"（Jean-Francois Lyotard, *The Differend*, Georges Van Den Abbeele trans. Manchester University Press, 1998, p. 147）

② 〔德〕卡尔·施米特：《论断与概念：在与魏玛、日内瓦、凡尔赛的斗争中（1923—1939）》，朱雁冰译，上海人民出版社，2006，第 128 页。

③ 〔德〕卡尔·施米特：《笔记》（*Glossarium*）（1947~1951），Berlin，1991，第 96 页，转引自〔德〕尤尔根·哈贝马斯《包容他者》，曹卫东译，上海人民出版社，2002，第 216 页。

到自己的界限之外。① 但是，如上所述，在（至少是表面）拒绝"丛林法则"的现代国际秩序之中，这种对外干涉（或者毫不客气地说，对外征伐）仅仅依靠物质性力量或许将付出高昂的代价，而以"普世人权"这一光鲜亮丽的道德旗帜为遮掩——让资本"变得人道"——就能够无视和破坏不同国家人权观念和制度基于时空维度和文化土壤的理性界分，"正当地""合法地"扩张自己的资本和力量，进行对外干涉，包括对外军事干涉。② （并且，"普世"这一语词本身的"辐射面"是如此不留余地，致使其能够对一切事物进行干涉。③ 不过当然，事实上西方发达国家只是选择性地进行"普世"人道干涉，只有那些吸引它们、影响到它们重大利益的问题，才被定义为人权危机；其余一切——无论是援助死于营养不良的儿童、饱受暴力的妇女，还是救济身患艾滋病或感染埃博拉病毒的人——倒是都被统统降格为"内政"，交给力有未逮的国内政府，交给慷慨的慈善家或亲善的娱乐明星。）此时，"人权立法者"已然一跃而为更富侵略性的"人权执法者"，以救世主般的姿态降临和展开行动，而这恰恰可能使得"被拯救"的其他国家的人权境况陷入糟糕的深渊。

以美国为首的西方发达国家以反对核武、推翻独裁、捍卫人权等道貌岸然的理由悍然发动对伊拉克的战争。但是，美国与伊拉克各自处于截然不同的历史文化系谱中，各有其不同的存在形态，那么，伊拉克依据自身的存在作出自主决断便具有正当性④，而非听凭某种外部强加的异质性规

---

① 如果说，"人权立法者"就像基督教中的上帝一样企图为整个世界的人权观念和制度立法，那么更深一步，可以说，"人权立法者"还不是上帝，其背后推动"人权立法者"进行泛化干涉的资本才是那尊最终的上帝。

② 甚至出现这样一个看似光鲜实则极其古怪的概念："军事人道主义"。其中的深意，令人不寒而栗。

③ 或者也可以说，"干涉"概念变得毫无意义。因为，"普世"如上所述夷平了理性界分，而正是这种理性界分才使得一切关于干涉和不干涉的概念能够获得其可靠内容（参见〔德〕卡尔·施米特《论断与概念：在与魏玛、日内瓦、凡尔赛的斗争中（1923—1939）》，朱雁冰译，上海人民出版社，2006，第307~308页）。

④ "对于'什么是人权'或'美国人或伊拉克人享有什么权利'等问题的唯一答复，就是讨论在特定的地点和时间关于人的待遇的具体实例。"（〔美〕科斯塔斯·杜兹纳：《人权与帝国：世界主义的政治哲学》，辛亨复译，江苏人民出版社，2010，第15页）

范（"普世人权法则"）"重塑"自己的存在，更不应当由该外部力量代替
作出决断；否则，伊拉克作为一个政治统一体的存在意义将直接遭到威
胁，乃至有沦落为客体之虞，那么这样的国家不可能保卫自己公民的人
权，当然更不可能指望美国保卫人权——我们看到，血淋淋的事实确乎对
美国这一"人权立法者"（如上所述，其也身兼"人权执法者"之职）作
出了无声而有力的嘲讽与挞伐：战争期间，十数万伊拉克平民死亡，并有
四百余万伊拉克难民颠沛流离[1]；战争过后，伊拉克人民的生活不仅没有
变得更好，反而变得更差，动荡的政治局势和萧条的经济环境，使得人权
境况难现曙光。[2] 下面这句话由一位最初坚信自己肩负"解放"使命而积
极参战的爱尔兰军官在参战两年后绝望地道出，是那么具有讽刺色彩：
"这次占领所起的作用是作为基地组织有过的最好的新兵招募代理机
构……如果自由和一个有尊严地生活的机会、摆脱恐怖行动的稳定生活是
动机的话，那么我想到的是，有不止 170 个（伊拉克）家庭在上星期原本
会勉强接受他们在萨达姆统治下所拥有的东西。"[3] 当然，美国始终声称
自己的行为是"合法的""正当的"，但这丝毫不是依据国际法或国际条

---

[1] 准确的平民死亡数据难以确认，并且不同机构出具的报告给出不同的数据：2008 年 1 月，
世界卫生组织联合伊拉克政府发布报告，估计伊拉克平民死亡人数为 10.4 万至 22.3 万人。
同年 3 月 13 日，独立网站"伊拉克死难者清点"汇总媒体报道提供的数据，认为平民死
亡人数接近 9 万，其中 2007 年死亡 2.4 万人。参见"伊拉克战争 5 周年之伤亡数字统计"，
中国网，http://www. china. com. cn/international/txt/2008 – 03/20/content _ 13106729. htm，
2008 年 3 月 20 日；关于难民数据，参见《2015 年全球难民人数创历史新高》，人民网，ht-
tp://world. people. com. cn/n1/2016/0621/c1002 – 28464534. html，2016 年 6 月 21 日。
[2] 战争结束后的伊拉克首任"总督"保罗·布雷默（此人是美国的资深外交官，受小布什
总统所托赴伊拉克监管战后重建工作——一个美国人，却担任"监管"伊拉克的最高官
员）强加给伊拉克人民如下观念制度：公营企业的完全私有化、外国商行对伊拉克企业
的完全所有权、伊拉克银行对外国控制的开放、几乎所有贸易壁垒的消除、罢工的非合
法化、对工会权利的限制……这些观念制度，不是想使伊拉克成为更好的伊拉克（或使
伊拉克人成为更好的伊拉克人），而是使伊拉克成为美国（或使伊拉克人成为美国人），
因此无怪乎被《经济学人》称作在建构"资本主义梦想政权"。此外，明显缺失的，却
恰恰是对作为美国发动战争重要理由的"人权"（尤其是对最低限度的经济和社会权利）
的任何关心！参见〔美〕科斯塔斯·杜兹纳《人权与帝国：世界主义的政治哲学》，辛
亨复译，江苏人民出版社，2010，第 216~217 页。
[3] 伊拉克战争期间的爱尔兰近卫团指挥官蒂姆·柯林斯上校语，见 The Observer, 18th Sep-
tember 2005, 17，转引自〔美〕科斯塔斯·杜兹纳《人权与帝国：世界主义的政治哲
学》，辛亨复译，江苏人民出版社，2010，第 73 页。

约作出的判断，而是依据自身特殊的资本－国家利益对国际法或国际条约作出的"解释"①，"人权"也不过是美国掠夺资源的手段。而这让我们痛彻地意识到，人权，这一原本是弱者用以抵御强者侵犯和为自己向强者争取更多生存和发展空间的武器，现在竟然被强者劫持并反过来压榨弱者！必须清醒地认识到，"人权立法者""普世主义"的价值僭政及其背后这种经济－政治野心才是应当被揭露、批判和抗拒的对象。以普遍性包装特殊性，以利他论掩饰唯我论，在旧日殖民世界的余烬上，又燃起了"人权帝国主义"——其实质是一种霸权扩张——的火焰；作为霸权猎物的国家的政治面临分崩离析的境地，而该国公民的人权也根本不会像霸权许诺的那样"得到改善"。

二　主权者视角下的现代西方人权问题

如果说，立法者试图推行一种毫无例外的普遍化，那么，主权者（根据其英文语词 sovereign，作形容词意为"拥有至高权力的"）则恰恰在"例外"中行动。如果说，"人权立法者"所仇视的"例外"是指那些在人权观念和制度上无法被普遍化的特殊性或被普遍性否定的特殊性（尽管如上所述，这种"普遍"是非常可疑的）；那么，这种人权保护的"例外"恰恰可能成为主权者释放力量的场所：被主权者捕获的人权遭遇一种艰难困厄的境地，人权主体直接暴露在生杀予夺的暴力之下。不过，更确切地说，主权者行动于其中的"例外"是法学－政治（神）学语境下一个界限模糊的地带。该地带中则是那些被弃置在"普世人权"之外、被弃置在实在法规范之外的人，他们作为具有赤裸生命的"神圣人"，被主权者以保卫人权的名义剥夺了人权。而这种就其本质来说无法被规范限定的例外，在一些西方发达国家竟然出现了"法律化""常规化"的趋势，或

---

① 因此，不断有学者犀利地指出："声称法律能够对政治难题给出正确的答案是给使困难的政治判断非政治化装门面。"（〔美〕科斯塔斯·杜兹纳：《人权与帝国：世界主义的政治哲学》，辛亨复译，江苏人民出版社，2010，中文版导言，第 8 页）而美国攻打伊拉克其实也就是"以鲜血换取石油"。

者说这些国家有意制造和持续"恒常的"例外状态，于是，至高权力的经常行使，让人权的处境愈发糟糕。在此，我们能看到现代西方国家除了"以西方中心主义置换普世主义"之外的又一项隐藏的人权逻辑，正是高扬人权旗帜的自由主义，与（潜在的）极权主义形成联盟，并践行着自由主义极力反对的"主权高于人权"。

（一）主权者、例外状态与"神圣人"

现代国家无论在名义上还是实际上都宣称和推行法治，以昭示一种普遍理性力量对人格性力量（人格性力量往往被认为意味着恣意和不确定性，也就被认为是特殊的和非理性的）的胜利。然而，法治预设了这样一个政治前提，即正常状态。唯有在正常状态中，法律——就现代世界世俗国家而言，乃是凡尘中人类自己创造的实在法规范——才不仅是有效力（validity）的，而且是有实效（efficacy）的，即被实际遵守和适用的。在此种情境下，所有国家权力都在规范框架中组织、分配和运行。这不仅意味着权力被赋予合法性，也意味着权力被设定界限、被纳入法律的统摄之下，使之无论被何种主体享有和行使，都是"规范化的"——这也正是权限（competence）概念得以栖息之所。人格性力量在"规范的统治"中被贬抑或曰被稀释，自由地安顿生活在规范提供"客观行动理由"的条件下获得最大程度的可能，这被视作法治最值得骄傲之处。

然而，作为有限理性存在的人类不可能以既定规范"驾驭"未来的全部政治实践，总会遭遇例外状态，在其中法律被悬置（即，法律虽然具有形式有效性，实效却中止），甚或根本就被颠覆，从而陷入"法律零度"。此时，去人格化的"权限"便成为虚话，而人格化的"权威"（authority）则释放其力量：主权者——或者如上所述，至高权力——作为"活的法律"行动，这就意味着，任何对主权者进行"合法性判断"的言说都是荒诞的，因为主权者身处实在法语境之外①；但同时，主权者又是法律的

①　"主权者是活的法律的说法只能意味着他不受法律（此处的法律显然是指实在法——笔者注）拘束，在他身上法律的生命与一种全然的无法状态相互重叠。"（〔意〕吉奥乔·阿甘本：《例外状态》，薛熙平译，西北大学出版社，2015，第110页）

创造者，是支撑法律制度的基石。在此，我们看到一种"排除性纳入"的拓扑结构：主权者以被排除于法律之外的方式——至高的例外——被纳入法律秩序之中；与此相应，例外状态也以将自己排除于法律秩序之外的方式将自己铭刻入法律脉络之中。①

在现代西方发达国家，自由主义作为主流政治意识形态，通常被认为是为个体人权提供辩护，并尤其注重法治和对国家权力的防范，甚至希望不断收缩国家权力的领地，尽管同时又不得不承认经济社会权利之类的人权项目必须国家权力某种范围和程度的介入。② 的确，对于人权来说，如果其仅仅作为道德诉求，将在面对暴力（无论暴力的性质是公是私）时毫无抵御之能，因此它必须始终争取制度化的承认与保障。这种制度化的承认与保障，也正是在正常状态下、在"规范的统治"中，才成为可能，因为法治使得暴力被国家垄断③，并且使得这种对人权具有巨大（潜在）威胁的暴力的动用具有可预期性和边界性。而与规范－正常状态相对的例外状态，则显然使人权陷入受到侵犯的高度危险之中，因为在这样一个"法律零度"的空间内，主权者暴力之动用是无所谓法律界限的，人格性力量的特殊性取代了实在法规范的普遍性。而处在人权保护的例外状态中、暴露于主权者暴力之下的人，被意大利哲学家阿甘本界定为"神圣人"（homo sacer），在他身上，我们看到一幅令人战栗的人权图示。

---

① 这样看来，主权者——例外状态与法律——正常状态，和基督教中的上帝——世界具有某种同构性。上帝既在俗世之外，但又并不因这种被排除而绝对无涉于俗世，而是作为支撑俗世的基石；主权者既在法律秩序之外，但又并不因这种被排除而绝对无涉法律秩序，而是作为支撑法律秩序的基石。例外状态"仍旧以规则之悬置的形式而保持它本身与规则之间的关系。规则应用于例外上的方式，便正是不再应用于后者、从后者那里撤离出来"（〔意〕吉奥乔·阿甘本：《神圣人：至高权力与赤裸生命》，吴冠军译，中央编译出版社，2016，第25页）。此外，上述政治和宗教的同构性还在于，一如在俗世中上帝蛰伏而不再行神迹，在法律状态中主权者也蛰伏而"法治国家"登堂入室。法律状态与例外状态的相互转换，也就分别是一个"神明显圣"（法律状态→例外状态）与"神明隐居"（例外状态→法律状态）的过程，即，在"法律状态→例外状态"的转换中，原本藏于神龛的主权暴力释放出来，取代规范之治；在"例外状态→法律状态"的反向转换中，主权暴力则被重新收归神龛，被排除于"去人格化"的规范之治。
② 国家权力介入的范围大小和深浅程度在不同的自由主义者那里也有不同的主张。
③ 当然，法治仍然在某种范围和程度内承认私人动用暴力的合法性，比如在正当防卫、紧急避险等情形下。

通常认为，人不仅和其他动物一样具有生物学意义上的自然生命，并且与后者之根本性差异（也是由此显示人作为"万物之灵长"的高贵）在于人还享有和追求政治层面的善好生活，也正是在此意义上，亚里士多德将人精辟地定性为"政治动物"。人在共同体中生活，就受到法律的庇佑，同时也将因其违法犯罪而招致法律的制裁——承蒙法律之"关照"（无论是正面抑或负面意义），恰恰是人之为人并现实保有人权的一个重要标识。而"神圣人"却是这样一种存在：一方面，即使他毫无过错，对他进行伤害（甚至杀害）的行为也不具有可罚性，这意味着他被法律——尘世的实在法——排除在外；另一方面，即使处于俗法的例外，也不等于他就能够作为某种祭祀而牺牲，这意味着他也同时不被神法所"接纳"。一言蔽之，他遭到"双重排除"。如此一种人的形象，就是"神圣人"。① 既然如此，谈论"神圣人"的人权就是毫无意义的，因为他已经被抛入了人权－法律（实在法）的例外空间中，被弃置在至高权力面前，作为"赤裸生命"（bare life）只具有生物学意义上的自然生命，而被政治层面的共同体遗忘。

从人权的视角来看，"神圣人"被抛入例外空间的原因往往就在于，他的行为（甚至，仅仅是他的存在本身）被认为是对"普世人权"的威胁，他也便因此沦为一个"无人性的人"——甚或"非人"——而被移出人权保护的规范语境。在这方面的一个典型例子便是 20 世纪纳粹对特定人群的残害。作为受害者的"政治敌人"、吉卜赛人和犹太人等，被认为是"不配活着的人"，其存在对整体人类是一种威胁。于是，（依据纽伦堡法案）他们被剥夺法律身份，本应享有和行使的权利自由、本应受到的法律保护也就因此而沦为空话。对他们实施的杀戮行为既无所谓合法也无所谓违法，因为原本作为判断尺度的法律规范已经被悬置了。② 除了这

---

① "神圣人"之"神圣"，就其原始含义而言意味着（随时可能）将人排除出共同体，只剩下赤裸生命。

② 阿甘本犀利地指出，在纳粹行刑者眼里，灭绝犹太人并不被认为是杀人罪，因为这些人必须死，才能让值得活的人更好地活；所以当战后的法官们将灭绝犹太人的行为定性为"反人类罪"时，其实是没有抓住生命政治的逻辑——在纳粹政治看来，灭绝犹太人恰恰是捍卫人类最好的延续的"安全技术"（在此我们又看到上文"人权立法者"的"普世"逻辑）。

种直接被杀戮的受害者，还有可怖的"人类豚鼠"——被关押在集中营内作为非人实验之牺牲品——他们被排斥于共同体之外，被剥夺了通常归于人之存在的所有尊严与期望，只保留着随时可能被夺走的生物学意义上的自然生命，在他们身上实施任何残酷的实验都不具有可罚性。

或许有人会说，这种恐怖的政治图景只存在于极权主义统治中。但果然如此吗？我们看到，自我标榜"自由民主"的美国，对关塔那摩监狱囚犯的施暴是何等让人触目惊心！① 而对此，如果质问美军怎能如此残酷地对待其"人类同胞"，是偏离真正问题所在的徒劳之举。问题的核心恰恰在于：囚犯被隔绝在法律保护的正常状态之外，他既被削除了国内法意义上的"刑事罪犯"身份，又被削除了国际法意义上的"战俘"身份，即，他处在人道对待刑事罪犯、战俘的例外空间，于是，这样的赤裸生命无论遭遇何种虐待或酷刑的折磨，都脱离了法律的判断。而让人不可理喻的——却是作为上章"人权立法者"逻辑一个顺理成章的推论——在于，这些骇人听闻的虐待和酷刑，却由美国政府和一些激昂的"人权斗士"作出道德辩护②，即，我们对这一小部分人（确切言之，是被排除在普遍人类概念之外的"无人性的人"甚或"非人"）施加酷刑，正是为了捍卫作为整体的人类的人权③，或是为了捍卫本国公民的安全——这与曾经的纳粹德国实施种族灭绝时的口号，是何等相似！此外，同样也是美国，曾被曝出在死囚身上做医学实验的事例——这些死囚被承诺如果在经受实验后

① "关塔那摩监狱关押的约460名'基地'和塔利班嫌疑分子，由于被美国认定为'敌方战斗人员'，无法享受《日内瓦公约》规定的战俘权利，其中很多人已被关押了4年多时间，但迄今只有10人受到指控。一些国家和人权组织指出，这些嫌犯受到长期的精神和肉体酷刑，包括连'基地'最狂热顽固的成员也只能忍受两分钟便讨饶'彻底交代'的中世纪酷刑'水板刑'，早已不是秘密。此外还有现代化学药物刑罚，结合剥夺睡眠等肉体心理折磨手段，置大批嫌犯于求生不能、求死不得的境地，纷纷诉诸《古兰经》上明确禁止的'自杀'方式来了断……这次有3名嫌犯用衣服和床单制成套索后自缢身亡，终于成功地'自绝于人民'，可见其绝望程度。"（于时语：《关塔那摩综合症的爆发》，载《南风窗》2006年7月，第86页。）
② 参见〔美〕科斯塔斯·杜兹纳《人权与帝国：世界主义的政治哲学》，辛亨复译，江苏人民出版社，2010，第138~141页。
③ 酷刑本身也意味着对"人"之界限的勘定：禁止对其施加酷刑者是人，是人权的享有者和法律保障的对象；而允许对其施加酷刑者则是"无人性的人"，因此也便无所谓人权，并作为赤裸生命被置于法律的例外空间之中。

幸存，将获得减刑——而囚犯自愿签署的免责声明（即表示承担实验全部风险，免除相关人员的任何责任）则是实验可被认同的证明。[①] 这种声明的虚伪性，就仿佛纳粹集中营里的"人类豚鼠"，只要也表达了同意之后那些加诸其身的实验就会豁免道德愤怒一样。正如阿甘本所说："和集中营的围墙一样，死刑之宣判与执行间的间隔，划定了一个超时间与超空间的界槛——在该界槛处，人的身体被同其正常的政治状态分隔开，并且在例外状态中被弃置于诸种最极端的不幸之中，在这样一个例外空间内，与赎罪仪式一样，接受实验要么能使身体回复生命（值得记住的是，赦免与减轻刑罚是支配生与死的至高权力之展现），要么确然地将人的身体交付于它本已属于的死亡。"[②]

（二）主权者、"恒常例外状态"与潜在"神圣人"

在现代世界，通过法律的国家治理和社会控制已达到相对成熟的历史阶段。并且如上所述，人权仰赖于正常状态下的规范之治，稳定的制度性承认与保障是人权得以实现的必需条件；在例外状态下，突破规范"封印"的人格性力量则可能酝酿一场人权灾难，而这种对人权的侵犯由于发生在"法律零度"的空间，并不具有可罚性。因此，尽管例外状态是作为有限理性存在的人类在其政治生活中不可逃避的，并且有时被视作通过对既存法律状态的扬弃而达到更好法律状态的必经之路，但是，它通常被认为是一种事实上"是"并且价值上"应当是"只具有暂时性的状态。此外，在理论中，规范、正常状态与失范、例外状态之间存在泾渭分明的界限——对例外状态的界定恰与正常状态互为"反集"，例外状态也是实在法规范压根不能"规训"的[③]；在实践中，通常也能较为明晰地分辨某一

---

① 参见〔意〕吉奥乔·阿甘本《神圣人：至高权力与赤裸生命》，吴冠军译，中央编译出版社，2016，第211~212页。
② 〔意〕吉奥乔·阿甘本：《神圣人：至高权力与赤裸生命》，吴冠军译，中央编译出版社，2016，第213~214页。
③ 虽然有的学者作为理性精神的忠实信徒企图以规范"统摄"例外状态，比如奥地利法学者汉斯·凯尔森，但其用以统摄例外状态的规范也不是——并且不可能是——实在法规范，而是一个先验的基础规范（basic norm）。

时刻处于何种状态。① 然而，通过考察一些西方发达国家的政治实践，将有令人震惊的发现，例外状态——如上所述，在其中，本应获得人权保护的人沦为只具有赤裸生命的"神圣人"——竟然发生了从暂时性到恒常性的时间扩张，并且这一切恰恰是通过"规范操作"来完成的。"例外状态的常规化"这一看起来违和感十足的语词却在现实中扎下根须，规范与失范界限的消隐，使得更广阔的人群作为潜在的"神圣人"暴露于随时"显圣"的至高权力之下。而更加富有讽刺性的是，"例外状态的常规化"往往正是以保卫人权之名实施的。

仍然首先以纳粹德国为例。在希特勒当政期间，如上所述，"政治敌人"、吉卜赛人和犹太人等受到迫害，被关入集中营乃至最终被"清洗"②，而这种人权保护的例外空间，恰恰是在希特勒被合法地授予权力后，出于"保护国家和人民"的目的，通过迅速颁布实施《国家和人民保护令》（该保护令的实效几乎辐射希特勒当政的整个 12 年），以悬置魏玛宪法关于个人权利自由的规范而打开的。此外，纳粹德国还颁布了一系列有关优生学的法律，不仅是禁止特定人群生育或结婚，甚至强制某些对象接受外科绝育手术。③ 通过这样的法律，制造出一个在其中生育权和婚姻自由权被"合法"剥夺的恒常性例外空间，而它也是顶着"人道主义"的鲜艳冠冕！可以说，在希特勒当政期间，他作为"活的法律"行动，并

---

① 虽然法治国家的司法实践中会面临"法律漏洞"，更有改革这样的"灰色地带"。但是，总体来说，这两者基本仍处于大体的法律框架之中，被偏向于定性为正常状态。

② 对特定人群的监禁被称为"保护性拘留"。这是源自普鲁士的一项司法制度，而在纳粹时期被归类为一种预防性管制措施，为了避免国家安全遭受威胁，允许无视个体是否有任何犯罪行为就将之监禁。

③ 比如，规定以下情况禁止结婚：（1）当未婚夫妇一方患有可能严重威胁配偶或后代的传染病时；（2）当未婚夫妇一方被隔离或暂时住院时；（3）当未婚夫妇一方虽然没有住院，但患有可能使婚姻显得不符合民族共同体之需求的精神病时；（4）当未婚夫妇一方患有 1933 年 7 月 14 日颁布的法律所列的遗传性疾病之一时。而"1933 年 7 月 14 日颁布的法律"规定，对于那些患有遗传性疾病的人，如果有医学证据表明其子女可能患上严重的遗传性身体或精神疾病，他们可能需要接受外科绝育手术。甚至，到希特勒当政的最后几年，竟然出现了这样的项目："在全民 X 光检查后，元首将获得一张病患（尤其是那些肺病和心脏病患者）名单。根据新的帝国健康法……这些家庭不再能同公众生活在一起，不再被允许生育。对这些家庭的处置将取决于元首的进一步命令。"（参见〔意〕吉奥乔·阿甘本《神圣人：至高权力与赤裸生命》，吴冠军译，中央编译出版社，2016，第 200～202 页）

且通过上述一系列规则化的操作，使得纳粹德国一直处于例外状态，乃至陷入一种能够被恰当地称为"合法内战"的吊诡。"在这个意义上，现代极权主义可以被定义为，通过例外状态的手段对于一个合法内战的建制。这个合法内战不仅容许对于政治敌人，也容许对于基于某种原因而无法被整合进入政治系统的整个公民范畴的物理性消灭。"①

或许又有人会说，这种惊悚的政治图景已被弃置在历史的废墟中，纳粹德国也不过是人类文明进程中的一个意外"畸胎"。但果然如此吗？上文说到关塔那摩监狱囚犯处于人权保护的例外状态，对此更确切的表达是，处于被常规化的人权保护的例外状态。这种"常规化"是通过如下操作完成的：囚犯不是被界定为刑事罪犯或战俘，而是被定位为一个在概念逻辑和经验现实中都让人费解的、奇异的法律类别——"非法参战人员"。于是，如前所述，国内刑事法律中人道对待刑事罪犯的所有规定，和国际上《关于战俘待遇之日内瓦公约》中人道对待战俘的所有规定，就都"合法地"不被适用。② 所以我们看到，对这些"非法参战人员"实施酷刑，不仅能够获得道德辩护，甚至还能获得法律证成！③ 可以说，关塔那摩监狱就是美国所标榜的"民主时代"的集中营——"一个当例外状态开始变成常规时就会被打开的空间"。④ 在这一空间中，规范和例外的分界混淆，法律性问题和事实性问题不再能够被严格地区分，每一个正常语境下的合法性与非法性判断都全然失去了意义，"人权的法律保护"也就

---

① 〔意〕吉奥乔·阿甘本：《例外状态》，薛熙平译，西北大学出版社，2015，第5页。
② 2006年美国《军事委员会法》将"非法敌方参战人员"界定为：合法参战人员之外，参加或自愿资助、支持敌对行为的人。对于这类人，宪法没有赋予其免于军事审判和惩罚的权利，也不对其提供人身安全保障。可见，"非法敌方参战人员"被"非人化"了。参见周强《美国关塔那摩系列人权案中的权力制衡》，《美国研究》2011年第3期，第59~73页。另参见王孔祥《美国在关塔那摩监狱的法律分析》，《法治研究》2014年第4期，第44~52页。
③ 而且，在对酷刑的判定上，司法部副部长助理杰伊·拜比认为，肉体的痛苦只有当其在强度上类似死亡或器官功能衰竭这样严重的肉体伤害时，才能等同于酷刑，级别较低的任何情况都不是酷刑。在这样的"法律解释"下，我们看到加诸囚犯身上的行为是何等让人触目惊心。
④ 〔意〕吉奥乔·阿甘本：《神圣人：至高权力与赤裸生命》，吴冠军译，中央编译出版社，2016，第226页。

随之被消解，"那些司法程序和权力的展布使人可以被如此完整地剥夺掉权利和特征，以至于对他们实施的任何行动都不再显现为一种犯罪"。①

当我们把研究视野转向西方发达国家内部，看看其公民如何被对待，或许将更加震惊地发现，这些公民——他们显然并不具有关塔那摩监狱囚犯那样特定的某些属性——仿佛也生活在一种恒常性的例外状态中，作为潜在的"神圣人"，随时可能受到侵犯。同样以美国为例，在"9·11"恐怖袭击之后，美国颁布了《爱国者法案》，对内急剧扩张包括监控、搜集和分析民众私人信息权力在内的警察权力，即，将公民隐私权等权利"合法地"置于失去正常法律庇护的例外空间。② 正如阿甘本嘲讽的那样，在统治者眼中，或许没有什么比一个普通人更像恐怖分子的了。③ 而一旦被怀疑为恐怖分子，公民基本上瞬间被降格为赤裸生命，那么无论他（或她）遭到怎样非人道的对待都无所谓违法，更被认为恰恰是出于"人道"的目的——为了美国公民，乃至为了人类整体的自由与安全——而"理应"被如此对待。

当这一切——关塔那摩监狱囚犯沦为赤裸生命，普通公民也作为至高权力随时可能侵犯的对象——发生的时候，那些高呼人权口号的自由主义者，却保持着缄默，甚或"深以为然"。与他们主张的对个体权利的重视相反，在上面的例子中，我们恰恰看到，"人类"（或某国公民）作为一个整体吞噬了具体的、有血有肉的个体，也即对"整体自由和安全"的关注碾压了对特定个体的关注。因此，正如阿甘本所述，"个体在他们与中

---

① 〔意〕吉奥乔·阿甘本：《神圣人：至高权力与赤裸生命》，吴冠军译，中央编译出版社，2016，第229页。

② 此外，布什总统的行政权力也获得了大幅度"解放"，使得正常的国家权力分立也受到冲击，跌入一个立法、行政、司法三权混同的例外状态，并使其呈现一种持久实践的趋势。布什总统反复重申自己作为"三军最高统帅"，并接连发动阿富汗战争和伊拉克战争，引发跨越主权疆界的"内战"。对此，正如阿甘本所说，"必须放在这个总统宣称拥有紧急情势中之主权权力的脉络中思考。如我们所见，若对于这个资格的承担需要直接涉及例外状态，那么布什正试图创造一个这样的情境：在其中紧急状态成为常态，而和平与战争之间（以及对外战争与世界内战之间）的区分将不再可能"（〔意〕吉奥乔·阿甘本：《例外状态》，薛熙平译，西北大学出版社，2015，第31页）。

③ 参见 George Agamben, *What Is an Apparatus? And Other Essays*, trans. David Kishik and Stefan Pedatella, Stanford University Press, 2009, p. 23。

央权力的冲突中赢得诸种空间、自由和权利的同时，总是又准备好默默地但越来越多地把个体生命刻写入国家秩序中，从而为那个体想使自己从它手中解放的至高权力提供了一个新的且更加可怕的基础"。① 对人权构成威胁但原本只具有暂时性的例外状态，却被允许并且实际上同司法常规混淆在一起，成为一个稳定的空间性安排，而其中的"居民"就是那些暴露于至高权力之下的"赤裸生命"。自由主义和（潜在的）极权主义，就这样悖论式地结成亲密联盟。

三 结语：从立法者到阐释者

至此，简略概括以上两部分的论述如下：现代西方一些发达国家以"人权立法者"自居，忽略或有意无视任何理性的差异和区分，将自身的特殊性装扮为"普遍法则"，树起"教化蒙昧"甚至"拯救众生"的旗帜排斥一切不接受"普遍法则"统摄的"异端"，而这终究不过是具有蛊惑力和欺骗性的唯我论，实际上乃假托人权之名行扩张自身经济、政治利益之实。所谓"普世主义"也不过是帝国主义的另一种光鲜表达，它以人权的"无界性"碾压主权的有界性，其实也就是消解了人权主体的家园归依和政治身份（即作为某个特定国家的公民），而在形成若干文明组织的现代世界中，这恰恰对人权的实现造成毁灭性打击。此外，以"维护整体人口的安全"为由，主权者——至高权力——的"显圣"将某些人权主体抛入不受法律保护的例外空间，使其沦为具有赤裸生命的"神圣人"，遭遇种种不幸。更可怕的则是至高权力有意制造出一种恒常化的例外状态，使得被该状态"覆盖"的所有人权主体都降格为潜在的"神圣人"，随时可能经历"合法"的侵犯。而自诩人权斗士和法治守卫的自由主义者，对此竟保持缄默甚至作出辩护，与其敌对者结为亲密的战友。于是，这些高呼人权的西方发达国家，恰恰构成对人权的巨大威胁：当需要对外攫取利

① 〔意〕吉奥乔·阿甘本：《神圣人：至高权力与赤裸生命》，吴冠军译，中央编译出版社，2016，第166页。

益时，就以"人权高于主权"为由对他国进行无理的泛化干涉；当需要维护本国国内秩序时，则将人权置于主权的捕获之下（尽管仍最终以"人权"为妆饰）。[①] 因此，无怪乎认识到这些伎俩之本质的后发达国家，会像当年被俘的西班牙士兵们用书写着"不要自由"的旗帜迎接致力于"传播自由"的拿破仑军队一样，以"不要人权"来迎接这个时代的"人权斗士"。

那么，当"人权立法者"角色的可靠性崩塌，至高权力的恐怖再一次崭露时，我们又应当如何面对当今世界——其中主权国家林立，多元文化并存；但同时全球化浪潮将人类的命运愈加紧密地联系在一起——的人权问题？

对于主权者－至高权力来说，只要法律状态－例外状态的二元结构仍然存在，主权者就能够通过决断例外状态而将任何人降格为赤裸生命。不过，至少相较一个根本上只具有暂时性的例外状态来说，通过规则化而恒常延续的例外状态——或者说，一个法律与事实、规范与决断的分隔已然失去意义的空间——是我们应当也能够识别和警惕的。为了避免这种使人权保护陷入绝境的"例外状态的常规化"，加强对立法的监督和对公权力的规约仍然必要。

而对于立法者来说，一方面，既然认识到不同的存在、不同的人权观念和制度境况平等地具有有限性（即，只在自身的历史脉络、地域疆界和文化底色中有效，并且任何对这种存在和境况做出改善的努力都必须着眼于其所在的时空坐标和文化土壤），那么，我们需要的就不是一个为所有国家的人权建设制定必须遵守的"普遍法则"的立法者角色（注意，此处所拒绝的立法者乃是人权的"世界立法者"而非"国家立法者"。按照

[①] 对于"人权立法者"与主权者角色而言，美国前总统小布什的演讲无疑对此作出了最精当的"诠释"，这位在任期间发动伊拉克战争的领导人说道："自由是万能的上帝赐给这个世界上每个男人和女人的礼物，作为地球上最强大的国家，我们有传播自由的义务……美国的历史就是为了每个人的自由，美国的使命就是解放世界上的被压迫者。"此外，他又作了限定："自由在我们国土上的幸存越来越依靠自由在其他国土上的幸存""为了保障自己人民的安全，美国必须在全世界发动革命。"（参见〔美〕科斯塔斯·杜兹纳《人权与帝国：世界主义的政治哲学》，辛亨复译，江苏人民出版社，2010，第216页）

前述主权国家必须对本国公民承担人权保障的责任，在特定主权国家或政治体内部，这种立法者角色在实然和应然意义上都存在和发挥功能，否则，如果面临国内诸多道德、宗教、经济争端而不能由国家最终作出统一决断，这个国家作为政治统一体也就被瓦解了，人权保障也便随之沦为空话①）。另一方面，我们又身处一个全球化风暴势如破竹的时代，所有国家以各种方式相互纽结，人类命运共同体日趋成型和成熟，拒绝居心叵测的"普世主义"并不等于主张国家之间彼此孤立的、取消任何联系的隔离状态，而恰恰是，交往和对话变得前所未有的迫切和重要。

因此，在人权问题上，我们需要的是一个接替立法者角色的"阐释者"角色。阐释者在各种人权观念制度及其赖以为生的历史、地域和文化背景之间进行译解和沟通：理解他者而非否定他者，妥善安置他者而非驱逐乃至消灭他者；促成与他者的和平对话而非斗争；从他者之中汲取养分以提升自我，也即，通过对他者的开放来保存和改善自身的人权建设境况（这个过程也完全可以是逆向的，即他者从"我"这里汲取养分以实现自我改善）——这种改善不是在"普遍法则""普世人权"的高压下完成的，而是在"有教养的谈话"中达到的。最终，以这种尊重诚恳的姿态和兼收并蓄的胸怀，创造最优的人权建设生态，乃至最优的价值生态与政治生态。

Abstract：This article is to make a research on the practice of human rights in some modern western countries from the perspective of legislator (the role who

---

① 当然，在一个国家内部也存在多元化，而对个人权利自由的承认和保障也就同时意味着尊重不同的个性、观念、思维/行为模式和生活方式；尤其在主体意识高度觉醒、各个政治、文化单位交往日益频繁和深入的现代世界，个体多元性有其价值上的可证成性与实践上的必然性。但是，这种对多元性的尊重不是无边界的和无条件的，即，国界内部，在根本性的问题上，不能容忍多元性或保持所谓"中立性"。国家是政治统一体，宪法是对人民集体认同的表达，这意味着在某个"边界"内的人具有同质性。那么，尽管并非在特定政体内彻底拉平差异或彻底消弭冲突，但如果毫无底线地纵容国家内部的多元性或声称保持"中立性"，其实是回避在根本性问题上给定判断标准和作出判断，幻想着只要能抛弃绝对性的残渣就能创造和乐融融而有价值的结果；但这样做不啻尽力削减国家的内容，使其变成一个空架子，最终堕落为野心家的猎物——野心家试图将自己的利益需求不断注入这个空架子中——于是，权利自由要么沦为奢侈品，要么干脆彻底死亡。

has authority to create universal rules) and sovereign (the role who functions in the state of exception); And thus reveals that these countries actually replace universality with particularity and create "regular" state of exception. This practice as above exactly threatens the human rights which are asserted by these countries to protect. Under the background of pluralism and globalization, the role as an "interpreter" is of importance to face up to the problems of human rights. It is necessary to respect, understand and communicate between different conception and institutions of human rights and only in this way can we effectively propel the construction of human rights.

Keywords: Human Right; Legislator; Sovereign; Interpreter

刑事诉讼中的人权保护

当事人主义诉讼模式的权利
属性：程序主体权

欧　丹[*]

摘　要： 当事人程序主体权是程序主体性的权利表达，而当事人程序主体性的彰显正是当事人主导主义诉讼模式的核心要义。当事人程序主体性的实现不仅包括概念上的主体性和自觉、自决、自主上的主体性，而且包括与其他程序主体相互承认、尊重关系之中的主体间性。当事人主体间性要求其他主体对当事人主体性权利给予充分的尊重和保障。法院审酌义务、突袭性裁判禁止义务及释明义务等自我约束性内容是其尊重和保障当事人主体性权利的核心，当事人诚实信用义务等自我约束性内容则是当事人程序主体权充分实现的前提。

关键词： 当事人主义诉讼模式；程序主体权；主体性；主体间性

一　引言

20 世纪 90 年代初，张卫平教授提出的民事诉讼模式论①引起了我国民事诉讼法学界的广泛关注和讨论。② 有人从权利保障角度指出我国民事诉讼现代化改革和民事诉讼模式转型应将重心从权利保障转向以权力制约为中心，构建实质意义当事人主义。③ 毕竟，"辩论主义的基础意旨应该

---

* 欧丹，华东政法大学法律学院博士后研究人员，法学博士。

① 张卫平：《当事人主义与职权主义》，《外国法学研究》1993 年第 1 期。

② 关于民事诉讼模式之争相关讨论的具体内容可以参见韩波《民事诉讼模式论：争鸣与选择》，《当代法学》2009 年第 5 期。

③ 冯珂：《从权利保障到权力制约：论我国民事诉讼模式转换的趋势》，《当代法学》2016年第 3 期。

是来自辩论权的约束力，……辩论权实质化、审判权规范化是我国民事诉讼制度改革需同时面对的二重使命"。① 约束性辩论主义及处分主义是当下中国构建实质意义上当事人主义诉讼模式的关键逐渐得到各界的广泛认识。其中，约束性辩论主义及处分主义的核心内容可以归纳为法院的审酌义务及突袭性裁判禁止义务②，因为法院审酌义务及突袭性裁判禁止义务的缺失可能会导致当事人请求拘束原则及主张责任原则③沦为"无源之水、无本之术"。当事人诉讼权利（尤其是程序基本权④）的保障成为构建当事人主导型诉讼模式的重要路径之一。

以往，当事人主导诉讼模式论者基本上都将域外（德国及日本等）约束性辩论主义及处分主义基本要义作为大前提论证我国当事人主导型诉讼模式构建的合理性和可行性。⑤ 当事人诉讼权利与法院审酌义务及突袭性裁判禁止义务必须共存且两者都为当事人程序基本权的核心内容，以及当事人程序权利（辩论权、陈述权、证明权、信息权等等）与法院审酌义务及突袭性裁判禁止义务之间的关系如何却缺乏必要论证。当事人主义诉讼模式论从理论共识转化为行动指南需要立法、司法等广大的法律工作者在理念上形成共识。法律工作者理念整体性的转换不仅需要时间消化更需要理由说明。因此，本文拟从当事人程序主体性—主体间性角度来解释当事人辩论权等程序性权利与法院审酌义务等程序性义务的共存性，并尝试从

① 韩波：《民事诉讼中的辩论主义与合作原则》，载《民事程序法研究》（第16辑），厦门大学出版社，2016，第249页。
② 从实质保障角度来讲，它还应当包括法院释明义务。具体内容参见沈冠伶《诉讼权保障与裁判外纷争处理》，北京大学出版社，2008，第19页以下。
③ 参见许可《论当事人主义诉讼模式在我国法上的新进展》，《当代法学》2016年第3期。
④ 也有学者称之为"基本程序权"（fundamental procedural right），它主要强调程序权利的"基本性"、"宪法化"或"国际化"。具体内容参见〔意〕莫诺·卡佩莱蒂等《当事人基本程序保障权与未来的民事诉讼》，徐昕译，法律出版社，2000，第12页以下。不过，"基本程序权"语义还可以有另一种解读，它指程序性权利的核心内容，仅涵摄程序法上的基础性权利而不涉及宪法上的基本权利。具体内容参见关保英《行政相对人基本程序权研究》，《现代法学》2018年第1期。本文讨论之当事人程序主体权根植于宪法，故采用"程序基本权"概念，它指宪法层面上当事人程序性的基本权。
⑤ 张卫平：《转换的逻辑：模式诉讼体制转型分析》，法律出版社，2004，第19页以下及第256页以下；白迎春：《论中国民事诉讼模式——以中日比较为视角》，《太平洋学报》2009年第7期。

这一角度回答当事人主义诉讼模式的权利属性，试图消解当事人程序权与法院审判权之间的紧张关系。

二 作为程序主体的当事人

作为诉讼程序最大的"消费者"，当事人在民事诉讼制度中的地位受到广泛关注。当事人地位的外在形式就体现在其民事诉讼权利与义务上，尤其体现在当事人作为程序主体理应具有的主体性地位或主体性权利上。当事人诉讼主体地位则体现为其作为主体（"人"）而非客体（"物"）参与民事诉讼程序的进程并能积极影响判决结果的形成。与德国《基本法》不同，我国《宪法》并未明文列出当事人拥有听审请求权。根据法治国家理念，现代司法机关（法院）审判权之合法性及合理性的重要来源是保障当事人听审请求权。我国《宪法》第 33 条规定"国家尊重和保障人权"。从域外各国及地区的经验来看，听审请求权已成为人权的重要组成部分[1]，甚至从救济权这一角度来说它处于人权保障的核心地位。《宪法》第 38 条规定"公民的人格尊严不受侵犯"。当事人作为诉讼主体而理应具有的主体性（即"人"的属性）不仅具有民事诉讼法层面的意义而且具有宪法层面的意义。在明确依法治国政策、保障人权理念且规定法院具有审判权的当下，我国《宪法》已然包含保障当事人听审请求权之意。这点在民事诉讼中体现得更为突出，即：民事诉讼遵循一项《民事诉讼法》条文未明文列出但又始终被援引的基本原则——"不告不理"。当事人就某项民事争议向法院提出听审请求权是法院行使审判权的前提。当事人是民事诉讼程序中必不可少的诉讼主体。当事人也是民事诉讼程序得以运行的必备要素。甚至可以说，没有当事人就不可能产生诉讼；没有当事人的起诉、应诉，民事诉讼程序便无从启动和推进。[2]

---

① 1948 年《世界人权宣言》第 7、10 条及第 11 条第 1 款；1966 年《公民权利与政治权利国际公约》第 2 条第 1 款（缔约国须尊重并保障当事人之听审权）及第 14 条（法律面前人人平等）；1950 年《欧洲人权公约》第 6 条第 1 项；等等。具体内容参见樊崇义、夏红编《正当程序文献资料选编》，中国人民公安大学出版社，2004，第 360~364 页。

② 田平安主编《民事诉讼法研究》，高等教育出版社，2008，第 87 页。

　　当事人在民事诉讼中的地位（尤其是主体性地位）究竟如何，我们可从其在民事诉讼中所具有的诉讼权利及承担的诉讼义务来判断。当事人诉讼权利是民事诉讼法赋予冲突主体在诉讼中所享有的自主选择进行诉讼活动的合法范围及其维护自己合法权益的手段，是以法院为代表的国家承认并有责任保障实现的个体利益和行为尺度。[①] 一般而言，当事人诉讼权利规范分散规定在各项程序制度之中。我国《民事诉讼法》第49条、第50条、第51条对当事人所享有的诉讼权利进行了较为集中的规定。其中，部分诉讼权利贯穿整个诉讼过程，例如委托代理人、提出回避申请、收集提供证据、进行辩论、提起上诉、申请执行、查阅和复制本案有关材料和法律文书等的权利（第49条第1、2款）。当事人还具有自行和解的权利（第50条）；原告可以放弃或者变更诉讼请求，被告可以承认或者反驳诉讼请求，有权提起反诉（第51条）。[②] 我国《民事诉讼法》赋予当事人广泛的诉讼权利是对当事人主体地位的尊重与保障。

　　当事人的主体地位不仅涉及其作为诉讼主体所具有的自主性权利（主体性），而且涉及其在与其他诉讼主体之间的交互关系中所具有的防御性权利。当事人在诉讼权利的行使过程中能否抵御其他诉讼主体（法院）行使职权而产生的"被客体化"风险是当事人主体地位的试金石，它也是诉讼当事人主体地位的应有之义。我国台湾地区沈冠伶教授从宪法权利的角度指出当事人程序基本权（诉讼权）包括，"适时审判请求权、权利有效保护请求权、听审请求权（认识权、陈述权、证明权、法院审酌义务、突袭性裁判禁止义务等等）、程序上平等权及公正程序请求权与正当法律程

① 蔡彦敏：《民事诉讼主体论》，广东人民出版社，2001，第129页。
② 当然，当事人的诉讼权利远非上述几项，归纳起来主要包括，"使用本民族语言文字进行诉讼权（第11条）、质证权（第68条）、申请鉴定权（第76条）、鉴定意见的异议权（第78条）、勘验证物与现场的到场权（第80条）、申请保全证据权（第81条）、申请顺延期限权（第83条）、申请财产保全权（第100条）、申请先予执行权（第106条）、申请缓减免交诉讼费用权（第118条）、起诉权（第119条）、拒绝（启动）调解权（122条）、管辖异议权（第127条）、申请不公开审理权（第134条）、申请补正法庭笔录权（第147条）、撤诉权（第145条）、申请延期开庭审理权（第146条）、申请再审权（第199条）等"。就当事人诉讼权利的相关讨论可参见唐琼瑶《民事诉讼当事人的诉讼权利和义务》，福建人民出版社，1984，第18页以下；张晋红《民事诉讼当事人研究》，陕西人民出版社，1998，第59页以下。

序权"。① 许士宦教授则从台湾地区"民事诉讼法"修改的角度将当事人程序主体权归纳为"陈述权、证明权（证据调查之参与权、证据利用及搜集权、发问及诘问权、在场见证权）、声明不服权、程序处分权及程序选择权"。② 我国大陆学者黄娟博士则从比较法角度指出当事人诉讼权利主要包括，"起诉权、相关资料获取权、攻击防御权、诉的撤销及诉讼和解权、申诉和异议权"。③ 可见，当事人程序主体权是一项复合性权利，它的具体内容下文另有专门讨论，此处暂不展开。

三　当事人程序主体的三个层次

当事人不仅有作为"概念"上主体的形态，而且还有"主体性"上的主体属性，以及在"主体间性"中体现出来的主体特性。"没有诉讼当事人，就不成其为诉讼，也就无法提起和推进诉讼……只有人民法院的活动，没有对应方的活动相配合，是毫无意义。……因为有两个或两个以上的主体，进行诉讼活动，才能产生诉讼法律关系。"④ 可见，当事人与法院之间保持着一种互存关系。因此，有学者指出，"民事诉讼构造不是三角形构造本身有问题，而是如何在这个构造中以当事人主体地位为基础行使审判权的问题，亦即当事人的主体地位及其诉讼法律行为要在程序上产生既定的法律后果，并对法院审判权或裁量权产生制约和影响的问题"。⑤

（一）当事人"概念"上的主体

在民事诉讼中，当事人是指以自己的名义进行诉讼，请求人民法院行使民事审判的人。民事诉讼中当事人可以分为形式上的当事人和实质上的当事人。形式上的当事人即起诉状所记载的当事人，它是一个纯粹的诉讼法上的概念，既包括适格的当事人，也包括不适格的当事人；既包括与民

---

① 沈冠伶：《诉讼权保障与裁判外纷争处理》，北京大学出版社，2008，第6~33页。
② 许士宦：《新民事诉讼法》，北京大学出版社，2013，第34~49页。
③ 黄娟：《当事人民事诉讼权利研究》，北京大学出版社，2009，第113~164页。
④ 杨荣新主编《民事诉讼法学》，中国政法大学出版社，1997，第6页。
⑤ 肖建华：《民事诉讼当事人研究》，中国政法大学出版社，2002，第4页。

事法律关系相关的当事人，又包括与民事法律关系无关的当事人。实质上的当事人，也称适格的当事人，是指在一个特定的民事案件中具有合法的、正确的当事人资格的人，确定实质上的当事人通常要考察民事实体法律关系。①

作为程序主体，当事人概念呈现外延不断扩张的现象。有学者从程序主体权保障角度指出当事人或程序主体之概念存在扩张的趋势，即凡可能受某司法裁判所及之利害关系人均应被尊重为程序主体，受应有之程序权保障；就关涉该人利益、地位、责任或权利义务之裁判，被赋予充分参与该裁判程序为攻击防御、陈述意见或辩论之机会，以防止发生来自法院之突袭性裁判。此种程序主体系可能涵盖民事诉讼法上的"当事人"、"利害关系人"及非讼事件中的各种关系人。② 概言之，当事人及第三人以及非讼事件中的关系人都可以被视为程序主体权保障下之程序主体。

如果当事人缺少"主体性"的人格价值，那么当事人之主体意义则就可能甚至完全被消解或者异化。换言之，一个缺少"主体性"人格的当事人并非真正意义上的主体，反而很可能沦为其他诉讼主体（法院）行使其职权（审判权）的客体。因此，这种意义上的当事人仅是"概念"上的程序主体。

（二）当事人"主体性"上的主体

人的主体性内涵存在多个维度。③ 哲学意义上的主体性通常通过与客体的相互关系予以界定，"人的主体性是人作为活动主体的本质的规定性，是在与客体相互作用中得到发展的人的自觉、自主、能动和创造的特性"。④ 马克思主义哲学指出，人性和人的主体性是一个统一于人的有机整体。马克思主义理论中的人性与主体性是相通的；人的主体性则是人性中最集中体现人之为人本质属性的那部分，也是人性最精华的内容；人性

---

① 陈贤贵：《当事人适格问题研究》，厦门大学出版社，2013，第18页以下。
② 邱联恭：《"程序主体"概念相对化理论之形成及今后（上）——基于民事诉讼法修正意旨及其前导法理之阐释》，《月旦法学杂志》2012年第1期。
③ 刘涛：《刑事诉讼主体论》，中国人民公安大学出版社，2005，第36页。
④ 郭湛：《主体性哲学——人的存在及其意义》，云南人民出版社，2002，第30~31页。

和人的主体性是一致的，人的本质（人性）的实现就是人的主体性的实现。① 概言之，主体性就是指主体的本质属性。人的主体性则是人之为人所具有的区别他物的本质属性，其主要包括人的主观性、自主性、自为性、自觉性、主动性和能动性等等。

有学者指出，"法治概念的最高层次是一种信念，相信一切法律的基础，应该是对人的价值的尊敬"。② 不过，人"只有在一个规范性秩序中，才存在人格体和主体"。③ 司法主体性理念与人的主体性理念的弘扬密不可分。人的主体性之确立过程就是司法之主体性理念的形塑过程。④ 甚至有学者指出，"人之所以为人，并不是因为他是一种有肉体和精神的生物，而是因为根据法律规则的观点，人展现了一种自我目的"。⑤

当事人"概念"上的主体主要体现为其所应有的主体权利。主体权利是指与主体相关的所有权利，它直接体现为立法规定的诉讼权利，更倾向于立法条文上应然存在的权利。缺少主体性，当事人在立法条文上的权利可能会是仅仅停留在纸上的权利，因为行动中的法与书本上的法存在分离的情况。⑥ 当事人"主体性"上的主体则主要体现为与主体性属性密切相关的本质性权利，更倾向于主动的、行为的权利，是能动的、实然存在的权利。从权利范围角度来讲，当事人主体性权利亦是主体权利中充分体现主体自觉、自决、自主的部分，主体性权利充分地体现了作为主体的人格尊严、意志自由、平等和人身等权利不容侵犯的特质。⑦ 它可以促进当事人积极行使立法条文上赋予的众多权利。具体到民事诉讼程序中，当事人之辩论权、陈述权、证明权、程序选择权、程序处分权、程序平等权等程序性权利即具有上述主体性的特质。

---

① 徐梦秋：《主体性范畴系论纲》，《文史哲》1995 年第 2 期。
② 陈光中主编《刑事诉讼法修正实务全书》，中国检察出版社，1997，第 617 页。
③ 〔德〕京特·雅科布斯：《规范·人格体·社会——法哲学前思》，冯军译，法律出版社，2001，第 31 页。
④ 左卫民、朱桐辉：《谁为主体 何为正义》，《法学》2001 年第 4 期。
⑤ 〔德〕G. 拉德布鲁赫：《法哲学》，王朴译，法律出版社，2005，第 134 页。
⑥ Roscoe Pound, "Law in Books and Law in Action," 44 *American Law Review* 12 (1910), p. 22.
⑦ 林林：《被追诉人的主体性权利论》，中国人民公安大学出版社，2008，第 49~50 页。

(三) 当事人"主体间性"上的主体

费希尔曾指出人既是目的，也是中介与工具。如果每个人都将自我只作为目的，那么每个人的目的可能都无法实现。毕竟，"手段与目的计算或成本与收益计算所描绘的意识形态与共享价值合法性中的默许所暗示的状态尖锐对立。……事实上，在一种条件下是手段的东西在另一种条件下就会变成目的"。① 黑格尔指出自我意识具有双重性，一方面自我意识不是自身，是另外的他者，我是他人的对象；另一方面他人也是我的对象，"因为对自己确信是通过扬弃对方才达到的；为了要扬弃对方，必须有对方存在"。② 舍勒则认为人的概念本身就已经蕴含了社会的存在，个体是社会的一部分，同时社会也是个体的一部分。马丁·布伯则进一步指出，"真正的本体并不是实体而是关系，关系才是真正的本体，关系产生实体，关系创造出实体。……'你'与我相遇，我步入与'你'的直接关系里。所以，关系既是被选择者又是选择者，既是施动者又是被动者"。③ 主体间性理论为我们全面认识当事人之作为程序主体所具有的主体性提供了一个新的视角。究其根本，当事人的主体间性还是当事人的主体性，只是我们理应从不同诉讼主体之间的关系中进一步把握当事人的主体性。当事人主体间性上的权利集中体现为当事人在自主行使相关权利过程中有得到其他程序主体尊重和保障的机会，而非沦为其他程序主体权利行使过程中的客体。

第一，当事人主体存在于与其他诉讼主体交往关系之中。当事人主体的存在以法院这一程序主体认同为条件和前提。个人或其他组织通过私力救济及其他社会救济途径化解纷争之过程则不存在"当事人"之概念。法院的存在也以当事人这一诉讼主体存在为条件和前提。换言之，没有当事人也就没有法院（法官）。"法律关系是人与人之间的关系。……法官从来就不是司法过程的唯一角色。……法官的意志从来就不是绝对至高无上

① 〔美〕R. M. 昂格尔：《现代社会中的法律》，吴玉章等译，译林出版社，2001，第33页。
② 〔德〕黑格尔：《精神现象学》，贺麟等译，商务印书馆，1987，第121页。
③ 〔德〕马丁·布伯：《我与你》，陈维刚译，生活·读书·新知三联书店，1986，第26页。

的，他总是受到当事人意志和行为的制约（即使在刑事程序中也如此），受到他们的启动、劝导、抵抗和认可等行为的制约。当事人双方之间也如此，在该过程的每一个步骤，从对方和法官那里受到的刺激都塑造且制约着他的意志和行为。"① 当事人作为民事法律关系的一方是法院得以存在的前提。无论从因果关系角度还是认识发生关系的角度出发，法院首先都是因为当事人的实存而得以存在。例如，如果当事人在纠纷产生之后选择调解（法院外）或仲裁途径解决（邻里纠纷、家事纠纷、商业纠纷等等），那么纠纷解决意义上的法院则无"存在"（介入民事案件）的前提；或当事人在纠纷形成之前就通过有效沟通或者单方面隐忍方式化解或者内化双方之间的部分利益冲突②，或者通过其他非正式规范来化解纠纷③，那么广义解纷者（调解员、仲裁员、审判员等等）则都可能无"存在"的前提。从主体间性理论来看，上述诉讼主体之间的依存关系并不是单向性的，而是具有双向性。作为民事诉讼主体而存在的当事人之所以得以"存在"（利用法定程序）也是以法院"存在"为前提的。否则，上述当事人则可能仅仅为停留在私力救济或者社会救济意义上的"当事人"（纷争者或利益冲突者）。再者，就不同当事人之间而言，被告与原告之间也存在上述类似的关系。

第二，当事人与其他民事诉讼主体之间（包括不同当事人之间）在不同程序进程阶段中客观上处于交互主客体关系之中。对此，德国哲学家海德格尔有经典论述，"这个人也从来没有才是而且只是主体，这个主体固然总是同时也和客体有关系，但这个人从来没有才是而且只是其本质寄于主客关系中的这样的主体"。④ 存在主义哲学大师萨特进一步指出，"人与人之间的关系是一种否定性的存在关系，……，在人与人之间只有'对象

---

① 〔意〕皮罗·克拉玛德雷：《程序与民主》，翟小波等译，高等教育出版社，2005，第55~56页。

② 参见范愉《纠纷解决的理论与实践》，清华大学出版社，2007，第70页以下。

③ 参见〔美〕罗伯特·C.埃里克森《无需法律的秩序：邻人如何解决纠纷》，苏力译，中国政法大学出版社，2016，第53页以下。

④ 〔德〕海德格尔：《关于人道主义的书信（1947）》，载江怡主编《理性与启蒙——后现代经典文选》，东方出版社，2004，第210页。

我们'的关系，而没有'主体我们'的关系，只有交互主客体性，而没有交互主体性，主体间的存在论或生存论是疏离的"。① 同为诉讼主体的当事人和法院在客观上都有将对方（自觉或者不自觉地）视为己方程序行为（主要可以分为当事人之诉讼行为与法院之职权行为）客体对象的倾向。从当事人这一方来看，法院首先是作为其解决现有纠纷或者利益冲突的解纷体。在特定情况下，当事人可以自主地选择解决纠纷的组织（例如合意管辖）、人员（例如法官及相关人员的回避）乃至程序（例如简易程序及小额程序的合意选择）。反之，从法院这一方来看，虽然当事人是其介入纠纷案件（"存在"）的前提，但是一旦纠纷进入法定诉讼程序之后纠纷案件的处理方式乃至处理过程以及处理结果都是由法院依据既定的规则来决定的。

第三，当事人主体性的张扬不仅停留在单个个体主体性的实现以及具体个案主体性的实现上，而且体现在所有纠纷案件之当事人的共同体意识中，它还体现在所有程序主体的共同意识之中。毕竟，任何个体的存在都离不开共同体。美国学者辛格指出，"权利仅仅存在于共同体中，而且仅仅存在于那些具有有效的权利－规范的共同体中"。② 德沃金教授指出，"整体性的审判原则引导法官在确认法律权利和义务时，尽可能以下述假定为依据：法律权利和义务都由一个创制者，即人格化的共同体所创造，对正义和公正的构成做出前后一致的表达"。③ 罗斯科·庞德曾指出，"既考虑人格价值又关注共同体价值，也是极其可能的"。④ 另外，德国学者京特·雅科布斯教授从人格体角度指出，"无论如何，是从义务中产生权利，而且义务对一个群体来说越是重要，群体就越是会严格地要求尊重权利。只有在此，即在一个宪法性的群体中，人格体的地位才作为权利产

---

① 王晓东：《西方哲学主体间性理论批判》，中国社会科学出版社，2004，第154页。
② 〔美〕贝思·J. 辛格：《实用主义、权利和民主》，王守昌等译，上海译文出版社，2001，第74页。
③ 转引自〔美〕韦恩·莫里森：《法律学——从古希腊到后现代》，李桂林等译，武汉大学出版社，2003，第462页。
④ 〔美〕罗斯科·庞德：《法理学》（第1卷），邓正来译，中国政法大学出版社，2004，第549页。

生，作为一种针对其他个体而言因为其对整体的重要性而显现自己的权利而产生"。① 当事人主体性权利增长涉及单个个体积极主张各自权利，还涉及当事人群体权利意识的增长，而且当事人群体主体意识的整体性增长同时还会促进所有程序主体共同意识的形成。

第四，当事人主体性的张扬必须置于民事诉讼主体间的"关系"之中。当事人主体性只有在诉讼程序展开过程中的各种"关系"之利益平衡中才能实现。在西方法哲学家的眼里，"个人不是实体，而是关联，……作为'角色'，作为关系的总体，存在于此人与他人，或与物的关系之中"。② 当事人（原告与被告乃至第三人）之间以及作为整体的当事人（程序主体）与法院之间的关系一定程度上都是一种利益冲突关系。当事人（原被告）之间这种利益冲突比较好理解，他们之间的纠纷本质上就源于不同利益之间的冲突。因此，也有学者将当事人称为"冲突主体"。③从形式和内容上来看，当事人之间既存在实体利益上的冲突又存在程序利益上的冲突。这里的实体利益就是指当事人之间的争诉利益，而程序利益则是指讼争利益之外的其他利益。④ 当事人与法院之间利益冲突关系中的利益则仅仅是指程序利益，两者之间理应不存在任何实体利益之争，这也是自然法的一项基本原则，即"任何人都不能作自己的法官"。法院作为诉讼主体在扮演纷争裁决者解决纠纷的过程中是具有一定程序利益的，例如，法院需要维护社会正义，维持法律秩序，追求诉讼效率，等等。英美法系国家的理论界及实务界将法院在诉讼程序中理应具有并保护的程序利益称为"司法利益"（interests of justice），并以此作为法院采用某些证据规则和行使裁量权的评价标准。⑤ 其实，司法利益这一评价准则是一个综合评价体系而不是单一的价值评价维度。上述价值维度之间并非完全具有

---

① 〔德〕京特·雅科布斯：《规范·人格体·社会——法哲学前思》，冯军译，法律出版社，2001，第 52 页。

② 〔德〕阿图尔·考夫曼、温弗里德·哈斯默尔主编《当代法哲学和法律理论导论》，郑永流译，法律出版社，2002，第 198 页。

③ 蔡彦敏：《民事诉讼主体论》，广东人民出版社，2001，第 108 页。

④ 邱联恭：《司法之现代化与程序法》，台湾三民书局，1992，第 142 页。

⑤ Richard Glover & Peter Murphy, *Murphy on Evidence* (13th edition), Oxford：Oxford University Press, 2013, pp. 306–310.

同向性，并且不同价值之间也时常出现冲突的情况。当事人之间及当事人与法院之间所追求的价值向度可能存在某种意义上的对立性。各方的主体性权利（或职权）不仅意味着彼此需要得到对方的承认和尊重，而且也意味着对对方权利的制约和限制。当事人及法院的主体性并不是没有边界，而是应当在一定范围内得以实现。

第五，诉讼主体之间的利益冲突需要通过交往对话，相互承认对方才能得到化解。解决利益冲突唯一理性的途径是各方利益者彼此通过相互交往、对话、调和并在社会道德规范和法治公器的综合施力和监督下实现各自利益最大化的平衡。当然，相互交往与对话的前提就是彼此之间存在最起码的相互承认。有学者指出，"主体为了获得更大的自主性也就必须更多地认识到主体之间是相互依赖的"。① 所有诉讼主体（包括原告、被告、第三人和法院）都必须从自身"个人"需要视角出发获得对方的承认，并在法和社会规范的共识中获得利益冲突的解决办法。当事人之主体性权利的实现不仅意味着当事人获得主张主体性程序权利之机会，而且获得其他诉讼主体的承认与尊重其主张之程序主体地位。从某种意义上来讲，后者相比于前者更为重要。简言之，当事人获得"完整个人"人格的前提和保障是其他主体对己方权利的承认与尊重。

四　当事人程序主体权的意义与内涵

（一）当事人程序主体权的意义

探寻人作为主体自我需求与满足的过程就是对权利的探寻。人的主体性是权利的一个基点。② 其实，当事人程序主体权的发展历程也就是当事人主体性逐渐得到认识与尊重的过程。现代意义上的当事人程序主体权具有两层意思，即：（1）当事人作为人具有独立人格之后所具有的主体地

---

① 〔德〕阿克塞尔·霍耐特：《为承认而斗争》，胡继华译，上海人民出版社，2005，第26~28页。
② 程燎原、王人博：《权利论》，广西师范大学出版社，2014，第1、46页。

位；（2）程序价值已经超越单纯工具价值之后所具有的独立价值及综合价值。当事人程序主体权兴起就离不开当事人作为人的主体性的肯定和发展。就其内容和形式而言，当事人主体权首先体现在个体自由上。在等级和专制社会，大部分人并不具有独立人格，例如奴隶。与此对应，在此类社会中大部分人即被视为客体（物）来对待，此时他们的主体地位即无从谈起。在西方，随着文艺复兴和宗教改革运动的兴起，人被视为客体之境遇开始有所改变。对此，有学者指出，"启蒙时代是主体性意识大大得到弘扬的时代，也是个性意识大发展的时代，人类几千年历史几乎找不到哪一个时代像启蒙时代的人一样主体意识这样强烈"。[①]

伴随着文艺复兴，在资产阶级革命的推动下个体自由之思想得到空前的发展。有人指出，"放弃自己的自由，就是放弃自己做人的资格，就是放弃人类的权利，甚至就是放弃自己的义务"。[②] 人的主体性不仅体现在政治权利、文化解放等方面，也体现在法律理念及制度的变化上。具体而言，1806年法国《民事诉讼法》及1865年意大利《民事诉讼法》都在一定程度上体现了当事人主体性理念。法国刑事诉讼制度也受到主体性理念的影响，诸如无罪推定、禁止刑讯逼供、沉默权等原则和规定得到确立。实际上，法国的司法制度改革在欧洲各国引起了连锁反应。德国及奥地利等国家紧随其后也开始酝酿司法改革。有学者就直接指出，"19世纪控诉式程序被欧洲大陆国家普遍采行后，被告人在程序法上才开始有独立的法律地位，成为一种诉讼主体"。[③] 就民事诉讼制度而言，当事人主体性理念最先还是体现在英美法国家的对抗式庭审理论和大陆法国家的当事人主导理论中。

二战之后，国际社会对人权保障的关注上升到了一个新的高度。各国及地区都相继在各自宪法中规定保障人权的基本要求。无论是欧美的民权运动还是亚洲国家及地区的民权运动都极大地推动了人权保障事业的发展。德国及日本等大陆法系国家出现了民事诉讼宪法化的趋势。[④] 在德国，

① 陈刚：《西方精神史》，江苏人民出版社，2000，第457页。
② 〔法〕让－雅克·卢梭：《社会契约论》，何兆武译，商务印书馆，1980，第15～16页。
③ 陈瑞华：《刑事审判原理论》，北京大学出版社，1997，第221页。
④ 〔意〕莫诺·卡佩莱蒂：《比较法视野中的司法程序》，徐昕、王奕译，清华大学出版社，2005，第293页以下。

当事人认为法院判决侵害其听审请求权、适时审判请求权等程序基本权时，在一定情形下可以向联邦宪法法院提起宪法诉讼。日本学者甚至根据宪法关于"任何人在法院接受审判的权利不得剥夺"的规定发展出"宪法诉权说"。① 此时，民事诉权已超越了单纯的诉讼法意义而实现了向宪法诉权的转型。传统的诉权概念也逐渐被接受公正审判权、裁判请求权②、诉诸司法权（司法请求权）、程序保障请求权、接近正义权、接近司法权等现代话语所取代。③ 当事人程序主体权可以为我们研究民事诉讼法与宪法之间的关系提供一个有力的分析工具，它还可以为我们拓宽程序保障理论研究的广度以及传统诉权理论研究的边界提供有力支撑。④

通过 1999 年修宪及 2004 年修宪，我国已明确将"依法治国"及"保障人权"写进宪法。2014 年 10 月 23 日，中共中央通过《中共中央关于全面推进依法治国若干重大问题的决定》进一步推动了依法治国理念的发展与实践。其中，该决定指出，"坚持人民主体地位。……坚持法律面前人人平等"。⑤ 2015 年人民法院改革意见还明确指出，"强化人权司法保障机制"，"强化诉讼过程中当事人和其他诉讼参与人的知情权、陈述权、辩护辩论权、申请权、申诉权的制度保障"。⑥ 习近平总书记在十九大报告中首次提出，"加强宪法实施和监督，推进合宪性审查工作，维护宪法权威。……树立宪法法律至上、法律面前人人平等的法治理念"。⑦ 就民事诉讼而言，1991 年颁布实施的《民事诉讼法》已经历经了两次修订（2007 年的局部修订和 2012 年的全面修订）。其间，最高人民法院颁布了众多与之配套的民事司法解释。"法院与当事人的程序角色定位逐步趋于

---

① 江伟、邵明、陈刚：《民事诉权研究》，法律出版社，2002，第 29 ~ 30 页。
② 刘敏：《裁判请求权研究：民事诉讼的宪法理念》，中国人民大学出版社，2003，第 1 页以下。
③ 齐树洁主编《民事司法改革研究》（第 3 版），厦门大学出版社，2006，第 3 页。
④ 刘敏：《诉权保障研究：宪法与民事诉讼法视角的考察》，中国人民公安大学出版社，2014，第 25 页以下。
⑤ 习近平：《关于〈中共中央关于全面推进依法治国若干重大问题的决定〉的说明》，《人民日报》2014 年 10 月 29 日。
⑥ 《最高人民法院关于全面深化人民法院改革的意见》（法发〔2015〕3 号），2015 年 2 月。
⑦ 习近平：《决胜全面建成小康社会 夺取新时代中国特色社会主义伟大胜利——在中国共产党第十九次全国代表大会上的报告》，人民出版社，第 38 ~ 39 页。

合理，法院在程序中的职权不断限缩，当事人的程序主体权内容日趋完善并得到应有尊重，在保障当事人诉讼基本权的同时，也积极倡导法官的程序扶助作用。"① 民事司法改革的成果有目共睹，但其与民众的期待仍然存在一定差距。民众呼吁改革的呼声也一直方兴未艾。有学者曾尖锐地指出，"改革的着眼点太窄，还是沿袭'头痛医头，脚痛医脚'的做法，没有进行全面的研究和论证"②。当事人程序主体权可以为研究我国《民事诉讼法》及《宪法》是否充分保障当事人各项诉讼权利提供一个有力的分析工具。

（二）当事人程序主体权的内涵

厘清当事人程序主体权的内涵和外延可以避免因概念边界模糊而造成学术讨论上的隔阂，即因概念内涵理解上的视角局限及价值偏差而造成各自讨论上的"自言其说"，进而无法形成就同一问题共同讨论交流的基础。邱联恭教授指出程序主体权即程序上的基本人权，其有时也将"程序主体权"直接视为"程序主体地位"③，有时还将程序主体权等同为"听审请求权"④。在提出程序主体权这一概念之前，邱联恭教授还用"当事者权"概括当事人的主体地位，即"当事者权即身为程序主体所享有之诉讼权利"。⑤所谓"当事者权"是指当事人身为民事程序上的主体所可以享有的权利，其目的是确保参与民事程序者之攻击防御地位，亦有称之为"程序上基本人权"者，其范围、内容相当广，而且随时代、社会之不同可能发生变化。⑥

---

① 唐力：《司法公正实现之程序机制——以当事人诉讼权保障为侧重》，《现代法学》2015年第4期。

② 齐树洁主编《英国民事司法改革》，北京大学出版社，2004，第27页。

③ 邱联恭：《程序选择权之法理——着重于阐述其理论基础并准以展望新世纪之民事程序法学（之一）》，载民事诉讼法研究基金会编《民事诉讼法之研讨》（四），台湾三民书局，1993，第576页。

④ 邱联恭：《司法之现代化与程序法》，台湾三民书局，1992，第142页。

⑤ 民事诉讼法研究基金会编《民事诉讼法之研讨》（二），台湾三民书局，1987，第34页（邱联恭教授的发言）。

⑥ 邱联恭：《诉讼法理与非讼法理之交错适用——从民事事件之非讼化审理及诉讼化审理论程序保障之机能》，载民事诉讼法研究基金会编《民事诉讼法之研讨》》（二），台湾三民书局，1987，第440页。

邱联恭教授提出"当事者权"概念的时候还将其与日本学者山木户克己教授提出的"当事人权"概念进行了区分。也有日本学者指出,"所谓民事诉讼中的当事人权亦即诉讼当事人接受裁判时作为程序的主体应当享有的所有程序权利的总称"。①

在日本,宪法下的裁判程序必须承认双方当事人为程序主体,承认相应的程序上的权利。从"程序上的权利"的意义出发,这些权利可笼统地称为"程序权"。②两者相较,邱联恭教授的"当事者权"概念已经延伸到对非诉讼程序中的相关利害关系人的程序保障。不过,邱教授还指出诉讼程序与非诉讼程序中当事人之程序权保障存在一定差异性。也有学者从程序权保障角度将程序主体权直接等同于程序权。③我国大陆学者在吸收日本及我国台湾地区学者有关程序主体权理论的基础上也从程序主体性原则④及程序主体权的内涵及理论基础⑤方面对当事人之程序主体地位作出了有力的阐释。程序主体性原则要求程序制定构思、设计及运作应当符合程序关系人的主体意愿,应当赋予程序主体一定的程序参与权及程序选择权。⑥本文主张当事人程序主体权就是程序上的基本人权,也就是宪法意义上的"程序基本权",它主要包括:辩论权、陈述权、认识权(信息权)、证明权、程序处分权、程序选择权、程序平等权及声明不服权。⑦实际上,"切实保障当事人的知情权、辩论权和依法接受公正审判的权利"

---

① 佐上善和:《当事人权概念的效用》,载《日本民事诉讼法的争点》,有斐阁,1978,转引自段文波《程序保障第三波的理论解析与制度安排》,《法制与社会发展》2015年第2期。
② 山木户克己:《诉讼中的当事人权》,载《民事诉讼理论的基础研究》,有斐阁,1961,第59页,转引自〔日〕竹下守夫《日本民事诉讼法的修订经过与法制审议会的作用》,《清华法学》2009年第3期。
③ 许士宦:《新民事诉讼法》,北京大学出版社,2013,第33页。
④ 唐力:《当事人程序主体性原则——兼论"以当事人为本"之诉讼构造法理》,《现代法学》2003年第5期。
⑤ 廖中洪、林楚泉:《关于当事人程序主体权的理论探析》,《西南政法大学学报》2002年第1期。
⑥ 江伟:《市场经济与民事诉讼法学的使命》,《现代法学》1996年第3期。
⑦ 也有学者将当事人基本程序权的内容概括为获得正当程序诉讼权和诉讼处分权。具体内容参见邵明、曹文华《论民事诉讼当事人程序基本权》,《中国人民大学学报》2017年第5期。

已成为构建当事人主导型诉讼模式不可逾越的"红线"。①

辩论权、陈述权、认识权及证明权基本上都可以归为宪法意义上的听审请求权。因此，我们也可以理解为什么邱联恭教授曾将（最狭义上）程序主体权直接等同于听审请求权（合法听审权）。从主体间性角度来看，法院审酌义务及突袭性裁判禁止义务也都属于听审请求权的内容。一般而言，与当事人程序主体地位保障相关的内容都可以称为当事人程序主体权，它属于广义上的程序主体权，既包括起诉前之保障又包括起诉后之保障。其中，起诉前之保障主要体现为当事人程序参与权之保障，例如：立案程序、诉讼救济、法律扶助、律师代理、小额诉讼程序、选定当事人、团体诉讼等制度。起诉后之保障则主要体现在辩论权、程序处分权及程序选择权、程序平等权等内容上。这些内容也可以概括称为诉讼权。② 狭义上程序主体权基本上是指起诉后程序之保障的内容。最狭义上的程序主体权则将以程序处分权及程序选择权为核心内容的适时审判请求权③以及程序平等权等程序基本权排除在外。最广义上的程序主体权甚至还包括法官依法独立审判等组织保障内容。④ 最广义上的程序主体权等同广义上的诉讼权，也可称为程序权。概言之，就程序保障的范围而言，当事人程序主体权可以分为最广义、广义、狭义及最狭义四个层次。本文主要讨论当事人主导诉讼模式之辩论主义及处分主义内容的权利属性，因此本文当事人程序主体权采狭义上的内涵。

就程序主体权保障而言，它的基本论旨为：基于人民主权原理、法治国家原理及尊重人的尊严原则，并依宪法保障诉讼权、平等权、生存权、财产权、自由权等基本权之旨趣，任何人均应受到尊重其人格；对于关涉其权益、地位之审判，均应受尊重为程序之主体，享有程序主体权，并应

---

① 任重：《论中国民事诉讼的理论共识》，《当代法学》2016 年第 3 期。

② 沈冠伶教授将"程序基本权"又称为"诉讼权"。沈冠伶：《诉讼权保障与裁判外纷争处理》，北京大学出版社，2008，第 6 页。

③ 它主要是促使当事人能够平衡追求实体利益与程序利益，而避免系争实体利益或系争外财产权、自由权等被程序上劳费的额外付出所消耗或限制。具体内容参见邱联恭《民事诉讼法学之回顾与展望》，《程序选择权论》，台湾三民书局，2000，第 272 页；韩红俊《论适时审判请求权》，《法律科学》2011 年第 5 期。

④ 沈冠伶：《诉讼权保障与裁判外纷争处理》，北京大学出版社，2008，第 4 页。

被赋予参与该审判程序为充分攻击预防，陈述事实上、法律上意见或辩论等机会，借以影响裁判内容之形成，而避免受对方所突袭及防止发生来自法院之突袭性裁判，不至在该程序上处于受支配之客体。① 当事人程序主体权属于一种复合性权利，"它范围非常广泛，包含了当事人监视职权程序进行、接受公正裁判的诸权利、准备辩论期日出庭进行辩论、期日指定申请权、阅览诉讼记录的权利、支配民事诉讼的辩论主义与处分权主义包含的各种权利及权能、对裁判表示不服的权利等等"。② 虽然听审请求权、适时审判请求权、程序平等请求权、权利有效保护请求权以及公正程序请求权之间有重叠的部分，但是它们之间不是并列的关系，而是实现程序保障有机结合的关系。一般而言，权利有效保护请求权、公正审判请求权及正当法律请求权都不会直接被援引，它们属于"兜底性"程序主体权。

五 结语

当事人程序主体权是当事人的程序基本权。作为分析工具，它既根植于听审请求权、适时审判请求权、程序平等请求权、权利有效保护请求权以及公正程序请求权等宪法性权利之中，也耦合于辩论权、陈述权、证明权、法院审酌义务、突袭性裁判禁止义务、程序选择权、程序处分权、程序平等权、声明不服权等诉讼法权利之中。声明不服权本身也是当事人程序主体权的一项重要内容，它属于防御性程序主体权。毕竟，"没有救济就没有权利"。当事人程序主体权是当事人程序主体地位的权利表达，而当事人程序主体地位之彰显正是当事人主导主义诉讼模式的核心要义。当事人程序主体性之实现不仅包括概念上的主体性和自觉、自决、自主上的主体性，而且包括与其他程序主体（法院、检察院等）相互承认、尊重关系之中的主体间性。当事人主体间性要求其他主体对当事人主体性权利给予充分的尊重和保障。法院审酌义务、突袭性裁判禁止义务及释明义务等

① 邱联恭：《程序保障论之新展开》，《程序选择权论》，台湾三民书局，2000，第5页。
② 段文波：《程序保障第三波的理论解析与制度安排》，《法制与社会发展》2015年第2期。

自我约束性内容正是其尊重和保障当事人主体性权利的核心，当事人诚实信用义务等自我约束性内容则是当事人程序主体权充分实现的前提。当事人程序主体权与法院审判权之间的紧张关系正是在相互承认与尊重之中得到消解的。

Abstract：The procedural subjectivity rights of parties are the expression of rights as the subject of procedure, which is the core of the litigant litigation model. The manifestation of the procedural subjectivity of parties includes not only the formal subjectivity at the conceptual level, but also the substantive subjectivity with the self-consciousness, self-determination and autonomy, and it also consists of the inter-subjectivity emerging in the relationship with other procedural subjects through the mutual recognition and respect. The inter-subjectivity of parties requires that other parties should keep full respect and protection to the procedural subjectivity of parties. The self-discipline content of court such as review obligations, arrogant referee prohibition obligations, and interpretation obligations are the core of respecting and safeguarding the procedural subjectivity of parties. The honesty obligations of parties and other self-restraining content are the preconditions for the full realization of procedural subjectivity of parties.

Keywords：Litigant Litigation Model; Procedural Subjectivity Rights; Subjectivity; Inter-subjectivity

论"以审判为中心"背景下的刑事指控体系的完善

秦　勇　薛乃忠[*]

摘　要：形塑后的"以审判为中心"的诉讼格局大致会在以下方面发生一些变化：诉讼构造由线型结构向三角结构转变；侦查中心主义的修正；庭审实质化。"以审判为中心"目标的确立对审判、控诉和程序三个层面都带来了较大的挑战。就控诉面向而言，刑事指控工作面临传统指控优势减弱和诉讼业务质量要求提高的挑战。为应对挑战，刑事指控机关应从以下几个方面着手进行变革：应强化面向审判、服务审判的意识；应建立完美的证据体系；创新证据获取与补充系统；进一步完善审查起诉的听证程序；要更加关注量刑证据和量刑规范。刑事指控体系的构建还可以从恢复预审制度、完善人民监督员制度等方面着手进行考量。此外，要真正实现罚当其罪，刑事指控体系的改革和完善只是其中的一维。另外两维——审判与程序必须一同改革才能与指控形成三维互补和互动，才能真正地实现司法正义以及让人民感受到司法正义。

关键词：以审判为中心；刑事指控；非法证据；侦查中心主义

当前，"以审判为中心"已经成为司法改革中的热词。学术界与实务界对此术语以及相关制度的讨论已经达到了非常热烈的程度。对"以审判为中心"或曰审判中心主义早就存在零星讨论①，但一直未成为热门话

---

[*]　秦勇，中国石油大学（华东）法学系教授，法学博士，山东大学法学流动站博士后；薛乃忠，山东省东营市垦利区人民检察院副检察长。本文为中央高校基本科研业务费专项资金项目"我国义务教育均等化的法治保障研究"（15CX04011B）的阶段性成果。

①　在本文中，"以审判为中心"和"审判中心主义"含义相同。

题。近些年来,最高人民法院虽一直推动"以审判为中心"的诉讼结构调整,但"以审判为中心"这一话题的大热更多的是由于十八届四中全会审议通过的《中共中央关于全面推进依法治国若干重大问题的决定》(以下简称《决定》)。《决定》指出:"推进以审判为中心的诉讼制度改革,确保侦查、审查起诉的案件事实证据经得起法律的检验。全面贯彻证据裁判规则,严格依法收集、固定、保存、审查、运用证据,完善证人、鉴定人出庭制度,保证庭审在查明事实、认定证据、保护诉权、公正裁判中发挥决定性作用。"由此,"以审判为中心"成为一个大热话题。

一 审判中心主义的实质内涵

首先,需要明确的是,"以审判为中心"只有在刑事公诉领域内讨论才是有实质意义的。在民事诉讼和行政诉讼领域,"以审判为中心"不言自明。在上述两个领域中,原告提起诉讼,经法院立案后,则可以直接进入庭审阶段。在庭审中,法院作为中立方,听取原告、被告之间的起诉和答辩意见,最后做出裁决。在此过程中,审判显然是中心。所以,在民事诉讼和行政诉讼领域,"以审判为中心"不须强调也无须论证。但在刑事公诉领域,一般认为,存在侦查、审查起诉、审判三个阶段或三个环节。在这些环节中,哪一个环节为中心需要斟酌和论证。"以审判为中心",顾名思义,在这三个环节中,审判是中心。但这种粗浅的表面化的认识显然与我们真正理解审判中心主义的实质内涵有相当大的距离。

通过不完全的检索,在学术界较早提出审判中心主义且有一定影响的学者是孙长永,在其发表于《现代法学》1999 年第 4 期的论文《审判中心主义及其对刑事程序的影响》中,他认为:审判中心主义指审判(尤其是第一审法庭审判)是决定国家对于特定的个人有无刑罚权以及刑罚权范围的最重要阶段,未经审判,任何人不得被认为是罪犯,更不得被迫承受罪犯的待遇。具体来说,审判中心主义有两层含义。一是在整个刑事程序中,审判程序是中心,只有在审判阶段才能最终决定特定被告人的刑事责任问题,侦查、起诉、预审等程序中主管机关对于犯罪嫌疑人罪责的认定仅具有程序内的意义，对外不产生有罪的法律效果。二是在全部审判程序当中，第一审法庭审判是中心，其他审判程序都是以第一审程序为基础和前提的，既不能代替第一审程序，也不能完全重复第一审的工作。[①] 陈光中教授认为，"以审判为中心"的内涵主要有两个方面。首先，是指审判在公诉案件刑事诉讼程序中居于中心地位。侦查、起诉毕竟都是为审判做准备的诉讼活动。而执行则是对法院审判结果——判决的兑现。可见侦查、起诉和执行都是围绕着审判中心而展开的。其次，是指在审判中，庭审（开庭审理）成为决定性环节。[②] 龙宗智教授认为，"以审判为中心"的基本含义是：侦查、起诉活动应当面向审判、服从审判要求，同时发挥审判在认定事实、适用法律上的决定性作用。[③] 我们认为：审判中心主义是指在公诉案件刑事诉讼程序中，审判居于中心地位；侦查、起诉活动应当面向审判、服从审判要求。

二　"以审判为中心"可能带来的变革

审判中心主义的提出不仅仅是一个口号，而是一个最高层发出的关于司法改革的一个信号。在刑事公诉领域，下一阶段司法改革的任务就是要采取措施，真正落实"以审判为中心"，形成一种崭新的诉讼格局。形塑后的"以审判为中心"的诉讼格局大致会在以下方面发生一些变化。

（一）"以审判为中心"要求诉讼构造由线型结构向三角结构转变

受苏联刑事诉讼理论及实践的影响，我国的刑事诉讼是由侦查、起诉、审判等阶段组成的一个惩罚犯罪的过程。侦查、起诉、审判三个阶段由公安、检察院和法院分别实施，从而形成了公、检、法三机关分工负

---

① 孙长永：《审判中心主义及其对刑事程序的影响》，《现代法学》1999 年第 4 期。
② 陈光中：《推进"以审判为中心"改革的几个问题》，《人民法院报》2015 年 1 月 21 日，第 5 版。
③ 龙宗智：《"以审判为中心"的改革及其限度》，《中外法学》2015 年第 4 期。

责、互相配合、互相制约的"线型结构"。在这种线型结构下,公、检、法机关各管一段,实现了所谓的程序自控。公、检、法之间是职权分工与配合制约的关系,不存在隶属关系,也没有高下之分。也正因如此,我国当前的诉讼构造被学界形象地比喻为"公安机关做饭、检察机关端饭、法院吃饭";也有学者将此比喻为生产流水线上的三道工序,侦查、起诉、审判都是独立的一道工序,而审判作为最后一道工序,"很大程度上仅是对上游工序的检验或复核"。① 线型结构的诉讼构造加之受以打击犯罪和维稳为压倒一切的任务的刑事司法理念的影响,公安机关在搜集证据、调查事实、证明犯罪方面的权力极大,从而形成了以侦查为中心的状况。线型结构可以说是建立"以审判为中心"诉讼制度的最大制度障碍。②

"以审判为中心"将刑事诉讼程序区别为审前程序和审判程序,侦查和起诉都属于审前程序,是为审判做准备的程序。换言之,"以审判为中心"摒弃了以诉讼阶段论为基础的线型结构,而代之以原告、被告为互为对抗的诉讼两造,法官作为中立方居中裁判的三角结构。在此三角结构中,对抗和判定是诉讼的基本法则。具体来说,三角结构的主体分别是检察院、被告和法院。所有的证明犯罪的证据都要在法庭中出示、质证,法官通过亲历庭审的全过程做出有罪、无罪、罪轻、罪重的判决。"以审判为中心"要求侦查、起诉都应该面向审判,服从审判的要求。在民主法治国家的刑事诉讼中,控审分离、控辩对抗、法庭中立裁判的三角形构造是诉讼程序的典型样态。正是这种最科学、最合理的三角形诉讼构造使得审判在刑事司法中处于确认控辩争议事实并做出案件裁决的中心地位。③ 诉讼构造不同的外在表现是刑事诉讼法典的结构有着较大区别。德国、日本等大陆法系国家刑事诉讼法典的结构是围绕审判程序建构的,有着明显的审判中心主义的特征。例如《德国刑事诉讼法典》共 7 编,分 31 章共474 条。法典结构为总则(包含管辖、回避、判决、证据等)、第一审程序(含公诉等)、上诉审程序、再审程序、被害人参与诉讼、特别程序

---

① 何家弘:《从庭审虚化走向审判中心》,《法制日报》2014 年 11 月 5 日,第 10 版。

② 龙宗智:《"以审判为中心"的改革及其限度》,《中外法学》2015 年第 4 期。

③ 陈光中、步洋洋:《审判中心与相关诉讼制度改革初探》,《政法论坛》2015 年第 3 期。

（刑罚令程序、保安处分程序、没收与财产扣押程序等）、刑罚执行和诉讼费用。刑事诉讼法总则之后直接进入第一审程序，侦查、起诉等内容包含在这一程序中而没有单列出来与第一审程序并列。① 这与我国的刑事诉讼法典有着较大区别。我国的刑事诉讼法典的构造显然是以诉讼阶段论为特征的线型结构：首先规定刑事诉讼法总则；之后按照诉讼流程，规定了立案、侦查、起诉、审判（第一审、第二审、死刑复核程序、审判监督程序）、执行和特殊程序等。侦查、起诉、审判三个阶段并列，而不是像德国那样将侦查、起诉等内容包含在审判这一程序中。需要注意的是，这种线型诉讼结构向三角诉讼结构的转变并非一蹴而就。线型结构设计的主要目的是层层质检，即检察院对侦查机关的质检，以防止侦查机关随意启动对一个人的刑事程序；法院对检察院的质检，以确定犯罪嫌疑人受惩罚的力度；第二审对第一审质检，以纠正第一审可能的错误。在一定程度上，线型结构起到了惩罚犯罪和保障人权的作用。但是，线型结构导致了最容易体现司法公正的审判程序的虚化，从而使得正义的实现有时不完全是通过人们看得见的方式实现。但是，对线型诉讼结构的改变存在一些制约条件或曰阻力，而这些都需要时间来消除。

（二）"以审判为中心"要求修正侦查中心主义

与审判中心主义相对应，在我国刑事诉讼领域存在另外一种"主义"——侦查中心主义。侦查中心主义是"学者对我国刑事诉讼现状的一种理论描述"②，当然也是对我国刑事诉讼领域现实状况的高度概括。

所谓侦查中心主义指的是，在我国刑事司法体制及实践中，侦查阶段实际上构成刑事诉讼的重心，对案件全面的、实质性的调查是通过侦查阶段完成的，案件的最终结论实际上在此阶段基本定调，审判活动在很大程度上仅仅是对先前侦查活动的认可。侦查中心主义产生的根本原因是侦查终结标准、起诉标准和定罪标准一样高。根据我国传统的刑事诉讼各阶段

① 张建伟：《审判中心主义的实质内涵与实现途径》，《中外法学》2015年第4期。
② 顾永忠：《庭审中心主义之我见》，《人民法院报》2014年5月16日，第5版。

的职能划分，侦查阶段的主要任务是调查和搜集证据，以证明犯罪。侦查中心主义模式下的侦查机关在制度上是独立的，它所拥有的超强的决定权、自主权不仅使得审判机关的制约无法实现，即使检察机关固有的检察监督的作用也难以发挥。侦查权的一权独大以及几乎不受制约的状况导致非法证据排除制度在侦查阶段、审查起诉阶段甚至是最后的审判阶段都无法真正实现，冤假错案产生的根源大多与此有关。

侦查中心主义模式运作的结果可能导致以下一些问题。一是人权保障状况恶化，如佘祥林案、念斌案等冤假错案以及案件中的刑讯逼供现象屡现报端。二是司法权威难以确立。在侦查中心主义模式下，刑事审判或者说庭审的虚化成为必然，多数公众对于刑事审判的印象是"走过场"，"审判秀"。正如德国的舒乃曼教授所描绘的那样："侦查程序成为刑事诉讼的核心和顶点阶段"；"公开审理早已不是刑事程序真正的判断中枢了，它无非指望花了费用走个过场，对侦查程序中产生的结果再加渲染而已"。① 司法应当具有超越行政的独立性，按照其自身的逻辑运行，而不是盲目地配合控诉机关打击犯罪。司法机关应独立地行使自己的审判职责而不能成为侦查机关的"橡皮图章"。否则，司法权威何以确立？司法公信力如何树立？

侦查中心主义模式下，刑事庭审程序几乎完全虚化，与之对应，我国无罪判决率极低，到了几乎可以忽略不计的程度。与我国情形形成对比的是，许多国家的侦查终结和审查起诉无明确界限。提起诉讼的证明要求通常是有"合理的根据"（probable cause）即可，即定罪的可能性在50%以上便可以终止侦查并提起诉讼。因此，法庭审判成为对案件进行全面、实质调查的场合，无罪判决率甚至可以高达30%左右。②

审判中心主义强调法庭不能简单地接受侦查、起诉机关所移送来的证据材料及其做出的结论，而是用更加民主、公正的程序对审前阶段所取得的成果做出独立的审查和自己的判断，从而有效防止审前程序权力的滥

---

① 〔德〕勃朗特·舒乃曼：《警察机关在现代刑事程序中的地位》，《研究生法学》2000 年第 2 期。

② 张建伟：《审判中心主义的实质内涵与实现途径》，《中外法学》2015 年第 4 期。

用，使审判真正成为维护社会公平正义的最后一道防线。①

（三）以审判为中心要求庭审实质化

前已述及，当前侦查中心主义的现实状况导致审判难以成为"中心"，庭审几乎成为一场审判秀。换句话说，在刑事诉讼领域，庭审虚化情况严重。欲实现"以审判为中心"，首先必须使法庭审判成为审判活动的中心和重心，即要求庭审实质化，这是审判中心主义的题中应有之意。

庭审实质化是审判中心主义的逻辑推演。法庭审判是实现公平正义的最佳形态。所有的证据都要求在法庭上出示、质证，所有的事实都通过法庭审查采信的证据予以证实，所有的公诉和辩护意见都在法庭上公开、辩论。经过法官出席法庭、亲自审理，最终形成法官心证以及最终判决。只有这样的庭审才能保证诉讼的公开性，防止"暗箱操作"，才是真正的、实质化的庭审。

庭审实质化要求摒弃案卷笔录中心主义。我国刑事诉讼庭审的基本状况是：法官在审判案件时，不重视庭审环节而是更重视庭前或庭后的阅卷环节。法官通常通过查阅侦查机关收集的载之于案卷的证据来判决案件。在审判时，证人的出庭率很低，举证、验证、质证、认证难以在法庭展开。这种案卷笔录中心主义的明显弊端是案卷上所记载的一些非法证据、虚假证据难以通过庭审发现，有的案件甚至未经法庭审理，全凭案卷材料就在内部决定定什么性、判多少刑。这种诉讼方式影响了案件质量甚至产生冤假错案。这种实际存在的诉讼制度不利于发挥庭审在审查事实、认定证据、确定案件性质和应处刑罚中的决定性作用，不利于保障诉讼参与人特别是被告人人权，不利于保证案件质量、实现司法公正。②

庭审实质化要求贯彻直接言词证据规则。证人不出庭，以侦查机关取得的难以验证其真实性的书面证言代替证人出庭作证，是我国刑事诉讼最为突出的弊端之一。③ 我国 2012 年的《刑事诉讼法》修改意图强化证人

---

① 陈光中、步洋洋：《审判中心与相关诉讼制度改革初探》，《政法论坛》2015 年第 3 期。
② 朱孝清：《略论"以审判为中心"》，《人民检察》2015 年第 1 期。
③ 龙宗智：《"以审判为中心"的改革及其限度》，《中外法学》2015 年第 4 期。

出庭，如该法第 60 条第 1 款规定，"凡是知道案件情况的人，都有作证的
义务"；第 188 条第 1 款规定，"经人民法院通知，证人没有正当理由不出
庭作证的，人民法院可以强制其到庭"。但是，《刑事诉讼法》第 187 条
第 1 款又把证人应当出庭作证的情况，限定为"公诉人、当事人或者辩护
人、诉讼代理人对证人证言有异议，且该证人证言对案件定罪量刑有重大
影响，人民法院认为证人有必要出庭作证的"。由此，证人是否应当出庭
作证在很大程度上取决于法院对出庭必要性的判断。十八届四中全会决定
指出"完善证人、鉴定人出庭制度"。但是，有学者通过对 2012 年《刑事
诉讼法》实施后证人出庭的实践状况调研，发现证人出庭率极低情况并未
明显改善。① 为此，第六次全国刑事审判工作会议文件提出："审判案件
以庭审为中心，事实证据调查在法庭，定罪量刑辩论在法庭，裁判结果形
成于法庭，全面落实直接言词原则，严格执行非法证据排除制度。"对落
实直接言词原则提出明确要求。根据一般的刑事证据理论，证人不出庭只
宣读侦查机关调取的证人的书面证言，则因书面证言未经质证，其真实
性、合法性存疑。即使书面证言是真实合法的，因为剥夺了被告对于证人
的对质权，这种证言也不应作为定案的依据。换句话说，《刑事诉讼法》
应明确规定：应出庭的证人不出庭，其书面证言不能作为定案的根据。从
而确立我国刑事诉讼的"直接言词证据规则"或"传闻证据排除规则"。

三 "以审判为中心"背景下刑事 指控工作面临的挑战

"以审判为中心"目标的确立已经和必将带来刑事司法领域或大或小
的调整。无论控诉面向、审判面向、程序面向都将面临一些机遇和挑战。
限于所论主题，我们只就控诉面向即刑事指控工作面临的挑战做一些预
估。按照"以审判为中心"诉讼制度改革的要求，刑事审判基本程序包括

---

① 叶扬：《审判中心主义视阈下证人出庭作证制度研究》，《南昌大学学报》（人文社会科学
版）2017 年第 2 期。

两个方面：审前准备程序和审判程序。在此需要说明的是，刑事指控工作包括整个审前准备程序。具体来说，包括传统诉讼阶段论的侦查阶段和审查起诉阶段；涉及两个主体——侦查机关和检察机关。换言之，刑事指控工作面临的挑战主要是侦查机关和检察机关在工作时面临的挑战。

（一）传统指控优势减弱

前已述及，"以审判为中心"的诉讼制度改革要求庭审必须实质化，或者说，卷宗笔录主义将逐渐被摒弃。当然，也有学者建议，在我国实行所谓"起诉状一本主义"。起诉状一本主义要求检察机关在向法院起诉时只移送一份起诉书，不得移送证据材料，也不允许在起诉书中描述这些证据情况。起诉状一本主义让法官头脑像一张白纸一样展开审判活动，通过庭审建立对案件的心证，并本着自己的心证做出判决。[①] 这些变化对于检察机关而言会带来一些挑战：在"以审判为中心"的刑事诉讼制度改革前，检察机关通常只需要在法庭上宣读起诉状以及宣读证人证言，而不必太在意辩护人的意见甚至法官主导的庭审。因为所有的证据已经提交法院，且所有的证据在刑事指控机关看来都是"证据确实、充分"，都可以有效地证明犯罪。在"以审判为中心"的刑事诉讼制度改革后，虽然未必会立即实行所谓的"起诉状一本主义"，但是，在不久的将来，可以肯定的是要求所有的证据都要在法庭上进行示证、质证；所有的证人一般情况下要出庭接受对质，未经质证、对质的证据不予采信或可采性要大打折扣。在这种情况下，检察机关在进行刑事指控时的优势地位明显减弱。

同时，由于审判中心主义要求诉讼总体结构由线型结构向三角结构转变，公、检、法三机关的关系会发生一些变化，这种变化也会削弱刑事指控机关的优势地位。我国《宪法》和《刑事诉讼法》规定，公安机关、检察院、法院之间是分工负责、相互配合、相互制约的关系。根据这一规定，为有效打击犯罪，公安机关、检察院、法院既有分工更有配合。对于公安机关侦查完成和检察院移送起诉的案件，法院很少做出无罪判决。法

---

① 张建伟：《审判中心主义的实质与表象》，《人民法院报》2014 年 6 月 20 日，第 5 版。

院的庭审更多的是"走过场"。此种局面长此以往，检察院的自信以及优越感油然而生。但是，在审判中心主义的背景下，法院不再会更多地"配合"公安机关和检察机关，不再会选边站在刑事指控机关一方打击犯罪。因为，根据刑事诉讼法理，刑事司法的任务除了惩罚犯罪还有保障人权，最终的目的是实现司法公正。按照三角形的诉讼结构要求，法院的地位是作为中间人居中裁判。随着另外一方——辩护律师权利的全面扩张，辩护证据的更受重视，庭审对抗中控辩双方地位的更为平等、力量的更为平衡，刑事指控机关不可能再像过去一样享有绝对的主动权。

(二) 诉讼业务质量要求提高

在"以审判为中心"的背景下，庭审实质化的趋势不可避免。因此，庭审过程的对抗性以及庭审结果的不可控性将大大增强，公诉机关出庭支持公诉的工作难度增加。"以审判为中心"的诉讼制度改革之前的庭审只是"走过场"的状况肯定会改变，这对公诉机关提出了更高的要求。首先，在"以审判为中心"的诉讼制度改革背景下，公诉人的公诉工作将非常关键。案件裁判结果的走向很大程度上将取决于公诉人出庭的能力和水平。法庭作为中立方，将对控辩双方的举证、质证、法庭辩论进行评判，以最终形成法官对案件的判断。公诉人举证、质证以及法庭辩论等任何一个环节不力都将可能导致指控得不到法庭采纳。其次，证据裁判原则的核心问题是证据能力问题，非法证据排除将成为法庭辩论的常态性问题，公诉人必须在庭审中承担证明证据合法性的责任。[①] 因此，必须尽快破解当前适用非法证据排除制度的难题，确保进入审判阶段的证据具备证据资格，并形成完整严密的证明体系。再次，庭审实质化要求贯彻直接言词原则。在审判中心主义背景下，证人、被害人出庭的概率将大大提升甚至成为必须，公诉人以往宣读笔录的举证方式将被庭审中询（讯）问、交叉询（讯）问常态化的举证方式所替代，"笔录可采性的天然推定功能"将不再具备。最后，人权保障的要求提高。这与审判中心主义诉讼制度改革的

---

① 李勇：《审判中心主义背景下出庭公诉的对策研究》，《中国刑事法杂志》2016 年第 5 期。

倒逼机制有关。审判中心主义背景下，非法证据因缺乏合法性在庭审中被排除的概率大大提高。因此，刑事指控机关采取强制措施、行使侦查职能时必须注意对公民权利的尊重，坚持疑罪从无的司法理念，从源头上预防刑讯逼供和非法取证。

四 "以审判为中心"背景下刑事指控体系的改革与完善

刑事指控体系是一个以证据为基石，查明案件事实、认定行为性质、预判量刑幅度的复杂过程。在此过程中，需要将刑法与刑诉法、证据法等法律规范交错使用，目光不断往返顾盼于实体与程序、定罪与量刑、惩罚与再社会化等视域，寻求一种合理解决案件的路径。[①] 在我国，总体来说，现有的刑事指控体系的运行基本正常。在惩罚犯罪和保障人权方面，现有的刑事指控体系发挥了重要的作用。但是，"以审判为中心"的诉讼制度改革要求整个刑事指控体系要有所变化，要适应新形势下打击犯罪的新要求。《"十三五"时期检察工作发展规划纲要》中指出："十三五"时期检察机关将构建以证据为核心的刑事指控体系，建立健全与多层次诉讼体系相适应的公诉模式。这一发展规划纲要为我国刑事指控体系的构建提供了指引。在"以审判为中心"背景下，控方——侦查、公诉机关应当有效履行证明责任，使控诉证据达到法定标准，经得起法律检验，从而切实改善审判条件。为此，应从以下几个方面对刑事指控体系进行改革。

(一) 面向审判、服务审判：刑事指控机关应强化的意识

长期以来，受"分工负责、互相配合、互相制约"观念的影响，公、检、法三部门分别负责侦查、审查起诉、审判三个阶段。诉讼阶段论的理论和按照此理论运行的实践使得公、检、法三机关分工、配合有余，但制约不足，侦查活动和审查起诉活动面向审判、服务审判的意识不强。侦查

---

① 王东海：《审判中心格局下刑事指控体系的构建》，《江汉学术》2016 年第 4 期。

机关和公诉机关自管一段、程序自控、缺乏制约的长期实践导致了实质上的侦查中心主义局面的出现。侦查机关的侦查活动缺乏审判权的有效制约以及对口供的依赖,则导致了刑讯逼供的出现,甚而必然会有冤假错案的发生。在司法实践中,公诉机关面向审判、服务审判的意识也较为薄弱。有的检察官自视高人一等,不尊重和服从法庭的诉讼指挥,对庭审规则不严格遵守或者滥用庭审规则。同时,由于检察机关除了具有指控犯罪的职权之外,尚具有诉讼监督权,可以依法对审判活动和裁判结果实施双重监督。有的检察官则动辄以法律监督者自居,对于一些不规范的庭审活动,不分轻重缓急,一律当庭提出监督意见,影响法庭审理活动的正常进行。[①]如前所述,按照"以审判为中心"诉讼制度改革的要求,在基本的程序意识上,应当明确刑事诉讼的基本程序可分为两种,即审判程序和审前准备程序。侦查与审查起诉,是审前准备程序的两项主要内容。而以"审前准备程序"概括侦查与审查起诉程序并为其定性定位,面向审判,服务审判,服从审判的标准和要求即不言而喻。[②]

(二) 完善的刑事指控体系需要有完美的证据体系

前已述及,《"十三五"时期检察工作发展规划纲要》提出刑事指控体系的构建应以证据为核心。审判中心主义背景下刑事指控机关更应重视证据裁判规则。在证据方面,从根本上看,"以审判为中心"背景下的法庭审判主要就是对证据的审查。在审判中心主义的总体要求下,证据裁判原则和各项证据规则将得到更充分的贯彻与落实。因此,检察机关除了注重证据的证明力之外,还应当更加注重证据的合法性以及证据链条的完整性。关于刑事诉讼中的证据规则,刑事诉讼法以及最高人民检察院、最高人民法院的相关司法解释都做了规定。我国《刑事诉讼法》第 168 条规定,提起公诉的证据标准是"证据确实、充分"。《刑事诉讼法》第 53 条第 2 款对此做了解释:"证据确实、充分应当符合以下条件:(一)定罪

---

① 王树茂:《审判中心主义视野中的侦诉、诉辩、诉审关系重构——兼论审查起诉的职能定位》,《湘潭大学学报》(哲学社会科学版) 2016 年第 5 期。

② 龙宗智:《"以审判为中心"的改革及其限度》,《中外法学》2015 年第 4 期。

量刑的事实均有证据证明；（二）据以定案的证据均经法定程序查证属实；
（三）综合全案证据，对所认定事实已排除合理怀疑。"这一内容在《公
安机关办理刑事案件程序规定》《人民检察院刑事诉讼规则（试行）》中
也得到了体现。第一项是证据裁判原则的体现，第二项是对程序合法性和
单个证据客观性的要求，第三项则是衡量案件事实清楚及证据确实、充分
的准则。

"以审判为中心"，要求侦查机关、公诉机关有效承担证明责任，使证
据事实能够经得起法律检验。首先，要保证证据的确实性即证据客观性。
从客观性证据到主观性证据的证据审查模式，需要公诉人做到："从重口
供轻客观性证据、重实体结论性判断轻程序合法性审查，向客观性证据审
查为中心、突出证据合法性审查转变。"[1] 在侦查中心主义模式下，侦查
机关更多地依赖主观性较强的口供，更多地依靠人证。与此相反，在审判
中心主义模式下，应弱化口供在案件侦查中的作用。对案件事实的认定，
侦查机关以及检察机关应该首先审查物证，书证，视听资料、电子数据，
勘验、检查笔录等这些客观性证据；再审查证人证言、被害人陈述；最后
审查判断犯罪嫌疑人、被告人供述和辩解。在司法实践中，由于"有罪推
定""口供至上"观念根深蒂固，侦查机关的侦查活动往往还是在"突
破"口供上下功夫。"突破"口供意味着案件侦破，然后再根据口供线索
查找证据，甚至有的侦查人员在获取了口供后则不再收集其他证据。这种
重口供证据轻客观证据的情形极有可能导致冤假错案。如呼格吉勒图故意
杀人、流氓案就是典型案例。众所周知，物证、书证、DNA 鉴定、指纹
鉴定等客观性证据，由于自身特点，对于认定案件事实具有客观、准确、
不易推翻的优势，应当成为侦查阶段收集、固定证据的主要着力点。因
此，侦查人员有必要进一步增强客观证据意识，充分应用现代科技手段，
不断提高收集和固定客观性证据的水平。[2]

其次，要保证定案证据的合法性。为有效打击犯罪，侦查机关和检察

① 黄生林：《以证据为核心着力推进公诉工作转型发展》，《检察日报》2015 年 8 月 12 日，
第 3 版。
② 沈德咏：《论以审判为中心的诉讼制度改革》，《中国法学》2015 年第 3 期。

机关会通过各种手段收集、固定各种证据以证明犯罪嫌疑人的犯罪行为。在侦查取证时，侦控机关必须注意取证要合法、规范，不得侵害公民的人身权利和财产权利。取证程序的合法、规范是程序公正的必然要求。程序公正不仅是实体公正的前提和保障，而且有其自身的独立价值和意义。取证程序不规范甚至刑讯逼供不但影响了程序公正，在实体上也可能导致不公正甚至会出现一些冤假错案，其中典型的案例是张辉、张高平强奸案。

同时，检察机关在办理案件时，特别是起诉证明过程中要对侦查机关提供的证据进行鉴别、过滤、排除和补充，这对我国检控指证系统的构建尤为重要。首先应对侦查机关获得的证据予以鉴别，对于非法证据予以排除。在审判中心主义背景下，非法证据排除制度将真正贯彻实施，该制度也将成为"辩护律师对抗公诉人的有效武器"。因此，必须尽快破解当前检察机关适用非法证据排除制度的种种难题，确保进入审判阶段的证据具备证据资格，并形成完整严密的证明体系。

关于非法证据排除制度在我国的沿革，我们以表格的形式做了简要总结（见表1）。

表1 我国非法证据排除制度沿革

时间	发布机构	名称	主要内容	意义
1994	最高人民法院	《关于审理刑事案件程序的具体规定》	第45条 严禁以非法的方法收集证据。凡经查证确实属于采用刑讯逼供或者威胁、引诱、欺骗等非法的方法取得的证人证言、被害人陈述、被告人供述，不能作为证据使用	属于司法解释层面，法律位阶较低，属于法院内部的操作规范
1996	全国人民代表大会	《刑事诉讼法》	第43条 审判人员、检察人员、侦查人员必须依照法定程序，收集能够证实犯罪嫌疑人、被告人有罪或者无罪、犯罪情节轻重的各种证据。严禁刑讯逼供和以威胁、引诱、欺骗以及其他非法的方法收集证据	一种宣言式的谨慎立法尝试，在司法实践中并未真正予以践行
1998	最高人民法院	《关于执行〈中华人民共和国刑事诉讼法〉若干问题的解释》	第61条 严禁以非法的方法收集证据。凡经查证属实属于采用刑讯逼供或者威胁、引诱、欺骗等非法的方法取得的证人证言、被害人陈述、被告人供述，不能作为定案的根据	

续表

时间	发布机构	名称	主要内容	意义
2010	"两高三部"	《关于办理死刑案件审查判断证据若干问题的规定》	第12条　以暴力、威胁等非法手段取得的证人证言，不能作为定案的根据 第19条　采用刑讯逼供等非法手段取得的被告人供述，不能作为定案的根据	非法证据排除规则从抽象转变为现实，具有了操作层面的意义
2010	"两高三部"	《关于办理刑事案件排除非法证据若干问题的规定》	第1条　采用刑讯逼供等非法手段取得的犯罪嫌疑人、被告人供述和采用暴力、威胁等非法手段取得的证人证言、被害人陈述，属于非法言词证据 第2条　经依法确认的非法言词证据，应当予以排除，不能作为定案的根据 第3条　人民检察院在审查批准逮捕、审查起诉中，对于非法言词证据应当依法予以排除，不能作为批准逮捕、提起公诉的根据	
2012	全国人民代表大会	《刑事诉讼法》	第54条　采用刑讯逼供等非法方法收集的犯罪嫌疑人、被告人供述和采用暴力、威胁等非法方法收集的证人证言、被害人陈述，应当予以排除。在侦查、审查起诉、审判时发现有应当排除的证据的，应当依法予以排除，不得作为起诉意见、起诉决定和判决的依据	吸纳了两个证据规定的合理内容，赋予了人民检察院享有对非法证据的调查核实权以及证明指控犯罪证据具有合法性的证明责任，进一步完善了非法证据排除规则
2017	中央全面深化改革领导小组第34次会议审议通过	《关于办理刑事案件严格排除非法证据若干问题的规定》	规定分五个部分，共计42条，包括一般规定、侦查、审查逮捕和审查起诉、辩护和审判等内容，细化了非法证据的范围和认定标准，明确了刑事诉讼各个阶段排除非法证据的职责和程序	非法证据排除规则的集大成文件。有针对性、可操作性。有助于规范取证行为，转变办案方式，有效防范刑讯逼供等非法取证情形发生，积极助推"以审判为中心"的刑事诉讼制度改革

　　从现有的法律规定看，我国的非法证据排除制度似乎比较完善了，但深入分析，该制度还是存在一些问题。囿于本文的主题，我们就非法证据

排除制度在实践运行中的缺陷不做过多阐述。

非法证据排除制度的运行涉及侦查机关和检察机关,对此,我们认为刑事指控机关应注意以下一些问题。一是刑事指控机关应把"尊重和保障人权"这一宪法原则作为最高指引,预防一切形式的非法证据产生。从诉讼阶段论的角度看,侦查、审查起诉和审判阶段都可以适用非法证据排除制度。非法证据排除制度的主要目的是保障人权或曰人本主义。①侦控机关应深刻理解该制度设立的实质意义,在侦查阶段和审查起诉阶段,以保障人权为最高指引,杜绝一切形式的刑讯逼供和非法取证。特别应注意的是,指控机关应尽量将所有非法获得的证据在侦查和审查阶段彻底清除,不要让非法证据进入审判阶段。二是在审判中心主义背景下,法院对非法证据排除制度的适用将更加积极。加之相关配套制度的完善,非法证据排除制度的适用将出现常态化的趋势。除此之外,辩护方也可以在审判前和审判时申请启动排除非法证据。这两种启动模式的设定对于刑事指控机关而言都是严峻的挑战。刑事指控机关应该明确一点:一切通过非法手段获取的证据都应排除,换言之,不能作为证据来使用;而不能理解为采用非法手段获取的真实证据可以作为证据来使用。否则,就不能称之为"非法证据排除"而应称之为"非真实证据排除"了。三是《关于办理刑事案件严格排除非法证据若干问题的规定》对辩护方申请排除非法证据的证明机制做了规定:"犯罪嫌疑人、被告人及其辩护人申请排除非法证据,应当提供涉嫌非法取证的人员、时间、地点、方式、内容等相关线索或者材料。"该条规定对于辩护方的证明要求显然过高。在实践中,犯罪嫌疑人由于遭受刑讯逼供等原因可能对于非法取证的人员、时间、地点、方式、内容等相关线索或者材料已经无法记清,比如"熬夜审讯"等。如果让犯罪嫌疑人举证证明这些情事对犯罪嫌疑人并不公平。有学者对此也提出意见。所以,新的立法应对此加以修改:只要犯罪嫌疑人提出了非法取证并且以一个理性的人从表面上看值得相信,法院就应该启动非法证据排除调查。当然,举证没有非法取证的责任应由侦控机关负责。侦控机关不能够

---

① 樊崇义:《非法证据排除规则与人本主义》,《人民法院报》2017年8月16日。

证明的，法庭可以"确认存在以非法方法收集证据情形的"或者"不能排除以非法方法收集证据情形的"的法定事由，对有关证据予以排除。

一般来说，非法证据主要是指侦查机关以严重侵犯人权的非法方法收集的证据，而瑕疵证据则是侦查机关违反法定程序较为轻微或者违反了技术性操作规范所取得的证据。二者在效力上不同，证据一旦被认定为"非法"，即不具有证据能力，必须予以排除；而瑕疵证据更多属于效力待定的证据，可以通过补正或作出合理解释来弥补其证据能力的缺陷。① 为保证指控质量，对瑕疵证据的证据资格问题应予足够重视。证据的基本要素不可或缺，否则，证据的真实性就不能保证。对于侦控机关而言，必须严格判定证据是否欠缺基本要素。如果该证据欠缺基本要素，则该证据材料就不能作为证据进入诉讼，更不能作为定案依据。同时，应当对瑕疵证据的补正与合理解释的内涵进一步深化认识。证据非基本要素欠缺，即所谓"证据瑕疵"，通过补正或合理解释后可以作为证据使用。最高人民检察院《人民检察院刑事诉讼规则（试行）》第66条规定：收集物证、书证不符合法定程序，可能严重影响司法公正的，人民检察院应当及时要求侦查机关补正或者做出书面解释；不能补正或者无法做出合理解释的，对该证据应当予以排除。对侦查机关的补正或者解释，人民检察院应当予以审查。经侦查机关补正或者做出合理解释的，可以作为批准或者决定逮捕、提起公诉的依据。《关于办理刑事案件严格排除非法证据若干问题的规定》第7条做了基本相同的规定。同时，《人民检察院刑事诉讼规则（试行）》在同一条（第66条）又规定：本条第一款中的可能严重影响司法公正是指收集物证、书证不符合法定程序的行为明显违法或者情节严重，可能对司法机关办理案件的公正性造成严重损害；补正是指对取证程序上的非实质性瑕疵进行补救；合理解释是指对取证程序的瑕疵做出符合常理及逻辑的解释。这些司法解释较为清晰地界定了在实践操作中容易产生模糊认识从而导致无法落实的问题，在很大程度上统一了司法人员的认识和衡量标准。但是也有学者指出：从司法实践看，普遍容忍证据瑕疵，容易导致证

---

① 参见魏虹《证据法学》，中国政法大学出版社，2015。

据规范流于形式,不利于程序法的严格执行以及取证行为的规范化,而且在"补正"与"合理解释"过程中,容易产生"弄虚作假""强词夺理"等不当证据行为。因此,随着司法规范化的推进,应当进一步限制"补正"与"合理解释"。[①] 此外,该项规定对于侦查机关非法取证控制不够严格:侦查机关的取证行为已经是"可能严重影响司法公正的""不符合法定程序的行为明显违法或者情节严重"的情形仍然允许侦查机关补正或合理解释,显然不利于规范侦查机关的取证行为。因此,检察机关在适用这一规范时应严格条件,压缩侦查机关"补正"和"合理解释"的空间,使侦查机关合法取证成为一种习惯。

(三) 创新证据获取与补充系统

实践中,侦查机关提请起诉的案件在事实证据方面存在不足或瑕疵,需要退侦补正。在审判中心主义的诉讼格局下,不管是检察机关还是审判机关对证据的要求显然要比先前提高很多,检察机关要求侦查机关退侦补正的可能性会加大,这对侦查机关来说是个不小的挑战。从构建新的刑事指控体系出发,建立以起诉人为主的诉侦联合调查机制是最可行的办法。诉侦联合调查机制是指对于退侦补正的案件,由检察机关首先退回侦查,然后依据侦检双方提前会签的联合补查实施办法,由负责案件审查的检察人员及原侦查人员共同组成补充调查工作小组,开展补侦工作。在这一过程中,负责案件审查的起诉人员要根据其起诉、举证的思路,补充调查提纲,引导侦查人员开展补充调查工作。诉侦联合调查机制的最大优点是:以公诉人员为主开展调查工作,有利于严密贯彻其起诉、举证思路,并对达到"事实清楚,证据确实充分"起诉标准产生积极的促进作用。需要指出的是,这种新的补充调查工作机制需要双方单位提前制定联合补充调查实施办法,发布会签文件,并据此严格执行。[②]

---

① 龙宗智:《"以审判为中心"的改革及其限度》,《中外法学》2015年第4期。
② 参见李清伟《以审判为中心构建科学完善的刑事指控体系》,《以审判为中心与审判工作发展——第十一届国家高级检察官论坛论文集》,南宁,2015。

（四）进一步完善审查起诉的听证程序

所谓审查起诉听证，是指审查起诉环节，检察机关以召开听证会的方式，就案件中的争议事项，充分听取侦查人员、犯罪嫌疑人、被害人等各方意见的案件审查方式。近年来，随着检务公开的不断深化，各地检察机关相继开展了审查起诉听证机制的试点探索。各地检察院出台的《不起诉案件公开审查规则》大致做了如下要求：承办案件的公诉人员向与会人员详细通报案件审查后的事实及拟作不起诉处理的法律依据和理由；听取公安机关侦查该案负责人的意见；听取被害人及其代理人的意见；听取犯罪嫌疑人及其辩护人、法定代理人的意见；检委会委员就案件事实、证据等向相关人员提问；犯罪嫌疑人作最后陈述。同时，该制度一般还对不起诉案件的适用原则、适用范围、提起公开审查的方式以及公开审查听证时应遵守的规则和纪律等做出规定。此种听证程序不仅是对事实、证据的严格审查，同时也大大提高了审查起诉的透明性，使利益相关人真正地参与到决定程序当中，进而实现对其知情权、陈述权、辩护辩论权等权利的保障。此种听证程序有利于案件的公正处理，有利于审查起诉程序正当性的完善，有利于进一步深化检务公开。虽有一些优势，但当前审查起诉的听证程序仍存在一定缺陷。因此，应从以下几个方面进行完善。首先，应适当扩大适用案件范围。在案件种类上，应当打破听证程序仅适用于拟不起诉案件的限制，只要案件本身存在重大争议事项，需要通过当面听取侦查机关等各方意见的方式予以解决的案件，均可以进行审查起诉听证，如非法证据排除案件。其次，应当丰富审查起诉听证程序的启动方式。一般情况下，侦查机关、犯罪嫌疑人、被害人等对拟不起诉决定存在异议可以申请启动审查起诉听证程序。这种启动方式似乎符合一般司法中"不告不理"原则。但是，在刑事司法领域，侦控机关主动出击更是常态。因此，在启动方式上，可以增加检察机关主动启动模式，即检察机关根据案件实际需要可以自主决定启动审查起诉听证程序，确定听证会的召开时间和地点以后，通知侦查机关、犯罪嫌疑人、被害人等参加听证活动即可。这既迎合了检务公开的要求又符合司法效率原则。

（五） 刑事指控机关要更加关注量刑证据和量刑规范

实践中，公安、检察机关侦查、控诉犯罪时更多地考虑罪名为何，罪名成立之后具体如何量刑，刑事指控机关往往不太关注。因此，刑事指控机关在搜集证据时更多地收集影响定罪的证据而忽略影响量刑的证据，进而造成法院审判的量刑可能会不适当。法院虽可以进行调查，但因其非侦查机关，手段有限，且有时已过恰当的证据调取时间，影响对案件的定罪量刑。审判中心主义的诉讼格局要求侦查、控诉机关加强量刑证据收集，以保证法院量刑适当。同时，检察机关还应当注意学习掌握法院的量刑规范。法院近年来已经对量刑进行了规范化改革。通过改革，法官在量刑方面的自由裁量权受到了一定程度的约束，常见犯罪的量刑日益规范。但在检察院系统，有的检察官尚未对量刑规范足够重视。他们通常认为量刑规范由法院指定，那么量刑就是法院系统的事情，因此，检察官在量刑建议上与量刑规范不一致，甚至控方求刑低于量刑规范的最低要求，增加了法院量刑和教育被告人认罪服法的难度。在实现"以审判为中心"的诉讼制度改革和司法运行过程中，检察官求刑，应更加注意参照法院量刑规范，以保证和促进法院准确量刑。[①]

五　结语

"以审判为中心"的诉讼制度改革给现有的制度体系带来了冲击，现有的制度体系中相关主体不可避免地要着手进行应对。侦查和公诉机关作为审前程序的负责机关，必须面向审判着力提高刑事指控工作的质量。建立完善的刑事指控体系是保障刑事指控工作高质量的前提和基础。囿于篇幅，上文所述的几点建议仅仅是完善的刑事指控体系的主要部分。实际上，刑事指控体系的构建还可以从恢复预审制度、完善人民监督员制度等方面着手进行考量。此外，要真正实现罚当其罪，刑事指控体系的改革和

[①] 龙宗智：《"以审判为中心"的改革及其限度》，《中外法学》2015 年第 4 期。

完善只是其中的一维。另外两维——审判与程序必须一同改革才能与指控之间形成三维互补和互动，才能真正地实现司法正义以及让人民感受到司法正义。

Abstract: The shape of the trial-centered litigation pattern after the formation will generally change in the following aspects: the structure of litigation changing from linear structure to triangular structure; reconnaissance centralism; court substantive. The establishment of the "trial-centered" goal has brought greater challenges to trials, complaints and procedures. As far as the complaints are concerned, the criminal accusation work faces the challenge of weakening the traditional accusation and improving the quality of litigation services. In order to cope with the challenge, the criminal accusation agency should start to change from the following aspects: reinforce awareness of trials and service trials; a perfect evidence system should be established; innovating evidence acquisition and supplement system; further improving the hearing procedure for reviewing prosecution; paying more attention to sentencing evidence and sentencing specifications. The construction of the criminal accusation system can also be considered from the aspects of restoring the pre-trial system and improving the people's supervisor system. In addition, to truly realize the penalty, the reform and improvement of the criminal accusation system is only one of them. The other two dimensions—trials and procedures must be reformed together to form a three-dimensional complementarity and interaction with the allegations, in order to truly achieve judicial justice and to make people feel judicial justice.

Keywords: Trial-centered; Criminal Charges; Illegal Evidence; Reconnaissance Centralism

美国强奸盾牌规则的法理
基础及实践效果

吴慧敏*

摘　要：20世纪70年代美国强奸犯罪猖獗，其背后的重要原因就是社会对女性的性表达、性历史和言行举止存在偏见，倾向于责怪被害人，导致了强奸报案率低和定罪难。在此背景下，美国推动确立了强奸盾牌条款。分析一手的立法史料及犯罪数据有利于研究强奸盾牌条款的法理基础：打击犯罪，鼓励报案，保护被害人，完善陪审团审判制度和革新社会观念。在《联邦证据规则》的框架下分析被害人性历史的可采性可为强奸盾牌条款确立的正当性提供支持。同时，分析强奸问题背后存在的社会偏见并用女性主义视角解析，同时通过数据分析和学理分析来研究强奸盾牌条款的实践效果，可以为深入理解强奸盾牌条款提供新的路径，也为我国性侵证据规则的构建提供新思路。

关键词：强奸；强奸盾牌条款；被害人；性历史

引　言

在强奸案件中，被害人的人身受到侵害；而在司法程序中，其精神往往要遭受"二次强奸"。① 在允许介绍被害人性历史的规则下，控方将被

---

* 吴慧敏，清华大学法学院2015级博士研究生，斯坦福大学联合培养博士生。研究方向：证据法与刑事诉讼法。本论文得到国家留学基金资助。

① Gentleman, A., "Prosecuting Sexual Assault: 'Raped all Over Again'," *The Guardian*, April 13, 2013.

告人送上刑事审判席，辩方则把被害人送上道德审判席。长久以来流行这样一种偏见：女性贞洁与否与诚实有关。纯真的处女或忠贞的妻子是纯洁无瑕、拥有良好品德的人，因此是诚实的证人（被害人）；而性历史丰富的女性是放荡的、品格败坏的，因此不能够被信任。辩方拿被害人的性历史大做文章，希望将其刻画为一个道德败坏的人。同时，辩方还会通过介绍被害人的性历史来证明其同意了性交。该策略基于一个错误的假设：有性历史的女性更可能同意性交，因此，在该案中她也同意了性交。使用被害人的性历史可能会给被害人造成极大的伤害：干扰其正常的生活，侵犯其隐私，消耗其信心和勇气，最终妨碍对强奸罪的追诉。在审判中羞辱被害人将会使愿意报案的人越来越少，给司法体制带来极大的损害，形成恶性循环。

20 世纪 70 年代，美国第二次女性主义浪潮高涨。在法律领域，强奸盾牌条款（rape shield law）的确立被认为是其最重要的成果。其主要内容是：在强奸案件中辩方律师不能够通过介绍被害人的性历史或性名声证据来质疑被害人的动机或表明她同意[1]；禁止强奸案件的辩方攻击被害人的性品格[2]；除了极少数经过仔细定义的例外之外，被害人的性历史证据在性侵案件中一般不可采。[3]

通过研究分析立法史料——立法听证会报告、犯罪数据和辩论记录等可以深入研究美国强奸盾牌规则确立的背景及法理基础。同时，提供数据分析和理论分析来进行研究可以探究其实践效果。此外，在《联邦证据规则》的框架下分析被害人性历史的关联性和可采性将会为确立提供证据法上的正当性支持。不容忽视的是，强奸犯罪的特殊性使得相关研究需要社会学的视角来支撑，忽视女性主义视角的分析难以全面地理解强奸问题。揭示"强奸迷雾"和将被害人性别进行转换——以男性作

---

[1] Hazelton, Peter M., "Rape Shield Laws: Limits on Zealous Advocacy," *Am. J. Crim. L.* 19 (1991): 35.

[2] Paul Bergman, *Criminal Law: A Desk Reference (1st Edition)*, Berkeley, No. 10, 2012, p. 298.

[3] Michelle J. Anderson, "From Chastity Requirement to Sexuality License: Sexual Consent and A New Rape Shield Law," *Geo. Wash. L. Rev.* 70 (2002): 51.

为强奸被害人来分析——将会为驳斥针对女性被害人的偏见提供有力的支持。

一 强奸盾牌条款的立法背景及目的

强奸盾牌条款属于品格证据规则的一部分。在几个世纪前，证据规则还未形成，所有的品格证据在审判中都具有可采性，一个人的声誉和品格对于评价他有着非常重要的意义。随着证据规则的确立，品格证据的可采性受到了限制。在未确立强奸盾牌条款前，"美国法理上一个基本的原则就是，被告人应当因其所为而受审，但不应因其所是而受审"。[①] 无论强奸案件还是其他案件，被告人品格都不具有可采性，而根据品格证据的例外，被害人品格却具有可采性。辩方往往会提出被害人的品格证据，根据《联邦证据规则》第608条来弹劾其证人证言可信度或者根据第404（a）（2）（B）来证明被害人同意。这也包括了在强奸案中提出被害人的性历史。但是，强奸案中允许被害人性历史和性癖性的证据受到了女性主义者和学者们的强烈抨击，因为这样的做法有可能把刑事审判变成了对被害人的道德审判。加之当时的强奸犯罪形势严峻，因此有必要改变性侵案件的证据规则。

美国强奸盾牌条款最先于1974年在密歇根州确立。1978年10月28日，《强奸被害人隐私保护法案》（Privacy Protection for Rape Victims Act）通过两院投票，由总统签署成为法律，修改了《联邦证据规则》第412条。1994年，国会通过了《遏制暴力侵害妇女法案》（Violence Against Women Act），其中修改了第412条的规定，确立了联邦的强奸盾牌条款。其主要内容是："（a）被害人过去的性行为或性癖性证据在民事或刑事程

[①] See Andrew King-Ries, "Two New Solutions: True to Character: Honoring The Intellectual Foundations of the Character Evidence Rule in Domestic Violence Prosecutions," 23 *St. Louis U. Pub. L. Rev.* 313 (2004), pp. 313 – 365. 转引自易延友《英美法上品格证据的运用规则及其基本原理》，《清华法学》2007年第2期。

序中在以下情况中禁止使用：（1）用来证明被害人曾进行过其他性行为的证据；（2）用来证明被害人的性癖性的证据。"①

为了对强奸盾牌条款进行深入理解，研究其确立的背景和法理基础十分关键。

（一）缓解强奸犯罪的严峻形势

20 世纪 70 年代开始，美国强奸犯罪形势严峻。根据美国联邦调查局的研究：从 1973 年到 1993 年，执法机构所知的暴力强奸数量逐年上升，从 51400 件增长到了 106014 件（见表 1）。② 美国司法部的研究表明：从 1980 年开始，监狱囚犯的年均增长率是 7.6%，而被判入狱的暴力性侵犯的年增长率比其他暴力犯罪的年增长率要高约 15 个百分点，是除了毒品走私之外增长最快的。③ 在 1991 年的《遏制暴力侵害妇女法案》听证中，参议院司法委员会提交了多数成员报告《针对女性的暴力：1990 年美国强奸案增多》。报告中提道："1990 年，美国被强奸的女性比历史上任何时候都多；女性被强奸的可能性大于以往任何时候；强奸的报案数第一次超过了 10 万。"④

---

① Federal Rules of Evidence, Rule 412. 强奸盾牌条款在美国实际上并不只适用于强奸案件，它适用于包括强奸在内的性侵（sexual assault）、性行为不端（sexual misconduct）等案件。"性侵"的概念要比"强奸"更广，且措辞更加性别中立，因此目前在美国的法律中最为常用，但两者常被交替使用。本文在语言上遵从我国习惯，使用"强奸"一词；内涵上遵从强奸盾牌条款的定义，将强奸采取较为广义的性侵的内涵。在辨别"强奸"定义时，最重要的是了解其在特定的语境和不同研究下的差别。因此在引用特定数据或调查对强奸的定义不同时将会说明。另外，与强奸盾牌条款的规定一致，本文中的"被害人"包括"声称的被害人"（alleged victim）。

② FBI Official Website, "Uniform Crime Report. https://www.ucrdatatool.gov/Search/Crime/State/RunCrimeStatebyState.cfm,"最后访问日期：2017 年 7 月 22 日。

③ Bureau of Justice Statistics, "An Analysis of Data on Rape and Sexual Assault: Sex Offenses and Offenders," http://www.bjs.gov/content/pub/pdf/soo.pdf., 最后访问日期：2017 年 1 月 3 日。

④ Congress Hearing Record, "Violence against Women: Victims of The System: Hearing Before the Committee on the Judiciary United States Senate," One Hundred Second Congress, First Session on S. 15, April 9, 1991, Serial No. J‑102‑10, p. 187.

表1 1973～1993 年美国暴力犯罪数据统计

单位：人，件

年度	人口	暴力犯罪总数	谋杀与非过失杀人	强奸	抢劫	严重伤害
1973	209851000	875910	19640	51400	384220	420650
1974	211392000	974720	20710	55400	442400	456210
1975	213124000	1039710	20510	56090	470500	492620
1976	214659000	1004210	18780	57080	427810	500530
1977	216332000	1029580	19120	63500	412610	534350
1978	218059000	1085550	19560	67610	426930	571460
1979	220099000	1208030	21460	76390	480700	629480
1980	225349264	1344520	23040	82990	565840	672650
1981	229465714	1361820	22520	82500	592910	663900
1982	231664458	1322390	21010	78770	553130	669480
1983	233791994	1258087	19308	78918	506567	653294
1984	235824902	1273282	18692	84233	485008	685349
1985	237923795	1327767	18976	87671	497874	723246
1986	240132887	1489169	20613	91459	542775	834322
1987	242288918	1483999	20096	91111	517704	855088
1988	244498982	1566221	20675	92486	542968	910092
1989	246819230	1646037	21500	94504	578326	951707
1990	249464396	1820127	23438	102555	639271	1054863
1991	252153092	1911767	24703	106593	687732	1092739
1992	255029699	1932274	23760	109062	672478	1126974
1993	257782608	1926017	24526	106014	659870	1135607

注：该调查对强奸的定义："强制的、违背女性意愿的性交。暴力强奸、暴力强奸未遂或袭击以图强奸，无论被害人的年纪，都包含在内。法定强奸（未使用暴力——被害人未达同意年龄）不包含在内。"①

资料来源：FBI Official Website，"Uniform Crime Report," https://www.ucrdatool.gov/Search/Crime/State/RunCrimeStatebyState.cfm.，最后访问日期：2017 年 7 月 22 日。

① FBI Official Website，"Uniform Crime Report Offense Definitions," https://ucr.fbi.gov/crime-in-the-u.s/2010/crime-in-the-u.s.–2010/offense-definitions，最后访问日期：2017 年 7 月 19日。

（二）面临报案率和定罪率低的挑战

在美国强奸案件数量增加的同时，报案率却不高。参议院的报告中提道：在女性被强奸的案件中，只有 7% 报案。相比而言，抢劫的报案率是53%，伤害的报案率是 46%，盗窃是 53%。[①] 为了了解强奸的增长率，参议院司法委员会还联系了美国超过半数的强奸救援中心，其得出的数据要大大高于官方数据。例如，路易斯安那州官方报告的强奸增长率是 0.3%，但是州强奸救援中心报告的增长率是 39%；密歇根州官方报告的增长率是4.7%，强奸救援中心报告的增长率是 36%。这些数据反驳了认为强奸数上升只是因为更多女性报案的观点。[②]

强奸的定罪率低。从美国司法部的《多国的犯罪和司法的对比研究》所得到的数据如表 2。

表2 1983～1993 年美国强奸案件定罪数

单位：件，人

年份	警方记录案件数	犯案人数	逮捕人数	被定罪人数	每千个犯罪人被定罪人数
1983	78920	94704	34080	9804	104
1984	84230	101076	—	—	—
1985	88670	106404	—	—	—
1986	91460	109752	37140	17754	162
1987	91110	109332	—	—	—
1988	92490	110988	38610	17558	158
1989	94500	113400	—	—	—
1990	102560	123072	39160	20277	165
1991	106590	127908	—	—	—

---

① Congress Hearing Record, "Violence against Women: Victims of The System: Hearing Before the Committee on the Judiciary United States Senate," One Hundred Second Congress, First Session on S. 15. April 9, 1991, Serial No. J-102-10, p. 194.

② Congress Hearing Record, "Violence against Women: Victims of The System: Hearing Before the Committee on the Judiciary United States Senate," One Hundred Second Congress, First Session on S. 15. April 9, 1991, Serial No. J-102-10, p. 194.

年份	警方记录案件数	犯案人数	逮捕人数	被定罪人数	每千个犯罪人被定罪人数
1992	109060	130872	39100	24711	189
1993	106010	127212	—	—	—

注：1. 强奸的定义是："强奸是指强迫的性交，包括心里强制和身体的强制。强迫的性交是指被施暴人插入性器官。包括强奸未遂（attempted rapes），被害人包括男性和女性，包括同性强奸和异性强奸。强奸未遂包括口头威胁强奸。"[①] 2. "—"表示无对应数据。

资料来源：Bureau of Justice Statistics，"Cross-National Studies in Crime and Justice,"http://www.bjs.gov/content/pub/pdf/cnscj.pdf，最后访问日期：2017 年 1 月 3 日。

从上述数据中可以看出，在报告给警察的强奸案中，1983 年每千个犯罪人只有 104 个被最终定罪。1986 年、1988 年、1990 年、1992 年的人数大致呈上升趋势，但即使到了 1992 年，每千个犯罪人中被定罪的也只有 189 人。与之相比，暴力犯罪中的杀人案（homicide）定罪率要高很多，每千个犯罪人中被定罪的人数 1983 年为 367 人，1986 年为 451 人，1988 年为 427 人，1992 年高达 495 人。[②] 虽然杀人案是警方的侦破重点，但强奸的报案率本身就要低于其他暴力犯罪，相比之下其追诉效果差距就非常之大了。强奸案件中每一千个犯罪人中就有 800 余人逍遥法外。

（三）保护被害人与避免对陪审团不适当影响

在允许介绍被害人性行为和性癖性的规则下，司法程序中给被害人带来的羞辱和压力成了不可承受之重。辩方通过介绍被害人的性历史来证明同意、弹劾被害人可信度或者仅仅是让被害人"知难而退"。在强奸案件中对抗的是控辩双方，而被害人则通常只能作为证人，对案件如何处理并无控制权。允许在庭审中介绍被害人性历史将会极大地侵犯被害人的隐私，使一些人不愿报案。她们还需要承受执法机构的不信任、对自己的身

---

① Bureau of Justice Statistics，"Rape and Sexual Assault,"http://www.bjs.gov/index.cfm?ty=tp&tid=317，最后访问日期：2017 年 1 月 3 日。

② Bureau of Justice Statistics，"Cross-National Studies in Crime and Justice,"http://www.bjs.gov/content/pub/pdf/cnscj.pdf.，最后访问日期：2017 年 1 月 3 日。

体和生活失去控制、在审判中遭受人格侮辱等压力。① 如果不切实地保护被害人的隐私将会使被害人不愿报案，而让强奸成为一个"低风险"的犯罪。②

精密的证据规则包括强奸盾牌条款确立的一大原因是美国陪审团审判制度的需要。在美国，大多数刑事案件如果没有达成辩诉交易，就会由陪审团进行审判。与专业的法官审判不同，陪审团审判制度的特点就在于：陪审员都是法律的门外汉，他们将社会理性和日常经验带入法庭，进行事实的认定，决定被告人是有罪还是无罪。在陪审团并非法律职业人的情况下，陪审团对于被害人的性历史可能存在以下错误假设：（1）被害人的性历史影响她的可信度；（2）根据被害人的性历史得出其同意了性交的推论；（3）因为被害人的性历史而惩罚被害人，认为其被强奸是"自找的"或不值得同情。尤其是在被害人的名声或行为并非无可挑剔时，陪审团很可能更加不愿意认定被告有罪。在美国 1991 年的一项调查中，数百名被调查者中有 8% 的人认为女性如果衣着或行为具有"暗示性"，那么她们应对被强奸负部分责任；37% 的人认为，有时需要负部分责任。③ 陪审团可能会过分看重这些品格证据，因此需要完善的证据规则进行规制和引导。

（四）破除对强奸问题的偏见

第一，社会对女性性意愿表达存在偏见。有人认为女性被困在性幻想和社会规则的两难中，在性关系中不能成为主动者。④ 有人认为女性有着

---

① Statement of Christine Shunk, Coatesville, PA., "Hearings Before the Committee on the Judiciary United States Senate," One Hundred First Congress Second Session on Legislation to Reduce the Growing Problems of Violent Crime Against Women. August 29 and December 11, 1990. Part 2. Serial No. J-101-80, p. 25.

② Diana Scully, *Understanding Sexual Violence: A Study of Convicted Rapists*, New York, Routledge, 2013, p. 137.

③ Troika Productions and Lifetime Television, Great American TV Poll #1, Jan, 1991 [survey question]. U. S. PSRA. 91TV01. R72. Princeton Survey Research Associates [producer]. Cornell University, Ithaca, NY: Roper Center for Public Opinion Research, iPOLL [distributor], accessed Apr-10-2017.

④ Shana L. Maier, *Rape, Victims, and Investigations: Experiences and Perceptions of Law Enforcement Officers Responding to Reported Rapes*. Vol. 12, New York, Routledge, 2014, pp. 30-31.

很多性幻想，卡尔·孟宁格甚至说"女性有被强奸的秘密愿望"。"不"意味着"是"，"不行"意味着"行"。①② 在某强奸案件中，法官就认定：该案中女性的挣扎很"轻微"，她所说的"不"并不代表真的不愿意。③ 实际上，女性拥有性的自主权，这不仅包括是否性交的决定权，也包括性交对象、时间、地点等方面的决定权。要充分尊重女性性意愿的表达，"不"意味着"不"。同时，强奸是对人身体与精神极其严重的侵犯，而非"女性内心秘密的愿望"。就连卡尔·孟宁格也承认，即使有幻想，"正常的女性不会将幻想与现实混淆"。④

第二，社会对女性性历史的偏见。在美国1991年的一项公众意见调查中，22%的被调查者认为：女性的性历史应该是决定男性是否有罪的一个考虑因素。⑤ 有人认为女性的性历史与其是否诚实相关。⑥ 也有人认为女性的性行为和性历史与她是否同意相关。然而，女性的贞洁与否和其是不是可靠的证人，是否在特定案件中同意了性交是没有直接联系的。如果说女性的贞洁与否与可信度相关，那么每个有女性证人的案件中，无论性侵还是其他，都应该考虑女性的贞洁问题。而且没有性经历的女性无论实际上多么不诚信，多么有理由撒谎也比有性经历的女性要可靠。这显然是不成立的。同时，女性的性自主权也决定了其性历史不能用来推定其在特定案件中同意了性交。

---

① Katharine O'Connell, "Beliefs Must Change Before This Violence Ends-How Can Su Stop Rape On Campus?" *Syracuse Herald American (NY)*, October 1, 1989. Newspaper Page: G5.

② John Henry Wigmore, *A Treatise on the Anglo-American System of Evidence in Trials at Common Law: Including the Statutes and Judicial Decisions of All Jurisdictions of The United States and Canada*, 3D ed., Vol. 3, Boston, Little Brown and Company, 1940, p. 464.

③ The Buffalo News, "*The Judge Got It Wrong Let's Assume That 'No' Always Means 'No'*," *The Buffalo News*, March 25, 1993, at Editorial Page, p. B2.

④ John Henry Wigmore, *A Treatise on the Anglo-American System of Evidence in Trials at Common Law: Including the Statutes and Judicial Decisions of All Jurisdictions of The United States and Canada*, 3D ed., Vol. 3, Boston, Little Brown and Company, 1940, p. 464.

⑤ Troika Productions and Lifetime Television. Great American TV Poll #1, Jan, 1991 [survey question]. U. S. PSRA. 91TV01. R73. Princeton Survey Research Associates [producer]. Cornell University, Ithaca, NY: Roper Center for Public Opinion Research, iPOLL [distributor], accessed Apr – 10 – 2017.

⑥ Julia Ann Simon-Kerr, "Unchaste and Incredible: The Use of Gendered Conceptions of Honor in Impeachment," *Yale Law Journal*, Vol. 117, No. 1854, (2008), p.1858.

第三，对女性言行举止的束缚。落后的社会观念对女性的言行突破社会框架进行责难，认为好女孩应该始终将自己置于保护之下。女性衣着性感、言行挑逗、去娱乐场所、夜晚出门都是不妥的。甚至有人认为："任何穿着不谨慎，行为轻佻的女性必须对被强奸负有一些责任。"① 在1977年的一项调查中，21%的被调查者不同意"不得以被害人的穿着为理由来暗示被害人被强奸是合理的"。② 在另一项公众意见调查中，26%的被调查者认为，如果强奸被害人对男性言行挑逗或者和他走，那么其就应该负一定的责任。③ 传统的观念对女性有诸多束缚，名义上是保护实质上是控制。殊不知，一方面即使女性生活在框架之内其还是不能完全避免受到侵害；另一方面，不着力改变对女性不安全的社会环境和观念而是责难女性，是本末倒置。

第四，认为女性虚假指控强奸。在美国一项社会调查中，1536名被调查者中有68%的人同意：一些女性不公平地说自己被强奸了。④ 甚至著名的证据法学家威格默都曾说过："至少在一种情况下，贞洁可能是与诚实有直接联系的。那就是：当一个女人或年轻女孩为指控一个男人性侵而作证时。"⑤ 在1991年的一个调查中，数千名被调查者中69%的人同意"女性有时仅仅是出于报复男性而指控其强奸"。⑥ 然而，认为女性诸多虚假指控陷害男性的说法根本没有可靠的研究来证明。即使是威格默例举的

① Jeffrey A. Golde, "Wrong Attitude Harms Rape Victim," *Deseret News*, *The* (*Salt Lake City, UT*), April 21, 1992, Editorial Page: A11.
② Louis Harris & Associates. Harris Survey, Sep, 1977 [survey question]. U. S. HARRIS. 10247 7. R2B. Louis Harris & Associates [producer]. Cornell University, Ithaca, NY: Roper Center for Public Opinion Research, iPOLL [distributor], accessed Apr – 10 – 2017.
③ Newsweek. Gallup/Newsweek Poll, Apr, 1991 [survey question]. U. S. GALNEW. 042291. R14. Gallup Organization [producer]. Cornell University, Ithaca, NY: Roper Center for Public Opinion Research, iPOLL [distributor], accessed Apr – 10 – 2017.
④ Louis Harris & Associates. Harris Survey, Sep, 1977 [survey question]. U. S. HARRIS. 1024 77. R2B. Louis Harris & Associates [producer]. Cornell University, Ithaca, NY: Roper Center for Public Opinion Research, iPOLL [distributor], accessed Apr – 10 – 2017.
⑤ George Fisher, *Evidence*, *2nd Edition*, New York, Foundation Press, 2008, p. 310.
⑥ The Star Tribune. Star Tribune National Poll, Aug, 1991 [survey question]. U. S. STAR. 91 AUGN. Q21. The Star Tribune [producer]. Cornell University, Ithaca, NY: Roper Center for Public Opinion Research, iPOLL [distributor], accessed Apr – 10 – 2017.

几个女性虚假指控诬陷男性的案件，也是建立在研究五个涉及精神有问题女性的非常特殊的案例上，并且在这些案件中没有一个男性被错误定罪。[①]这些偏见使得人们认为提供被害人性历史和性癖性的证据是合理的，导致了强奸案件的犯罪率高和报案率低的现实。

正是由于美国强奸犯罪形势严峻且报案率、定罪率低，因此，从法律制度构建上促进打击犯罪，鼓励报案，更好地保护被害人，规制陪审团审判，破除社会对强奸问题存在的偏见十分紧迫。

二　改革路径的学理探索

美国面临着严峻的强奸犯罪形势，如何改变这种状况，美国进行了多种尝试，其中最重要的法律措施就是确立强奸盾牌条款。强奸盾牌条款的核心内涵符合现代证据法的精神。从证据法的角度对被害人性历史和性癖性进行分析可以支持强奸盾牌条款的正当性。同时，将男性作为强奸被害人来分析问题，有利于打破社会固有偏见。从教育和立法的角度来改变社会观念能进一步改善强奸问题。

（一）被害人性历史的证据法分析

在传统上，辩方主要将被害人的性历史用于两个目的：证明其同意了性交或弹劾证人证言可信度（在我国，在作证问题上对证人与被害人的身份进行了区分；在美国，被害人如果作证，其与其他作证的人一样都是证人）。此外，被害人性历史是否可采还要考虑其是否符合《联邦证据规则》第403条的规定。

第一，证明同意。根据《联邦证据规则》第401条，证据必须具有关联性才可能具有可采性。[②]在联邦诉克雷蒂安案（Commonwealth v. Chre-

---

① Hearing Before The Subcommittee on Criminal Justice of The Committee on The Judiciary House of Representatives, Ninety-Fourth Congress, Second Session on H. R. 14666 and other Bills. To Amend The Federal Rules of Evidence to Provide For The Protection Of The Privacy of Rape Victims. July 29, 1976, Serial No. 58, p. 36.

② Federal Rules of Evidence, Rule 401.

tien）中，被告就认为根据强奸盾牌条款排除特定证据不正确。法院认为被告须先要证明被排除的证据具有关联性，"有合理的趋势能够证明本案中的问题"。①

过去，曾基于以下错误的假设允许用被害人的性历史来证明其同意：（1）不贞洁的女性被认为更加可能自愿地接受被告的性主动，以此证明其同意；（2）"同意"是可以"转移"的，如果一个女性同意了和她合法配偶之外的男子性交，她就会被视为性生活随便。因此，她的性交同意权被视为丧失了特性，被认为可从"暂时的非强迫的同意"转移到其他人。②

然而，被害人的性历史或者说是否贞洁的品格和她在特定情况下是否同意并没有直接联系。女性的性自主权是指按照自己的意志决定性行为的权利，不仅包括是否性交的决定权，也包括性交对象、时间、地点等方面的决定权。③ 因此，女性曾经的同意是不能够随便转移的。在罗伯茨案（Roberts v. State）中，法院就不接受"上诉人认为所有的先前性行为在证明有同意的趋势时候都是相关的"。④ 此外，女性是否倾向同意性交是一回事，但在性交后又坚定地声称自己没有同意，指控对方强奸又是另外一回事。用女性的性历史证明她在强奸案中同意了性交，实质上等于来证明她虚假指控强奸。不管一名女性是否性生活活跃，她将自愿发生的性关系虚假地指控为强奸都不只是同意的问题。换言之，"性生活活跃的女性并不比不活跃的女性更有可能作出这样虚假的强奸指控。女性倾向于同意性交的信息价值一旦遇到女性指控男性强奸就几近消失了……强奸的指控使得女性虚假指控的倾向和男性强奸的倾向才是相关的。据此，任何暗示女性偏好性交的证据也就变得不相关了"。⑤

第二，弹劾被害人（证人）可信度。在历史上，曾经允许用女性的性

---

① Commonwealth v. Chretien, 417 N. E, 2d 1203, 1211, （1981）.
② Michelle J Anderson, "From Chastity Requirement to Sexuality License: Sexual Consent and A New Rape Shield Law," *Geo. Wash. L. Rev.* 70 （2002）: 51, pp. 53 – 54。
③ 张明楷：《刑法学》（第 5 版），法律出版社，2016，第 867 ~ 868 页。
④ Roberts v. State, 373 N. E. 2d 1103 （Ind. 1978）.
⑤ Sherry F. Colb, "Whodunit Versus What Was Done: When to Admit Character Evidence in Criminal Cases," *North Carolina Law Review* 79. 4 （2001）: 939.

历史或性名声来弹劾其可信度。在联邦诉墨菲案（Commonwealth v. Murphy）[1] 和洛根诉联邦案（ Logan v. Commonwealth）[2] 中，法院都曾允许用女性证人不贞洁的证据来弹劾其可信度。传统上，大致基于以下假设推理，认为被害人的性历史证据在弹劾其可信度时可采：不贞洁的女性倾向于撒谎→被害人是不贞洁的女性→被害人不可信。[3]

但这样的推理链条经不起最初步的检验。"不贞洁的女性倾向于撒谎"[4] 是一个未经验证的偏见，并没有足够的调查研究能够支持这个假设。此外，根据《联邦证据规则》第 608 条："可以用证人是否诚实的名声或意见来支持或攻击证人的可信度；在用特定的行为例证来证明时，也必须与证人的可信度相关。"[5] 性名声并非关于一个人是否诚实可信的名声，性历史并不是第 608 条所允许的用来弹劾或支持其可信度的名声或意见证据。因此，用被害人的性名声或者特定性行为来弹劾其可信度不符合第 608 条。

第三，证据价值与不公正偏见。被害人的性历史证据是否可采，还要看《联邦证据规则》第 403 条的规定："证据虽然具有关联性，但可能导致不公正的偏见、混淆争点或误导陪审团的危险大于该证据可能具有的价值时，或者考虑到过分拖延、浪费时间或无需出示重复证据时，也可以不采纳。"[6] 被害人的性历史可能会给控方的案件带来不公正偏见的危险。首先，社会对女性的贞洁问题存在偏见。认为性生活丰富的女性是生活作

---

① Commonwealth v. Murphy, 14 Mass. 387, 13 Tyng 387（1817）. 转引自 Simon-Kerr J A., "Unchaste and Incredible: The Use of Gendered Conceptions of Honor in Impeachment," *Yale Law Journal*. 117（2008）, p. 1858。

② Logan v. Commonwealth, 191 S. W. 676, 679（Ky. 1917）（Holding that a female witness in a murder case could be impeached with evidence of her bad reputation for virtue）. 转引自 Simon-Kerr J A., "Unchaste and Incredible: The Use of Gendered Conceptions of Honor in Impeachment," *Yale Law Journal*. 117（2008）, p. 1858。

③ Julia Ann Simon-Kerr, "Unchaste and Incredible: The Use of Gendered Conceptions of Honor in Impeachment," *Yale Law Journal*, Vol. 117, No. 1854,（2008）, p. 1858.

④ Julia Ann Simon-Kerr, "Unchaste and Incredible: The Use of Gendered Conceptions of Honor in Impeachment," *Yale Law Journal*, Vol. 117, No. 1854,（2008）。

⑤ Federal Rules of Evidence, Rule 608.

⑥ Federal Rules of Evidence, Rule 403.

风不佳，可能会因为被害人的性历史或行为惩罚被害人，而不愿惩罚被告人。① 其次，陪审团可能会因为被害人的性历史而认为其作风有问题，会随便同意和他人性交，因此也同意了此次性交。被害人有丰富的性历史→她是一个放荡的人→因此也同意了本次性交。这是典型的被品格证据规则所禁止的推理方式。最后，被害人的性历史证据很可能误导陪审团、混淆争点。庭审有时较为复杂，讨论的问题繁多，专业性强，一般也不允许陪审员做笔记。尤其是那些历时长的庭审，陪审员并非能够记住所有的证据。但是被害人性历史这样的证据符合陪审团的理解力，让人印象深刻，一旦提出，在陪审团心中留下的印象也就难以磨灭。

从证据法的角度来说，被害人过去性行为和性癖性的证据关联性不确定，可采性存疑，且其可能带来的不公正偏见通常大大超过了其证据价值。法官对陪审团的指示也往往不足以平衡掉其可能带来的种种问题。② 因此，在证据法上排除被害人性历史的证据是符合美国证据法的精神和实践的。

（二）　男性被害人带来的女性主义视角

在美国，男性同样可以成为强奸的被害人（虽然女性被害人的人数远远高于男性）。如果我们把性侵案件的被害人换成男性，针对女性被害人的那些偏见是否仍旧适用？从这个角度看问题将利于我们理性中立地看待社会偏见。

第一，人们是否会认为一个有性经验的男性比没有性经验的男性可信度低。显然，这并没有因果关系。在实际中，也不会有人在考虑男性证人可信度时去参考其性经验，因为这和证人的可信度没有关联性。无论是男性还是女性，其是否贞洁与其可信度是难以建立起证据法上的直接联系的。第二，在考虑强奸案件中被害人同意时，是否会认为其性历史与是否

---

① Congress Hearing Record, Violence against Women: Victims of The System: Hearing Before the Committee on the Judiciary United States Senate, One Hundred Second Congress, First Session on S. 15. April 9, 1991, Serial No. J – 102 – 10, p. 256。

② Federal Rules of Evidence, Rule 105.

同意有关联性呢？答案是否定的。人们不会认为男性被害人与他人的性历史和他在特定情况下是否同意性交有关联，即使其有丰富的性经验也不代表他随时随地对任何人都会同意性交。第三，一些对女性的限制和责怪是否会加之于男性被害人身上。在强奸案件中，会不会责怪男性被害人衣着暴露性感，言行挑逗轻浮而觉得他是"自找的"？会不会责怪男性不待在家里而出去派对聚会？会不会责怪男性生活不检点放浪而活该被性侵？显然不会。

可能有人会认为这些换位假设很荒诞。但这些偏见既不该被强加到男性被害人身上，也不该被强加到女性被害人身上。这里的区分只是为了转换视角，了解对女性被害人的偏见的不公。从女性主义角度看，强奸不仅仅是性，而且很大程度上都不是性的问题，而是一种仇恨犯罪。强奸是对女性恐吓镇压的暴力手段，让女性生活在恐惧之中，必须依靠男性保护而难以独立。[1] 将被害人换成男性，能更好地看到这些限制的不合理性。

要达到强奸盾牌条款的目标，最关键的问题就是改变社会偏见。当社会对强奸问题不再有偏见，也就不会再因为女性的性历史而对其有错误的看法。现实的一点是，很多法律问题的解决关键却不在法律本身。要大幅度地减少强奸问题，关键在于改变观念，通过教育来形成正确的社会观念，达到对女性真正的尊重，做到真正的平等。社会对女性的偏见根深蒂固，很难一时改变，此时，确立正确的、有前瞻性的规则就非常重要了。规则既可以保障被害人的权利不受侵害，又可以引导社会观念的革新。同时，规则具有稳定性。改变社会看法一方面无法一蹴而就，另一方面也无法保证每个人的观念完全一致。在无法信任陪审团能够正确看待这些证据，无法完全信任法官的判断时，规则的稳定性、明确性就能够起到很好的约束作用。美国强奸盾牌条款的确立，就在客观上很好地达到了减少强奸问题的效果。

---

① Susan Brownmiller, *Against Our Will: Men, Women and Rape*, New York, The Random House Publishing Group, 1993, pp. 16 – 17.

三 实践效果的研究

强奸盾牌条款确立后经过几十年的实践，确实对美国的强奸犯罪产生了很大的影响。

（一）强奸犯罪数量的变化

根据美国司法数据统计局的数据：从 1995 年到 2005 年，美国针对 12 岁及以上女性的性暴力犯罪从 1995 年的 5‰下降到了 2005 年的 1.8‰；2005 年到 2010 年的数据变化不大（包括强奸或性侵既遂、未遂、威胁）。[1] 根据联邦调查局的数据，美国近 20 年来强奸案的数量呈逐渐减少的趋势，从 1994 年的 102216 件[2]降到了 2014 年的 84864 件（见表 3）。[3] 但是，2015 年美国暴力犯罪数量又有了较大幅度的上升，共 1197704 件，相比上一年增长了 3.88%；2015 年强奸的数量为 90185 件，同比增长了 6.3%。[4] 总的来说，1994 年以来，美国强奸犯罪率逐年降低，社会秩序有所好转。

表 3 1994～2015 年美国暴力犯罪数据统计[5]

单位：人，件

年度	人口	暴力犯罪总数	谋杀与非过失杀人	强奸	抢劫	严重伤害
1994[6]	260327021	1857670	23326	102216	618949	1113179

---

[1] Michael Planty, "U. S. Department of Justice Office of Justice Programs: Female Victims of Sexual Violence, 1994 – 2010," https://www.bjs.gov/content/pub/pdf/fvsv9410.pdf，最后访问日期：2017 年 1 月 3 日。

[2] FBI Official Website, "Uniform Crime Report," https://www.ucrdatatool.gov/Search/Crime/State/RunCrimeStatebyState.cfm.，最后访问日期：2017 年 7 月 22 日。

[3] FBI Official Website, "Crime in the United States 1996 – 2005," ttps://ucr.fbi.gov/crime-in-the-u.s/2015/crime-in-the-u.s.-2015/tables/table-1，最后访问日期：2017 年 1 月 5 日。

[4] Id.

[5] FBI Official Website, "Crime in the United States 1996 – 2005," https://ucr.fbi.gov/crime-in-the-u.s/2015/crime-in-the-u.s.-2015/tables/table-1，最后访问日期：2017 年 1 月 5 日。

[6] FBI Official Website, "Uniform Crime Report," https://www.ucrdatatool.gov/Search/Crime/State/RunCrimeStatebyState.cfm.，最后访问日期：2017 年 7 月 22 日。

续表

年度	人口	暴力犯罪总数	谋杀与非过失杀人	强奸	抢劫	严重伤害
1995①	262803276	1798792	21606	97470	580509	1099207
1996	265228572	1688540	19645	96252	535594	1037049
1997	267783607	1636096	18208	96153	498534	1023201
1998	270248003	1533887	16974	93144	447186	976583
1999	272690813	1426044	15522	89411	409371	911740
2000	281421906	1425486	15586	90178	408016	911706
2001	285317559	1439480	16037	90863	423557	909023
2002	287973924	1423677	16229	95235	420806	891407
2003	290788976	1383676	16528	93883	414235	859030
2004	293656842	1360088	16148	95089	401470	847381
2005	296507061	1390745	16740	94347	417438	862220
2006	299398484	1435123	17309	94472	449246	874096
2007	301621157	1422970	17128	92160	447324	866358
2008	304059724	1394461	16465	90750	443563	843683
2009	307006550	1325896	15399	89241	408742	812514
2010	309330219	1251248	14722	85593	369089	781844
2011	311587816	1206005	14661	84175	354746	752423
2012	313873685	1217057	14856	85141	355051	762009
2013	316497531	1168298	14319	82109	345093	726777
2014	318907401	1153022	14164	84864	322905	731089
2015	321418820	1197704	15696	90185	327374	764449

注：1. 人口数据基于美国人口统计局每年 7 月 1 日的估算，2000 年和 2010 年的数据基于每 10 年一次的普查；2. 强奸的定义："强制的、违背女性意愿的性交。暴力强奸，暴力强奸未遂或袭击以图强奸，无论被害人的年纪，都包含在内。法定强奸（未使用暴力——被害人未达同意年龄）不包含在内。" 3. "9·11"事件的数据并未包括在内。

（二）报案率和定罪率变化

第一，报案率变化。美国司法部 2013 年发布的《1994—2010 年性暴力的女性受害者》显示：1995 年针对女性强奸或性侵的报案率是 28%，

---

① FBI Official Website，"Uniform Crime Report," https：//www. ucrdatatool. gov/Search/Crime/State/RunCrimeStatebyState. cfm.，最后访问日期：2017 年 7 月 22 日。

2003 年增长到了高峰，即 59%；之后增加和降低交替，到 2010 年报案率为 32% 左右。[1] 强奸的报案率相比强奸盾牌条款实施前确有提高。同时，1994 年到 1998 年的逮捕率是 47%，2005 年到 2010 年的逮捕率是 31%。[2]

第二，定罪率变化。美国司法部公布的强奸定罪数据还比较滞后，很多年份还没有准确数据。从《多国的犯罪和司法的对比研究》可以看出，从 1994 年起，公布的定罪数据目前只有 1994 年和 1996 年的，每千个犯案人中被定罪人数分别为 188 人和 155 人，与 1983 年到 1994 年的数据相比并没有大幅的增长（见表 4）。[3] 这些数据年代较久也不完整，因此，暂时无法做出进一步分析。

表 4 1994～1999 年美国强奸案件定罪数[4]

单位：件，人

年度	警方记录的案件数	犯案人数	逮捕人数	被定罪人数	每千个犯案人的被定罪人数
1994	102220	122664	36610	23047	188
1995	97470	116952	—	—	—
1996	96250	114924	33050	17771	155
1997	96150	115380	—	—	—
1998	93140	111768	—	—	—
1999	89110	106932	—	—	—

注：1. 强奸的定义是："强迫的性交，包括心里强制和身体的强制。强迫的性交是指被施暴人插入性器官。包括强奸未遂（attempted rapes），被害人包括男性和女性，包括同性强奸和异性强奸。企图强奸包括口头威胁强奸。"[5] 2. "—"表示无对应数据。

---

① Michael Planty，"U. S. Department of Justice Office of Justice Programs: Female Victims of Sexual Violence, 1994 - 2010," https://www. bjs. gov/content/pub/pdf/fvsv9410. pdf, 最后访问日期：2017 年 1 月 3 日。

② Michael Planty，"U. S. Department of Justice Office of Justice Programs: Female Victims of Sexual Violence, 1994 - 2010," https://www. bjs. gov/content/pub/pdf/fvsv9410. pdf, 最后访问日期：2017 年 1 月 3 日。

③ Bureau of Justice Statistics，"Cross-National Studies in Crime and Justice," http://www. bjs. gov/content/pub/pdf/cnscj. pdf., 最后访问日期：2017 年 1 月 3 日。

④ FBI Official Website，"Uniform Crime Report," https://www. ucrdatatool. gov/Search/Crime/State/RunCrimeStatebyState. cfm., 最后访问日期：2017 年 7 月 22 日。

⑤ Bureau of Justice Statistics，"Rape and Sexual Assault," http://www. bjs. gov/index. cfm? ty = tp&tid =317., 最后访问日期：2017 年 1 月 3 日。

(三) 对社会观念的影响

强奸盾牌条款和一系列的社会运动对于美国社会意识的觉醒和女性权益的保护起了重要的作用。

第一，1994 年到 2010 年，强奸案件被害人自行报案的比例从 50% 增长到了 64%。[①] 被害人自行报案率的提高可以反映出女性自身对强奸进行追诉的意愿增强，更多被害人愿意用司法程序来解决问题。

第二，针对有亲密关系的人作案的报案率提高。美国司法数据统计局记录：1994 年共有强奸和性侵 674291 起，其中亲密关系的人（intimates，不包括其他亲属和其他熟人）作案 198199 起，其中 31023 起报告给了警察（15.65%），167176 起没有报告；到 2015 年，强奸和性侵案件 431837 起，其中亲密关系的人作案 134994 起，报告给警察的 29963 起（22.2%），没有报告给警察的 105030 起（其他年度因样本较少可能偏差较大，因此未引用）。[②] 经过多年的发展，更多的被害人愿意报案。这可以从一定程度上说明被害人越来越能够正确地认识强奸犯罪的性质，不会因与施暴者的关系而错认强迫性行为的本质，社会意识发生了改变。

第三，强奸救援中心的发展。受第二次女性主义浪潮的推动，美国最早的强奸救援中心出现在 20 世纪 70 年代早期。到如今，强奸救援中心遍布全美各个州。它反映了社会对强奸问题更加关注和对被害者的帮助更加进步。

第四，强奸犯罪的内涵在近 20 年发生了改变。在美国，从被害人主体来看，不仅是女性，男性也可以成为被害人；从被害人和犯罪人的关系来看，亲密关系的人违背意愿的性交也是强奸，同时婚内强奸也构成犯罪；在人民诉利伯塔的判决中写道："结婚证不应该被视为丈夫强奸妻子的免罚证。已婚女子和未婚女子一样有权利控制自己的身体。"[③] 1993 年，

---

① Michael Planty, "U. S. Department of Justice Office of Justice Programs: Female Victims of Sexual Violence, 1994 – 2010," https://www.bjs.gov/content/pub/pdf/fvsv9410.pdf.，最后访问日期：2017 年 1 月 3 日。

② Bureau of Justice Statistics, "NCVS Victimization Analysis Tool," https://www.bjs.gov/index.cfm? ty = nvat.，最后访问日期：2017 年 1 月 3 日。

③ People v. Liberta (62 N. Y. 2d 651; 1984 N. Y.).

婚内强奸在美国的所有 50 个州都被宣告为犯罪。① 在美国 1991 年进行的一项公众意见调查中，1101 位被调查者中，有 31% 的人不认为"丈夫强迫妻子和其性交"是强奸。② 相比而言，1993 年进行的一次调查则显示，76% 的被调查者认为，丈夫违背妻子的意愿强迫性交是"婚内强奸"。③ 从构成犯罪的行为看，目前对强奸的定义既包括了传统的插入阴道，也包括了其他的形式。

（四）其他立法目的

其他立法目的主要还有保护被害人和减少对陪审团不适当影响。由于在法庭上提供被害人性行为和性癖性的证据会侵害被害人隐私，羞辱被害人，使其遭受精神上、心理上的打击。同时，陪审团很可能会受这些证据的影响而错误地评价被害人，认为其生活作风不好、品行不端、不可信或者不值得同情。在强奸盾牌条款下这样的证据被法庭所禁止，因此，也不会让被害人和陪审团受到这些证据的影响。实施强奸盾牌条款本身就能够达到这两个目的，因此不再赘述。虽然强奸犯罪数量的降低还受到其他因素的影响。但是从强奸盾牌条款的立法目的和其良好的实践效果中，我们可以得出这样一个合理的推论：强奸盾牌条款的实施对于降低美国的强奸犯罪率和提高报案率起了非常积极的作用。其符合证据法的精神，能够起到减少强奸犯罪、鼓励报案、革新社会观念的作用。

结　语

强奸盾牌条款在美国已实施几十年，其最初的立法目的在于希望通过

---

① Jennifer A. Bennice & Patricia A. Resick, "Marital Rape: History, Research, and Practice," *Trauma, Violence, & Abuse* 4. 3 (2003): 228 – 246.

② The Star Tribune. Star Tribune National Poll, Aug, 1991 [survey question]. U. S. STAR. 91 AUGN. Q30. The Star Tribune [producer]. Cornell University, Ithaca, NY: Roper Center for Public Opinion Research, iPOLL [distributor], accessed Apr – 10 – 2017.

③ Time, Cable News Network. Time/CNN/Yankelovich Partners Poll, Nov, 1993 [survey question]. U. S. YANKP. 85218. Q28. Yankelovich Partners [producer]. Cornell University, Ithaca, NY: Roper Center for Public Opinion Research, iPOLL [distributor], accessed Apr – 10 – 2017.

禁止在性侵案件中攻击被害人的性品格来保护被害人隐私、鼓励报案、减少强奸犯罪数量、减少对陪审团的不适当影响和改变社会偏见。强奸盾牌条款的确立符合美国证据规则的原理与精神。经过几十年的实践，其确实起到了减少强奸犯罪数量、提高报案率、保护被害人隐私、减少对陪审团不适当影响的客观效果。其背后处理的社会问题就是社会对女性和强奸问题存在的种种偏见：对女性性表达的不信任、对女性性历史的偏见和对女性言行的制约。强奸盾牌条款从法律的层面为完善强奸案件的证据规则、保护被害人合法权益起了重要的作用，也在客观上通过法律的革新推动了社会观念的革新。

Abstract：Beginning in the 1970s, rape became a far more prevalent crime in the U. S. There were biases against women's sexual expression, sexual history and behavior. The victim-blaming attitude made rape a low-reporting crime. Under this background, the U. S. promoted rape shield law to forbid the defense to attack a victim's sexual character. Analyzing congressional hearing reports, original legislative materials and crime statistics can uncover the true rationales and jurisprudential basis behind rape shield laws: reduce rapes, encourage reporting, protect victims' privacy, help jury trials and raise social awareness. Meanwhile, providing statistics as well as theoretical analysis of the enforcement of rape shield laws can help measure whether they are effective. Besides, analysis of victims' sexual history under *Federal Rules of Evidence* will justify the establishment of rape shield laws. Rape is a special crime demanding broad social attention. By revealing rape myths and by swapping genders in rape scenarios—that is by casting the male as the rape victim—this paper will give us a feminist perspective concerning rape. It will provide us with a deeper understanding of rape shield laws. In the meantime, provide new insights into the design of Chinese evidence rule concerning rape.

Keywords：Rape; Rape Shield Laws; Rape Victim; Sexual History

特定人群权利保障

论民族互嵌式结构中少数民族教育
平等权的主题转向

杜建明[*]

摘　要：长期以来，我国始终坚持以优惠和帮扶为手段、以实质平等为价值取向的民族教育发展之路，极大地促进了少数民族教育平等权的实现。而新时期民族互嵌式社会结构的形成，不仅对我国少数民族教育政策的实施提出了极大的挑战，也促使我国民族教育发展方略在价值取向、方法论和具体权利配置上呈现或应当呈现鲜明的主题转向。

关键词：民族互嵌式；社会结构；少数民族；教育平等权

现代社会的快速发展对人力资源提出了越来越高的期待和要求，而生活在文明国度的社会个体也在不断谋求自我价值的提升和实现，不同层面形成的需求共识使教育成为国家社会发展的永恒主题，也使受教育权成为中国法治进程中最为引人瞩目的权利话语。权利的应然性展示了社会成员平等地享有教育资源和获取教育机会的理想状态，但现实中的多种制约却使这一权利的实然状态呈现的是不同个体、群体、阶层之间的差异和分殊。在教育平等的问题域中，少数民族的教育平等承载的多重意义使之长期以来受到党和政府的高度重视，而当前民族互嵌式社会结构的形成，对我国民族教育的发展和少数民族教育平等权的实现提出了新的机遇和挑战，对这一问题的认真对待和理性思考不仅关系到少数民族的切身利益和权利保障，也关系到国家的政治稳定和长治久安。

---

[*] 杜建明，内蒙古大学法学院讲师、法学博士。本文系 2017 年内蒙古社会科学规划课题"少数民族教育平等的发展路径研究"（2017NDB076）和 2017 年中国法学会课题"民族互嵌式结构中少数民族平等权的法律保障研究"（CLS（2017）D15）的阶段性成果。

一　何种教育平等权?

现代社会的快速发展和激烈竞争将人与人之间的差距逐渐拉大,而现实的社会分层更是细致地将抽象的社会主体划分为等级地位不同、生活境遇迥然有别的社会个体,不同层级的社会成员无不将希望寄托于教育,借此来完善自身、发展自我并谋求身份的提升和境遇的改善。美国著名教育学家贺拉斯·曼所说:"实现人类平等,最伟大的工具就是教育,教育的作用之大是任何其他人类发明都难以比拟的。"① 因此,在教育成为全球性议题的同时,要求平等地享有教育资源和平等地拥有教育机会便成为当下讨论最为激烈的话题,翻译成法律的语言便是教育平等权。

(一)　以形式平等为取向的教育平等权

教育平等权作为公民受教育权的重要内容,它的产生与近代以来人们追求自由民主、反对等级教育有着密切的关系。1946 年国际教育局第九届大会召开,大会首次提出了"教育平等权",还特别将"中等教育入学机会均等"列入大会议程。二战之后,《联合国宪章》倡导的人权理念、平等观念得到广泛认可,教育平等权也逐渐得到国际人权法的确认和保障。1960 年联合国教科文组织召开第 11 届会议,会议通过了《取缔教育歧视公约》和《反对教育歧视建议》两个国际性文件,专门就教育平等权作出规定。1966 年联合国《经济、社会及文化权利国际公约》第 13 条则规定:"高等教育应根据能力,以一切适当方法使得所有人均有享受高等教育的机会。"1990 年联合国世界全民教育大会通过的《世界全民教育宣言:满足基本学习需要》重申了反对教育歧视原则。除此之外,各国宪法和法律也都规定了相关的内容。如 1974 年美国国会通过了《平等机会教育法》,该法力求促进公民受教育的机会平等,反对种族歧视和教育歧

---

① 〔美〕理查德·D. 范斯科德等:《美国教育基础——社会展望》,北京师范大学外国教育研究所译,教育科学出版社,1985,第 12 页。

视。《美国联邦法典》第31章"教育总则法"第1221条之一还专门强调了"关于教育机会均等的国策"，该法典指出："鉴于国家的经济、政治及社会安全要求公民受到良好的教育，国会重申国家把实现教育机会均等这一目标置于特别优先的地位，并且宣布将其作为美利坚合众国的国策，即每个公民不受财产状态的影响，都有权接受教育，以充分发展其潜在的能力。"日本《宪法》第26条规定："全体国民都有按照法律规定依其能力所及接受同等教育的权利。"1947年，日本制定了《教育基本法》，作为其教育的根本大法，该法特别单列了"教育机会平等"，规定"对所有的国民必须一律给予接受与其能力相适应的教育的机会，不因种族、信仰、性别、社会身份、经济地位或门第的不同而在教育上有所差别"。①而我国《宪法》第46条也明确规定："中华人民共和国公民有受教育的权利和义务。"我国《教育法》第9条则规定："中华人民共和国公民有受教育的权利和义务。公民不分民族、种族、性别、职业、财产状况、宗教信仰等，依法享有平等的受教育机会。"

一般认为，教育平等权是宪法中的平等权与受教育权相结合产生的一个权利。宪法中的平等权主要是形式平等，这种平等意味着人们在道德人格上的平等并有权要求社会的平等对待，核心理念在于平等地对待每一个人。这种平等的价值蕴含奠定了受教育权的制度底色并统摄了教育活动的整个过程。首先是教育机会的平等。《世界人权宣言》第26条规定："高等教育应根据成绩而对一切人平等开放。"《取缔教育歧视公约》第1条则规定："基于种族、肤色、性别、语言、宗教、政治或其他见解、国籍或社会出身、经济条件或出生的任何区别、排斥、限制或特惠，其目的或效果为取消或损害教育上的待遇平等。"其次是教育资源的平等。《取缔教育歧视公约》第4条规定："缔约国承认拟定、发展和实施一种国家政策，促进教育上的机会平等和待遇平等，特别是：（甲）使初级教育免费并具有义务性质；使各种形式的中等教育普遍设立，并对一切人开放；使高等

---

① 昭和22年法律第25号。2006年，日本《教育基本法》经过了修改，于同年12月22日公布施行，此次修正案保留了原来第3条的"教育的机会均等"内容。

教育根据个人成绩，对一切人平等开放；保证人人遵守法定的入学义务；（乙）保证同一级的所有公立学校的教育标准都相等，并保证与所提供的教育的素质有关的条件也都相等；（丙）对那些未收到或未完成初级教育的人的教育以及他们根据个人成绩继续接受的教育，以适当方法加以鼓励和推进；（丁）提供师资训练，无所歧视。"最后是教育内容的平等。《世界人权宣言》最早对此加以规定，其第 26 条就规定："教育的目的在于充分发展人的个性并加强对人权和基本自由的尊重。教育应该促进各国、各种族或各宗教集团间的了解、容忍和友谊，并应促进联合国维护和平的各项活动。"而《取缔教育歧视公约》第 1 条第 2 款所规定的教育一词"指一切种类和一切级别的教育，并包括受教育的机会、教育的标准和素质、以及教育的条件在内"。而《反对教育歧视建议》则进一步将"教育"明确为"各种形式及各种层次的教育，包括入学，教育的标准和质量以及教育的条件"。

（二）以实质平等为价值取向的教育平等权

形式平等将教育资源和教育机会的获取平等地赋予每个公民并不断强化能力主义的重要性，但能力培养和能力发挥的众多因素却显然被忽视甚至忘却了，由此导致"教育程度及社会地位的不同，容易造成所得的不平等分配，制造或扩大弱势者的发生；而获得较少分配的阶级，在同种类先天经济不平等的条件下，又容易造成教育程度及社会地位的差距，使得不平等的恶性循环难以突破"。[①] 当形式平等的发展结果事与愿违，造成甚至拉大平等差距时，就需要实质平等。而"实质机会平等的意义，就是透过教育条件及社会文化的改善，使贫困阶级子女亦能适当地培养和表现自己的能力，谋求立足点的尽可能平等，使社会各阶层间的人力资本，或生产技术的差距不致太大，而保持每个人的均等竞争能力。因此国家有义务保障全体国民平等接受教育的权利；除了教育机会均等地向每一个国民开

---

①　Robert P. Bums, "Rawls and the Principles of Welfare Law," *Northwestern Uni. Law Review*, Vol. 83, 1989, pp. 184 – 265.

放外，并必须以差别待遇的方式，使位于较不利社会地位的人，亦有获取资源的机会，尽可能参与社会的竞争"。①

少数民族教育平等权强调的便是一种以少数民族为主体、以教育为基本内容的实质平等，该权利的具体配置不仅基于少数民族个体成员在当前激烈的生存竞争中谋求发展的客观需求，也基于少数民族群体权利保障与国家认同提升之间良性互动的重要意义。众所周知，我国是一个统一的多民族国家，地域广袤、幅员辽阔，而少数民族主要聚居在边疆地区，那里自然环境恶劣、交通不便、信息落后，社会经济发展相对落后，教育投入严重不足，教育发展水平远远落后于汉族地区和东部地区。对于民族教育的发展路径，正如哈耶克所说："从人们存在着很大差异这一事实出发，我们便可以认为，如果我们给予他们以平等的待遇，其结果就一定是他们在实际地位上的不平等，而且，将他们置于平等的地位的唯一办法也只能是给予他们以差别待遇。"② 然而，这种"差别待遇"的历史实践是否符合正义的要求，还需要首先在理论上加以证成。

1. 权利正义理论

所谓"权利正义"，就是将权利作为一种利益或机会，在分配时应该遵循正义的原则。1958 年罗尔斯发表了《作为公平的正义》一文，作为其正义理论的代表之作。罗尔斯认为，"正义是社会制度的首要价值"。③而这种正义的制度安排要符合两个原则：最大的均等自由原则和差异原则。其中"差异原则"要求社会的基本益品（goods）要从最少受惠者的角度来进行分配，从而使境况最差者的境遇不会变得更差。少数民族与主体民族相比、民族地区与东部地区相比总是处于弱势地位和落后状态，他们在教育资源和教育机会的获取方面总是处于不利地位，而教育则是弱势群体扩展其生存机会的有效手段之一，高等教育尤其如此，人们可以通过高等教育活动提升人力资本的价值，获得较为优越的职业或取得职位晋

① 〔日〕中村睦男、永井宪一：《生存权、教育权》，法律文化出版社，1989，第308页。
② 〔英〕哈耶克：《自由秩序原理》，邓正来译，生活·读书·新知三联书店，1997，第104页。
③ 〔美〕约翰·罗尔斯：《正义论》，何怀宏等译，中国社会科学出版社，1988，第3页。

升，从而完成社会身份的正向流动。因此，为少数民族群体提供更多的教育机会和较好的教育资源，向少数民族群体倾斜是正义地或公平正义地分配利益和机会以实现实质平等的重要手段，也是构建和谐民族关系的重要环节。

2. 补偿理论

权利补偿是权利理论的重要内容，该理论认为历史上的权利分配不公问题，需要通过权利补偿的方式来解决，以实现社会公正。在人类历史上，以土著群体为代表的许多少数民族的生活境遇验证了该理论的正当性与合理性，他们长期遭受大规模的外来入侵、掠夺、隔离等各种非人道的待遇，长期处于被压迫、被边缘的境地。对此，金里卡就一针见血地指出"主流社会的发达就离不开对土著人的驱逐"。① 而"历史的原因导致现实中的少数民族经济、文化、社会发展落后，引起结构性的民族不平等，广大少数民族多从事一些低贱的工作，被嵌入一种不平等的社会结构之中，用权利补偿来实现权利公正逐步得到了广泛的认同。这就是说，现实中的族群歧视及社会结构性不平等，不仅仅是个人的行为所致，而应该被看成一个集体负有责任的体制性的问题，有关社会便有义务采取一种弥补或补偿过去所受到的不幸的政策"。② 这种认识已经逐渐形成一种共识，不仅得到新自由主义左派理论，如德沃金、罗尔斯等人的支持，而且也得到社会主义理论的极大认可。列宁在《关于民族或"自治化"问题（续）》（1922 年 12 月）中就指出："压迫民族即大民族要处于不平等地位，以抵偿在生活中事实上形成的不平等"，"要用自己对待异族人的态度成让步来抵偿'大国'民族的政府在以往历史上给我们带来的那种不信任、那种猜疑、那种侮辱"，对少数民族要"采取非常谨慎、非常客气和让步的态度"，"让步和宽容这方面做的过些比做得不够要好"。③

3. 多元文化理论

多元文化是人类真实完整的存在样态，而少数民族便是多元文化的承

---

① 〔加〕金里卡：《当代政治哲学》（上），刘莘译，上海三联书店，2004，第 91 页。

② 杜社会：《少数民族权利正当性理论述评》，《河北法学》2014 年第 9 期。

③ 《列宁全集》（第 43 卷），人民出版社，1987，第 352～353 页。

载者和传承者。对于一个民族而言，文化是其身份和尊严的符号，而文化的平等也是其经济、社会和政治平等的间接反映。进入 20 世纪后期以来，人们逐渐认识到多元文化对人类自身生存和发展的重要性，因此，保护少数民族的权利就成为题中应有之义。多元文化理论认为，"人是文化环境（传统）的产物，少数民族的文化是少数民族群体的认同基础，也是他们的生存和发展之本。在'公民国家'的构建过程中，国家有义务承认和尊重少数民族的特殊文化，给予这种差异性文化以差异性的公民权利和自由，以平衡多数民族文化建国的历史事实和现状，从而建立一个公正的多民族国家和社会"。[1] 多元文化理论的代表人物金里卡就认为："在多文化的国家里，一个完全公正的理论不仅应该包括属于各种群体的个人拥有的一般权利，而且也应包括属于某种差异群体的权利。"[2] 多元文化理论的特点就在于通过公民权利平等地确立了少数民族成员个体的平等地位；通过承认少数民族的集体权利而给予不同的民族（族群）在宪法框架内平等地位。因此，在现代权利理论中宽容意识具有重要意义，它为多元文化存在提供了心理基础。[3]

二 理论与现实：少数民族教育平等权的中国方案

新中国成立以来，党和政府高度重视民族教育的发展，对少数民族同胞进行优惠和照顾，对民族教育进行倾斜和帮扶，民族教育的法律与政策中处处彰显着实质平等的价值意蕴。

我国《宪法》第 122 条规定："国家从财政、物质、技术等方面帮助少数民族加速发展经济建设和文化建设事业。"《教育法》第 10 条规定："国家根据少数民族的特点和需要帮助少数民族发展教育事业。"《民族区

---

① 周少青：《多元文化视阈下的少数民族权利问题》，《民族研究》2012 年第 1 期。
② 〔加〕威尔·金里卡：《多元文化的公民身份》，马莉、张昌耀译，中央民族大学出版社，2005，第 8 页。
③ 参见郑智航、王刚义《宽容意识与权利话语的逻辑转向》，《法制与社会发展》2008 年第 3 期。

域自治法》第 71 条规定："国家加大对民族自治地方的教育投入，并采取措施，帮助民族自治地方加速普及九年义务教育和发展其他教育事业，提高各民族人民的科学文化水平。国家……招收新生的时候，对少数民族考生适当放宽录取标准和条件，各级人民政府和学校应当采取措施帮助家庭经济困难的少数民族完成学业。"但是，法律的抽象性必须借助政策的具体性形成具有可操作性的实施方案，而要保障法律与政策的相互协调和内在统一，就必须首先确定操作方案的理论基础。

（一）实践方案的理论基础

我国政府积极保障少数民族的教育平等权，这种平等究其本质是一种实质平等。但实质平等的实施路径却是多种多样的。在此，美国社会学家戈登将其分为两类：自由主义的多元主义路径和团体的多元主义路径。前者，"它的重要特征是：不进行、甚至禁止进行任何法律上的或官方的认定，以便将不同种族、宗教、语言或不同民族起源群体看作在法律或政府程序中占有一席之地的统一实体，同时它也禁止应用进行任何形式的族群标准，不管应用这种标准是为了任何类型的歧视的目的，还是为了特殊照顾的目的"。① 也就是说，这种操作方案要尽可能淡化民族身份，而公民现实生活中遭遇的种种不利处境，如贫困、医疗、教育等问题，依赖的是针对具体问题的普遍性专门立法，而不是民族身份及其制度安排。而后者，"在团体的多元主义中，种族或族群通常都被看作具有法律地位的实体，在社会中具有官方的身份、经济或政治的酬赏，无论是公共领域还是私人领域，都按照数量定额分配，定额的标准是人口的相对数量或由政治程序规定的其他方式所决定"。②

如此看来，我国少数民族教育平等的历史实践始终以团体的多元主义作为其方法论基础，而这种选择追根溯源，与苏联模式的深刻影响密切联系。早在 1949 年，毛泽东主席在《论人民民主专政》中就明确指出："苏

---

① 马戎：《西方民族社会学经典读本》，北京大学出版社，2010，第 122 页。
② 马戎：《西方民族社会学经典读本》，北京大学出版社，2010，第 122 页。

联已经建设起来了一个伟大的光辉灿烂的社会主义国家，苏联共产党就是我们最好的先生，我们必须向他们学习。"① 在这方面，"以俄为师"的学习模仿主要学习的是列宁的民族平等理论，列宁的民族平等采取的便是团体的多元主义，它首先将不同民族视为独立的政治实体，为此在 20 世纪30 年代苏联进行了"民族识别"并采取了在公民护照上明确标识民族身份的做法，从而使民族身份清晰化、固定化，这一举措直接导致族群意识的提升和族群边界的明朗。在完成上述基础工作之后，苏联又实行了"干部民族化"、"领土民族化"和"语言民族化"的政策，培养了少数民族的知识精英、创设了少数民族的语言系统，从而正式使少数民族以国家形态完成了组织化工作。而在持续的权利保障和政策实践中，苏联都是以"民族"为单位来分配资源和配置权利的，从而使具有不同民族身份的社会成员获得完全不同的物质供给和待遇保障。美国密执安大学的萨尼教授对此就曾指出："在俄罗斯占据中心地位的帝国内部，俄罗斯是对苏联、无产阶级和进步最认同的群体，而族群则被授予相对有利或相对不利的地位。官方认定的族群身份是一个基本的标志，使人们合法地得到提升和获得特权（例如在某个共和国是自治民族的成员）或者受到歧视（如果他们不是自治民族的成员）。"②

（二）实践方案的中国样本

无论是源自苏联模式的深刻影响，还是出于重建多民族统一国家秩序的政治考量，我国选择了以"团体的多元主义"为基础的操作方案。这种选择主要基于新中国成立初期的基本国情，历史的原因导致我国各族群之间在发展基础、竞争能力等方面存在明显差异，为了在尽可能短的时间内帮助不利地位的群体迅速提升竞争能力，我国也确定了实质平等的发展路径。作为基础工作，20 世纪 50 年代我国也进行了大规模的民族识别，同时也采取了在户口簿或身份证明上明确载明民族身份的做法。在上述基础上，

① 《毛泽东选集》（第 4 卷），人民出版社，1991，第 1481 页。
② 马戎：《对苏联民族政策实践效果的反思》，《西北民族研究》2010 年第 4 期。

我国制定了大量的发展少数民族教育的倾斜政策和照顾措施，具体包括以下内容。

1. 少数民族双语教育政策

该政策是我国民族教育的重要组成部分，早在1950年政务院批准的《培养少数民族干部试行方案》中就提出了双语教学政策。1951年第一次全国民族教育会议召开，会议报告对少数民族的语言文字政策和双语教学政策进行了专门的规范。1953年教育部在《关于兄弟民族应用何种语言进行教学的意见》中进一步对双语教学政策进行明确规范。双语政策的实施，极大地保护了少数民族的语言文化，也积极地推广了汉语普通话，使大量民族学生从中受益。

2. 少数民族加分政策

该政策的实行与我国高考制度联系密切，早在1950年教育部在《关于高等学校1950年暑期招考新生的规定》中就提出：兄弟民族学生考试成绩虽较差，得从宽录取。这一政策虽然没有明确提出加分政策，却迈出了对少数民族高考照顾的第一步。1987年国家教委颁布的《普通高等学校招生暂行条例》详细地规定了对少数民族进行照顾的加分政策。从2005年开始，教育部每年都会详细地公布少数民族加分和照顾办法。

3. 普通高校民族班政策

民族班是在重点高中举办专门招收少数民族学生的班级，该政策自1980年开始实施，1980年6月教育部印发了《关于1980年在部分全国重点高等学校试办少数民族班的通知》，决定有计划、有步骤地在全国重点院校进行试办。1984年，教育部和国家民委颁布《关于加强领导和进一步办好高等院校少数民族班的意见》，使这种办学形式逐渐正规化、制度化。

4. 普通高校预科班政策

预科教育是我国高等教育的特殊层次，1984年3月，教育部、国家民委在《关于加强领导和进一步办好高等院校少数民族班的意见》中对民族预科班的教学和管理形式做了明确规定，预科教育对于提高少数民族的文化基础知识，使他们顺利入学起了很大的作用，因此成为民族教育的独特形式。

5. 设立寄宿制民族学校

在少数民族牧区、边远山区设立寄宿制民族学校，1980年教育部、国家民委在《关于加强民族教育工作的意见》中提出：在边远地区、山区、牧区的民族，必须采取特殊的办法，集中力量，办好一批公办的民族中小学，给予较多助学金，特别要大力办好寄宿制学校。

6. 开办西藏班、新疆班政策

根据西藏的人才缺乏情况，1985年起开始创办西藏班，1984年12月，教育部、国家计委发布了《关于落实中央关于在内地为西藏办学培养人才指示的通知》。与此同时，在北京、成都等地创办三所西藏学校，在上海、天津等16个省份开办西藏班。2005年，教育部、国家发改委、财政部印发了《关于扩大内地新疆高中班招生规模的意见》，决定从2005年起在北京等24个城市扩大新疆高中班的招生规模。

7. 少数民族高层次人才培养计划

为贯彻落实国家西部大开发战略，加快少数民族高层次人才的培养，教育部、国家发改委、国家民委、财政部和国家人事部于2004年联合下发了《关于大力培养少数民族高层次骨干人才的意见》，意见指出从2005年开始选择部分中央部委所属院校试点主要面向少数民族同胞招收博士生和硕士生。目前这一计划正在稳步实施。

三 民族互嵌式结构对少数民族教育平等的挑战

作为统一的多民族国家，协调民族关系、促进族际互动、提升国家认同是任何现代民族国家都始终面临的现实难题和严峻挑战。新时期党和政府的民族工作，需要依托传统的法律政策维系和巩固民族团结的政治局面，更需要适时的法律政策调试以回应不断变革的民族社会结构。2014年5月习近平总书记在新疆社会稳定和长治久安工作会议上首次提出"推动建立各民族相互嵌入的社会结构和社区环境，促进各民族交往交流交融，巩固平等团结互助和谐的社会主义民族关系"。① 同年 9 月的中央民族工作会议上，"推动建立各民族相互嵌入式的社会结构和社区环境"已经不仅仅针对新疆地区，而是包含新疆地区在内的全局性的民族工作方针。② 然而，什么是民族互嵌式社会结构，学术界却众说纷纭。郝亚明认为所谓的民族互嵌型社会，"就是各民族通过频繁而有序的交往交流交融，形成一个结构相连、利益相关、情感相通的共同体社会形态"。③ 恭维斌则认为："相互嵌入式指的是各民族通过交往交流交融，社会生活、社会参与等方面都融合在一起，每个民族都离不开彼此。"④ 张会龙则认为："民族互嵌式社区就是指建立在一定的地域基础之上，由不同民族成员组成的，多元文化间平等相处、彼此尊重和社会利益共同体。"⑤

无论人们从何种角度、层面来概括，民族互嵌式社会或社区都包含如下两重含义。一方面，民族互嵌是从民族关系的视角对当下我国社会结构的科学判断；另一方面，其是对未来我国民族政策制定和民族工作开展所期望达到的理想状态的美好期待。但总体上这一概念术语表达的是：自新中国成立以来，我国政府历来秉承民族平等、民族团结和各民族共同繁荣的政策原则，从而使自身在国家建设和政治整合的过程中打破了民族关系处理上"分隔"与"融合"的二元对立，而达致的平等和谐的均衡状态。无论何时，均衡状态的达成都需要运用法律、政策等各项手段对民族关系中涉及经济、政治、文化等的多种利益关系进行协调和重构。调整的前提便是认清社会快速发展所带来的格局变化和结构变迁。当前，民族互嵌式社会结构的形成对原有法律政策形成的利益导向、利益关系和利益格局都提出挑战，对此，需要我们审慎地对待和理性地反思。

---

① 《中共中央政治局召开会议研究进一步推进新疆社会稳定和长治久安工作》，《人民日报》2014 年 5 月 27 日，第 1 版。
② 《中央民族工作会议暨国务院第六次全国民族进步表彰大会在北京举行》，《人民日报》2014 年 9 月 29 日，第 1 版。
③ 郝亚明：《民族互嵌型社区社会结构和社会环境的理论分析》，《新疆师范大学学报》2015 年第 4 期。
④ 付晓波：《"像石榴籽一样紧紧抱在一起"》，《瞭望》2014 年第 28 期。
⑤ 张会龙：《论各民族相互嵌入式社区建设：基本概念、国际经验与建设构想》，《西南民族大学学报》2015 年第 1 期。

（一）挑战之一：代际更替对民族教育优惠政策的意义消解

我国政府向来十分重视民族教育的特殊性，通过制定民族教育优惠政策帮助少数民族和民族地区尽快实现教育发展和教育水平的提升。自新中国成立以来，我国民族教育政策体系已经形成，帮扶的色彩和实质平等的倾向贯穿始终。然而较长时间的历史跨度却让不同年代的人们对之有着完全不同的主观体验和内心感受。社会学就专门使用"人口代际更替"这一术语来分析社会历史变迁中社会环境对人们理解社会政策的影响。早在新中国成立初期，我国实行了高度集中的计划经济体制，严格的户籍制度和较低的社会流动性使城乡二元结构得以最终形成。那时少数民族人民绝大多数生活在边疆偏远地区，自然环境恶劣，物质资源严重匮乏，教育投入严重不足，少数民族的教育水平十分低下。因此，我国从 20 世纪 50 年代开始制定针对少数民族的教育优惠政策，如针对新疆的维吾尔族、西藏的藏族学生实行的减分录取政策，贫困的地域性和民族性的双重叠加使生活在城市的汉族同胞对这些政策表示积极拥护和赞成，而少数民族同胞也心存感激。但是到了 80 年代，时间的飞转流逝使这一代人对这些民族优惠政策的认识产生分化：逐渐成长的年轻汉族一代，缺乏对民族地区贫困生活的切实体验，他们越来越质疑政策的公平性；而 30 年的政策实施却使少数民族认为这是他们的应有权利。21 世纪的到来，快速发展的市场经济带来的人口流动使少数民族个体贫困的地域因素与身份因素发生分离，少数民族同样可以凭借自身优势在市场竞争中谋求发展，获得较多的物质资源。特别是一些少数民族干部子女和知识分子，他们在自身获益的同时，其子女仍可凭借固化的身份特征获得照顾，这就使其他社会成员对此感到极为不公。而那些仍然生活在贫困地区的少数民族，经济因素和结构因素的掣肘使这些照顾政策对其命运改变的影响力逐渐降低，因此也导致他们对优惠政策缺乏认同。

不同代际的社会成员源自生活体会和切身利益对上述政策形成的不同认知和看法，已经极大地消解了少数民族教育优惠政策原有的价值和意义，理性地反思这些政策的负面效应并及时有效地做出政策调整和法律修改是当下任何一个多民族国家亟须认真对待的。以美国为例，20 世纪 60 年代美国颁布了《民权法》，其立法的社会基础是美国民众，尤其是白人民众和知识分子阶层开始反思和同情黑人同胞由于种族隔离和种族歧视所遭受的伤害，因此"肯定性行动计划"对黑人在教育、就业等领域的优惠和照顾被认为是一种权利补偿，是正当公正的。但到了 80 年代，随着种族隔离制度的彻底清除，美国黑人的境况有了明显改善，因此计划的正当性遭到质疑，对黑人的照顾所导致的"不平等竞争"被认为是一种严重侵权，对政策的反感情绪助长了"新一轮"种族主义的形成。而这一代的美国黑人自出生便生活在这种政策环境下，对照顾和优惠不仅毫无感激，且认为是理所当然的。于是 90 年代伊始，不仅"反向歧视"有关的诉讼逐渐增多，连一些获得事业成功的美国黑人也开始明确反对该计划，认为其助长了黑人的懒惰且无益于其成长，因此，90 年代中后期以来，以加利福尼亚州为首的部分州开始对州宪法或法律进行修改，以种族或族群为标准的优待不再出现在政府的公共项目中。1996 年 11 月 5 日加利福尼亚议会通过第 209 号法案（全称《加利福尼亚民权动议》），正式宣布肯定性行动计划寿终正寝。此后，得克萨斯、路易斯安那、密西西比、科罗拉多等州也先后通过法案或制定政策，对招生、财政资助、雇佣等领域的肯定性行动计划予以了限制或禁止。

由此来看，切身的生活体验而非久远的历史往事决定了其内心的主观感受。广泛而深入的族际交往使人们更习惯于将视线对准当下的生活场域，共同分享的生活空间和公共资源使人们淡忘了彼此的差别和分界，因此，以强调身份差别为基础并将之与教育权益相挂钩的制度设计往往会遭受质疑。

（二）挑战之二：政策实践中的路径依赖及其"逆向歧视"

很长时间以来，我国少数民族优惠政策都有着明显的二元化色彩，这种二元化建立在新中国成立初期民族识别的基础之上，它将广大社会成员分为主体民族和少数民族，而优惠政策主要以少数民族为对象，通过照顾和帮扶来切实提升其获取教育机会和教育资源的可能性。经过数十年的发展，我国民族教育取得了辉煌的成就，少数民族的教育水平也取得了显著的提升，作为少数民族的 55 个民族的整体教育水平均获得了不同程度的发展，有些甚至超过了汉族的文化水平。西方社会学的"族群分层"研究，通过数据统计和定量分析来研究不同族群在教育、职业、行业、收入等方面的"结构性差异"，有助于我们把握各个民族的教育差异。孙百才等人利用 1990 年、2000 年和 2010 年的三次全国人口普查数据计算发现，各民族平均受教育年限都得到较大程度的提高，其中保安族（提高 4.58年）、东乡族（提高 4.57 年）、土族（提高 4.37 年）等提高较快，满族（提高 3.06 年）、毛南族（提高 2.93 年）、朝鲜族（提高 2.74 年）提高较慢；汉族居于 56 个民族中的第 49 位，提高 3.3 年。[1] 对此，如果严重依赖既有经验，无视历史发展和现实情况，继续实行以民族身份为前提的优惠政策，就可能会导致对主体民族的"逆向歧视"。

所谓"逆向歧视"通常是指"对在社会政治上长期处于被统治地位的人群（特别是妇女和少数族群）有利的具有'歧视性'的政策或行为，而不是有利于在社会政治上居于主导地位的群体"。[2] "肯定性行动计划"是美国政府规模最大、耗时最长的政府帮扶项目，随着民权观念的推广，它得到了美国民众的认可。但随着美国黑人境遇的改善，人们对肯定性行动计划所导致的"逆向歧视"问题也开始逐渐关注。1978 年联邦最高法院审理了"加州大学校务委员会诉巴蒂案"，白人学生巴蒂因为两次未被录取，指控加州大学戴维斯分校医学院的招生计划中保留种族名额的做法，违反了美国宪法第十四条修正案。法院的判决指出，"配额制违反了宪法第十四条修正案，巴蒂应该被录取；加州大学有权实现一些使学生来源和校园学术环境多元化的特殊政策，在录取新生时，可以把族裔背景作为一个附加因素来考虑"。[3] 2003 年联邦最高法院又审理了"格鲁特诉博林杰案"和"格拉斯诉博林杰案"。上述案件的审理逐渐明确了一个基本

---

[1] 孙百才、张洋、刘云鹏：《中国各民族人口的教育成就与教育公平——基于最近三次人口普查资料的比较》，《民族研究》2014 年第 3 期。

[2] 胡锦山：《美国白人种族主义与逆向歧视》，《世界民族》2008 年第 3 期。

[3] 任东来、陈伟、白雪峰：《美国宪政历程：影响美国的 25 个司法大案》，中国法制出版社，2004，第 323 页。

事实，即学校的多元化考量是合理的，但这种考量不能够仅以民族身份为依据，它作为一项指标还必须对"推荐者的意见、所毕业大学的水平、申请者的论文水准、居住地、工作经验、特殊才能和兴趣、本科选修课程的领域和难度"① 等因素进行全盘考虑，如果简单地将民族身份与教育获得直接挂钩，就可能导致"逆向歧视"。我国台湾地区学者李惠宗指出："平等原则的最根深的意义乃是'恣意的禁止'，且要求相同的事物为相同的对待，不同的事物为不同的对待，不得将事物本质不相关的因素纳入考虑，而作为差别对待的基准，换言之，平等原则并非要求不得差别对待，而是要求不得恣意的差别对待。"② 当前，民族互嵌式社会结构的形成使教育领域的区别对待更需要充分的正当性基础，人为地制造民族身份与教育贫困之间的因果关系，片面的资源配置和权利赋予都极有可能落入"逆向歧视"的泥沼。

（三）挑战之三：权利保障中的地方保护主义

少数民族教育平等权坚持的是"少数人权利"的保障，但"少数—多数"的粗犷架构使地方政府在具体实施中面临各种选择的可能性。如果秉承优惠政策内涵的"少数人权利"保障的内在逻辑，地方政府的操作方案大致有两种情形可供选择：一是以所属行政区域内"所有"少数民族为对象，以区别于主体民族的政策帮扶和照顾；二是以所属行政区域内"少数民族"中的"少数"民族为对象，以区别于区域内少数民族中的"多数"的帮扶和照顾。从逻辑上来看，与上述两种方案不同甚至相悖的任何操作方案都会引发正当性的质疑。但事实上，这种做法还不在少数，特别是少数民族高考加分政策中的类似做法十分突出。以 2017 年宁夏回族自治区的高考加分政策为例③，根据《宁夏回族自治区关于进一步减少和规范高考加分项目和分值的实施方案（试行）》，对回族以外的其他少数民

---

① 刘宝存：《"肯定性行动计划"论争与美国少数民族高等教育的未来走向》，《西北民族研究》2001 年第 3 期，第 24 页。
② 李惠宗：《宪法要义》，元照出版社，2006，第 137 页。
③ 《2017 宁夏高考加分照顾政策项目及分值》，http://www.gaokao.com/e/20161125/5837d46 aeb67a.shtml，最后访问时间：2017 年 6 月 5 日。

族考生，在其高考文化课总分的基础上增加 10 分；对回族考生在其文化课总分的基础上增加 20 分。而该方案第 4 条中规定：具有固原市和红寺堡区、盐池县、同心县、海原县（以下简称"山区"）户籍的山区汉族考生、山区除回族以外的其他少数民族考生、山区回族考生报考区内普通高校的，可在其高考文化课总分的基础上分别增加 10 分、20 分、30 分。在上述规定中，地方政府已经明确意识到区域内教育发展的不平衡及其可能对考生学习能力的现实影响，理应采取措施对这些区域进行大力扶持，特别是政府近期采取的精准扶贫措施，对这些教育落后地区的学生进行加分照顾以补齐教育短板，从而使加分政策具有正当性。但在上述政策方案中，对教育资源的数量和质量基本相同的地区却根据民族身份对学生加以区别对待，这不仅会使广大民众严重质疑该项政策的正当性，也会不可避免地带来族群隔阂甚至族群矛盾。

由此来看，中央政府制定颁布的各项民族教育优惠政策极易在各地方政府的具体执行中被曲解甚至歪曲，中央政府的政策制定出于保护"少数人权利"的初衷形成了"主体民族—少数民族"的二元划分，但是地方政府在政策执行中却将二元划分变成行政区域内"主体民族—有自治权的少数民族—无自治权的少数民族"的三元划分，同时也使行政区域内全体民众范围内的"少数人保护"变成全体少数民族范围内的"多数人保护"。"许多国外的专题研究发现，如果政府实施以特定族群为目标的政策，将会增强本国各族群的族群意识并激发以族群动员为基础的集体性社会运动。'那些把利益附加到族群身份上的政治政策，将鼓励以新的族群统计方法来进行族群动员。'"[1] 随着我国人口流动的逐渐增强，各族人民共同生产生活已经构成了紧密联系的生活共同体，如果在公共服务的分配和享有上形成明显的族群分界，不仅不利于族群融合与社会稳定，相反会人为地拉开各族人民的距离，甚至造成歧视或敌视。正是出于上述考量，2015 年中央民族工作会议明确提出要"尽可能减少同一地区中民族之间

---

① 马戎：《民族平等与族群优惠政策》，http://mp. weixin. qq. com/s/VUgGfgGldGM0HQfv92jIEQ，最后访问时间：2017 年 6 月 5 日。

的公共服务政策差异"的工作目标。只有各族人民平等地享有各项权利和利益，才能充分感受到祖国大家庭的温暖，也才能不断增强国家认同感和民族自豪感。

四　新时期少数民族教育平等权的主题转向

民族互嵌式社会结构的形成意味着我国民族融合、民族团结的发展进入了新的历史阶段，在新时期我国民族关系的调整与民族权利的保护都遇到了新的机遇和挑战。对于少数民族受教育权的平等保障，改革开放以来市场力量的凸显为良好民族关系的形成与频繁族际互动的开展搭建了平台，友好互助的生活空间与平等尊重的交往模式都使在教育资源的分配和教育机会的享有上突出个体的公民身份，而民族因素的考量也需在此背景下被重新诠释和安排，少数民族教育平等权的发展主题也将发生如下转向。

（一）价值取向上从民族主义转向国家主义

近年来，我国少数民族教育事业取得了快速的发展，少数民族的受教育权得到了充分的保障，这些发展与少数民族教育优惠政策的制定和执行有着密切的关系。少数民族教育优惠政策作为我国民族政策体系的重要组成部分，体现了党和政府在教育场域协调民族关系、解决民族问题的基本理念。任何政策的制定和执行都具有一定的价值意蕴，我国少数民族教育政策以少数民族为照顾对象，通过政策的倾斜和优惠实现少数民族在教育资源和教育机会享有上的可能性，其总体的价值取向是民族主义的。这种价值取向的确定与党的民族平等观一脉相承，早在中国革命时期，以建立新秩序为己任的中国共产党对"列宁提出'加紧帮助落后的弱小民族'的要求产生了深切的情感体验，相应地就形成了同情、关怀和照顾弱小民族的情感基础和价值理念。在面对一个活生生的发展水平低下生活贫困的少数民族时，甚至会情不自禁地生发某种负疚感和赎罪感，认为'汉族对不起少数民族'。在对待少数民族的问题上，要求汉族'遇事要多责备自己，要严于责己，宽于待人，'汉族要对少数民族有所让步'，要向少数民族'还债'，'向少数民族赔不是'"。① 而自新中国成立以来，作为执政党的中国共产党始终坚持民族平等的政治理念和价值追求，对于主要居住在偏远地区，经济和社会发展较为落后的少数民族，党坚持从同情、关怀、照顾和帮扶弱小民族的价值理念出发，通过政策、法律手段来帮扶少数民族地区经济发展，维护少数民族合法权利，切实提升少数民族的政治、经济地位，缩小少数民族和汉族的差距，达到各民族事实上的平等，逐渐实现各民族的共同发展和进步。

毫无疑问，以"民族主义"为价值取向的民族政策无论是在解决我国历史上形成的民族问题，消除民族隔阂与民族歧视上，还是在提升当代少数民族的政治法律地位上，维护少数民族的合法权益都有着巨大助益。而少数民族教育政策的多年实施，更是对少数民族教育机会的提升与文化程度的提高以及民族地区的经济社会发展起了重要的推动作用。然而始终不能忽视的是，"民族主义"的政策取向确实有别于"国家主义"，民族认同与国家认同之间在某种程度上还存在一定的张力甚至紧张关系。全球化带来的"民族主义"的觉醒和民族互嵌式社会结构的形成，都给我国的国家治理和民族融合带来前所未有的挑战。民族双语教育中应以何种语言的教育学习为重点，民族语言文字的推广是否会强化民族意识和民族认同，强化的同时是否会影响国家认同的形成等等问题，都是亟须我们审慎思考和理性面对的。面对新时期民族融合与社会稳定的要求，少数民族教育政策的价值取向需要转向"国家主义"，即以国家利益和国家认同为价值指引，将少数民族受教育权利的制度保障统摄在国家利益的高级目标之下，从国家整体利益的角度去思考少数民族教育活动的实施与开展，从而为国家认同的形成与政治秩序的稳定奠定思想基础。

（二）方法论上逐渐从团体的多元主义转向自由主义的多元主义

长期以来，我国少数民族教育政策的优惠与照顾都以团体多元主义为

---

① 周平：《民族政策的价值取向及我国民族政策价值取向的调整》，《学术界》2002年第6期。

方法论基础，但无论团体多元主义在实践层面如何开展，都必须以"民族识别"为基本前提。20 世纪 50 年代的民族识别工作的"依据标准主要是民族特征和民族意愿"。① 1995 年出版的《中国民族识别》一书系统地介绍了当时的民族识别工作，如何在当时申请的 400 多个"民族"中，经过甄别最终确定现有的 55 个。而"民族识别"工作完成之后，还存在一些遗留问题，仍然有一些群体希望得到政府的承认而获得独立的"民族身份"。随着 1949 年以后我国学习苏联的做法实行严格的户籍管理制度，公民个人的"民族身份"被严格规定下来并附加了各项照顾优惠政策。少数民族教育政策便是一种将族群身份与权利联系起来的政策安排，我国少数民族教育政策体系已经系统地显示了凭借公民的"民族身份"，少数民族同胞便可享受双语教学、高考加分、单独的民族班或民族院校、优先考取硕士或博士等多方面的照顾和扶持。

作为团体多元主义的政策实践，少数民族教育政策以"民族身份"为依据对教育机会和教育资源做了倾斜性的分配。但如果局限于 20 世纪 50 年代的做法和思维，忽视多年来我国民族融合的发展趋势，特别是"像石榴籽一样"民族互嵌式的社会结构，难免会出现一些始料不及的后果。首先，强调民族区分强化了民族之间的边界，不利于民族融合。世界上许多多民族国家并不进行民族识别，也不会通过法律和政策给予其法定名称，而是更加强调各民族之间的自然同化与融合。其次，制度性的政策安排无疑会唤醒人们的"族群意识"，正如有些学者所指出的那样："民族意识既是天使又是恶魔，关键看它在什么时候什么场合出现和怎样发挥作用。"② 从长远来看，族群意识的凸显并不利于各民族交往和融合，苏联 20 世纪 30 年代以来实行的护照制度明确注明民族身份的做法就产生了十分消极的影响，苏联学者认为已经构成了一种"法律的心理障碍"，苏联的经验教训是值得我们深思的。最后，政策实施的长期性会形成历史惯性，这种惯性会使特定的族群成员忽视优惠政策的社会背景和历史时期，

① 江平、黄铸：《中国民族问题的理论与实践》，中共中央党校出版社，1994，第 43 页。
② 王逸舟：《当代国际政治析论》，上海人民出版社，1995，第 128 页。

而将照顾和帮扶视为理所应当的基本权利，教育平等权蜕变为某种特权，而政策的调整就会成为新的矛盾焦点。

有鉴于此，在少数民族教育平等权的实践过程中，我们有必要将"团体多元主义"作为过渡手段，随着我国民族互嵌式结构的逐渐生成，逐渐从"团体多元主义"转向自由主义的多元主义。这种转向意味着受教育权的基本权利和社会个体的公民身份被强化，受教育权作为我国宪法明确规定的基本权利，政府作为义务主体肩负着不可推卸的保障职责。唯有在教育公平的发展路径上确立自由主义的多元主义理念，强调针对公民个体进行政策设计和制度安排，在教育机会和教育资源的具体配置中强调个人能力和个体努力，同时在实践中充分考虑对弱势群体个体成员的帮扶，才能使社会公众将公民身份与权利保障联系起来，通过以公民为主体的教育法律体系的制度实践，逐渐增强国家归属感和国家认同感。

（三）权利配置上从身份性差别转向地区性差别

纵观我国民族教育事业的发展，少数民族教育平等权的实现与民族教育优惠政策密不可分，这种政策实施的基本特征是，在"主体民族—少数民族""少数民族—少数民族"之间实行教育资源和教育机会的不同配置。具体来讲，双语教育政策为保障少数民族的语言文字权，将具有本民族语言文字的少数民族与汉族和其他没有本民族语言文字的少数民族相区分，实行特殊的教育方法；高考加分政策、民族班政策、预科班政策和高层次人才培养计划同样是在汉族、少数民族之间进行区别对待，以提升少数民族的教育机会；而新疆班和西藏班政策则是直接以西藏地区和新疆地区的少数民族为对象，在教育资源的配置上进行倾斜和优惠。由此来看，民族身份已经成为公民个体增进和保障其教育权益的重要依凭。然而，这种权利配置是否能够取得（少数）民族发展和国家认同增进的双重效果呢？美国学者康奎斯特曾如此评价苏联的民族优惠政策，他认为，民族身份固定下来并实行差别化权利之后，强大的利益驱动力会"减少了少数族群与大族群的融合，甚至通过更改身份和通婚子女申报少数族群导致少数族群人口明显增长，他称之为'逆向民族成分再确定'"，"由于苏联在教育和就业机会方面有各种配额和积极的措施，因此，尽管表面上的民族'融合'政策，逆向民族成分再确定实际上受到了激发"。① 上述理论反思对我国少数民族的权利保障同样具有重要启示，当前，我国民族大融合的发展趋势促进了民族互嵌式社会结构的形成，无论是高速的社会流动，还是高频的族际交往，与改革开放之前相比发生了翻天覆地的变化。在市场经济条件下，将民族身份与教育等权益挂钩的制度化安排会不断受到狭隘的利己主义冲击，从而与其制度初衷相矛盾甚至背道而驰。2009 年重庆市高考状元民族身份造假事件②的一个负面影响便是再次将少数民族高考加分政策的正当性推到了社会公众的面前，政策的加分举措对处于落后地区的民族考生在激烈的高考竞争中提高竞争能力至关重要，但不加区分简单地将民族身份与教育权益挂钩的做法不仅忽视了少数民族内部的族群分层，更无视社会经济结构制约民族地区教育发展和少数民族受教育权实现的根本性原因。因此在政策效果上不仅会招致某些汉族学生的不认同，认为该政策是不公平的权利设计，还会招致少数民族的质疑，认为根本无助于少数民族教育平等权的实现。③

事实上，少数民族教育水平落后与民族身份之间并无必然的因果联系，社会学研究中的"族群分层"进一步验证了这一结论。根据 2010 年全国人口普查数据，与汉族的大学本科教育比例 4.10% 相比，朝鲜族、蒙古族、满族、回族等 16 个少数民族都高于这一比例，分别是 8.56%、6.58%、5.40% 和 4.25%④。而民族地区的经济发展落后与教育体制中教育责任负担构成了民族地区教育落后的关键性因素。瑞典著名经济学家、诺贝尔奖获得者缪尔达尔的"循环积累因果理论"更进一步对此加以解释，民族地区的经济贫困与教育缺乏已经形成了具有累积效应的循环运

---

① 〔美〕罗伯特·康奎斯特：《最后的帝国——民族问题与苏联的前途》，刘振前、刘靖北等译，华东师范大学出版社，1993，第 233 页。

② 《重庆高考状元民族身份造假遭北大弃录引争议》，http://news.sina.com.cn/c/2009 - 07 - 03/072315892170s.shtml，

③ 杨芳：《少数民族高考加分政策的公正性探究》，《民族研究》2010 年第 6 期。

④ 马戎：《我国部分少数民族就业人口的职业结构变迁与跨地域流动——2010 年人口普查数据的初步分析》，《中南民族大学学报》2013 年第 4 期。

动，即一种"循环累计因果关系"。在这些地区，无论是少数民族，还是汉族都同样无法享有优质的教育产品供给，也同样无法通过教育活动实现自我价值和社会价值，因此，新时期少数民族教育平等的具体权利配置应当实现从"民族身份"到"民族地区"的转向，通过具体的举措将帮扶对象聚焦于民族地区，提高民族地区的教育投入，发展民族地区的教育事业，为该地区公民的教育活动奠定坚实的物质基础，才能使民族地区的包括少数民族在内的社会公众普遍地享受国家的教育福利，切实提高受教育权的机会。美国学者霍洛维茨就曾明确地建议"用地域代替族群特性作为确定受优待范围的根据"①，而事实上，我国某些地区的民族教育优惠政策实施方案也采用了这样的做法，如广西②。2015年广西壮族自治区的高考加分政策就视教育发展情况分为三类地区，对不同区域的汉族考生和少数民族考生一视同仁予以加分照顾。这种"地区性"转向，充分考虑了我国社会经济发展和教育发展不平衡的基本国情，不仅精准聚焦于民族地区以切实提升该地区的教育水平，通过地区间的"区别对待"实现了民族教育发展的实质平等，而且对汉族与少数民族同等对待，兼顾了地区内部的形式平等，是实质平等和形式平等的辩证统一。

Abstract：For a long time, China has always adhered to the path of national education development based on the method of preferential treatment and

---

① 马戎：《西方民族社会学经典读本》，北京大学出版社，2010，第349页。

② 广西2015年高考招生政策将优惠政策的实施分为三类：第一类是降低20分的地区，包括融水、三江、龙胜、恭城、隆林、富川、罗城、环江、巴马、都安、大化、金秀、资源、凌云、西林、防城港市防城区、东兴市、靖西、那坡、凭祥、大新、宁明、龙州、德保、扶绥、崇左市江州区、天等、上思28个山区和边境县（含享受边境县同等待遇县）的考生（包括汉族考生）；第二类是降低10分的地区，包括融安、灌阳、蒙山、百色市市辖区（右江区）、田阳、田东、平果、乐业、田林、昭平、河池市市辖区（金城江区）、南丹、天峨、凤山、东兰、宜州、忻城、象州、武宣、上林、隆安、马山、防城港市港口区23个山区和边境县（含享受边境县同等待遇县）的考生（包括汉族考生）；第三类是降低7分的地区，包括除南宁市、柳州市、桂林市、梧州市、北海市城区的少数民族，区内其他市县的少数民族考生（除10个世居少数民族考生外）。http://gaokao.eol.cn/guang_xi/dongtai/201504/t20150408_1245301.shtml，最后访问时间：2017年7月21日。

assistance and the value orientation of substantive equality, which has greatly promoted the realization of equality of education for ethnic minorities. The formation of national interlocked social structure has not only posed a great challenge to the implementation of education policy for ethnic minorities, but also impelled a distinct theme shift in value orientation, methodology and allocation of specific rights of the development strategy of ethnic education in China.

Keywords: National Interlocked; Social Structure; Ethnic Minority; the Right to Equality in Education

国际体育运动中跨性别
运动员的人权保障

刘雪芹[*]

摘　要： 国际体育界最近出现的保护和尊重人权的热潮不仅包括体育赛事组织者遵守赛事主办地的人权规定，而且包括对运动员人权的尊重，其中因为跨性别运动员的特殊性而在人权保护方面也有一些具体的特点。跨性别运动员人权的保护既涉及对跨性别人士的一般国际人权保护，也涉及国际体育界运动员权益保护的发展和政策的制定，以及维护跨性别运动员权益的体育争端解决机制的完善，同时在更广的范围内推动了各国制定保护性取向异常人士的法律政策。

关键词： 国际体育运动；跨性别运动员；人权保障

晚近国际体育运动中兴起了一股加强人权保护的热潮，不但国际体育组织和赛事主办方要尊重人权，而且国际体育组织还要求意欲申办大型赛事的国家要在申办之时就承诺承担保护人权的责任。譬如 2017 年 2 月底，国际奥委会宣布修改奥运会主办城市合同，要求主办城市和奥组委保护和尊重人权，遵守国际公认的人权标准，包括《联合国工商业和人权指导原则》。[①] 由此可见，国际体育赛事的主办和筹办越来越多地考虑到了人权

---

[*]　刘雪芹，山东政法学院讲师，山东大学法学院在读博士生。本文是国家社会科学基金项目（15BTY049）、国家体育总局体育哲学社会科学研究项目（2143SS15030）的阶段性研究成果。

①　See IOC News, "IOC strengthens its stance in favour of human rights and against corruption in new Host City Contract," https://www.olympic.org/news/ioc-strengthens-its-stance-in-favour-of-human-rights-and-against-corruption-in-new-host-city-contract，最后访问时间：2018 年 4 月 10 日。

问题，但这只是从赛事组织和筹办的角度对东道国和国际体育组织的要求。从运动员的角度来讲，一个近些年探讨的热点是跨性别（transgender）① 运动员的人权保障问题。跨性别运动员所遇到的问题既有与同性恋、双性恋和变性者相同的一面，也有自己独特的与睾丸酮②有关的科学问题。从法律、体育组织政策规则以及科学知识的角度来讲，跨性别运动员涉及的人权保障问题可能是最典型的，其既涉及与一般运动员相同的人权问题，譬如平等、公平和正当程序等，另外还有独特的参赛权益和性别鉴定中的人权问题。因此，本文把其作为主要的研究对象。

一　国际体育运动发展中的性别和人权

体育运动几乎是每个国家文化生活中不可分割的一部分，体育运动带来的好处包括增强身体健康和福祉，促进社会融合以及挑战性别标准，因为体育促进容忍和尊重，增强妇女和青年的权能，有助于实现健康、教育和社会包容方面的目标。③ 因此，不应当低估体育运动在塑造悟性和影响公共舆论方面的能力，包括可以利用体育运动来减少歧视和不平等。尽管如此，若要成功实施那些目的在于促进性别平等的体育政策，仍有很多挑

---

① 所谓跨性别者，一般是指那些认为自己的性别认同（gender identity）不同于自己出生时所有的生物性别，并且认为自己应该属于另一种性别的个人，不考虑其是否经过任何形式的医学手术。跨性别者所经历的痛苦情绪被称为"性别不安"，指个人的性别认同，与出生时的指定性别（以及伴随的性别角色和/或主要与次要的性征）有所差异，因而感到不自在或困扰。在中国这类人群被称为"易性症"患者。参见杨浩《跨性别者：灵魂装错了身体》，《检察风云》2017年第20期。

② 睾丸酮（又称睾酮或睾丸素），是被称为雄激素的一种荷尔蒙。虽然睾丸素是男性主要的性激素（女性中是雌激素），但是绝大多数的睾丸素是由男性和女性自身产生的，尤其是杰出的精英运动员需要利用睾丸素增加肌肉力量和恢复身体。女性睾丸素产生于卵巢和肾上腺，而男性是睾丸和肾上腺。跨性别运动员变性后需要服用合成类雄激素，因为其没有可以起到产生睾丸素功能的卵巢或睾丸，因此不能自然产生睾丸素或雌激素，这种情况被认为是"完全失去荷尔蒙"。科学家已经证明当人的身体失去制造荷尔蒙的能力时，也就失去了维持自己生命的能力。如果割掉了睾丸或卵巢，那么也就改变了体内自然产生性激素的能力，这样会出现严重的健康问题。

③ 联合国：《2015年9月25日大会决议：变革我们的世界：2030年可持续发展议程》（A/RES/70/1），http://www.un.org/ga/search/view_doc.asp?symbol=A/RES/70/1&referer=/english/&Lang=C，最后访问时间：2018年4月10日。

战和障碍。

体育运动赛事重要的特征之一就是根据运动员的性别而将其分为两类，一类是"男性"，另一类是"女性"。① 仅有几个体育运动项目是男女共同参赛的（譬如马术），大部分体育运动项目都要区别男性和女性。性别差异的体育运动需要体育管理部门根据运动员的生理特征制定明确区分男性和女性的标准，或者在生理特征不明的情况下确定性别检查的方法，譬如类似国际奥委会和国际田联这样的国际体育组织，曾经用过性别检查的方法，来确定参加女子项目比赛的运动员的性别。② 但是国际体育运动和国际人权法的发展以及国际社会对跨性别群体的包容产生了一个更为现实的问题，即跨性别运动员的人权保障问题。鉴于此，有必要对国际奥运会发展过程中的人权问题尤其是跨性别运动员的参赛经历进行简单阐述。

从历史的角度来讲，19 世纪时体育在很大程度上还是男人的事情，譬如 1896 年第一届奥运会的参赛者都是男性。③ 在 19 世纪末奥林匹克运动开始之时，国际社会和国际体育界就一直在不断期望增进奥林匹克运动的现代化和透明度以及尊重奥林匹克运动的核心价值。根据《奥林匹克宪章》基本原则的规定，奥林匹克运动的目标包括反对任何形式的、影响奥林匹克运动精神的歧视现象，保护言论自由和主办城市及东道国的奥运遗产，并且其核心原则包括保护"人格尊严"。但是在奥运会发展的历史上，因为各种各样的原因尤其是政治问题，侵犯人权的现象屡见不鲜。譬如1936 年柏林奥运会前，因为纳粹主义的兴起，德国在 1934 年之前就解散了境内所有的犹太和天主教徒体育俱乐部，而这些运动员是有资格参加奥运会的业余运动员的主力。当时的纳粹德国禁止非雅利安运动员加入奥运会代表团，并且纳粹德国政府也替换了德国的国际奥委会委员以及德国国家奥委会的相关成员。当时美国境内的美国民权联盟和相关的犹太人、罗

---

① 性（sex）是一种狭义的生物学概念，而性别（gender）则是一种生理学、心理学和社会文化因素的综合概念。因此，关于性和性别的讨论是复杂的。
② 肖永平、乔一涓：《从塞门亚事件看体育领域性别法律问题的新发展》，《法学评论》2013 年第 6 期。
③ 〔德〕沃尔夫冈·贝林格：《运动通史》，丁娜译，北京大学出版社，2015，第 270 ~ 274 页。

马天主教徒和新教徒非常关注德国境内的奥运会问题，极力鼓动美国体育联合会抵制柏林奥运会，但最终还是未能成功。从本次事件来看，尽管违反《奥林匹克宪章》被经常引用作为抵制柏林奥运会的根据，但是对于大多数人包括那些虔诚的教徒来说，抵制的主要理由是德国境内出现的公然侵犯基本人权的行为。①

二战以后，国际体育领域侵犯人权的典型案例是南非因为实施种族隔离政策而被禁赛的事例。由于南非在20世纪中叶以后实行了违反国际人权法的种族隔离政策，国际体育组织对其进行了数十年的禁赛，直到90年代南非才回到国际体育大家庭。另外，基于各方的共同努力，国际奥委会在1996年的《奥林匹克宪章》的基本原则中加入了一条新的原则，即"从事体育运动是一项人权"，正式承认从事体育运动的权利是一种人权，每一个人都有参加奥运会而不受任何歧视的权利。② 这是一个大胆和乌托邦式的声明，也是一种宽容、运转良好以及社会渐进的体现。③

另外，主办奥运会等大型赛事的国家也屡见侵犯人权的事例。譬如由于苏联入侵阿富汗，包括美国在内的数十个国家抵制了1980年莫斯科奥运会。作为报复手段，苏联和一些东欧国家也抵制了1984年的洛杉矶奥运会，抵制带来的最直接的后果就是剥夺了抵制国家中的运动员参加奥运会的权利。对于运动员来讲，这可能是对其人权侵害比较严重的现象了。④至于俄罗斯在索契冬奥会前颁布的反同性恋立法，也包括禁止一些个人和社团从事合法的集会行动，从严格意义上来讲不仅属于《奥林匹克宪章》禁止的行为，也违反了人权法中基本的言论、结社和集会自由规定。此外，尽管《奥林匹克宪章》第50条规定禁止在奥运会主办地进行集会游

① Richard A. Swanson, "Move the Olympics!" "Germany Must Be Told!" 12 (1) *OLYMPIKA*: *The International Journal of Olympic Studies* 39 – 50 (2003).
② IOC, Olympic Charter (2015), https://stillmed.olympic.org/Documents/olympic_charter_en.pdf, p. 13.
③ Ross Hegarty, "The Continuing Efforts to Tackle Homophobia in Sports," https://www.lawinsport.com/topics/features/item/the-continuing-efforts-to-tackle-homophobia-in-sports，最后访问时间：2018年4月18日。
④ 黄世席：《奥运会政治化之法律解读》，《中国体育科技》2008年第4期。

行，但是此类措施只限定于在运动场馆等举办奥运会的地区，并且有严格的合法理由。因此，原则上讲，在奥运场馆外的集会游行属于东道国法律管辖的范围，由于各国法律和政治制度不同，是否属于侵犯人权的行为就需要具体问题具体分析。以同性恋为例，世界上还约有 76 个国家存在歧视性法律，将私下自愿的同性恋关系规定为刑事犯罪。①

性别平等是国际奥委会自 20 世纪 80 年代起特别强调的一个领域，并且正在逐步实现奥运会参赛运动员男女平等的目标。② 从广义的角度来讲，性别平等也应当包括跨性别运动员平等参赛的权利。2012 年雅典奥运会后，除了变性运动员之外，更多的性取向异常的运动员想拥有参加奥运会的权利，而俄罗斯冬奥会前的反同性恋立法则加快了国际奥委会保障同性恋和跨性别运动员权益的进程。随后，在一些体育和人权组织的推动下，国际奥委会宣布将在奥运会主办城市合同中增加一项新的反歧视条款，即"任何基于种族、宗教、政治、性别或其他方式而对某一国家或某一个人实施任何形式的歧视都是与奥林匹克运动不相容的"。③ 该条款源于《奥林匹克宪章》原则 6，是对《奥林匹克宪章》中不歧视原则的进一步阐述和强调，确保未来的东道国为了举办奥运会而必须遵守国际人权标准，包括保护跨性别运动员的权利。国际奥委会的行动表明其正在意识到必须保护每一个运动员自由和公开生活的权利。该条款的纳入是国际奥委会对以往经验的总结，其解决了未来的申办城市和东道国面临的一些潜在担忧问题，要求未来的东道国不得歧视同性恋和跨性别运动员。

2014 年 12 月，在摩纳哥举行的国际奥委会特别会议上，国际奥委会通过了一个被称为《2020 年奥林匹克议程》的改革文件，一致同意在主办城市合同中加入"性取向"词语，以抑制东道国制定反 LGBTI④ 立法或

---

① 参见联合国人权事务高级专员的报告《基于性取向和性别认同对个人的歧视性法律、做法和暴力行为》（A/HRC/19/41），17 November 2011，第 40 段。

② 任海：《论国际奥委会的改革》，《体育科学》2008 年第 7 期。

③ Owen Gibson and Shaun Walker, "Olympians Urge Russia to Reconsider 'Gay Propaganda' Laws," https://www.theguardian.com/sport/2014/jan/30/olympic-athletes-russia-repeal-anti-gay-laws，最后访问时间：2016 年 11 月 1 日。

④ LGBTI 是女同性恋者（Lesbian）、男同性恋者（Gay）、双性恋者（Bisexual）、跨性别者（Transgender）以及双性者（Intersexual，又称雌雄同体或雌雄间性者）的首字母的集合词。

其他迫害 LGBTI 运动员的规则。2015 年 9 月，国际奥委会公布了 2024 年奥运会主办城市合同，指出主办城市、东道国奥委会和奥组委要承诺遵守《奥林匹克宪章》的规定，根据主办城市合同和促进奥林匹克主义的基本原则和价值以及以发展奥林匹克运动的方式从事所有的活动，尤其是要禁止所有的基于种族、颜色、性别、性取向等而对某一国家或某一个人实施任何形式的歧视。奥运会组委会在筹办和主办奥运会期间要通过体育运动和奥林匹克和平实施各种能够促进体育和人类理解的活动。① 这是国际奥委会第一次在奥运会申办期间就发布的有关文件，其目的是遵守有关善治和透明原则的承诺，尤其是在主办城市合同原则中的不歧视条款规定了对性取向异常运动员的尊重。无论是民间人权组织和运动员代表的积极推动，还是体育与政治联姻的促进结果，奥运会主办城市合同纳入人权条款表明奥运会参赛运动员的人权得到了进一步保障。

另外，虽然大规模抵制奥运会的现象在最近十来年再没有出现过，但是奥运会主办国在筹办期间出现的严重的人权问题多多少少损害了奥林匹克运动的形象。譬如由于俄罗斯在索契冬奥会前颁布了反同性恋立法，一些人权组织号召对 2014 年的索契冬奥会进行抵制，一些运动员呼吁俄罗斯政府重新审议其颁布的反同性恋立法。俄罗斯政府的做法也遭到了国际社会尤其是体育界人士和人权人士的批评，在奥运会主办城市合同中增加尊重人权条款的呼声日益高涨。要求奥运会主办国尊重基本人权和《奥林匹克宪章》可能会在一定程度上实现奥林匹克运动的基本价值，避免主办国制定严重侵犯运动员人权和《奥林匹克宪章》的立法或类似行为。毕竟，将奥运会等大型体育赛事的主办权授予一个"人权和法治状况较为严峻"的国家可能会在体育赛事筹办过程中出现严重侵犯人权的情形。然而，东道国的人权状况是否严重的评判标准以及由谁评判都是难以确认的问题。在人权问题上，不同国家由于发展状况、文化风俗以及法治存在差异等诸多原因，对人权形态的尊重和理解也是多样化的。

---

① International Olympic Committee, "Host City Contract 2024," Lausanne: IOC, 2015, p. 15.

二　跨性别运动员的人权保障根据

和同性恋类似，跨性别人的性取向基本上不同于常人，因此在社会生活中包括在体育运动中经常受到歧视或不公正对待，其人权经常遭到侵犯。在跨性别运动员的人权受到侵犯时，可以用国家的国内立法、该国签署和批准的人权条约以及某些国际人权习惯规则来进行保护。

（一）国内立法

根据当前"金字塔"式的国际体育组织结构，跨性别运动员要想参加国内或国际比赛，原则上首先要申请加入国内相关的体育协会，达到该体育协会的选拔标准后可以获得参加国际体育赛事的机会。这里，跨性别者参加国内体育协会和体育赛事的资格之一就是作为自然人要得到法律上的承认，如此才有可能以男性或女性的身份参加男子或女子比赛，并在其权益受到侵犯时提起法律保护。故，国内法律的承认是保护跨性别运动员人权的首要条件。

首先，许多国家颁布了一般性的保护人权或公民权利的法律，在跨性别运动员的人权受到侵犯时，可以以此为根据提起保护诉求。譬如 2005 年进行了变性手术的拉娜·劳丽斯（Lana Lawless）于 2008 年赢得了高尔夫世界长打王锦标赛（World Long Drive Championship）桂冠，但 2010 年美国长打王协会（LDA）拒绝她继续参赛。同样，女子职业高尔夫球协会（LPGA）的规则也要求参赛者必须"出生时为女性"。拉娜的女性性别得到了法律的承认，但是根据 LDA 或 LPGA 的规则却不是女性运动员。拉娜在旧金山提起针对 LPGA 和 LDA 的联邦法院诉讼，指出被告要求的出生时为女性的规则侵犯了《加州公民权利法》（California Civil Rights Law），该法禁止因为种族、性别、性取向和跨性别身份等而歧视其他人。2011 年 LPGA 和 LDA 与拉娜发布了一个联合声明后撤回诉求。该声明指出，"LPGA 理解拉娜提起的跨性别运动员参加巡回赛和职业赛事的问题。拉娜和 LPGA 都满意前者提起的诉讼得到了合理的解决，赞成 LPGA 会员压倒性票数决定取消其规则中的'出生时性别'的条款"。①

其次，在一般性的人权法的基础之上，运动员也可以求助于一些特别法律，尤其是关于性别的特别法。譬如 2002 年，英国克里斯汀·古德温（Christine Goodwin）与另外一个被称为"I"的人依据《欧洲人权公约》第 8 条（尊重隐私和家庭生活权）、第 12 条（结婚和组成家庭权）、第 13 条（寻求救济的权利）以及第 14 条（禁止歧视）向欧洲人权法院提起诉求，指出英国没有对其手术后的性别以及跨性别人的法律地位进行法律承认，尤其是申请人在就业、社会安保和养老金以及结婚能力方面受到了虐待。② 欧洲人权法院判决认为英国未能在法律上承认克里斯汀和"I"的新身份侵犯了其根据欧洲人权公约享有的隐私权和结婚权。也许是因为该判决，2004 年英国通过了《性别承认法》（Gender Recognition Act），从法律上承认跨性别人的既定性别（acquired gender）。根据该法律，如果向性别承认委员会提出的申请获得了许可，跨性别人的性别已经成为其既定性别，其就得到一个完整的性别承认证书，允许对当事人的出生证进行修改以体现其新获得的性别，且不需要进行变性手术。而且，在特定情况下，该法禁止披露某些人申请性别承认证书或披露其获得证书之前的性别，否则根据该法第 22（8）条规定，此类披露构成一种刑事违规行为，应受到罚金的处罚。另外，该法规定只有在那些受到性别影响的体育运动中（譬如一个性别的体力、耐力和身体状况将会使其与其他性别的一般人相比处于不利的地位）才可以禁止或限制跨性别运动员参赛，有必要这样做的目的是确保公平竞争以及竞争对手的安全。③

最后，不管采取哪一种方法，体育组织都要确保相关规则遵守相关国家的国内法要求。这在昌德案（Dutee Chand）的临时裁决④中得到了体

---

① Meena Hartenstein, "LPGA votes to allow transgender golfers to compete, changing 'female at birth' rule after lawsuit," http://www.nydailynews.com/sports/lpga-votes-transgender-golfers-compete-changing-female-birth-rule-lawsuit-article - 1.470794，最后访问时间：2018 年 4 月 20 日。

② See European Court of Human Rights (Echr), Christine Goodwin v. the United Kingdom [GC] - 28957/95, Judgment 7 November 2002.

③ Gender Recognition Act 2004, section 19.

④ CAS 2014/A/3759, Ms Dutee Chand v. Athletics Federation of India and IAAF, Interim Arbitral Award, 24 July 2015.

现，其涉及雄激素过多症的女子运动员参加女子比赛的参赛资格问题。该案详细讨论了相关的体育运动规则是否构成非法歧视（尤其是根据国际田联总部摩纳哥的法律），需要 IAAF 证明，根据优势证据标准（balance of probabilities），对此类运动员参加女子比赛的限制是不是必要的，以及是否与其达成的合理目标（也即维持公平竞争）成比例。在这方面，尽管仲裁庭承认国际田联已经制定了雄激素过多症条例以维持女子比赛的公平竞争环境，其意欲追求的是一种合理的目的，但是国际田联没有能够证明雄激素过多症运动员比非雄激素过多症女性运动员拥有更多的实质性比赛优势以至于可以排除其参赛资格。仲裁庭裁定暂停执行国际田联条例，直到出现新的关于此问题的证据。①

（二）国际性法律文件

对于跨性别运动员来讲，其享有的体育人权长期以来也是一个被忽略的问题，尽管这项人权已得到国际社会广泛的承认。首先，《世界人权宣言》第 27 条规定："人人有权自由参加社会文化生活，欣赏艺术，并分享科学进步及其产生的福利。"作为一项人权，体育权的最基本内容就是大众体育参与权的保障和发展，自由而平等的体育参与权是体育人权中一项综合性、基本性和广泛性的权利，涉及体育事务的多个方面。② 其次，1978 年联合国教科文组织通过（2015 年修改）的《国际体育教育、体育活动和体育运动宪章》也明确规定开展体育教育、体育活动和体育运动是每个人的一项基本权利，人人都有开展体育教育、体育活动和体育运动的基本权利，无论种族、性别、性取向、语言、宗教、政见或其他主张、国籍或门第、财产或其他任何原因。该宪章的通过对各国政府推进大众体育政策起了较大的督促作用。受其影响，无论是发达国家还是发展中国家，

---

① See CAS 2014/A/3759, Ms Dutee Chand v. Athletics Federation of India and IAAF, Interim Arbitral Award, 24 July 2015, paras 508, 532 and 547 – 548.

② 于善旭等：《保障和发展体育人权：全球化时代体育法治的价值依归》，《北京体育大学学报》2014 年第 5 期。

都把发展大众体育、增进全民健康作为政府关注的热点之一。再次，至20世纪90年代，许多国家制订了发展大众体育的长远规划，譬如美国的健康公民2000年目标、英国的90年代体育战略规划，以及中国于1995年颁布的《全民健身计划纲要》等。这些文件极大地维护和保障了全球大众参与体育活动的权利，推动了大众体育的发展。另外，国际奥委会1996年修订的《奥林匹克宪章》也增加了一个基本原则，即"从事体育运动是一项人权。每个人都有能力根据自己的需要进行体育活动"。因此，无论是作为政府间国际组织的联合国专门机构还是作为非政府间国际组织的国际奥委会都肯定了从事体育运动的权利是一项人权，不能因为性别或性取向而限制或禁止相关运动员从事体育活动，包括参加奥运会的权利。

在对跨性别运动员的人权保护方面，联合国通过的一些有关人权的国际公约，譬如《消除对妇女一切形式歧视国际公约》以及其他缔约国签署的不具有约束力的声明，虽然对缔约国具有道义上的承诺效力，但是能否对国际奥委会产生约束力是个值得探讨的问题。原则上，国际条约仅对缔约国有效，对于缔约国内的公司或其他实体从事的违反基本人权的行为，譬如破坏环境、侵害劳工权益等行为，能否让相关实体承担责任是一个极有争议的问题。从国际体育运动的角度来讲，如果在国际体育组织筹办或主办体育赛事期间，相关实体实施了一些可能违反国际人权规则的行为，这些实体是否要因此承担责任呢？至少从公司社会责任的角度来理解，国际体育组织以及赞助商等应当对大型赛事筹办和主办期间发生的侵犯人权行为与东道国一起承担共同的责任。

事实上，对同性恋以及跨性别人士的仇视态度往往与缺乏对性取向和性别认同异常人士的充分法律保护有关。在联合国系统内，以跨性别者的人权为例，2007年3月，联合国人权委员会发布的被称为《日惹原则》（Yogyakarta Principles）的国际人权宣言指出，不用考虑一个人的性倾向或性别认同，每个人都有获取正义、隐私权、非歧视、言论与结社自由、免受医疗虐待、参与公共生活和文化生活等的权利。类似《日惹原则》等国际人权文件的签署国有责任和义务确保"国际田联、国际奥委会和其他体育组织修改其主办或参加体育赛事的规则"。① 另外，有关的先例已经指出，类似公司和民间实体等"非国家行为体"要承担和国家一样的人权标准。譬如国际奥委会看起来像一个国家，其行动和职能也像一个国家，所以国际奥委会应当对其侵犯人权的行为承担责任，这是合理的。② 虽然某个国家或国家奥委会不可能运用国际法起诉国际奥委会，但是在诸如性别检查等方面，单个的运动员可以对国际体育组织的政策提出质疑，跨性别运动员也可以采取类似的措施以确保自己参加体育赛事和获得言论自由等的基本权利。③

联合国人权理事会在保护跨性别运动员的人权方面的行动起到了表率作用。人权理事会于 2011 年 6 月通过了第 17/19 号决议，要求联合国人权事务高级专员委托他人对世界各地基于性取向和性别认同的歧视性法律、做法和暴力行为进行研究并举行专题讨论会。④ 这是联合国系统内第一份关于性取向和性别认同的决议，其为联合国人权高级专员第一次就跨性别问题发布官方报告铺平了道路。⑤

除了专攻人权的联合国人权理事会外，联合国其他机构也对跨性别者的人权问题表达了关注。联合国系统 12 个机构于 2015 年 9 月 29 日发表了一份前所未有的联合声明，呼吁国际社会采取行动，结束针对男女同性恋、双性恋、跨性别者和双性人的违反人权的行为，指出各国政府采取具体措施审查并废除所有基于性取向、性别认同或性别表达的被用来对个人实施逮捕、惩罚或歧视的法律。这是首个由诸多联合国家庭成员联手，共

① Emily J. Cooper, "Gender Testing in Athletic Competitions—Human Rights Violations: Why Michael Phelps is Praised and Caster Semenya is Chastised," 14 (2) *Journal of Gender, Race and Justice* 233 – 260 (2010).

② Emily J. Cooper, "Gender Testing in Athletic Competitions—Human Rights Violations: Why Michael Phelps is Praised and Caster Semenya is Chastised," 14 (2) *Journal of Gender, Race and Justice* 233 – 260 (2010).

③ Helen Jefferson Lenskyj, *Sexual Diversity and the Sochi*, New York: Palgrave Macmillan, 2014, pp. 70 – 71.

④ 参见联合国人权理事会《人权、性取向和性别认同》（A/HRC/RES/17/19），联合国出版，2011。

⑤ Report of the United Nations High Commissioner for Human Rights, *Discriminatory Laws and Practices andActs of Violence against Individuals Based on their Sexual Orientation and Gender Identity* (*A/HRC/19/41*), UN Publication, 2011.

同捍卫性取向异常人士的基本权利的声明。这既是联合国机构做出的承诺，也是向世界各国政府发出的行动呼吁，希冀以更大的努力应对针对同性恋和变性者实施的暴力、歧视和虐待行为，毕竟，基于性取向、性别认同或生理性别特征而实施的暴力和歧视侵犯了受害者的人权。这正是联合国系统内在广泛领域开展工作的各个机构，包括人权、健康、教育、就业、发展、儿童权利、性别平等、粮食安全和难民机构等，能够联手发出这一强有力的声明的原因。①

另外，2016 年 6 月 30 日，联合国人权理事会通过了防止基于性取向和性别认同的暴力和歧视的决议，重申人人生而自由，在尊严和权利上一律平等，并且人人有资格享受《世界人权宣言》所载的一切权利和自由；强烈谴责世界各地因个人性取向或性别认同而实施的暴力和歧视行为；任命一名防止基于性取向和性别认同的暴力和歧视问题的独立专家等。②

除了有关跨性别人士的国际性法律文件外，联合国一些机构的负责人也对跨性别人士的人权问题表达了关注。譬如，20 世纪 90 年代以来，联合国人权机构包括联合国秘书长和人权理事会反复表达了对跨性别人权问题和相关人权受侵犯现象的担忧。前任秘书长潘基文于 2010 年 12 月在纽约发表了关于男女同性恋、双性恋和跨性别者平等问题的具有里程碑意义的讲话，呼吁世界范围内同性恋行为的非刑事化，反对基于性倾向与性别认同的歧视，并认为在文化态度和人权相冲突时，人权必须先行。③ 另外，2012 年 3 月 7 日，联合国秘书长在人权理事会上的讲话中还特别指出，尽管有些人认为性取向和性别认同是敏感问题，但还是要讲出来，因为根据《联合国宪章》和《世界人权宣言》的相关精神，保护所有地方所有人的

---

① 联合国新闻：《联合国机构联手保护男女同性恋、双性恋、跨性别者和双性人权利》（2015 年 9 月 29 日），http://www.un.org/chinese/News/story.asp? NewsID＝24802，最后访问时间：2018 年 4 月 10 日。

② 参见联合国人权理事会《防止基于性取向和性别认同的暴力和歧视》（A/HRC/RES/32/2），UN Publication，2016。

③ UN Secretary-General, "Confront Prejudice, Speak Out against Violence, Secretary-General Says at Event on Ending Sanctions Based on Sexual Orientation," Gender Identity (10 December 2010), http://www.un.org/press/en/2010/sgsm13311.doc.htm, 最后访问时间：2017 年 10 月 28 日。

权利是我们的职责。①

　　总之，根据《世界人权宣言》和国际人权条约，以及联合国人权理事会和大会通过的保护跨性别者人权的相关决议等国际性文件的规定，所有的人，不分其性别、性取向或性别认同等，都有权享受国际人权法给予的人权保护，包括要尊重其生存权，个人安全，隐私权，免于奴役、武断逮捕和扣押的权利，免于歧视的权利，言论、结社和集会自由等权利。因此，保护跨性别成员在社会生活中享有平等待遇和免遭暴力和歧视并不需要创立一个新的国际人权标准。至少从法律的角度来讲，该问题简单明了，即国际人权法已经确立了各国有保护跨性别群体免遭人权侵犯的义务，其对所有的联合国成员国都是有约束的，并不需要重新设立针对跨性别者的特定权利。而对于联合国会员国来讲，对跨性别人员的态度尽管有分歧，但是近年来，许多国家都决心努力加强保护男女同性恋、双性恋和跨性别者的人权，并通过了一系列新的法律，包括禁止歧视、惩戒仇视同性恋的相关犯罪、对同性关系给予承认，而越来越多的国家在法律上承认同性婚姻就是典型实例。②

三　国际体育运动中跨性别运动员权益保障的发展：以性别检查为主线

　　和同性恋运动员的参赛权利③得到保障不同，跨性别运动员的权益保

---

① 联合国人权事务高级专员办事处：《与基于性取向和性别认同的歧视作斗争》，http://www. ohchr. org/CH/Issues/Discrimination/Pages/LGBT. aspx，最后访问时间：2017 年 10 月 18 日。

② 维基百科：《同性婚姻》，https://zh. wikipedia. org/wiki/同性婚姻，最后访问时间：2016 年 11 月 26 日。

③ 目前同性恋除了可以参加奥运会等赛事外，还有民间的同性恋运动会。譬如美国洛杉矶的同性恋组织因为使用奥林匹克标志而被美国奥委会诉至法院。该运动会的创立者自己曾经是一位奥运参赛运动员，在使用"同性恋奥运会"这个最初的名称时遭到了美国奥委会和国际奥委会的反对，并因此被诉至法院，最后改为"同性恋运动会"（Gay Games）。因为其创立者希望该运动会能够通过消除人们认为同性恋是体育运动中的缺乏技能的运动员的刻板印象而挑战主流的意识形态，自 1982 年第一届运动会后得到迅速发展，至 2010 年德国科隆同性恋运动会，参赛运动员达到 9500 多人，来自 70 个国家，目前同性恋运动会也许是世界上最大的有 LGBTI 运动员参加的体育赛事。See Soonhwan Lee, Seungmo Kim and Adam Love, "Coverage of the Gay Games From 1980 – 2012 in U. S. Newspapers: An Analysis of Newspaper Article Framing," 28（2）*Journal of Sport Management* 176 – 188（2014）.

障多年里一直没有有意义的进展。事实上，体育界多年来一直在努力回避一个逐渐增多并且经常出现的问题，即如何处理跨性别运动员参加体育运动的问题。这是一个有很多争论的问题，也是从草根运动到精英体育都存在的一个问题，不但需要国内外法律文件的支持，还需要体育组织自身政策的帮助。需要明确的是，体育运动中跨性别运动员的权益保障发展主要是与女性运动员的性别检查以及科学发展密切相关的。

历史上，体育运动曾经被视为男人的地盘，譬如 1896 年第一届奥运会的参赛者仅仅是肌肉粗壮的白人男性。[①] 后来，女性运动员的加入把体育运动分为男性和女性两种传统的参赛性别。[②] 体育运动项目的男女二分法的主要原因是男性自从青春期开始就拥有巨大的身体优势[③]，尤其是一些高水平的体育运动，男女之间的差异就更加明显，譬如男女田径比赛的很多世界纪录都有很大的差距。这种不同性别身体上的差异被认为是合理的，主要原因是男性从青春期开始产生较高的荷尔蒙，使得男性拥有比女性更多的力量和力气。结果是，体育赛事区分性别的规则考虑到了公平比赛和竞争，同时解决了不同性别运动员之间比赛可能会产生的潜在的健康和安全担忧，譬如身体接触性体育运动项目。这种公平和有意义的竞争的概念正是体育运动的本质所在，也是维持体育赛事结果不确定的基本需求的体现。[④] 也正是因为这种需求导致体育组织制定了不同的运动规则，如不同年龄组和重量级的比赛，以及不同的残疾奥运会的分级比赛。譬如，一个次轻量级的拳击运动员和一个重量级的拳击运动员进行比赛可能就不是一场公平和有意义的竞争，谁将会取得胜利是毫无疑问的，并且会没有

---

① See Rebecca, "Identify: An Olympic Spotlight on Transgender Athletes," https://cas. uab. edu/humanrights/2018/02/01/identify-olympic-spotlight-transgender-athletes/，最后访问时间：2018 年 4 月 10 日。

② 绝大多数的体育运动项目都将比赛区分为男性和女性两种，也有一些例外，譬如马术以及一些帆船比赛，可以推定男性和女性运动员同场竞技是完全公平的。

③ LouisGooren, "The significance of testosterone for fair participation of the female sex in competitive sports," 13 (5) *Asian Journal of Andrology* 653 - 654 (2011).

④ Liz Riley, "The Participation of Trans Athletes in Sport-A Transformation in Approach," https://www. lawinsport. com/topics/articles/item/the-participation-of-trans-athletes-in-sport-a-transformation-in-approach，最后访问时间：2018 年 4 月 11 日。

任何价值。类似，如果允许女性参加男性的运动，其几乎没有获得胜利的机会，相反男性参加女性比赛则有巨大的获胜概率。

（一）早期妇科检查

体育运动男性和女性比赛的区分导致跨性别运动员的参赛产生了一些问题，如一个由男性转变为女性的跨性别运动员拥有比其他女性更多的不公平竞争优势，体育组织必须做出决定的是如何解决这些问题。关键是，跨性别运动员并不符合传统体育运动认可的男性和女性的两性概念，且到目前为止还没有一个有关跨性别者的公认的定义。目前一种被广泛接受的观点是，跨性别者包括了许多种人，譬如变性者和性同者等，甚至还包括雌雄间性以及易性癖者等。[1] 随着科学的发展以及体育组织性别检查方法的改进，不认同自己出生性别的跨性别运动员的参赛问题越来越多，其主要争论是跨性别女性（trans woman）[2] 因其更加强壮的男性身体结构以及更高的睾丸酮水平而在竞技比赛中可能要比生来就为女性的运动员具有更多的优势；还有诸如身高和体重这样的身体问题，以及心理因素等。[3]

另外，运动员分为男性和女性两大类别的传统分类方法阻碍了那些生来是男性但通过变性转变为女性或者虽然没有变性但在性别认同方面认为自己是女性的运动员参加比赛，理由是这些跨性别男性可能会有竞技方面的优势。事实上，因为男女之间在身体和生理结构上的巨大差别，在历史上也出现了一些跨性别运动员的参赛问题，譬如1936年柏林奥运会女子跳高第4名朵拉·拉特延（Dora Ratjen）在1938年被德国警方证实为男

[1] Wikipedia, "Transgender," https://en.wikipedia.org/wiki/Transgender，最后访问时间：2018年4月25日。

[2] 两个基本的跨性别者通常使用的名称为 Trans man（跨性别男性，女身男心）和 Trans woman（跨性别女性，男身女心）。

[3] 目前对跨性别运动员的严格审查主要集中在跨性别女性，因为一般认为从女性到男性的转变并不会带来竞技上的优势。See Marelise van der Merwe, "Sport and gender: Can of worms, open," www.dailymaverick.co.za/article/2016-08-22-sport-and-gender-can-of-worms-open/，最后访问时间：2018年4月10日。

性，其实朵拉是一个雌雄同体的运动员（双性人）。① 不过鉴于体育组织自上而下的管理组织结构，国际体育界一直对包括跨性别在内的性取向异常的运动员不太友好，为保证一个男女同性别的公平体育竞争环境以及解决跨性别运动员的参赛资格问题，国际奥委会等体育组织开始进行了不同形式的性别检查，借此希望能最低程度地减少性别优势。

1940 年代开始曾经有体育组织使用性别检查②以确保所有体育运动的公正性。1960 年代，曾经使用外观上的生殖器检测以确认运动员的性别，主要是所谓的妇科检查，这种方法比较粗鲁并且毫无疑问会对进行检测的运动员带来一定程度的"羞辱"和侵犯其隐私权。

（二）中期染色体基因检测

1968 年墨西哥城市奥运会上引入了"口腔黏膜涂片检测"（譬如巴尔体性别检查，Barr Body Sex Test），也即确保所有运动员都具有 XX 或 XY 染色体组织的染色体检测。这种检测的目的是确保所有的运动员都要根据其性别进行比赛，但是大多数情况下其结果可能会排斥雌雄同体的运动员。③ 染色体检测随后被证明是不科学的，因为决定性别的是源于一种被称为口腔黏膜涂片的生物信息。这种染色体基因检测没有考虑到在很多情况下 XY 女性对于雄激素也是完全不敏感的事实，因此并不具有明显的比赛优势，促进运动员比赛成绩发挥的主要因素睾丸酮也就起不了积极作用。④ 1980 年代中期，西班牙跨栏运动员玛利亚·马丁内斯 - 帕蒂诺（Maria Martinez-Patino）因一种医学上的疾病而未能通过巴尔体性别检查

---

① See Wikipedia, "Dora Ratjen," https://en. wikipedia. org/wiki/Dora_Ratjen, 最后访问时间：2018 年 4 月 29 日。

② See Wikipedia, "Sex Verification in Sports," https://en. wikipedia. org/wiki/Sex_verification_ in_sports, 最后访问时间：2018 年 4 月 10 日。

③ Ruth Padawer, "The Humiliating Practice of Sex-Testing Female Athletes," https://www. tran-scend. org/tms/2016/07/the-humiliating-practice-of-sex-testing-female-athletes/, 最后访问时间：2018 年 4 月 10 日。

④ Eric Vilain, Jonathan Ospina Betancurt, Nereida Bueno-GuerraandMaria Jose Martinez-Patiño, "Transgender athletes in elite sportcompetitions: Equity and inclusivity," in Eric Anderson, Ann Travers (eds.), *Transgender Athletes in Competitive Sport*, 2017, Routledge, pp. 156 – 170.

并因此被剥夺参赛资格。帕蒂诺求助于医学专家，并从人权和道德伦理学的角度对当时的性别检查机制进行挑战。帕蒂诺 1988 年上诉成功，理由是其患有雄激素不敏感综合征。[1] 帕蒂诺成功恢复参赛资格在很大程度上是因为人权积极分子和医学专家认为性别检查是不公平的，基于染色体的性别检查自身是有问题的，因此把染色体检测作为判断体育运动参赛资格的标准是不合理的。[2] 帕蒂诺案导致国际奥委会等体育组织改变了性别检查标准。1988 年国际田联放弃了染色体和基因检测，并在 1990 年推出了一种新的健康医学检查方法，包括对外生殖器的简单观察而不再需要任何性染色体检查。但在 1991 年国际田联放弃了所有的系统性的性别检查，理由是兴奋剂检测需要运动员在证人面前提供尿液，因此性别检查是不必要的。而且，当前的运动服是如此袒胸露肩以至于男性不可能再伪装成女性参赛。

尽管如此，1992 年，国际奥委会仍然引入了一种特殊的基因检测，也即所谓的 Y 染色体检测。虽然某些人可以改变性别，但其一般不能改变染色体的组成。所有体内带有 Y 染色体的女性，哪怕性别表征是女性，生殖系统也是女性，从小就被所有人当作女性，也不被允许作为女性参赛。但是这种检测也可能会带来错误的信息。譬如 1996 年亚特兰大奥运会有 8 名运动员未能通过这种检测，但在经过进一步检测后都被允许参加了比赛。[3] 最终 1999 年，国际奥委会决定跟随国际田联，废除强制性的性别检查。[4]

前述确定女性特征的相关政策，无论是 1940 年代的医学证明，还是 1960 年代开始的妇科检查和外观检查，以及到后来的染色体和基因检测，

---

① Vanessa Heggie, "Subjective Sex: Science, Medicine and Sex Testsin Sports, in Eric Anderson," Ann Travers (eds.), *Transgender Athletes in Competitive Sport*, 2017, Routledge, pp. 131 – 141.

② Vanessa Heggie, "Testing Sex and Gender in Sports: Reinventing, Reimagining and Reconstructing Histories," 34 (4) *Endeavour* 157 – 163 (2010).

③ Vanessa Heggie, "Testing Sex and Gender in Sports: Reinventing, Reimagining and Reconstructing Histories," 34 (4) *Endeavour* 157 – 163 (2010).

④ Karkazis K., Jordan-Young R., Davis G., "Camporesi S., Out of Bounds A Critique of the New Policies on Hyperandrogenism in Elite Female Athletes," 12 (7) *The American Journal of Bioethics* 3 – 16 (2010).

最终都证明花费巨大，造成对相关运动员的歧视和侵犯隐私并带来伤害。结果是，体育管理者决定停止所有的女性性别检查，相反只对那些看似"怀疑"的女性进行检测。

（三）晚近强调睾丸酮水平

一个值得注意的情况是，晚近数十年的性别检查都与运动员的内生睾丸酮水平有密切的关系。人身体内的内生睾丸酮被认为可以提高比赛成绩，因为其可能致使运动员产生的肌肉力量多于其身体自身一般情况下产生的肌肉力量，因此除非得到治疗用途豁免，否则额外补充睾丸酮通常也被认为是兴奋剂违规行为，这也是为什么要禁止外生睾丸酮的原因。而且，维持内生睾酮水平对于男性和女性的基本健康是至关重要的。譬如一个 XY 染色体的男性变性为 XY 染色体女性时就不得不将其内生睾丸素的主要来源睾丸拿掉，而拥有 XY 染色体的人需要有比 XX 染色体更高的睾酮水平才能维持基本健康，因此变性后 XY 染色体女性为维持身体健康就需要服用合成睾丸素。相反，拥有 XY 染色体的女性因为其内生睾丸素而可能获得相应竞技优势，这就需要 XY 染色体的女性将其睾酮水平限制在更低的 XX 女性水准。[①] 后面的沃利案（Worley）即是此类争端。

事实上，很长时间以来体育组织一直试图把规范女性睾酮水平的政策确立为"女性特征"的决定性标记的一部分。但体育界没有意识到 XY 染色体的女性在进行变性手术后，为维持基本健康，仍然需要维持一定程度的睾酮水平。实际上，体育领域一直认为睾丸素是被用来提高竞技表现的，而通过强制变性和服用药物抑制跨性别运动员体内睾酮水平至 XX 女性的水准会对其带来身体上的伤害，结果可能会导致相关运动员"完全失去荷尔蒙"，而荷尔蒙缺失会产生多种不同的健康疾病。

2003 年 10 月，国际奥委会医学委员会的一个特别委员会在斯德哥尔摩召开会议讨论包括跨性别运动员在内的变性人参加奥运会的问题，其结

---

① Liz Riley, "The Participation of Trans Athletes in Sport-A Transformation in Approach," https://www. lawinsport. com/topics/articles/item/the-participation-of-trans-athletes-in-sport-a-transforma-tion-in-approach，最后访问时间：2018 年 4 月 11 日。

果是 2004 年国际奥委会通过了《对性别再指定和体育运动建议的解释意见》（即斯德哥尔摩共识）。其指出，尽管进行性别再指定的个人通常有身体方面的问题并导致其不能参加体育赛事，但是对其中的某些人来说参与体育运动是非常重要的。这一报告打开了跨性别运动员参加奥运会的大门，要求跨性别运动员要满足 3 个主要的条件就可以参加奥运会，即进行变性手术，从法律上承认其变性后的性别，以及至少 2 年的荷尔蒙治疗。这些要求适用于那些由国际奥委会赞助的体育活动，包括那些适用国际奥委会规则的其他体育管理机构。因此直到 2004 年，国际奥委会才允许跨性别运动员参加奥运会。①

斯德哥尔摩共识是一个相对保守的文件，且规定跨性别运动员必须进行外科性腺切除术。一直到现在，仍然有一些国际体育组织要求跨性别运动员在以选定的性别身份参赛前要进行外科变性手术。譬如英国的英格兰足总（FA）发布了适用于英格兰足球的"足球运动中的跨性别运动员政策"，再一次集中规定了荷尔蒙含量。② 尤其是，18 周岁以上运动员的参赛资格需要具体案例具体分析，要考虑的因素包括申请人和其同场运动员的安全以及确保公平竞争的必要性。对于男性转变为女性的跨性别者，在通过荷尔蒙治疗或性腺切除术后一段合理的期间内，其体内的荷尔蒙含量可以最低程度地降低潜在的优势，就可以推定满足了相关要件。③ 该政策受到了国际奥委会条例的很大影响，是一种包容性很强的跨性别运动员政策。再如国际网球联合会 2015 年的政策遵循国际奥委会规定，要求青春期后从男性变性为女性的跨性别运动员在以女性身份参赛前必须进行外科手术，包括外生殖器的改造以及性腺切除术，而且还必须在手术后进行适当时间的荷尔蒙治疗。④

---

① HeatherSykes, "Transsexual and Transgender Policies in Sport," *Women in Sport and Physical Activity Journal*, 2006, 15（1）: 3 - 13.

② See The FA, "The FA Policy on Trans People in Football," www. thefa. com/ - /media/files/thefaportal/governance-docs/equality/lgbt/trans-updates - 2015/10360 _ fa-policy-on-trans-people-in-football. ashx? la = en，最后访问时间：2018 年 4 月 28 日。

③ See Art. 5, ibid.

④ See Appendix A, "ITF Pro Circuit Reguylation（2015）," https://docs. wixstatic. com/ugd/2bc3fc_ cd8f3b2a4e134a5f96ddab8361570add. pdf，最后访问时间：2018 年 4 月 10 日。

　　另外，根据该条例规定，跨性别运动员需要进行再造生殖器的手术治疗以使其符合女性或男性的两性标准，其适用带来的问题极端严重并且有违人权。譬如 2012 年伦敦奥运会前，4 个年轻的运动员为参加奥运会被迫进行了手术，切除了其隐睾，并被告知要降低其睾酮水平才能继续参赛。[①]这些年轻运动员因为体育运动的需要而通过手术消除了其体内自生睾丸素的能力，其症状就是"完全的荷尔蒙丧失"。体育的介入完全不是帮助他们像体育界所说的那样参赛，而是使其不能参加比赛并且导致医疗伤害。

　　2009 年的塞门亚案（Caster Semenya）[②] 促使国际田联更改了相关的政策，并于 2011 年颁布了雄激素过多症条例。该政策似乎是对塞门亚问题的直接应对，尽管塞门亚从来没有被确认过有过高的睾丸酮。该条例要求享有荷尔蒙优势的女性要进行外科或荷尔蒙方面的介入治疗以降低其体内的自生荷尔蒙，达到与其他女性运动员相等的水平，即每升 10 纳摩尔（10nmol/L）。

　　2015 年 11 月，国际奥委会又改变了其要求[③]，规定从女性转变为男性的运动员可以无限制地参加任何男子项目的比赛，但是男性转变为女性的情况比较复杂，通常要满足一定的条件，譬如睾丸酮水平。这是一种更加包容性的方法，即要求那些跨性别女性运动员的睾丸酮水平与那些生来就是女性的运动员一致，以避免造成不公平的竞争。国际奥委会还指出变性手术是不必要的，其对运动员的比赛成绩几乎没有任何影响。该条例对

---

① See Emily Goddard, "IAAF denies claims of castration of transgender London 2012 competitors （4 July 2013）," https://www. insidethegames. biz/articles/1014949/iaaf-denies-claims-of-castration-of-transgender-london - 2012 - competitors, 最后访问时间：2018 年 4 月 25 日。

② 在 2009 年国际田联世界锦标赛上，时年 18 岁的塞门亚轻松赢得了女子 800 米跑冠军。由于塞门亚成绩过于突出，加之其接近男子的体貌特征，因此，国际田联要求其进行性别测试。测试结果没有正式公布，但是部分结果遭到泄露，新闻界一片哗然。塞门亚患有肾上腺增生症，是 XX 染色体，确实能够因为其肾上腺产生较高的睾丸素，属于内分泌紊乱，表现为女性体内男性性激素（如睾酮）水平过高。2012 年伦敦奥运会上塞门亚获得女子 800 米跑亚军。在 2016 年里约奥运会上，塞门亚再次夺得女子 800 米跑冠军。她一直按照当时国际田联的规定，服用降低睾酮的药物，2015 年停药。

③ See IOC, "IOC Consensus Meeting on Sex Reassignment and Hyperandrogenism," https://stillmed. olympic. org/Documents/Commissions_ PDFfiles/Medical_ commission/2015 - 11_ ioc_ consensus_ meeting_ on_ sex_ reassignment_ and_ hyperandrogenism-en. pdf, 最后访问时间：2018 年 4 月 10 日。

以往的相关条例进行了修改，以便适应目前科学界、社会界以及法律界对于跨性别人士的全新态度。国际奥委会也表示，之前要求跨性别选手接受手术的规程"不符合日趋完善的人权法规"。国际奥委会需要保证跨性别选手能够平等地获得参与奥运赛事的机会，与此同时也依然需确保赛事的公平性。

国际奥委会的跨性别政策基本上完全取决于荷尔蒙水平，这给体育组织发出的一条错误信息就是那些天生就具有较高的内生睾酮水平的女性可能具有竞争优势，但同时该政策的实施也是对此类运动员的一种歧视，比如印度的生物学女性运动员昌德以及南非的塞门亚都曾经因为内生睾酮水平超过国际奥委会规定的女性运动员的限制而被禁赛。昌德拒绝了国际奥委会要求其通过医学治疗降低睾酮水平的建议而将有关争端诉至 CAS，塞门亚则为了参加 2016 年奥运会接受了药物治疗。昌德和塞门亚的案件对女性运动员的荷尔蒙标准政策提出了挑战，毕竟有较高睾酮水平的女性是否比正常女运动员拥有更多的竞争优势还是有疑问的。至少在目前来讲，这种过度且仅仅强调睾酮水平以确定某一女性能否参加女子体育比赛的方法已经过时了。[1]

2017 年 7 月，国际田联进行的一项新的研究发现，天生睾酮高的女子运动员较普通运动员可能有高达 4.5% 的竞争优势，顶尖女性运动员和顶尖男性运动员相比有 10% ~ 12% 的竞争劣势。[2] 应当推定的是女性参加男子比赛时处于一种竞争劣势，睾丸酮较高的跨性别运动员应当接受睾酮抑制治疗。国际田联随暂停雄激素过多症条例，并于 2018 年 4 月 26 日颁布了新的参赛规则即《性发展异常运动员的参赛资格》，要求性发展异常的运动员要在 2018 年 11 月 1 日（该条例生效日期）之前将其睾酮含量降低到每升 5 纳摩尔，否则其将不能参加 400 米到 1 英里的所有比赛。国际田

---

① Adele Jackson-Gibson，" Do trans athletes have an unfair advantage in sports？" http://www. excellesports. com/news/trans-athletes-unfair-advantage-sports/，最后访问时间：2018 年 4 月 10 日。

② Stéphane Bermon and Pierre-Yves Garnier，"Serum androgen levels and their relation to perform-ance in track and field：mass spectrometry results from 2127 observations in male and female elite athletes," Br J Sports Med.，2017，51（17）：1309 – 1314.

联主席指出，有充分的证据显示，无论是内生还是外部添加的睾丸酮都可以对女性运动员提供巨大的比赛优势。该规则的修改是为所有的运动员提供一种能够通过其天才、奉献和辛苦训练而不是其他因素进行公平和有意义的比赛的机会。①

需要注意的是，国际田联的有关研究证据并没有得到科学界的支持，并认为其有严重的缺陷。如果国际田联继续根据此类统计性结果制定政策，其就要每一次都得根据新的数据资料的研究成果改变适用这些政策的赛事规则，因此每一次都得修改相关的赛事项目。这就意味着，有关规则今天可能适用于 400 米到 1 英里跑，下一次就可能会适用于一种完全不同的赛事。很明显，该规则的适用似乎有些武断和选择性，并且似乎专门针对南非的塞门亚而制定。②

根据前述可知，睾酮水平成为晚近体育运动中性别检查的焦点，其中更为棘手的问题在于如何平衡公平和权利之间的关系，也即承认睾丸素可以给予跨性别女性比生来就是女性的运动员更多的不公平优势，还是认为限制跨性别女性的睾丸酮水平侵犯了人权。尽管如此，已经有很多跨性别运动员参加了国际比赛。譬如 2016 年，两个英国的跨性别运动员获得了里约奥运会的参赛资格，但最终没有参赛，部分原因是担心"暴露身份和被嘲笑"。③ 而且，那种认为跨性别运动员享有比生来就是女性的运动员有更多的竞争优势的观点也不是确定性的，毕竟还没有充分的科学结论，前述国际田联的相关研究成果也仅仅是一种统计学上的分析。同时，国际体育组织的相关条例仅仅规定了睾丸酮水平较高的女性运动员服用药物治

---

① IAAF Media Release, "IAAF Introduces New Eligibility Regulations for Female Classification," https://www.iaaf.org/news/press-release/eligibility-regulations-for-female-classifica, 最后访问时间：2018 年 4 月 27 日。

② Simon Franklin, Jonathan Ospina Betancurt and Dr. Silvia Camporesi, "New Eligibility Regulations for female athletes with 'Differences of Sex Differentiation'," http://blogs.bmj.com/bjsm/2018/04/26/new-eligibility-regulations-for-female-athletes-with-differences-of-sex-differentiation/, 最后访问时间：2018 年 4 月 10 日。

③ Sanchez Manning and Ian Gallagher, "Transgender British Athletes Born Male Set to Make Olympic History by Competing in the Games as Women," more: http://www.dailymail.co.uk/news/article-3671937/Transgender-British-athletes-born-men-set-make-Olympic-history-competing-games-women.html#ixzz5D63tswrl, 最后访问时间：2018 年 4 月 10 日。

疗的问题，却对男性运动员未作类似规定，显然，体育界并不检测或阻碍
那些内生睾酮水平较高的男性运动员，故该条例是歧视性的，其对女性运
动员的睾酮水平规定了更高的限制。基于诸多原因，可以认为国际体育组
织的性别检查规则和相关做法实际上侵犯了相关运动员的基本人权，并且
已经有相关运动员以体育组织规则侵犯人权为由诉至国内法院，类似案例
无疑为跨性别运动员的人权保障提供了一种体育组织外的救济途径。

综合前述，从性别检查由妇科检查到强调染色体和睾丸酮水平检测的
发展过程（参见表1）可以看出，跨性别运动员的权益保障在不断得到发
展。可以说，针对跨性别运动员参赛问题的管理规则是复杂的。尤其是，
当前体育管理者并没有在跨性别运动员参赛问题上达成共识，也没有统一
的方法。而且，尽管在男女两性体育平等方面取得了长足的进步，然而性
别与体育的真正平等与自由仍有进步的空间，这主要取决于对性别的重新
诠释以及对性别多样化的认同①，跨性别运动员的出现无疑就是很好的例
证。毫无疑问，跨性别运动员参加体育运动是一种复杂的情境，国际体育
界没有明显的或者直接的解决方法。至少从现有的政策来看，适用于职业
或国际级赛事的跨性别运动员政策与草根赛事和休闲赛事的相关政策有很
大不同，后者可能会采取更多包容性的方法。即便如此，体育组织也可在
确保根据有关科学知识以及现有的体育政策相结合的基础上采取一些更加
有前瞻性的和包容性的方法，2015年国际奥委会指导规则就是这方面的
一个很好的示例，得到了很多国内外体育组织的支持。另外，一个值得注
意的关键要素是，尽管一种完全依赖荷尔蒙含量的方法可能并不能总是适
用于所有的体育运动项目，但是很多政策中仍然出现了一定标准的睾丸酮
含量的要求。而且，还有一种针对体育管理者的挑战就是跨性别运动员的
法律身份承认问题，因为与在某些国家变性很困难甚至不可能相比，在其
他国家改变性别可能会变得越来越容易。② 结果是，体育管理部门需要考

---

① 尹伊：《同一与差异：体育参与中的性别属性认同》，《体育与科学》2016年第2期。
② 譬如在阿根廷、哥伦比亚、丹麦、马耳他以及爱尔兰，仅仅通过自我声明就可以改变自
己的法律性别，没有必要进行医疗手术或治疗。美国、英国等国家规定，凡有医生证明
的，可以申请改变护照上的性别，而法国则规定必须要做过变性手术方可改变。

虑法律上承认跨性别运动员首选的性别是不是一个必要的条件。

表 1　体育运动中性别检查与运动员权益保障的发展

时间	跨性别运动员的性别检查和参赛资格描述
1938	朵拉·拉特延（Dora Ratjen），1936 年柏林奥运会金牌，其后多次打破世界纪录，1938 年德国警察发现其是一名男性
1946	国际田联要求所有注册参赛的运动员要有队医开具的性别确认函件才能参赛
1948	国际奥委会要求所有注册参赛的运动员要有队医开具的性别确认函件才能参赛
1968	墨西哥城市奥运会开始采用口腔黏膜涂片检测方法（Buccal smear examination）检测运动员的 X 染色体
1991	国际田联废除口腔黏膜涂片检测方法，理由是其具有很多不确定性
1992	国际奥委会开始在巴塞罗那奥运会实施聚合酶链式反应（PCR）的性别检查方法
1996	国际奥委会在亚特兰大奥运会采取 Y 染色体方法
1999	国际奥委会废除性别检查
2003	斯德哥尔摩会议，讨论跨性别运动员参加奥运会的问题
2004	发布斯德哥尔摩共识，允许进行了变性手术后并在时间和心理上达到一定条件的运动员参加竞技体育赛事
2009	南非塞门亚在赢得女子 800 米世锦赛后被迫接受性别检查以及睾丸酮抑制治疗
2011	国际田联颁布新的有关雄激素过多症的女性运动员参加女子比赛的参赛资格规则
2013	有关研究证实 4 位进行了变性手术的女运动员获得了 2012 年伦敦奥运会的参赛资格
2014	印度短跑选手昌德因为雄激素过高症而被国际田联禁赛
2015	CAS 暂停实施国际田联雄激素过高症条例，裁定并没有充分证明表明其对于体育比赛的公正性是"必要的和合理的"
2017	国际田联的研究成果认为天生睾丸酮高的女子运动员较普通运动员可能有高达 4.5% 的竞争优势
2018	国际田联发布新政策，要求性发展异常的运动员要将其睾丸酮含量降低到每升 5 纳摩尔才能参赛

四　跨性别运动员人权保障的典型案例

根据国际体育争端解决实践，大多数体育争端都可以交由体育组织内部裁判、国内法院诉讼以及国际体育仲裁院裁决，涉及人权问题的体育争端还可以上诉至人权法院。

（一）体育组织裁决

这方面的一个最著名的国际案例就是南非塞门亚案。在 2009 年的性别检查后塞门亚被认为患有雄激素过多症，该案例导致国际田联和国际奥委会分别通过了相关的指导规则，即国际田联 2011 年《雄激素过多症女性运动员参加女子比赛的参赛资格规则》，以及国际奥委会 2012 年 6 月颁布的《女性雄激素过多症条例》。根据这两个规则，塞门亚被临时禁赛 11 个月，被迫接受睾酮抑制治疗，但其在参加的 2012 年和 2016 年奥运会上都获得了 800 米比赛奖牌。对塞门亚性别检查的怀疑根据是其外表特征，而不是任何科学和医疗的证据，或者竞技性能的统计。但是 2018 年 4 月国际田联刚刚公布的性别发展政策似乎就是专门针对塞门亚过高的睾酮水平而定的，其为了获得参赛资格，还得继续接受睾酮抑制治疗。

从国内体育的角度，跨性别运动员的参赛争端则以澳大利亚的汉娜·蒙西（Hannah Mouncey）案比较典型。[①] 蒙西是曾经代表澳大利亚参加过世界男子手球锦标赛的运动员，2015 年 11 月蒙西决定转变为女性，开始进行荷尔蒙治疗，并且自 2015 年 11 月以女性的身份开始生活。澳大利亚橄榄球联盟于 2017 年首次开始女子橄榄球联盟（AFLW）比赛，蒙西希望参加 2017 赛季女子选秀并要与墨尔本俱乐部签约时，联盟又对蒙西的参赛资格提出怀疑，主要理由是基于对跨性别运动员的力量、耐力和体格的分析以及女子联盟刚刚开始的考虑，担忧蒙西具有优于其对手的不合理的身体优势。2017 年 10 月，联盟在没有任何政策依据的情况下最终决定阻止蒙西参加选秀，其根据是《机会均等法》（Equal Opportunity Act）中的豁免条款。[②] 蒙西向澳大利亚橄榄球联盟提起诉求。

然而，2018 年 2 月，澳大利亚橄榄球联盟又确认蒙西可以参加澳大利亚橄榄球联盟的国内赛事，其根据是维多利亚州机会均等和人权委员会根

---

① Cassandra Heilbronn, "The admission of transgender athletes to competition: the case of Hannah Mouncey," https://www.lawinsport.com/topics/articles/item/the-admission-of-transgender-athletes-to-competition-the-case-of-hannah-mouncey，最后访问时间：2018 年 4 月 28 日。
② 澳大利亚橄榄球联盟在蒙西案中想要依据的豁免条款是《机会均等法》第 72（1）条，即如果涉及力量、耐力或体格，就可以合法地歧视其他人。

据 2010 年《机会均等法》制定的《体育运动中跨性别和性别多样性指导规则》。该指导原则并不具有法律上的约束力，但是在裁定是否存在歧视诉求时，法院或仲裁机构可以考虑某些当事人是否遵守了该指导规则的规定。[①] 因为澳大利亚橄榄球联盟位于墨尔本，故关于蒙西的提名问题适用墨尔本所在的维多利亚州的法律。在考虑某跨性别运动员想要参加的运动队是不是同性别比赛时，或者其想要获得的会员身份是混合性别俱乐部还是单一性别俱乐部时，都要适用维多利亚州机会均等法。而根据维多利亚州《机会均等法》，基于性别而在体育运动中歧视其他人是违反维多利亚州法律的行为。[②] 在澳大利亚橄榄球联盟做出初步裁定后，澳大利亚体育运动委员会承认正在与澳大利亚人权委员会进行协商制定一项针对跨性别和雌雄同体运动员参加体育运动的规定。[③] 原则上，任何接受跨性别运动员参赛申请的体育管理组织都应当确保采取所有的合理措施并要审查所有相关的证据，包括一个合理的身体力量的检测。

（二）国内法院诉讼

本部分所指国内法院一般指普通法院而非人权法院。前已述及，较早的一个由国内法院裁判的跨性别运动员的参赛资格案件是勒内·里查兹（Renée Richards）案。在 1975 年进行变性手术之前，理查兹是一个很有潜力的男性网球运动员，变性手术后其开始参加女子网球比赛。该件事被暴露以后，媒体的狂轰滥炸引起了抗议。在其接到女子网球联合会（WTA）和美国网球协会（USTA）参加美国网球公开赛之前的一项热身赛的邀请之后，32 个女性运动员中的 25 人退出了比赛。USTA 和 WTA 引入了巴氏小体检测以确认一个人的性染色体。理查兹拒绝进行检测，然后其被禁止参加美国网球公开赛。1977 年里查兹诉至法院，声称其民事权利受到了

---

① 《机会均等法》第 148 节规定委员会可以就任何与《机会均等法》有关的问题发布指导规则。
② See Sections 64 - 65, 68 - 69, 71 - 72, 82 - 84, and 88 of the Equal Opportunities Act.
③ "Australian Sport Doctors Discuss Transgender Inclusion," https://www.ausport.gov.au/news/ais_news/story_665772_australian_sport_doctors_discuss_transgender_inclusion，最后访问时间：2018 年 4 月 15 日。

侵犯。1977 年其赢得了纽约最高法院的诉讼，法官认为那种认为巴氏小体检测是检测性别的唯一决定因素的做法是严重不公平的，里查兹从法律上讲是女性。里查兹以女性身份参加了 1977 年的美国网球公开赛，第一回合失利，然后四年后退役。① 在当时，在网球以外的体育运动中，里查兹案并没有引起太大的反响。

再如，21 世纪刚刚兴起的源于美国的混合健身运动（CrossFit）要求所有参加女子比赛的参赛者都必须是"出生为女性"。已经经历过变性手术的约翰逊（Chloie Jonnson）希望参加女子项目比赛被拒，随后其以侵犯自己人权为由起诉至法院。笔者无法查到该案的最终结果，但是从 CrossFit 的官网查到的比赛成绩，可以看到约翰逊在 2013 年至 2014 年以女性的身份参加了比赛。② 至少可以推断，其起诉混合健身组织的诉讼获得了胜诉。

（三）国际体育仲裁院仲裁

这方面的一个经典案例是到本文完成之时（2018 年 4 月底）还没有完全终结的昌德案。昌德是印度女子短跑运动员，从 2012 年起在印度体育部下属的国家运动学校训练。2013 年，印度颁布了雄激素过多症女性运动员参赛条例。2014 年 7 月印度田径协会因为雄激素过多症而对昌德实施临时禁赛，导致昌德不能参加国内外女子体育赛事。印度体育部建议昌德起诉至 CAS，希望借此修改国际田联和国际奥委会各自的雄激素过多症规则以及取消对其禁赛的处罚。根据国际田联雄激素过多症条例第 6.5 条和第 6.8 条③，昌德可以有 2 种选择，证明其雄性激素含量在"正常的男性范围"以及没有获得竞技优势；或者同意进行医疗处理以降低其雄性激

---

① Lindsay Parks Pieper, "Advantage Renée? Renée Richards and women's tennis," in Eric Anderson, Ann Travers（eds.）, *Transgender Athletes in Competitive Sport*, 2017, Routledge, pp. 13 – 21.

② See CrossFit, "Chloie Jonnson," https://games. crossfit. com/athlete/161983，最后访问时间：2018 年 4 月 29 日。

③ "IAAF Regulations governing eligibility of females with hyperandrogenism to compete in women's competition," IAAF, May, 1, 2011, https://www. iaaf. org/news/iaaf-news/amended-iaaf-rules-and-new-updated-iaaf-regul.

素至规定的范围。因为时间较长，昌德拒绝进行医疗处理，但希望印度体育部门能够证明，虽然其雄性激素达到男性范围，但并没有获得竞技上的优势。在经过进一步的检查之后，昌德被告知因为其体内睾丸酮过高，不能参加世界青年田径锦标赛和英联邦运动会。2014 年 8 月印度田协告知昌德对其临时禁赛并立即生效。昌德上诉至 CAS，对国际田联和印度田协提起仲裁请求，对国际田联的《雄性激素过多症女性参加女子比赛的资格管理条例》提出异议，要求宣布国际田联的有关条例无效，并废除印度田协的裁决。尽管印度田协做出了禁赛裁定，但是国际田联和印度田协都同意将该案提交至 CAS 管辖。[①]

2015 年 7 月 24 日，CAS 发布临时裁决，暂停执行印度运动员昌德提出异议的国际田联雄激素过多症条例，要求国际田联在 2 年内提供额外的书面证据证明雄激素过多症女性运动员拥有较之于非雄激素过多症女性运动员有更多的竞技优势是因为其含有较高的睾酮水平，否则国际田联的规则就要宣布无效。[②] 在此期间，国际田联可以对此问题进行研究，了解雄激素高的女子运动员较普通运动员的竞争优势。

关于歧视问题，仲裁庭指出国际田联的有关条例基于某一自然身体特征而限制了某些女性运动员的参赛资格，而其要求女性运动员进行某些内生睾酮标准检测的义务并不适用于男性运动员，因此该条例初步看来是歧视性的。国际田联有义务证明这些措施对于确立一个女性运动员公平竞争的环境是必要的、合理的和适当的。[③]

关于合理性问题，CAS 指出内生睾酮水平是区别男性和女性运动员的一个生物学指标。目前体育运动有女性和男性两种比赛，涵盖所有运动员，因为某些天生的和不可改变的状况而禁止某些女性运动员参赛有违奥林匹克主义的基本原则。因此，只有在国际田联能够证明有关措施对于保

---

① CAS 2014/A/3759, Dutee Chand v. Athletics Federation of India and IAAF, Interim Arbitral A-ward, 24 July 2015, paras 424 – 535.

② CAS 2014/A/3759, Dutee Chand v. Athletics Federation of India and IAAF, Interim Arbitral A-ward, 24 July 2015, paras 424 – 535.

③ CAS 2014/A/3759, Dutee Chand v. Athletics Federation of India and IAAF, Interim Arbitral A-ward, 24 July 2015, paras 424 – 535.

障公平竞赛的目标是合理且必要的情况下，相关条例规定才是合理的。而制定相关条例的依据是雄激素过多症的女性运动员有巨大的比赛优势，这种优势的程度就成为评估这种合理性的关键问题。仲裁庭引用专家证言指出，目前并没有证据可以证明雄激素过多能够提高运动员的比赛成绩，对女性运动员的医学检验同样不能提供确切的数据说明内生睾酮超过每升10纳摩尔的可以获得大的比赛优势，而其是国际田联制定该条例的起点。因此，CAS 不能得出雄激素过多症的女性运动员就有比赛优势的结论。[①] 相关条例中"除非其接受药物或进行治疗否则将其排除出比赛场"的规定不能被视为保障比赛公平的必要和合理措施。

最后，仲裁庭拒绝了运动员的上诉请求，但要求国际田联用 2 年时间去证明自然睾丸酮水平高的女性相比其他人更具有优势，而在此之前，国际田联不能以此为由禁赛运动员。国际奥委会也因此允许包括昌德在内的多名女运动员在不必降低睾酮水平的情况下参加了 2016 年的里约奥运会，昌德也因此成为第二名代表印度出战奥运会的女子短跑运动员。

虽然该临时裁决并不能终结雄激素过多症的争论，但该案裁决是对体育运动中少数派人权、平等权和弱者权益保障的集中体现。[②] 该案裁决公布后 4 个月，即 2015 年 11 月，国际奥委会在斯德哥尔摩达成了"性别鉴定和雄激素过多症会议共识"，不再把要求运动员进行变性手术作为参赛的条件，同时重申有必要制定保护体育运动中的女性和促进公平体育比赛的规则，鼓励国际田联和其他体育组织向国际体育仲裁院转交支持雄激素过多症规则的说明材料。国际奥委会的反应意味着该临时裁决在解决雄激素过多症规则的有效性方面没有起到任何作用，而国际体育仲裁院的裁决似乎也没有改变任何一方的态度。

2017 年 9 月，英国运动医学杂志发表了由国际田联资助的研究成

---

① CAS 2014/A/3759, Dutee Chand v. Athletics Federation of India and IAAF, Interim Arbitral A-ward, 24 July 2015, paras 424 – 535.

② 乔一涓:《对国际体育仲裁院裁决杜迪案的法理思考》,《天津体育学院学报》2015 年第 5 期。

果。 研究分析了参加 2011 年和 2013 年世界锦标赛（韩国大邱和俄罗斯莫斯科） 的运动员的 2127 个雄激素样品，发现睾酮水平高的女性与水平较低的运动员相比有显著优势，400 米跑的优势为 2.7%，跨栏为 2.8%，800 米为 1.8%，链球为 4.5%，撑竿跳高为 2.9%。研究显示，在一定情况下，睾酮水平较高的女运动员与睾酮水平较低的女性运动员相比，具有 1.8% ~ 4.5% 的竞争优势。国际田联将向国际体育仲裁法院提交此项研究，作为证据，证明雄性激素水平高的运动员的竞争优势。国际田联负责人表示将会继续收集更多的数据进行研究，为女子运动员提供一个公平公正的竞争环境。

2017 年 9 月 29 日，在延长临时裁决规定的终止期限以后，国际田联向 CAS 提交了相关的专家报告和法律意见，包括适用于女性 400 米和 1 英里跑的规则修改草案。作为应答，2017 年 10 月 6 日，昌德特别指出国际田联没有遵守 CAS 的临时裁决。首先，国际田联提交的证据是支持相关规则修改的证据，而不是目前正在适用的雄激素过多症条例的证据；其次，昌德并没有受到目前正在修改的条例的影响，因为其目前没有参加并且将来也不打算参加 400 米到 1 英里的赛跑比赛。

2018 年 1 月 19 日，CAS 再一次在当事人同意的基础上裁定延长本案仲裁程序 6 个月，仍然暂停执行国际田联雄激素过多症条例，但是国际田联提交了相关研究成果以支持自己的规则，包括 2017 年 9 月 29 日提交的比赛规则。国际田联要继续向 CAS 说明其打算如何在未来执行雄激素过多症条例。如果国际田联不取消其当前的雄激素过多症条例，仲裁程序将恢复原状。如果国际田联想撤销其雄激素过多症条例或以新的其提交的建议草案取而代之，那就将终止本仲裁程序。 这也就意味着，CAS 第二次

---

① Stéphane Bermon and Pierre-Yves Garnier, "Serum androgen levels and their relation to perform-ance in track and field: mass spectrometry results from 2127 observations in male and female elite athletes," 51 Br J Sports Med 1309 – 1314（2017）. http://bjsm. bmj. com/content/bjsports/51/17/1309. full. pdf, 最后访问时间: 2018 年 4 月 29 日。

② 因为在大邱和莫斯科世锦赛上曾经有大量的兴奋剂丑闻，因此女性运动员中自由睾酮水平能否被认为内生的或者天生的还没有确定性的结论。

③ CAS Media Release, "The Application of the IAAF Hyperandrogenism Regulations Remain Sus-pended," http://www. tas-cas. org/fileadmin/user _ upload/Media _ Release _ 3759 _ Jan _ 2018. pdf, 最后访问时间: 2018 年 4 月 10 日。

向国际田联发布了提交与雄激素过多症条例有关的科学证据的期限，否则该条例就是无效的。

2018 年 4 月 26 日，国际田联公布了 2018 年 3 月国际田联理事会通过的同意修改 400 米至 1 英里女子赛跑的比赛规则，即《性发展异常运动员的参赛资格》，要求性发展异常的运动员要在 2018 年 11 月 1 日（该条例生效日期）之前将其睾酮含量降低到每升 5 纳摩尔，否则将不能参加 400 米到 1 英里的所有比赛。有关的女性需要具备的参赛条件是应当从法律上被承认为女性或雌雄同体，必须在至少 6 个月内将其体内睾酮水平降低至每升 5 纳摩尔以下，并且在参赛之前必须持续维持该水平。国际田联解释指出，大多数女性（包括接触的女性运动员）血液中的内生睾酮水平一般在每升 0.12 纳摩尔至每升 1.79 纳摩尔，而青春期后的成年男性较高，一般是每升 7.7 纳摩尔至每升 29.4 纳摩尔。除非某些女性有性发展异常或者肿瘤，并没有任何女性的血清中有高于每升 5 纳摩尔的内生睾酮。[1] 国际田联主席指出，"我们一直认为身体内部的睾丸素，无论是内生的还是人工合成的，都会具有巨大的竞技优势"。该规则的修改是为所有的运动员提供一种能够通过其天才、奉献和辛苦训练而不是其他因素进行公平和有意义的比赛的机会。[2]

前已述及，国际田联研究认为有较高自由睾酮水平的女性确实在 400 米、400 米栏、800 米、链球以及撑竿跳高等项目中表现比较好，但是修改后的国际田联比赛条例似乎涵盖所有的从 400 米到 1500 米以及 1 英里的径赛项目，而且没有明确的证据表明自由睾酮水平较高的女性运动员可以在后两个项目中获得较好的成绩。尤其是，尽管国际田联的证据表明自由睾酮水平较高的女性可以在链球和撑竿跳两个项目中取得较好的成绩，但是国际田联新的比赛规则似乎没有包括这两个项目。不管怎样，尽管国

---

[1]　IAAF Media Release, "IAAF Introduces New Eligibility Regulations for Female Classification," https://www.iaaf.org/news/press-release/eligibility-regulations-for-female-classifica，最后访问时间：2018 年 4 月 27 日。

[2]　IAAF Media Release, "IAAF Introduces New Eligibility Regulations for Female Classification," https://www.iaaf.org/news/press-release/eligibility-regulations-for-female-classifica，最后访问时间：2018 年 4 月 27 日。

际田联已经从统计学上做了尝试，但其仍然不能提供充分的科学证据证实睾酮水平与竞技表现之间的因果关系。

到本文完成之时（2018 年 4 月底），还看不到国际体育仲裁院对于国际田联新条例以及昌德案的回应。至少，昌德仲裁案表明，在评估高标准的内生睾丸酮是否对女性运动员构成竞技优势以至于剥夺其基本的参赛权利时，有关的科学事实和评价标准都是比较复杂的，譬如昌德案复杂的表现就是仲裁裁决长达 161 页。而从科学角度来讲，2015 年临时仲裁裁决赞成国际田联的观点，承认较高水准的内生睾丸素可能会给该运动员带来竞技优势，但这并不意味着就当然可以剥夺该运动员参加比赛的权利，还需要经过相关证据予以证明。毕竟，参赛权是运动员最基本的权利，只有在绝对必要和合理的情况下，强制限制该权利才能被认为是合理的。换句话说，当国际体育组织的裁决没有充分的原因和事实根据时，就应当优先保证运动员的参赛权。类似，跨性别运动员在其权益受到侵犯时，在用尽相关体育组织的内部救济的情况下，也可以根据事实和法律向国际体育仲裁院提起仲裁请求。另外，此案已经导致国际田联重新思考裁定体育运动中的性别的方法和修改跨性别运动员的参赛规则，相信国际奥委会也会做出类似的反应。

（四）人权法院诉讼

国际体育仲裁院当然是受理跨性别运动员参赛资格争议的主要机构，但是如果当事人将参赛资格条例理解为歧视或不公平时就可以上升为人权争议，那些认为自己人权受到侵犯的运动员原则上就可以向体育仲裁机构之外的法院提起诉求。实践中，已经有运动员就体育组织的裁决向人权法院提起了诉讼。① 具体到跨性别运动员，加拿大人权法院受理的沃利（Worley）案②是一个典型实例。

---

① 譬如，欧洲人权法院已经受理了一些体育运动中的人权诉求。See European Court of Human Rights, "Sport and the European Convention on Human Rights," https://www.echr.coe.int/Documents/FS_Sport_ENG.pdf, 最后访问时间：2018 年 4 月 28 日。

② Andy Brown, "Kristen Worley's Case Commits Sport to Accommodating Gender Diversity," https://www.sportsintegrityinitiative.com/kristen-worleys-case-commits-sport-accommodating-gender-diversity/, 最后访问时间：2018 年 4 月 10 日。

与塞门亚案和昌德案的焦点在于过高的内生睾丸酮可能具有竞技比赛优势不同的是，沃利是跨性别女性，因此其不能自然产生任何雄激素也即睾丸酮。大多数内生雄激素都是由男性体内的睾丸和女性的卵巢产生的，因为沃利做了变性手术，不能自然产生任何雄激素，沃利的 XY 染色体为维持身体的正常运转就需要比 XX 染色体的身体有更多的睾丸素，并且其体内自生睾丸素的主要器官（睾丸）已经被割掉了，因此沃利需要服用合成睾丸素。尽管沃利获得了可以服用合成雄激素的治疗用药豁免（TUE），但是其从事的体育运动项目的执行标准是如此之低以至于可以诱发"完全失去荷尔蒙"，引起很多严重的健康风险。因此，沃利面临的选择是要么不参加比赛，要么尝试参加比赛并且使自己遭受严重疾病。

2014 年 5 月 1 日，安大略省人权法院（Human Rights Tribunal，HRT）受理了沃利提起的被告为安大略自行车协会、加拿大自行车协会、国际自行车联盟（UCI）以及国际奥委会的诉讼。在其诉求中，沃利指出为获得参赛许可而必须同意的 UCI 性别政策会对其作为女性运动员的身体健康带来负面影响，使其不能参加体育运动。其诉求指出并没有科学的证据证明一个人是"男性"还是"女性"与体内天生的睾酮水平之间的联系，也没有相关的证据能够证明较高的体内睾丸素可以使得有关运动员享有竞技上的优势，尽管其与不产生雄激素的跨性别运动员无关。[1] UCI 的性别政策要求参加女子项目比赛的运动员应当达到一定含量的睾酮才能参赛，但含量要求会导致沃利的身体处于一种完全失去荷尔蒙的状况，会对其参加高水平体育运动的能力带来负面影响。该诉求也对国际奥委会以及国际田联的相关性别规则提出质疑，这两项规则都试图根据运动员体内自然睾丸酮水平而区分男性和女性。此类规则要求各国奥委会要积极审查女性运动员的参赛资格，但不是依据科学检测，而是是否存在相关运动员不是"女性"的猜测。

因为从男性变性为女性，沃利是含有 XX 染色体的女性，这些运动员

---

[1] Daryl Adair, "Athlete Health and Fair Play: Kristen Worley Case Puts Women's Sport Policy in the Dock," http://www.sportsintegrityinitiative.com/athlete-health-fair-play-kristen-worley-case-puts-womens-sport-policy-dock/，最后访问时间：2018 年 4 月 28 日。

不能自己产生睾丸酮而使其已经处于不利的情境。虽然 2003 年国际奥委会斯德哥尔摩共识建议对青春期后从男性转变为女性的个人进行"外科上的解剖学改变,包括外生殖器的改造以及性腺切除术",但沃利案进一步要证明的是斯德哥尔摩共识的不公平性,因为其规定的标准对于 XY 染色体的女性是不合理的。而且虽然沃利以服用合成类性激素进行治疗为由申请了 TUE,然而其被允许使用的性激素量低于一般女性的每升 0.5 纳摩尔含量,这种情况将会使沃利完全失去荷尔蒙而产生一系列的严重健康问题,譬如非自然的年龄老化,完全肌肉萎缩以及贫血等。

国际奥委会和国际自行车联盟都提出了反对意见。国际奥委会请求多伦多的最高法院发布禁止人权法院宣布自己对被告为国际奥委会的案件享有管辖权的命令,同时声明根据《海牙送达公约》自己并没有收到相关的沃利案件的出庭资料。[1] 尽管如此,2015 年 8 月 26 日,安大略省人权法院还是裁定对沃利提起的体育组织性别政策侵犯自己人权的诉求享有管辖权。法院裁定,尽管加拿大法院要求遵守《海牙送达公约》,但是安大略省立法并不要求在人权诉讼中适用该公约,因此不需要将人权法院审理案件的相关资料通过公约规定的方式送达当事人,并且法院也没有收到任何要求暂停诉讼程序的请求,因此法院将会继续进行诉讼程序。[2] 虽然后来人权法院答应了被申诉人(体育组织)延长抗辩时间的请求,但是国际奥委会仍然认为加拿大法院不应当受理该案,因为任何签署 UCI 许可协定的运动员都要接受 CAS 的管辖权并将其作为唯一的争端解决机构,并且不得上诉。[3]

---

[1] Andy Brown, "Worley's Case to Proceed in Human Rights Tribunal," https://www.sportsintegrity-initiative.com/worleys-case-to-proceed-in-human-rights-tribunal/, 最后访问时间:2018 年 4 月 10 日。

[2] See Worley v. Ontario Cycling Association, Cycling Canada Cyclisme, IOC and UCI, Human Rights Tribunal of Ontario, Interim Decision, 26 August 2015, http://www. sportsintegrityinitia-tive.com/wp-content/uploads/2015/09/2015hrto1135.pdf, 最后访问时间:2018 年 4 月 15 日。

[3] See UCI, "General Organisation of Cycling as a Sport (1.1.023)," http://www.uci.ch/mm/Document/News/Rulesandregulation/16/80/73/1 – GEN – 20150313 – E_ English.pdf, 最后访问时间:2018 年 4 月 11 日。另外,根据《奥林匹克宪章》规定,奥林匹克体育组织有义务制定相关规则以实施《奥林匹克宪章》第 61 条将有关体育争端提交 CAS 管辖的义务。参见黄世席《国际体育仲裁管辖权的新发展》,《体育与科学》2011 年第 5 期。

然而，沃利并没有签署 UCI 许可证协定，并认为这并不是一个体育争端。如果其签署了相关的许可协定，加拿大法院可能就会承认体育机构对该案的管辖权，并且同意该政策也就意味着会对沃利的身体造成更加严重的不适。沃利的理由是斯德哥尔摩共识并不是依据医疗科学知识制定的，其仅仅是国际奥委会运动员委员会经过一个简单的投票达成的决定，导致体育运动适用的规则和政策侵犯了其人权并且对自己和其他女性运动员带来了医学伤害。同样，沃利认为 IOC 应当直接对适用于自己的政策负责。①

在该案中，沃利坚持认为自己提出的是与体育运动无关的人权诉求，而不是体育争端。2017 年 7 月 18 日，沃利和加拿大自行车协会、安大略自行车协会以及 UCI 达成了和解协议，根据协议，加拿大自行车协会和安大略自行车协会同意审查和修改侵犯人权的一些内部政策；开展与运动员多样性有关的理解和教育；基于客观的科学证据设立与 XY 女性运动员有关的标准和指导规则；给审查单独的 TUE 的医疗人员配备专家等。② 该案的和解解决实际上承认国际奥委会的政策侵犯了沃利的人权，其真正的意义在于可以允许人权受到侵犯的其他运动员向法院提起其诉求，可能会为数以百计的其他运动员将针对体育组织的诉求提交至国内一般法院而不是体育组织内部的封闭裁判制度打开大门。从国际体育界的角度来看，和解的意义是其可能会终结长期以来制定女性运动员参赛资格的政策依据，即应当依据科学知识而不是单纯的统计数据或保守落后的女性意识形态。

沃利不是第一个因为体育政策的科学误差而被体育组织驱逐出体育运动的运动员，但沃利案是第一个运动员迫使国际体育组织（UCI）接受国家人权法院管辖权的案例。③ 虽然国际奥委会提出了一些不出庭的意

---

① Andy Brown, "Worley's Case to Proceed in Human Rights Tribunal on 21 April," https://www.sportsintegrityinitiative.com/worleys-case-to-proceed-in-human-rights-tribunal-on‑21‑april/，最后访问时间：2018 年 4 月 16 日。

② Andy Brown, "Sport's Longest Injustice Scheduled for Demolition," https://www.sportsintegrityinitiative.com/sports-longest-injustice-scheduled-demolition/，最后访问时间：2018 年 4 月 11 日。

③ Andy Brown, "Worley's Case Opens the Courts to Athlete Human Rights Cases," https://www.sportsintegrityinitiative.com/worleys-case-opens-courts-athlete-human-rights-cases/，最后访问时间：2018 年 4 月 10 日。

见①，并最终没有在该案的管辖权问题中作为被告出庭答辩。但无论如何，沃利案为其他运动员提起诉求打开了大门，因为其打破了目前已经得到公认的体育运动争端不能在其封闭的机制之外解决的观点，这可以在很大程度上影响国际体育法尤其是争端解决机制的未来。

　　体育管理组织对此可能会有相反的观点，但强制性的体育裁判制度似乎确实不利于运动员，尤其是当精英运动员同意参加体育运动时，参赛者必须签署运动员协定②，这在国际体育运动中就是由体育仲裁院裁决的机制。所有的奥林匹克范围内的体育组织都要遵守《奥林匹克宪章》③规定的强制性仲裁条款并有义务在其章程条例中做出类似规定。至于为什么采取此类规定，似乎一个不太明确的解释就是源于欧盟的"体育运动特殊性"（specificity of sport）的概念。④ 当然还有一个问题，那就是 CAS 是由20 个成员组成的国际体育仲裁理事会（ICAS）管理并提供主要财政支持，其 275 名仲裁员由 ICAS 根据"国际奥委会、国际单项体育联合会以及各国奥委会的提名任命"。⑤ 此类由自己设立的仲裁机构裁判与其有关的争端导致的一个疑问就是其公正性。简单来说，将体育争端提交 CAS 的运动员面临的是一个由体育部门的工作人员组成和提供资金赞助的实体。运动员的律师也可能因为不能充分了解先前的不利于体育运动的案例而处于劣势，而这些信息却可以为 CAS 和作出不利于运动员裁决的体育组织获

---

① 国际奥委会雇用了一个加拿大的顶级律师 Ronald Slaght 代理自己寻求不再调解程序中出庭的方法，而不对争议的内容进行辩护。
② 譬如，《国际足联章程》第68.2 条。See "FIFA Statutes（2015），" http://resources.fifa.com/mm/document/affederation/generic/02/58/14/48/2015fifastatutesen_neutral.pdf，最后访问时间：2018 年 4 月 10 日。
③ 类似规定的起源是《奥林匹克宪章》第 44 条细则 6，其规定如下："所有奥运会的参赛人员，无论什么身份，均须按国际奥委会执委会规定签署报名表，包括遵守《奥林匹克宪章》和《世界反兴奋剂条例》以及将有关争端提交 CAS 管辖。" See IOC，"Olympic Charter（2015），" https://stillmed.olympic.org/Documents/olympic_charter_en.pdf，最后访问时间：2018 年 4 月 10 日。
④ 欧盟委员会认为体育运动的特殊性指的是将体育与其他经济和社会活动区分开来的体育运动固有的特性，已经得到了 2009 年《欧盟运行条约》的承认。该条约第 165（1）（2）条规定，欧盟"应当促进欧盟体育问题的发展，同时考虑到体育运动的特殊性，以及基于自愿活动和教育作用的组织结构"。
⑤ CAS，"History of the CAS，" http://www.tas-cas.org/en/general-information/history-of-the-cas.html，最后访问时间：2018 年 4 月 10 日。

得，这无疑也会进一步弱化运动员的"公正裁判权"。

五 结语

跨性别运动员的参赛资格和人权保障问题是一个复杂的问题，需要体育界和科学界的密切合作。单独出现的依靠某一种检测的方法都可能会有其固定的缺陷，毕竟人的生理特点千奇百怪，有些人天生睾丸酮水平就不正常，有些人则天生具有明显的两性人特征，所以即使进行性别染色体或睾丸酮水平的测量，也可能会出现"冤假错案"。既然难以避免，就要想法解决这个问题，"与其堵而抑之，不如疏而导之"。国际田联和国际奥委会也在根据新的研究成果不断更改有关的政策，但不能因此而彻底解决跨性别运动员的参赛资格问题。新的科学研究也可以提供一些解决问题的思路，譬如包括睾丸酮水平在内的科学证据应当作为一种制定和适用相关政策的根据。重要的是，体育管理组织要不断完善自己的政策和指导规则以减少不确定性，并要为未来的裁定提供一个大致的幅度范围。

有关跨性别运动员的争议解决，昌德案当事人遵循体育传统将体育组织的参赛规则异议提交 CAS 解决，以至于到目前还没有结论；而沃利案将其视为一项人权争端而诉至法院，开创了允许其他有人权诉求的运动员到体育系统之外寻求救济的先例，因此具有非常重要的意义。虽然该案不能改变体育运动中的性别政策，但对体育组织要求所有争端都要通过体育仲裁院解决的方式会有分歧。不过，沃利案的特殊之处在于其在申请运动许可时没有签署遵守体育政策的协议，但是不签署的同时也就意味着沃利不能继续参加体育运动，加拿大法院就对该争议拥有管辖权。[①] 不过鉴于沃利已经不再继续从事体育运动，对于那些想继续参加体育运动的当事人来讲，提交国内法院裁判还是存在一定风险的。譬如德国的佩希斯泰因（Claudia Pechstein）案，在当事人将体育组织诉至法院后，CAS 警告指

---

① Andy Brown, "Sport's Gender Policies: an Affront to Human Rights," https://www. sportsintegrityinitiative. com/sports-gender-policies-an-affront-to-human-rights/，最后访问时间：2018 年 4 月 10 日。

出，如果德国联邦法院支持慕尼黑上诉法院的判决而判定 CAS 仲裁裁决无效，其风险就是将会破坏国际仲裁的原则。①

从最初的性别检查到最后允许跨性别运动员不经外科手术就可以参加奥运会的发展过程可以看出，随着时间的推移，以男性和女性为基础进行的体育赛事也在经受性别检查的困扰，譬如国际足联《性别检查条例》②指出，"雄激素荷尔蒙具有提供比赛表现的效果，尤其是在力量、能力以及速度方面，在足球运动方面可能会有一种优势，并且可能会影响到比赛的结果"。因此，性别检查具有特别重要的性质。但是，体育组织一些政策的实行可能过多地考虑了统计学而不是科学上的研究成果。而且，当国际奥委会和国际田联制定并适用此类政策时，体育运动领域的其他人可能会推定该政策是有其科学事实根据的，因此适用了该政策而没有提出太多的异议。但是需要明确的是，对男女分别采取不同的性别检查政策尤其是对女性进行妇科方面的检查不仅是不科学的，而且可能侵犯了相关运动员的隐私甚至人权。

国际人权法对跨性别运动员的人权保障起了很大的推动作用，而国际体育仲裁院和国家法院也可以通过解决相关争端进一步促进跨性别运动员人权的实现。但是跨性别运动员的参赛权或人权的享有与否并不取决于东道国是否颁布了相关的立法，而主要在于运动员所属的国际体育组织是否制定有允许跨性别运动员参赛的规则，毕竟参加国际比赛包括奥运会的运动员参赛资格问题是由各国际单项体育组织制定的。譬如，正是由于国际田联的允许，通过国际田联性别检查的南非女性运动员塞门亚才有资格参加里约奥运会，并获得女子 800 米金牌。另外，国际奥委会在主办城市合同中纳入人权条款，保障了跨性别运动员的参赛权，同时也可以进一步推动东道国的人权发展。但是，以任何明示的方式在合同中将人权标准形式

---

① See CAS, "Statement of the CAS on the Decision Made by the Oberlandesgericht München in the case between Claudia Pechstein and the International Skating Union (ISU)," http://www.tas-cas.org/fileadmin/user_upload/CAS_statement_ENGLISH.pdf，最后访问时间：2018 年 4 月 10 日。

② FIFA, "FIFA Gender Verification (2011)," http://www.fifa.com/mm/document/footballdevelopment/medical/01/45/42/02/genderverification_efsd.pdf，最后访问时间：2018 年 4 月 18 日。

化则可能会事与愿违。利用人权标准决定未来的东道国将意味着国际奥委会要么要求申办城市达到某些明确的最低标准，要么对申办者的人权记录也进行裁定。在前一种情况下，鉴于权利以及其可塑含义的多样性，明确规定最低标准可能会是一项艰巨的任务。如何划分权利等级并对其进行解释，如何评价其遵守情况，以及如何决定切入点等都是问题，而且将"良好"的人权记录作为申办的前提条件无疑将会使有关的裁定看起来是武断和任性的。然而，如果没有实质性的标准，人权记录仅仅是评价某申办城市的模糊工具的话，权利就变得无足轻重了。毕竟，人权保护受特定的文化观念影响，忽视或否认文化观念对人权标准的影响而片面强调人权标准的普遍性，只会加剧在人权观念上的分歧与矛盾。[1] 另外，不同发展水平和政治制度的国家对于人权含义的理解也是不同的，并不存在一种适用于全人类的或者全球统一的人权概念。

根据北京 2022 年冬奥会主办城市合同序言 L 规定，"主办城市和其国家奥委会同意以一种促进和增加奥林匹克主义的基本原则和价值以及奥林匹克运动发展的方式从事所有的活动，尤其是禁止任何形式的基于种族、肤色、性别、性取向等而对某一国家或个人进行歧视"。[2] 该条规定意味着跨性别运动员如果获得了相关体育运动项目的参赛资格，将可以参加北京冬奥会。作为东道国的中国法律是否对跨性别有专门的人权保护规则并不重要。事实上，尽管我国已经在实践中承认了跨性别人士享有的就业权[3]以及变性人所享有的婚姻权利[4]，但是我国目前对跨性别采取的态度总体过于保守，譬如到目前为止还没有从法律上承认同性婚姻，对跨性别人群的包容性还有待加强。另外，中国政府代表在联合国人权理事会有关跨性别议题的表决中要么弃权，要么反对，对联合国同性配偶福利也是持

---

[1] 黎尔平：《同性恋权利：特殊人权还是普遍人权》，《法学》2005 年第 10 期。

[2] IOC，Host City Contract for the XXIV Olympic Winter Games in the Year 2022，Lausanne：IOC，2015：Preamble L. 。

[3] 何震：《跨性别应是平等存在的正常性别：我国首例跨性别就业歧视案评析》，《中国妇女报》2017 年 8 月 16 日。

[4] 郭晓飞：《无声无息的变迁——中国法视野下的变性人婚姻权》，《中国青年研究》2014年第 11 期。

反对意见①，这表明中国政府对性取向异常人士的人权态度非常谨慎。在北京主办 2022 年冬奥会的背景下，要求中国通过立法改变对跨性别人权的态度还有很长的路要走，但是无论如何，北京冬奥会的举办会在一定程度上推动中国跨性别人员的人权发展，让我们拭目以待。

Abstract：The New trends that emerged in international sports arena include not only the protection of the local communities' human rights in host countries, but also the protection of the athletes' human rights, especially special attention should be paid to the transgender athletes' human rights to participate in international sports events. The protection of the transgender athletes' human rights involves the general protection from international law, the protection from various international sports organizations' rules and regulations, and the perfection of sports-related disputes resolution system. At the same time, the protection of the transgender athletes' human rights also promoted the established, amendment and perfection of the national laws and regulations on the characterization and development of persons with sexualdifferentiation.

Keywords：International Sports；Transgender Athletes；the Protection of Human Rights

---

① 联合国人权理事会 2016 年 6 月 30 日通过以保障 LGBT 人权为主题的决议（中国投反对票），这是联合国第 3 次通过性倾向和性别身份人权主题的正式决议，前两次分别在 2011 年 6 月 17 日、2014 年 9 月 26 日通过，中国前两次都投弃权票。2015 年 3 月下旬进行的联合国雇员的合法登记的同性婚姻配偶可享受福利的表决，中国投票持反对立场。

评论与译介

永久和平规划下的世界公民法权

——基于康德群己观念的阐释

周 力 聂清雨*

摘 要：人类从未放弃过对和平的探索，但因为对和平内涵的理解未曾在本质上达成共识，我们没有实现过真正的和平。康德为我们规划了一个双重意义上的关于永久和平的叙事：一个是基于外在法权的规划，一个则是内在伦理的要求。从外在法权出发对世界和平的论证，是从个人经由主权国家，最终到国际联盟的实现；而从内在伦理出发对永久和平的论证，是通过个体的德性的立法，通向世界国家的理念。世界公民法权则是沟通这双重意义上的永久和平的桥梁。在康德的这场论证中，始终存在主权国家与世界国家观念的冲突，而其根源则可以追溯到人性的个别化与社会性的对立，这也是康德以世界公民法权和伦理规范对个性进行社会化的结果，真正的永久和平的实现也必将取决于对这一矛盾的克服。

关键词：康德；永久和平；世界公民法权；群己关系

在这里，我把这种对立理解为人们的非社会的社会性，也就是说，人们进入社会的倾向，但这种倾向却与不断威胁要分裂这个社会的一种普遍对抗结合在一起。这方面的禀赋显然蕴涵在人性之中。人有一种使自己社会化的偏好……但是，他也有一种使自己个别化（孤立化）的强烈倾向。[1]

——伊曼努尔·康德

---

* 周力，西南政法大学行政法学院教师、法学博士；聂清雨，西南政法大学行政法学院2016级宪法学与行政法学专业硕士研究生。

[1] 〔德〕康德：《关于一种世界公民观点的普遍历史的理念》，载李秋零主编《康德著作全集》（第8卷），李秋零译，中国人民大学出版社，2013，第27～28页。

一　追问基本问题："和平是什么"的意涵

我们身处在这样一个滑稽而令人困惑的戏剧性场景中：

> 我们在鏖战，从未丧失信心并满怀热情与希冀；我们在厮杀，从
> 未停止步伐并不惜一切代价与手段……直到有一天，一个陌生的声音
> 向着满目疮痍的大地呼喊："神要赐予你们福音，你们究竟想要什
> 么？""和平！和平！和平！""那你们现在又在干什么？"顿时，世界
> 静默了，一切哑然……

矛盾就是这么显而易见，有史以来人类就未曾放弃过对和平的探索和
努力，但是战争从未消失，并且似乎已经由于其惯常性而蒙上了宿命的色
彩，由此堂而皇之地成为人们争取和平的唯一有效的手段。于是，当人们
真正求的永久和平到来时，环顾四周发现：他们已经葬身于静寂的坟场。
一位荷兰旅店主人在其店招上描绘了一个教堂墓地，上面赫然写着"永久
和平"，这是康德在《论永久和平》开篇中描述的一个耐人寻味的隐喻：
对战争的残酷和政治的虚伪进行无情嘲讽。领袖们打着"为了和平而最后
一战"的旗号，用胜败的结果宣誓了战争的正义与否，建立了普世专制的
"世界国家"；于是，所有的冲突与斗争都被消解掉，一切归于专制主义死
寂的恐怖中。自由被扼杀，自然竞争的活力亦荡然无存，我们逃出了战争
的魔爪，却沦为了和平的奴隶。

我们不是在追求和平吗？却为何又走向了和平的对立面——战争呢？
无论是人类整体自发地演进，还是领袖带领下的高歌凯旋，都是朝着和平
的目标出发而走向了残酷的战争。那么，当我们追问为什么目标清晰却依
然在前行过程中偏离轨道时，问题似乎明朗起来：在此过程中，究竟什么
是和平？无论采取何种方式，我们都满怀信心地声称自己在追寻和平，但
我们从未思索过和平的内涵究竟是或者应当是什么，我们对和平定义的理

解是否曾达成一致。人类文明史上，关于和平的讨论从未中断过，从赫拉克利特到柏拉图、亚里士多德，从马基雅维利、格劳秀斯、霍布斯再到罗尔斯……几乎西方思想史上所有的法哲学大家都不同程度思考过这个问题，但结果却莫衷一是。事实上，人们也很早就认识到，"大多数人谈论的和平只是一个空名，因为在实际生活中，一个城邦对其他所有城邦的常规态度就是未经公开宣布的战争"。①

原因很简单，和平往往被视为一个不切实际的理想，甚至是空想，我们未曾经历过真正的和平，没有关于其确定的知识，所以我们对和平的本质无法达成共识，而是仅仅共享了"和平"的语词意义。于是，追求和平的目标与手段便很难达成一致，譬如追求人类种族的进步与肯定个体道德尊严的内在张力会在这个过程中暴露无遗。当"正义的"战争——如果存在的话——也被一些政治家视为实现和平的手段，便必然陷入悖论之中：为了和平我们寄希望于战争，因为战争我们亲手毁了和平。如此，和平如何可能？

那么，和平究竟是什么？只有首先厘清了它的确切内涵与本质，我们才真正有希望去建构它。② 康德认为，和平应是"一切敌对行为的终结，而把'永久的'这个修饰语附给它，是一个已经有嫌疑的赘语"③，任何权宜性的、暂时的、作为战争之准备期或者力量牵制、均衡之结果的，均绝非其所意指的永久意义上的和平。同时，康德认识到，这样一种状态并非对"和平"概念的充分描述，因为和平状态不是人与人之间的自然状态，"必须创立和平状态，因为敌对行为的放弃对人们来说尚不是安

---

① 〔古希腊〕柏拉图：《法律篇》，载《柏拉图全集》（第3卷），王晓朝译，人民出版社，2002，第367页。

② 一般认为，和平的本意是指人类个体之间、族群之间、国家和地区之间没有战争、没有暴力、没有无法消解的争斗或冲突，是一种人际、群际、国际生活的和谐秩序和宁静状态。参见万俊人《正义的和平如何可能？——康德〈永久和平论〉与罗尔斯〈万民法〉的批判性解读》，《江苏社会科学》2004年第5期。

③ 〔德〕康德：《论永久和平》，载李秋零主编《康德著作全集》（第8卷），李秋零译，中国人民大学出版社，2013，第348页。

全"①，要实现永久和平，需要人们走出自然状态，建立自由基础上的法权社会。

二 康德的回应：法权担保的和平规划

在《论永久和平》中，康德首先提出了旨在减少战争可能性的六个"临时条款"，但是它们本身不能建立永久和平；这些规定就其性质而言是消极的，其并不足以使各国真正摆脱交战状态。为能够真正实现永久和平的国际秩序，康德提出了三个"确定条款"，为永久和平积极提供创造性、建构性的设想和贡献。最后，康德继续拓宽其视野，将国际关系的规定从国际法权扩展到世界公民法权，这一尝试，既实现了康德在法权构想层面的创新，也完成了其法权义务超越国界而向全球伦理的回归。

（一）起于"止战"

作为前提条件，康德为永久和平拟制了临时条款，它旨在消弭战争，试图为国家之间在缔结和平条约时所应具备的诚意和信任基础作担保，是国与国之间建立起永久和平的国际关系的底线要求。这六个临时条款都为"禁止性规定"，包括禁止缔结和平条约时备战、禁止国家间兼并、废除常备军制度、禁止举债而战、禁止武力干涉别国、禁止使未来和平不可能的敌对行为。

首先，康德重新确定了合约的性质，排除了不以永久和平为目的的临时性合约的正当性。"任何和约的缔结，如果是以为了一场未来的战争而秘密地保留物资来进行的，均不应当被视为和约的缔结。"② 彻底消除战争的根源是和平概念的应有之义，不能根除已知战争或者潜在战争可能性的和约不能算作和约，仅仅是一项停战协定。其次，在国家主权方面，禁

---

① 〔德〕康德：《论永久和平》，载李秋零主编《康德著作全集》（第8卷），李秋零译，中国人民大学出版社，2013，第354页。
② 〔德〕康德：《论永久和平》，载李秋零主编《康德著作全集》（第8卷），李秋零译，中国人民大学出版社，2013，第348页。

止一个国家通过继承、交换、购买或者馈赠的手段被获取。国家由个体的
人依据源始契约建立，而国内社会中个体的人应当具有理性和不可侵犯的
自由，免于他人的奴役和压迫；同样，作为国际社会组成部分的个体的国
家也应具备道德人格，享有国家主权从而免于干涉和侵略。① 在此基础上
康德提出："任何国家均不应当武力干涉另一个国家的宪政和政府。"② 再
次，应当逐渐废除常备军。常备军是战争的潜在诱发因素，它的建立与扩
充往往成为战争爆发的原因；更有甚者，扩军备战所导致的威胁会加剧军
备竞赛，这会使得一个国家的全部力量和累积的文化成果——本来是可以
用之于促进一个更高的文化的——都被转移到战争上面去，这种损失和对
人类文明进步的抑制丝毫不亚于真实爆发的战争。③ 这是康德在临时条款
中规划的对于战争的消极抑制的措施。

但是，如果战争不可避免，那么我们也要反对一切使得战后和平之重
建不可能的行为，例如雇用刺客和放毒者、撕毁条约、在敌国煽动叛乱
等。尽管战争是罪恶的④，但作为自然状态下的一种应急手段，康德没有
指望立即将其消除，而是主张战争已经发生后，交战国双方依然应该考虑
未来有可能实现的和平并为之努力——以人道的、文明的、公开的方式进
行战争，通过保留交战国双方的某种最基本的信任而逐步消解国家间的紧

---

① "一个国家并不（例如像它位于其上的土地那样）是一笔财产。它是一个人类社会，除
了它自己之外，无人能够命令和支配它。它自身作为树干有它自己的根，但把它作为接
枝并入另一个国家，就等于取消她作为一个道德人格的实存，并且使这个道德人格成为
一个物件，因此与源始契约的理念相矛盾。"（〔德〕康德：《论永久和平》，载李秋零主
编《康德著作全集》（第8卷），李秋零译，中国人民大学出版社，2013，第349页）
② 〔德〕康德：《论永久和平》，载李秋零主编《康德著作全集》（第8卷），李秋零译，中
国人民大学出版社，2013，第351页。
③ 康德在《人类历史揣测的开端》中指出："人们必须承认：为我们招致和压迫着各文明民
族的那些最大灾祸的，是战争，确切地说，与其说是现实的或者过去的战争，倒不如说
是对于未来战争的从不减弱，甚至不断加强的准备。"参见〔德〕康德《人类历史揣测
的开端》，载李秋零主编《康德著作全集》（第8卷），李秋零译，中国人民大学出版社，
2013，第124页。
④ 康德认为，在自然状态下根本不存在正义与非正义之分，即使存在也往往是由战争的结
果所宣布的。战争归根结底是国家或个人在政治伦理上的一种利己主义行为，是一种以
武力、极端的方式维护其法权的行为。从这个意义上说，战争与和平形成了尖锐对立的
两极：和平是相互协调和宽让的结果，如果说它不一定是基于利他主义行为动机的，起
码也是超利己主义行为动机的——承认他者和他者的权利。

张关系。如果各国之间能够就此而达成共识，那么至少保留了国家间相互信任的基础，表达了人类对共同利益的诉求，和平便仍具实现之可能。

其实康德并没有在绝对意义上否定战争，因为在产生一个有效的国际组织以裁决国际纠纷之前，处于自然状态中的国家之间发生战争似乎是一件难以避免的事情。他承认，在建立有效的国际联盟之前，如果一个国家对另一国家进行威胁或者侵略，那么被侵略和威胁的国家确实有权与其他国家宣告战争；因为在各国的自然状态中，不可能通过诉讼解决纠纷，所以准备战争的法权是被许可的。① 但前提是对于任何战争而言，国家公民都"必须被视为共同立法的成员"②；没有得到这种同意而进行战争的统治者，其实是将人民视作手段，而不是把他们作为目的。由此，公民必须对战争进行实际投票，公民"对于进行的战争，对于任何特殊的宣战，都必须借助其代表作出自由的赞同，惟有在这一限制性条件下，国家才能支配他那充满危险的兵役"。③ 简而言之，在此康德想说明的是，一旦某些被允许的反击战真实地发生了，那么各国就有义务根据原则进行战争与筹备。这样，康德便将对于永久和平的安排从临时条款转移到了正式条款中的共和宪政中去。因为这些特定的关于战争的规定，只有在共和制国家中才能实现。

（二）达于"共和"

预备条款只是为了停止战争所做出的第一步努力，它是和平的必要而非充分条件。康德认为，共同生活的人们之间的和平状态不是自然状态，因为"自然状态毋宁是一种战争状态，也就是说，尽管并非总是爆发敌对行为，但毕竟一直受到敌对行为的威胁"。④ 因此，要实现和平状态，便

---

① 〔德〕康德：《道德形而上学》，载李秋零主编《康德著作全集》（第6卷），李秋零译，中国人民大学出版社，2013，第357页。
② 〔德〕康德：《道德形而上学》，载李秋零主编《康德著作全集》（第6卷），李秋零译，中国人民大学出版社，2013，第357页。
③ 〔德〕康德：《道德形而上学》，载李秋零主编《康德著作全集》（第6卷），李秋零译，中国人民大学出版社，2013，第357页。
④ 〔德〕康德：《论永久和平》，载李秋零主编《康德著作全集》（第8卷），李秋零译，中国人民大学出版社，2013，第354页。

需要所有能够相互影响的人们隶属某个公民宪政，也就是说，共同生活的人们需创造一种法权关系得到确切保障的状态——法权宪政，法权宪政就其人格依据而言，可以划分为国家公民、国际、世界公民三个层次。①

康德认为共和制的宪政是"由源始契约的理念所产生、一个民族的一切法权立法都必须建立于其上的惟一宪政"。②康德反对民主政体，他特意区分共和制的宪政和民主制的宪政以免产生混淆与误解。③唯有在代议制中，共和制的治理方式才是可能的，而没有代议制度的治理方式必然是独裁的和残暴的，一切非代议制的政府形式真正说来都是"怪物"。需要追问的是，为什么每个国家的公民宪政都应该是共和制，或者说共和制宪政和永久和平之间存在何种内在关联。首先，从共和制的法权依据来看，这种体制能够最大限度地保障公民的自由，也确立了共同体成员对这唯一的共同立法的依赖；同时，共和制体现了共同体成员作为国家公民之间的平等，因为它是公意的产物，是共同体成员的自我立法，是普遍化了的个别意志。其次，它所期望的后果决定了我们对它的选择，共和制就其后果而言是唯一能够导向永久和平的宪政。④

---

① 法权宪政的三个层次：在一个民族中依据人的国家公民法权的宪政；依据各国在相互关系中的国际法权的宪政；就处在相互影响的外在关系中的人和国家可以被视为一个普遍的人类国家的公民而言，依据世界公民法权的宪政（参见〔德〕康德《论永久和平》，载李秋零主编《康德著作全集》（第8卷），李秋零译，中国人民大学出版社，2013，第354页）。

② 〔德〕康德：《论永久和平》，载李秋零主编《康德著作全集》（第8卷），李秋零译，中国人民大学出版社，2013，第355页。

③ 共和体制是把（政府的）行政权与立法权分离开来的国家原则；而民主政体的形式必然是一种独裁制，因为它建立一种行政权，让所有人对一个人作出决定，而且或许是不利于一个人的决定（因此这个人并不同意），所以并非所有人在作出决定——这是普遍意志的自相矛盾（参见〔德〕康德《论永久和平》，载李秋零主编《康德著作全集》（第8卷），李秋零译，中国人民大学出版社，2013，第357页）。

④ "如果（在这种宪政中只能如此）为了决定是否应当开战，需要有国家公民的赞同，那么，再自然不过的是，既然他们必须为自己战争的一切苦难（诸如自己去战斗，从其自己的财产中提供战争的费用；艰苦地去改善战争遗留下来的破坏；最后，再不幸不过的是还要自己承担一笔使和平本身变得苦涩、由于紧接着临近总是发生的新战争而绝无法清偿的债务）作出决定，他们将为开始一场如此糟糕的游戏而思虑再三。与此相反，在一种臣民不是国家公民，因此并非共和制的宪政中，开战是世界上最毫不迟疑的事情。"（〔德〕康德：《论永久和平》，载李秋零主编《康德著作全集》（第8卷），李秋零译，中国人民大学出版社，2013，第356页）。

在此康德想表明的无非是，共和制宪政天然地具有防止、抑制战争的倾向。永久和平的第一条确定条款要求："每个国家中的公民宪政应当是共和制的。"① 只有如此，才会使那些为了战争而付出代价的人决定是否进行战争，这些代价既包含付出的财产也包括献出的生命。因此，共和制国家将会对开战踌躇不已，更愿意接受谈判而非诉诸战争。康德认为，当国家按照人民的意愿进行统治的时候，他们的自身利益将为国家间的和平关系提供一致性的基础。就共和制宪政而言，公民通过理性思虑而达成公意，最终放弃了战争，实现了一种所谓的抑制、消除战争状态的和平。在此，康德埋下了两个伏笔：第一，就共和制宪政的实现——法律强制之正当性的证成——而言，其是基于对"外在"自由的法权限制，无关乎道德律令的要求，至少二者在逻辑上并不直接相关；第二，从个体的外在自由出发，康德以"类似于"社会契约②的方式，划定了群己行为的界限。

当国与国之间的关系处在自然状态中时，各个国家实现自身利益的方式便只能是战争；但这种自然状态的结束需要类似于公民走向共和宪政的立法途径，却又不能像在公民个体之间所实现的那样，个体屈从于共同体内部的更高权力的法律，因为国家具有不可动摇的独立主权，它不服从于任何外部强权。在此情况下，为了结束一切战争，实现永久和平，同时又不侵犯各个国家作为"道德人"所享有的自由，便只能通过"一个拒绝

---

① 〔德〕康德：《论永久和平》，载李秋零主编《康德著作全集》（第8卷），李秋零译，中国人民大学出版社，2013，第354页。

② 继承了社会契约论的观念，坚信人的政治义务只能来自个体与他人对于共同服从国家权威的认可，一个国家就是一群人在法权法则之下的联合；源始契约的"理念"是先天的纯碎实践理性的必然概念，它必然为有理性的全体人类所认同，从而为国家提供基础，说明国家的合法性。在此意义上，康德是一个契约论者。但同时，一些评论家也注意到，康德并不认为任何现实的契约构成政治社会的基础，同意对于进入政治共同体而言并非充分条件。实际上，即使每个人都同意在自然状态中强加公民状态，那些不同的意志也无法产生这种状态，因为在文明状态之前，根本没有办法来实施这种同意。所以，唯有集体的意愿行动才能产生此种状态，然而，集体的意愿行动是将某种外部原因作为必然条件的意愿行动，即一种武力强制。所以，如果说霍布斯、洛克和卢梭都认为，强制力唯有在同意产生之后才能得到证成的话，那么，康德不仅否认政治社会是任何实际的社会契约的产物，而且也否认这种可能性，他颠覆了社会契约论的整体基础。在此意义上，康德不是一个社会契约论者（参见〔美〕莱斯利·阿瑟·马尔霍兰《康德的权利体系》，赵明、黄涛译，商务印书馆，2011，第302页）。

战争的、现存并且一直扩大着的联盟的消极替代物"来取代"一个世界共
和国的积极理念"。① 永久和平的第二个确定条款是，"国际法权应当建立
在自由国家的一种联盟制之上"②，唯有如此，每个国家的法权才能得到
保障。当国家成为正式国际条约的参与者时就具有了一种"道德人格"，
正是有了这一法权规定，国家对于永久和平条约的义务承担才具有道德和
法权上的正当性；也只有具备道德人格属性的共和宪政国家，才能为永久
和平的实现提供可靠的担保。

这是一种自由主义国家政治哲学的逻辑外推，康德类比了自然状态下
的人们运用自己的理性建立共和制国家的过程③，如同共和制的法权宪政
是自由理性的个体依据源始契约观念自愿结合而形成的国家政体一样，国
际联盟也是理性的自由国家按照和平的原则自愿结合所形成的国际法权制
度。"康德对国际法问题的洞见因此在于，除非国家能被信任遵守法律，
而不需要有国际性的执行力量确保通过强力而使其服从法律。否则就既无
法治也无和平。但唯有国家自身在其内部结构中体现出它是——至少在精
神上是——共和制时，才能获得信任。"④ 所以，我们不断接近永久和平
的途径首先是共和制公民宪政的建立，然后在此基础上实现自由国家的
联盟。

（三）终于"和平"

在对国家的政体形式、治理方式以及国际关系作出规定后，康德并没
有就此止步，他将永久和平的法权条件必然地向前推进，扩展到普遍友善

---

① 〔德〕康德：《论永久和平》，载李秋零主编《康德著作全集》（第 8 卷），李秋零译，中
国人民大学出版社，2013，第 362 页。
② 〔德〕康德：《论永久和平》，载李秋零主编《康德著作全集》（第 8 卷），李秋零译，中
国人民大学出版社，2013，第 359 页。
③ "各国人民作为国家，可以像单个的人那样来评判，各国在其自然状态中（亦即在对外
法则的独立性中）已经由于其相邻存在而受到侵害，而且每个国家都为了自己的安全起
见，能够并且应当要求别国与它一起进入一种与公民宪政相似的宪政，其中每个国家的
法权都能得到保障。"（〔德〕康德：《论永久和平》，载李秋零主编《康德著作全集》
（第 8 卷），李秋零译，中国人民大学出版社，2013，第 361 页）
④ 〔美〕莱斯利·阿瑟·马尔霍兰：《康德的权利体系》，赵明、黄涛译，商务印书馆，
2011，第 380 页。

的世界公民法权上。自然将地球上所有的民族都包围在一定的界限之内，由于各民族居民对土地的占有只能被设想为对特定整体的一个部分的占有，所以这些居民的每一个人都源始地对它拥有一种法权。"所以，一切民族都源始地处于一种土地的共联性之中，但并不是处于占有、从而使用或者对其所有权的法权共联性之中，而是处在自然可能的交互作用之中，亦即处于一个人与其他所有人自愿相互交往的普遍关系之中，并拥有尝试交往的法权，外人没有权力把他因此当做一个敌人来对待。"① 就涉及一切民族在其可能交往的某些普遍法律方面可能的联合而言，这种法权就是世界公民法权。

所以，永久和平的第三条确定的条款就是："世界公民法权应当被限制在普遍友善的条件上。"② 这项规定近似一条国际伦理条约，"普遍友善"的条件更像一种道德要求。但康德首先指出，这项条款说的不是仁爱，而是一个法权问题。"友善（好客）意味着一个外地人不由于自己抵达另一个人的地域而受到此人敌意对待的法权。"③ 世界公民法权是一种绝对平等观念的体现，不论民族、地域、种族、宗教信仰和发展程度的差异。这是一种"造访法权"，是因为共同拥有地球表面而形成的愿意交往的法权，根本有别于"进入"或者"居住"的权利，对帝国主义和殖民主义的侵略形成了有效的法理上的制约。以普遍友善为特征的世界公民法权是一般的人类权利，也是为实现永久和平而对国家法权与国际法权所做的必要补充。

三　德性立法的"惊险一跃"

从康德对于永久和平的规划中可以看出，其论证进路主要是两步：第

---

① 〔德〕康德：《道德形而上学》，载李秋零主编《康德著作全集》（第 6 卷），李秋零译，中国人民大学出版社，2013，第 363 页。
② 〔德〕康德：《论永久和平》，载李秋零主编《康德著作全集》（第 8 卷），李秋零译，中国人民大学出版社，2013，第 363 页。
③ 〔德〕康德：《论永久和平》，载李秋零主编《康德著作全集》（第 8 卷），李秋零译，中国人民大学出版社，2013，第 363 页。

一步，从个体走向群体，即从个体的人之外在的生而具有的法权出发，论证共和宪政国家的正当性及其对于永久和平之实现的必要性；第二步，从群体回归个体，即在从国家到国际联盟的转换中实现道德个体从群体中的抽身。而这两步跨越所欲图解决的都是群己关系的行为界限，第一步是朝向外在法权的跨越，第二步是转向德性伦理的回归。

（一）从个体向群体的法权跨越

在由个体向群体的过渡中，康德借助的是法权的概念，就法权以及与之相对应的责任而言，"只涉及一个人格与另一个人格的外在的、确切地说实践的关系"。① 权利的问题只有在主体间相互的外在关系中才能现实地发生，也就是说主体间相互承认为自由的权利主体，这在外在方面是人（尤其是立法者）的法律义务，在内在方面则是人的道德责任。但在论述国际法权时，康德认为，用德语中的 Völkerrecht 来表述国际法权容易产生误解，因为国际法权必须以国际法的名义来考察，所以将其叫作 Staatenrecht（ius publicum civitatum）更为合适。② 所以，他在"国际法权"的意义上讨论"国际联盟"与世界国家。在此，康德区分了作为群己关系之中的国家公民法权和政治实体关系中的国际法权，以及在一个普遍的人类国家语境之下的世界公民法权。

具体而言，康德的论证思路是这样的。首先，自由（对另一个人的强制任性的独立性）是唯一的、源始的、每个人凭借自己的人性应当具有的法权，而外在自由的生而具有的法权包括确保自身安全的权利和占有身外之物的权利。其次，对于外在自由的唯一合法的限制是他人享有的同等自由的权利，法权的概念恰恰是"一个人的任性能够在其下按照一个普遍的自由法则与另一方的任性保持一致的那些条件的总和"。③ 进而，行为正

---

① 〔德〕康德：《道德形而上学》，载李秋零主编《康德著作全集》（第6卷），李秋零译，中国人民大学出版社，2013，第238页。

② 参见〔德〕康德《道德形而上学》，载李秋零主编《康德著作全集》（第6卷），李秋零译，中国人民大学出版社，2013，第354~355页。

③ 〔德〕康德：《道德形而上学》，载李秋零主编《康德著作全集》（第6卷），李秋零译，中国人民大学出版社，2013，第238页。

当性的判断依据就是看其作为意志选择之自由是否能够与任何他人的自由共存，"任何一个行动，如果它，或者按照其准则每一个人的任性的自由，都能够与任何人根据一个普遍法则的自由共存，就是正当的"。① 再次，运用强制手段保护外在自由是正当的，因为"如果自由的某种应用本身就是根据普遍法则的自由的一个障碍（亦即不正当的），那么，与这种障碍相对立的强制，作为对一个自由障碍的障碍，就与根据普遍法则的自由相一致，亦即是正当的，所以，按照矛盾律，与法权相联结的同时有一种强制损害法权者的权限"。② 最后，为外在自由权利提供保障使得国家的诞生成为必须，国家对损害法权者所采取的强制手段是正当的。同时，康德证明，因为外在自由的生而具有的法权包括占有身外之物的权利，而这一权利只能在一个国家之内实现，任何一个相邻并且处于国家之外的人都会妨碍这种权利，所以，运用强制手段迫使这些人加入国家就是正当的。

以法权为支撑，康德实现了从个体向群体的跨越，并完成了国家正当性的证成，这是共和制宪政的基础，也是通向永久和平道路的必要准备。但遗憾的是，在此康德仅仅从形式上规定了个人与政治共同体之间的法权联结，并没有为个体设置更多的对于共同体的实质性义务，更没有论述共同体如何能够向个体反馈信息。康德在此仅仅证明的是，国家是担保权利实现的必要形式，个体外在自由实现的前提条件和结果均被纳入群体生活之中。

需要指出的是，在从个体向政治共同体的跨越中，康德是从外在自由的角度出发证成了国家的合法性，但随后，他又从目的论的角度将国家的形成与群己关系纳入了道德范畴的要求之下。自然的终极目的是永久和平建构下人的完善，但这只有在人类道德迈向完满时才能实现；只要人还停留在自然状态，自然的终极目的就不可能得到实现，因为当人滞留在此状

---

① 〔德〕康德：《道德形而上学》，载李秋零主编《康德著作全集》（第6卷），李秋零译，中国人民大学出版社，2013，第238页。

② 〔德〕康德：《道德形而上学》，载李秋零主编《康德著作全集》（第6卷），李秋零译，中国人民大学出版社，2013，第239页。

态时，道德必然失效。在那些选择留在自然状态的民族中，没有国家去迫使人们履行针对他人的完全义务。所以，必须存在一个国家，强迫人们履行义务，维护法权关系，道德才有可能进步。所以康德断言，国家的存在是道德发展的必要条件。在这个论证过程中，强制手段能够支持外在自由这一点尤为重要，之所以关注外在自由，是因为它是人类迈向自然终极目的——道德完满的必要条件。但是，如果人必须以尊重彼此的外在自由为道德，那么康德就陷入了一种循环论证，即道德发展的条件本身又依赖于道德。所以，康德对国家的证成被迫依赖于外在的法权关系来完成，人们在这种条件下相互尊重彼此的外在自由，而它之确立则完全独立于人的道德。因此，外在自由可以从外在立法（独立于人的内在的道德动机）那里获得完全的支持，这乃是康德论证的基本要素。①

总之，在由个体向群体的跨越中，可以推断，康德留下了三点结论：第一，这是从外在行为自由角度依靠法权对殊性个体进行社会化的过程；第二，此种演绎的结果是共同体生活的可能性被证成，即主权国家的诞生；第三，由此产生的共和宪政是实现永久和平的必要前提。

（二）从群体向个体的德性回归

在实现了由个体到群体的过渡之后，康德接下来面临两个问题。一个是群体之间的关系如何处理？或者说，群体之间的永久和平如何可能？另一个是，在群体朝永久和平建构的过程中，个体对群体承担着何种义务？这种义务是道德的还是法权的？或者说，永久和平的结果所指向的是何种个体？对于第一个问题，康德作出了两点回应：第一是关于"止战"的措施，即前文所叙述的永久和平的临时条款；第二是康德的由主权国家向世界国家的跨越，即前文关于国际联盟的论述。值得注意的是，在此康德自

---

① 〔美〕罗伯特·C. 所罗门、凯特琳·M. 希金斯主编《德国唯心主义时代》，《劳特利奇哲学史》（第6卷），李静韬、刘娟、李婉莉、鲍建竹译，中国人民大学出版社，2016，第95页。

己也陷入了困惑和摇摆之中①，他时而倡导一种无强制的自由国家的联盟，时而又隐约为"世界国家"作辩护。②

在康德的思路中，自然状态下的个人在相互关系上只能被认为是一种战争状态，与之对应，在国际机构缺乏的情况下，各国在彼此的外在关系中也天生处于一种非法权的敌对的状态中，这是国家间的自然状态。这种状态同样是一种战争状态，即便不是发生现实的战争，也是"持久的现实的结仇（敌对性）"。③ 如同个人一样，国家也有义务走出这种自然状态，这需通过社会契约形成某种类型的联盟。为此，康德设想了三种实现国家间的结合之后世界范围的政治制度的模式。第一种模式是单一的统一国家，整个人类由单一国家所囊括或是臣服于单一君主。康德否定了这种模式，因为其不能实现国际制度的功能，单一制的功用在于阻止国家间的分裂，而不是为国家之间的和平关系提供手段。第二种模式是各国通过自由国家的自愿联盟来解决国际争端，国际联盟不会有强制执行其决定的权力。各国可以为了维护和平组成一种被称为"常设的国家代表大会"的联合体，而这个代表大会是"不同国家的一个任意的、在任何时候都有可能

---

① 在1784年的论文《关于一种世界公民观点的普遍历史的理念》中，康德指出，理性会推动人们"走出野蛮人的无法状态，进入一个国际联盟；在这个联盟里，每个国家，哪怕是最小的国家，都能够不指望自己的权力或者自己的法律判决，而是只指望这个大国际联盟，指望一种联合起来的权力，指望按照联合起来的意志的法律作出的裁决，来取得自己的安全和法权"。康德主张在这种"世界国家"中，不同的国家均应服从共同的联合意志和立法，在共同的权威和法律的领导下实现自己的权利。在1793年的论文《论俗语：这在理论上可能是正确的，但不适用于实践》中，康德又发生转变，虽然他在此坚持认为应当组成一个国家联盟并服从共同的立法，以此来实现世界和平，但他不再强调以强力来保障共同立法的施行，倡导一种无强制的国家联盟形式。
② "就像全面的残暴和由此产生的急难最终必然使一个民族决定去服从理性本身为其规定为手段的强制，亦即公共法律，并进入一种国家公民宪政一样，由各国又企图相互削弱或者征服的战争而来的急难最终也必然使得各国甚至违心地或者进入一种世界公民宪政，或者如果这样一种普遍和平的状态（如其在超大的国家中也多次发生过的那样）由于导致最可怕的专制，而在另一方面对自由来说更加危险，这种急难就必然迫使各国进入这样一种状态，它虽然不是一个元首领导下的世界公民共同体，但却是遵从一种共同约定的国际法权来结成联盟的有法状态。"（〔德〕康德：《论俗语：这在理论上可能是正确的，但不适用于实践》，载李秋零主编《康德著作全集》（第8卷），李秋零译，中国人民大学出版社，2013，第315页）
③ 〔德〕康德：《道德形而上学》，载李秋零主编《康德著作全集》（第6卷），李秋零译，中国人民大学出版社，2013，第355页。

解体的聚会"，根本有别于那种建立在国家宪政之上、因而不可解体的结合①，各国也可以选择自由离开联盟。第三种模式是各国家的世界共和状态，即一个"世界共和国"的积极理念。在这种状态下，各个国家均加入一个具有强制力量的国家联盟，国家与国际联邦的关系非常类似于个人与国家的关系。

康德不同程度地认可了第二种模式和第三种模式，并分别提供了支持这两种模式的不同理由。在国际联盟对于不遵守协定的成员国的强制力方面，康德并未指明这种强制力是来自成员国的认可还是来自联盟本身所拥有的强制力；但从康德对于世界共和国的效力期待来看，似乎可以推断，松散的自愿联盟的约束力——如果存在的话——只能来自对于成员国的道德信赖，否则，便不需要关于世界共和国的进一步设想。所以，自由国家的自愿联盟在维护世界和平方面的强制效力始终是存疑的。尽管康德经常阐述国际联盟的不可分割性，甚至明确表示国家可以"为了建立一个趋于法权状态的状态"②而战，但考虑到国家可能被强迫加入联盟中，所以他认同了各国退出联盟的权利。康德认识到，由于统治者会反对放弃他们所拥有的国家主权，所以真实的国家往往会回避加入国际联盟。因此，第二种模式存在"罪恶爆发的危险"，它只是世界共和国的"消极替代物"。③

第三种模式是康德主张的国际制度的理想形式。他把这个世界共和国称为一个"积极理念"④，这个术语意指纯粹理性的概念，是"其对象不能在任何经验中被给予的必然概念"。⑤由此，这个概念在经验上并不能满足理性的全部规定，但是可以作为实际人类行为的模式或目标，在命题

---

① 参见〔德〕康德《道德形而上学》，载李秋零主编《康德著作全集》（第6卷），李秋零译，中国人民大学出版社，2013，第362页。

② 〔德〕康德：《道德形而上学》，载李秋零主编《康德著作全集》（第6卷），李秋零译，中国人民大学出版社，2013，第356页。

③ 〔德〕康德：《论永久和平》，载李秋零主编《康德著作全集》（第8卷），李秋零译，中国人民大学出版社，2013，第362页。

④ 〔德〕康德：《论永久和平》，载李秋零主编《康德著作全集》（第8卷），李秋零译，中国人民大学出版社，2013，第362页。

⑤ 〔德〕康德：《未来形而上学导论》，载李秋零主编《康德著作全集》（第8卷），李秋零译，中国人民大学出版社，2013，第332页。

意义上是正确的。作为理念的世界共和国是一个对成员国具有强制力的国际联盟，但其做出的决定则来自成员国之间的争辩和讨论。基于个人和国家的判断的易变性，每一个作为"道德人"的国家在自然状态下彼此相关，都遭受着所有那些促使康德去论证公民社会之必要性的相同困境，国家间所表现出的这种病理正是扩大版的个人间的自然状态的病理。因此，世界政府可被视为唯一合法的治疗此种病理的疗方——与正义相一致的唯一疗方。① 在康德看来，永久和平的最终建构格局是由主权国家扩展到世界国家（世界共和国）。

由此便引出康德对于第二个问题的回应，即在这种世界国家的设想下，原来所由以出发构成主权国家的个体，其所负担的法权或者道德义务是否会发生某种潜在的变化。

从法权方面来看，世界公民法权最重要的意义在于，其既突破了主权国家之间的绝对壁垒，同时为殖民主义、帝国主义和民族侵略设置了防线。既然康德已经承认了主权国家的正当性，那么他就有义务为这种个体的民族国家作出辩护，所以国家的独立性是康德必须要照顾到的。但康德同时考虑到，永久和平的终极指向是使全人类进入一种世界公民宪政的共同体状态。于是，他又不得不突破地域和民族的界限，使得彼此远离的各大陆能够和平地建立关系，而这些关系最终将成为一种公共的法律。② 这是康德在法权意义上对由民族国家向世界国家的跨越所做的努力，他早已经看到地球上各民族间的普遍联系已经达到了很高的程度，且只会越来越加强，而这种普遍剧增的联系必将对永久和平产生决定性的影响，所以，"一种世界公民法权的理念就不是法权的一种幻想的和夸张的表象方式，而是既对国家法权也对国际法权的未成文法典的一项必要补充，以达到一般而言的公共人权，并这样达到永久和平，惟有在这个条件下，人们才可

---

① 参见〔美〕杰弗里·墨菲《康德：权利哲学》，吴彦译，中国法制出版社，2010，第157页。

② 〔德〕康德：《论永久和平》，载李秋零主编《康德著作全集》（第8卷），李秋零译，中国人民大学出版社，2013，第364页。

以自诩在不断地接近永久和平"。①

从德性方面来看，对世界公民的普遍友善的要求是康德将伦理规范中的平等主义贯彻到底的产物。所有人本质上都是平等的，不论其地域、民族、种族、宗教信仰以及发展程度。因此，一个民族或种族就不能把别的民族和种族置于自己的奴役之下，剥夺它们的自由，把它们仅仅当作实现自己目的的手段：这是与每个道德主体所固有的自由、平等权利相矛盾的。其实，当我们把永久和平建构中世界国家语境下的个体还原为道德个体时会发现：康德对世界国家的规划本质上是对古罗马帝国宏图的复兴，是从原子式个体的平等观念出发，将道德主体的自我立法进行自由扩张的结果，是将殊性的个人进行"社会化"同化的产物。这是康德笔下的道德主体进行德性立法的本质，是通过自由的自律，或者说自由的节制的美德，使"个性"归一于群体之中。这种将"小写的我"大写化的过程，必将超越一切殊性的限制，跨越政治共同体与民族国家的障碍，扩张到全球伦理中去。譬如，在公元 212 年，卡拉卡拉皇帝将罗马市民权授予罗马帝国境内一般居民后，市民法和万民法的区别便消失了，罗马法摆脱了狭隘、形式主义和严峻的性质。② 此时，在古罗马法的文本中，我们不会寻得任何关于"罗马公民"的特殊意义的表述，法典始终谨慎地保有一份平等的德性与节制的伦理，持续言说着"世界公民"的身份，默默守护着帝国宏图的伟业与情怀。在康德融贯的道德哲学与政治哲学话语中，德性的伦理——自由的节制是帝国和平之建构的根基与起点，也是永久和平建构下群体向个体所发出的"道德律令"，是群己关系超越民族国家后的最终指归。然而，我们同时应当意识到，世界国家与道德主体同样缺乏个性，归根结底世界国家就是建立在这种无个性的个体之上的。倘若对世界国家的论证果真是从抽象的人性与绝对的道德主体出发，那么它就必然走向作为抽象一般性的人类，而非作为一个具体总和的人类，走向作为"自然系

① 〔德〕康德：《论永久和平》，载李秋零主编《康德著作全集》（第 8 卷），李秋零译，中国人民大学出版社，2013，第 360 页。
② 参见周枏《罗马法原论》，商务印书馆，2016，第 102～103 页。

统化的种类名称"的人类,而非作为"历史 – 现实种类实体的人类"。①
从这个角度来说,康德给予了我们和平叙事下处理群己关系的最大启示,
却也同时给后人留下了最大的难题。

(三) 小结

从康德关于永久和平的宏大叙事中,我们可以发觉:这是康德对于其
政治哲学叙事的连贯话语,从个体出发演绎至群体,再超越群体到世界和
平的层面。而这之中始终包含着两组对立(参见图1)。

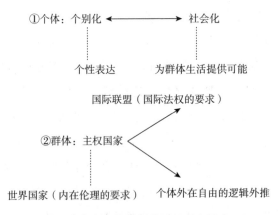

图1 永久和平规划的两组对立要素

对于个体而言,人被预设为具有自由意志的道德主体,故而具有自我
立法的能力与自由的自律之德性,正是源于此,群体生活才得以可能,国
家的证成以及全球伦理才是可欲的。这是康德论证共同体生活之可能性的
最深层次要素,也是其群己观念的根本出发点。但问题在于,康德自己也
承认:作为个体化的人,我们不止具有一种社会化的偏好使得共同体生活
与普遍伦理得以可能,自然禀赋得以发展;我们天然更具有一种使自己个
别化(孤立化)的倾向。这种非社会化的属性使我们"仅仅按照自己的
心意处置一切,并且因此而到处遇到对抗……正是这种对抗,唤醒人的一
切力量,促使他克服自己的懒惰倾向,并且在求名欲、统治欲和占有欲的

① 参见〔德〕古斯塔夫·拉德布鲁赫《法哲学》,王朴译,法律出版社,2013,第226页。

推动下，在那些他无法忍受，但也不能离开的同伙中为自己赢得一席之地"。① 这是人之天性的力量，即一种个性对社会化的反抗，而法权建立在人的社会性的基础之上，它必然和个体孤立化的倾向存在根本的对立。也就是说，作为个体化的人，我们天生具有一种脱离群体的倾向，正是这种倾向使得我们背离基于自身道德本性所创立的普遍法权规范。

对于群体而言，主权国家是个体生而具有的外在自由的逻辑外推结果，而世界国家却是康德所由以出发的德性个体之内在伦理要求。康德认为，在当前更为现实和迫切的是建立一个包括各民族国家的自由国家的自愿联盟，它不具备国家所具有的主权，也不能以武力作为自己的统治基础；国际和平只能这样建立起来，因为如果构成联盟的国家真的是自由和独立的，它就不可能放弃自己的主权和独立而承认一个世界国家。但是，如果民族国家的联盟真的能运作成功，它必须有一个超国家权力的机构作为保证。康德明显意识到了这个矛盾，所以他才把一个包括各民族国家的世界国家看成实现永久和平的最后的理想。既然在当前的情况下世界国家的理想是无法实现的，那么，提出这一理想又有何意义呢？对此，康德的回答是：这一理想本身就构成了国际领域的正义和道德概念的基础，只有在一个世界国家中，才可能成功地维持国际法权和国际正义。但问题在于，如果承认这一理想，那么基于外在法权所推论出的个体国家必然会在将来的某一个时刻消亡于世界国家之中。"无个性的，也就是无民族性的个体，即个人主义国家原子式的最初组成部分，就是天生的世界公民。这种由无个性个体开始的思路将不可避免地导致无民族性的人类国家。"② 从个体的外在自由进行先天演绎所证成主权国家是必然的，但是多数国家的存在归根结底与政治集体一样，是受地理、风俗、语言与宗教等事实因素影响的一个偶然结果。所以，世界国家形成的过程也就是抹杀民族个性以朝向统一的伦理法则与法权规范的过程，也只有囊括全人类的世界国家才不会在自己的进程中与民族问题相遇。

① 〔德〕康德：《关于一种世界公民观点的普遍历史的理念》，载李秋零主编《康德著作全集》（第 8 卷），李秋零译，中国人民大学出版社，2013，第 28 页。
② 〔德〕古斯塔夫·拉德布鲁赫：《法哲学》，王朴译，法律出版社，2013，第 225 页。

综上，我们将康德对于永久和平规划的整体脉络勾勒出来，并将上述两对冲突置于其中，形成如下叙事（参见图2）。

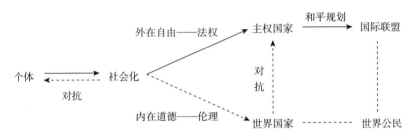

图 2　永久和平叙事的群己关系逻辑

从预备条款对战争的抑制到共和宪政对和平的成就可以看出，康德关于世界和平图景的一切建构性策略之根本依据是法权原则。基于外在自由的法权原则规定了政治实践的必然结果，即主权国家与共和宪政的成就。但从实践理性原则来看，永久和平的诉求则不仅仅是一个政治和法律问题，它首先乃是一个道德问题，是人的绝对义务。世界公民法权不仅仅被每一个人出于善良意志而真诚地遵守，而且他也期待着别人能同样地尊重这一神圣的原则；这样，永久和平的实现成为公民的一项道德义务，由道德个体出发的自我节制与平等立法所必然导向的是无差异的世界国家。于是，作为第一对矛盾的主权民族国家与世界国家的冲突便诞生了。

至此，康德的思路已经非常明确，他为我们讲述了一个双重意义上的关于永久和平的宏大叙事：一个是基于显性的外在法权的规划，一个则是隐性的内在伦理的要求。法权规划下的世界和平开始于对主权国家的论证，而国家法权证成之后，国际法权则只能建立在自由国家的一种联盟制之上，否则这种国际联盟将与各国主权发生逻辑上的冲突。但基于个体之德性的立法所创造的伦理的国家，却是康德帝国情怀的展现，它要求建立一种"世界共和国理念"之下的永久和平。正是因为康德为其伦理帝国的设想披上了法权的外衣，所以在这场规划中他持续地表现出了明显的纠结和不一致。但也恰恰是这个关于永久和平的双重构想，迫使康德在法权和伦理的鸿沟之间架起了一座世界公民法权的桥梁。因为，在此意义上，世界公民法权对于普遍友善的要求，既是使得人类共同体更为紧密牢靠的

"所有人都享有的造访法权"①，也是个体进行普遍立法的伦理本性。所以，可以说，世界公民法权作为对个体进行社会化的结果，起着联系、沟通伦理的世界和平与法权的世界和平的桥梁作用。

但应该明确的是，尽管世界公民法权作为一项法权契合了伦理帝国的要求，为道德个体直接进入永久和平的叙事提供了立法的途径。但关于世界和平的法权规划与伦理规划的结果始终是对立的，主权民族国家与世界国家的矛盾是一直存在的。可以说，二者本质上是个性和普遍性的对立，因为它们都是作为个体的人被社会化的结果，都以群己关系的方式显现出来，只不过主权国家是外在自由的法权规范与社会偶然事实相结合的产物，而世界国家则是基于绝对道德主体之无差异的德性立法的结果。所以，康德在以世界公民法权调和主权民族国家与世界国家这一对矛盾时，所回溯的是另一对更为深层次的矛盾，即作为个体化的人之更为源始的个别化倾向与社会化禀赋之间的对抗。

四　回答基本问题：和平规划下世界公民的伦理约束与个性表达

康德认识到了这一困难，他企图借助"自然目的论"来调和这两对冲突。普遍的伦理法则和法权规范与个性化的张扬是对立的，但二者的统一和一致却是历史进步的方向和趋势；同样，世界国家是永久和平的终极实现，而主权民族国家必然会在自然的进程中因文化的作用而走向归一。这是大自然神秘安排的结果，正是自然这位伟大的艺术家在自然进程中所凸显的合目的性，为这种进步提供了担保。② 目的论的意义就在于将这种对立统一起来，通过文化将个体的殊性化归于群体之中，通过历史的进步将

---

① 〔德〕康德：《论永久和平》，载李秋零主编《康德著作全集》（第8卷），李秋零译，中国人民大学出版社，2013，第363页。
② "作为一个在其作用法则上不为我们所知的原因的强制，被称为命运，但考虑到其在世界进程中的合目的性，作为一个指向人类的客观终极目的，并且预先规定这个世界进程中的更高原因的深邃智慧，被称为天意。"（〔德〕康德：《论永久和平》，载李秋零主编《康德著作全集》（第8卷），李秋零译，中国人民大学出版社，2013，第366页）

法权原则与政治实践统一起来，亦即解决阿伦特所认为的判断力的难题——如何将普遍物与特殊物统一起来。而这个统一的过程——目的论作用下的历史"进步"过程——本质上就是以国际法权规范民族国家政治实践的过程，也是自由的自律逐渐作用于特殊的人性进行德性立法并逐渐同质化的过程。

　　然而，无限进步的历史观念为这种对立提供的调和方案并不能使人满意，因为从本质上而言，它是一个吞噬个性的过程。对此，阿伦特一针见血地指出："在康德那里，存在着这样的矛盾：无限进步是人类种族的法；同时，人的尊严则要求，人（我们每一个个体）应该因他的特殊性而被看到，因而他应该——不予比较地、不受时间所限地——被视为反映了一般的人类。换言之，进步这一理念——如果它指的不仅仅是境况的某一次改变和世界的某一个改善——是与康德关于人的尊严这一观念相矛盾的。相信进步，恰恰是有违人类尊严的。"①

　　所以阿伦特甚至嘲讽道，康德的政治哲学著作出自晚年，是康德心智能力逐渐衰退以至于老年痴呆的产物。②

　　在此意义上，康德的和平设想与规划在一定程度上宣告失败，因为这场和平叙事是以法权和伦理吞噬人性为代价的。而法权和伦理对个人进行社会化的结果自身也显示出了政治实践领域的冲突——主权民族国家和世界国家的对立。尽管康德的许多建议在今天已经得到了国际社会的充分认可与实践，例如联合国的成立，但我们无法回避这项"哲学性规划"的内在困境。这也迫使我们不得不在此基础上更进一步地思考：这个失败与康德对和平内涵的规定及其建构是否有关系，以及——如果有的话——二者是怎样的关联？从这项失败的规划中我们是否能得到蛛丝马迹的提示，并根据这些启发修正这套方案而重新叙述一个关于永久和平的宏大叙事以调和群己关系的冲突？

---

① 〔美〕汉娜·阿伦特：《康德政治哲学讲稿》，曹明、苏婉儿译，上海人民出版社，2013，第117页。

② 参见〔美〕汉娜·阿伦特《康德政治哲学讲稿》，曹明、苏婉儿译，上海人民出版社，2013，第19页。

至此，我们发掘了康德永久和平叙事中人性与法权的张力，以及由此所衍生的主权民族国家与世界国家的对立，而这也恰恰是当代国际社会关于和平建构所无法回避的难题，因为当今国际政治与国际法的许多原则与实践都发端于康德。事实上，我们的一切考察与努力都开始于一场对法权建构下的世界和平的反思。在文章的开头，我们描绘了一个简单朴素的虚拟场景，但越是平常的现象，其背后所隐藏的矛盾越容易被表象所遮蔽。经验性、习惯性的思维会使我们对现象视而不见，至少是缺少了某种深刻的反思，正如文章开篇的那个场景，难道其不是让人不屑一顾但反思后却又异常困惑吗？

从对文本的解读来看，我们能够得出结论：康德对于世界和平之建构的关键是通过共和宪政对战争的克服，并在此基础上依靠对世界公民在法权和伦理方面进行双重立法以维系和平成果。在这场由人性（特殊性）和法权（普遍性）的持续张力所牵引的追求和平的"进步"之旅中，尽管大自然把人作为目的链条的最终端，但是和平只能是实现这一目的的手段或必要条件，而绝非这一目的本身，尽管作为道德义务，二者相互依存且有可能同时趋近。但遗憾的是，康德所极力追求的和平却以牺牲个性之张扬及其表现主义特征为代价，是以法权和伦理的普遍性规范——形式自由消除个性因素，扼杀实质自由的和平状态，这也是这场建构性叙事失败的根源。

如果说在永久和平这项"哲学性规划"中，康德对和平内涵的理解是消极意义上的，那么，作为本体的自由领域的自我立法是否能为和平理念填充主体性内容，以实现在群己关系中的个性表达呢？在讨论人性和自由的关系时，康德跳出了霍布斯的悖反怪圈——人类基于人性的恐惧和欲望而实现结合，却最终丧失了个体的自由。为此，他给人类自由以最高的表达，将自由提升到超验的领域并使其成为人性的最高根据。康德接受了霍布斯改造古典自然法的结果：把自然等同于人的感性欲望。但此后便与之分道扬镳。对人性之完满的古老渴望，在康德这里以新的形式重新得到伸张：自由高于自然，自由作为人性尊严的本质使得作为道德个体的人成为终极依据。康德以这种方式将古人对人性的高绝标准和现代人对于自由的现实要求结合在一起，由此产生一种本乎现代又超乎现代的思想品性。[①]
他以自我立法的形式将古典德性重新予以表达，道德自律恢复了人性的完满，实现了人性的自我表达。当战争完全消亡之后，理性主体在其下可以实现自我立法的和平就是真正的"永久和平"。所以康德可能这样回应我们的批评：道德自律才是真正的自由，法权本就是自由的结果，是自由的规范表达！

但是，当我们将"自我立法"还原到语言形式中时会发现，这是一个逻辑的圈套：当我们将这一形式表述为"虽然立法限制了人性的释放，但它却是我的意志自律的结果"时，确信将如康德所言；但倘若我们将语言表述方式转换为"虽然自我约束使得个体意志得到发挥，但是，立法到底约束了我的任性"时，那么在结果意义上，个性的表达终究得到了抑制，而这，正是康德永久和平这项"哲学性规划"所无法克服的最根本的矛盾。这也恰恰是后来尼采所无情地拷问康德的地方，因为在尼采看来，道德价值的本源绝非由"普遍法则"、"人是目的"与"意志自律"三者所合成的定言律令，这种意志以法权的方式所进行的自我否定压制了激情，扼杀了创造力。这种高扬同质价值与普世法权、抑制个性表达的道德自律本质上是道德的自我否定与对人性的泯灭，因为人性问题总是与伦理道德、社会实践和政制创设紧密相关，它不是一种哲学假设，人性自身必定展示为实践的历史过程，人性作为自我意识和意识的本性正是在这个历史过程中得以展现、得以实现、得以丰富、得以完善起来的，而人作为自由的本体才是这一历史过程最根本的基础，那些体现在现代政制之中的"人性的、太人性的"所谓"道德价值"恰恰在无情地吞噬着个人的绝对自由意志。[②]

在此意义上，可以说康德和平规划的失败是其伦理自由的内在根本矛盾的显现。康德欲以自我立法表达自由，使自由高度形式化，却因此使得

---

① 参见张盾《"道德政治"谱系中的卢梭、康德、马克思》，《中国社会科学》2011 年第 3 期。

② 参见赵明《实践理性的政治立法——康德〈论永久和平〉的法哲学诠释》，法律出版社，2009，第 23 页。

"和平"世界中的人陷入自律而处处不自由，即使"人是目的"的论断也先天地包含着"不以他人为目的"的对自我行为的限制。如此，如何自由？而没有自由的和平又如何能够长久？所以，康德对于永久和平的规划从根本上无能于群己关系的处理。

是的，当思想家们看到了自然状态的恐怖之后，便不敢再渴望一种个性的任意表达，不敢再拒绝强理性的强制。"我们对于理性的义务可以克服政治国家的非人性化趋势，可以开辟新纪元，可以用伦理共同体替代政治共同体。现代性的精神和结构将被改造并包容在普遍的伦理精神的'和平'中。在那里，一套普遍的可强制执行的法律制度并不是人间秩序安排的目标，也不是一个美好社会的充分条件，而只是一个必要条件。归根结底，康德的意思很简单：在我们成为和平的生物之前，我们必须做法律的臣民。"① 但是，我们不禁要问，难道对和平的欲求必须要以对个性的抹杀为代价吗？当人性和激情被遏制时，和平状态又能维持几时呢？果真是"永久"吗？答案是显而易见的。康德苦心经营，欲图消除群己冲突的目的王国是一个高尚的理想，他相信，此和平的政治建构将使得人类的一切自然权能获得完全的施展；但是，自康德以后的两百年里，我们究竟是迈进它呢还是从它往后退了呢？② 至少后来的诸多历史事实就已经证明，康德的预言似乎太过于乐观了。作为预言家——在这方面他不如尼采——他难以想象在 20 世纪爆发的如此多的大规模战争竟然几乎都是发生在民主国家之间；他甚至不能想象出在意识形态和民族主义的名义下会释放出怎样的现代野性和激情，爆发出何其恐怖的战争力量。我们不能说康德的这项"哲学性规划"错了，但至少我们看到，他在全力消解了战争冲突之后，便无力寻找得以释放在普世法权和道德压抑中不断累积的现代激情和欲望的途径了。

康德将道德主体作为逻辑起点，建构帝国和平的盛景，但是从个体到群体的过渡始终是康德悬而未决的难题，或者说，他以一种"独断的方

---

① 〔英〕韦恩·莫里森：《法理学——从古希腊到后现代》，李桂林、李清伟、侯健、郑云瑞译，武汉大学出版社，2003，第 159 页。

② 参见〔英〕丹尼斯·劳埃德《法理学》，许章润译，法律出版社，2007，第 76 页。

式"解决了这个问题，故而给后人留下诸多思考的空间。如果不正视这个难题，那么永久和平的规划与论证就是失败的，从道德主体到政治共同体的"惊险的一跃"被阻断，群己关系难以得到有效解决，个体与群体依旧处于持续的争执之中。于是，"自然目的论"之下的和平叙事面临着沦为一套政治修辞的危险，或者，它只是一个现代性的谎言。

和平当然是却也绝不仅仅是国家之间消弭战争的状态，和平的概念必须包含妥善处理群己关系的原则，更重要的是，这个原则不能仅仅是依靠世界公民法权对个体进行社会化重构。否则，个体任性的表达和群体所设置的行为边界之间，将始终存在无法跨域的鸿沟。这样，战争便永远是潜在的、可能的。而这，是康德关于永久和平的叙事所给予我们的最大启发与教训。

Abstract: Never was there a moment that human ceased their endeavor to peace, but neither was there a genuine peace ever accomplished due to the divergence on the conception of peace. Kant developed a narrative of perpetual peace in dual senses. One is based on the project of external law, and the other required by internal ethics. In the external sense, perpetual peace is reached by the realization of international federation starting with individuals and mediated by sovereign state. In the internal sense, same trick is done by an approach from individual moral legislation to the idea of world-republic. Nevertheless, there is an everlasting conflict between sovereign state and world-republic that haunts Kant's dual narrative. Such conflict roots in a paradox between the individuality and sociality of humanity, a paradox that results from Kant's effort to socialize individual humanity in terms of law and ethics of world citizens. Therefore to dissolve that paradox becomes indispensable for any realization of genuine perpetual peace.

Keywords: Kant; Perpetual Peace; Cosmopolitan Law; Individualgroup Relations

阿马蒂亚·森能力理论的权利意蕴

董　骏*

摘　要：以边沁为代表的功利主义和以罗尔斯为代表的契约主义在有关"人"的这一前提下，都无一例外地把它想象为同质化的个体。由于剥离了人际异质性，包括这两大流派及其相应的权利观在内的西方近代以来的权利理论就不可避免地带有偏狭性。阿玛蒂亚·森提出的能力概念和权利存在紧密联系，它是一个强调人际间异质性的关系性概念，由四个相互区别而又紧密关联的词构成，包括"能力"和"功能"这一对核心概念，以及在此基础上衍生出来的"功能的 n 元组合"和"能力集"。这一概念架构支持一种宽广的权利基础，将权利的消极维度和积极维度同时包含进来。能力聚焦于"一个人能够做或成就的有理由珍视的事物的一系列实质机会或自由"，它提醒人们不仅要普遍追求体现为实质自由或机会的"能力"，同时还要追求能力的实现，即通过"功能性活动"表现出来的结果状态。在这个意义上，能力理论本身就蕴含着权利的实现逻辑。

关键词：阿玛蒂亚·森；人际异质性；能力；功能；权利

一　导言

阿玛蒂亚·森（Amartya Sen，1933—）的能力理论是在批判以边沁（Jeremy Bentham，1748—1832）为代表的功利主义和以罗尔斯（John Rawls，1921—2002）为代表的契约主义的基础上形成的。尽管他最初提

---

*　董骏，重庆文理学院副教授，西南政法大学人权研究院兼职研究员。

出能力理论是为了拒斥经济学，特别是在福利经济学领域由于边沁功利主义的影响而导致的经济学研究"贫困化"倾向，但而后阿玛蒂亚·森通过进一步深入研究以及由此而带来的适用领域的扩大，特别是同罗尔斯之间的持续论战使得能力理论一开始就具有的权利意蕴更加充分凸显出来。阿玛蒂亚·森甚至明确主张要将能力理论和权利理念紧密结合起来。① 由于阿玛蒂亚·森的努力，能力理论在有关权利预设、权利根基以及权利实现等对于权利极为重要的基础理论问题上提出了一系列深刻的洞见。这些洞见无论是为我们进一步开展权利理论研究，还是看待现实中有关权利的重大争论，以及反思当前的主流权利话语和行动都提供了丰富的智识资源。② 因此，对阿玛蒂亚·森能力理论的权利意蕴进行系统梳理和思考无论是在理论上还是在现实上都变得尤为必要。

二　能力预设：聚焦人际异质性现实

以边沁为代表的功利主义和以罗尔斯为代表的契约主义尽管在具体内容方面表现出诸多差异，但这两大流派及其相应的权利观念都无一例外地分享着共同的理论预设，即在"人"这一根本问题上承认人的"同质性"。这样做尽管满足了各自理论对一般性、普遍性的要求，但其代价是剥离了人的现实差异性。在这种背景下，阿玛蒂亚·森提出了以人的"异质性"为前提的能力理论。

（一）功利主义和契约主义对人际异质性的忽视

以边沁为代表的功利主义主张人的本性是"避苦求乐"③，基于这一本性，人们应当追求"最大多数人的最大幸福"，而要实现这一目标就必

① See Amartya Sen, "Rights and Agency," 11 (1) *Philosophy and Public Affairs* 3 – 39 (1982); See Amartya Sen, "Elements of a Theory of Human Rights," 32 (4) *Philosophy and Public Affairs*, 328 – 330 (2004).
② 参见郑智航《论免于贫困的权利在中国的实现》，《法商研究》2013 年第 2 期；郑智航《全球正义视角下免于贫困权利的实现》，《法商研究》2015 年第 1 期；等等。
③ 〔英〕边沁：《道德与立法原理导论》，时殷弘译，商务印书馆，2000，第 58 ~ 60 页。

须使"幸福"变得可以量化和计算。为了使计算变得可能，边沁确定了一系列影响痛苦和快乐的变量，如快乐的强度、持续性、确定性、远近性、快乐的繁殖性（快乐之间相互感染）、快乐的纯洁性，以及快乐的广延性（受快乐影响的人的数目）。在边沁看来，通过考虑这些变量，人们能够把握每一行为所导致的苦乐价值的大小，从而最大限度去追求幸福总量。出于量化的方便，边沁甚至提出要制造一种"道德温度计"来测量幸福或者不幸福的不同度数。①

边沁对幸福总量可量化性的信心暗示了他在功利主义的前提下承认人与人之间是相同的或者至少具有极大的相似性。因为只有建立在人际同质性基础上，这种精确的量化才变得可能和确定。立基于这种人际同质性预设，边沁反对那种缺乏确定性根基的自然权利，认为布莱克斯通（Sir William Blackstone，1723—1780）著作中的人权思想连同17、18世纪启蒙学者所普遍主张的自然权利都是毫无根据的"虚构"。而一些"宣言"中宣称的"天赋权利"更被其斥为"高烧时的胡说八道""赤裸裸的废话"。②

基于上述看法，边沁认为能够得到支持的权利只能是法律权利，即所谓"权利是法律之子"。③而即便是法律权利，也只有在最终诉诸"最大多数人的最大幸福"的功利主义原则时才是正当的。在功利主义的框架内，一项基本权利除非其有利于效用总量的增大，否则不会得到承认。边沁的逻辑是：法律的稳定性和确定性特征决定了权利可以根据功利主义的基本原则来进行量化和计算，权利能够通过法律的安排达到"最大多数人的最大幸福"的目标。然而，这种逻辑同样是以人的同质性为前提的。

以边沁为代表的功利主义对"最大多数人的最大幸福"的强调使得个体极其容易被淹没甚至牺牲在社会总体的幸福之中。而即便是对法律权利

---

① 参见〔英〕边沁《道德与立法原理导论》，时殷弘译，商务印书馆，2000，第86~89页。

② Bentham, "Anarchical Fallacies (1792)," in *The Works of Jeremy Bentham*, ed. Bowring J. Bristol: Thoemmes, 1995, p. 523.

③ Bentham, "Supply without Burden (1795)," in *The Works of Jeremy Bentham*, ed. Bowring J. Bristol: Thoemmes, 1995, p. 585. 转引自〔美〕约翰·菲茨帕特里克《密尔的政治哲学》，万绍红译，人民出版社，2014，第112页。

的强调也具有极大局限性，现代法律的逻辑预设之一就是将千差万别的个体抽象为具有理性能力的同质化的人，然后通过诸如"可以""应当""不得""禁止"一类的词汇规范所有无差别的个体行为。这是现代理性主义在法律领域的胜利，但其代价是对法律之下的个体相互之间实际差异的忽视。法律框架内的权利解决的是个体的行事资格问题，它并不关心个体是否有能力将法律上的这种资格转化为有理由珍视的现实生活，以及在这个过程中所体现出的人与人之间的现实差异。

为了克服边沁功利主义的局限，构建一个更为公正的社会，罗尔斯重拾政治思想中的社会契约传统。罗尔斯设想了一种"原初状态"（original position），为了使原初状态中的立约者处于一种自由而平等的环境，他又设计了一种"无知之幕"，"无知之幕"下的立约者被摒弃了一切与之相关的偶然因素，没人清楚自己的选择对象将如何影响他们自己的特殊情况，立约者仅仅是基于一般性的社会事实来平等选择基本的"善"和与之匹配的一般原则，在这种环境下没有任何人比其他人享有更多的东西，每个人可以自由地对别人提出的原则加以否决。在这种自由而平等的环境中，正义社会的基本原则才能获得普遍而一致的同意。

罗尔斯想通过一种契约式的论证方法来避免功利主义所犯的错误，但恰恰是在论证中对此一方式的选择，从一开始就注定了他在解决功利主义遗留下来的问题时并不彻底①，也注定了他"关于人的理想"从一开始就无法得到实现。罗尔斯的"无知之幕"在过滤掉所有与立约者有关的偶然因素的同时，也遮蔽了人的差异性。而这正是罗尔斯得出其正义原则的逻辑预设之一，因为在罗尔斯看来，只有在屏蔽掉差异性的个体之间才最有可能就正义的原则达成普遍的一致，也正是在这一预设的基础上，罗尔斯在相似的个体之间进行"基本善"的平等分配才变得可能。

在"一般性正义观念"中，"自由、机会、收入和财富、自尊的社会基础"这些"基本的善"对每一社会成员都有用，应平等分配。差别只

---

① See Amartya Sen, "Equality of What?" 1 *Tanner Lectures on Human Values* 366 (1980). 中译文参见〔印〕阿玛蒂亚·森《什么样的平等?》，闲云译，《世界哲学》2002 年第 2 期。

有在"使每个人都比在这一假设的开始状态中更好"的情况下才能得到允许。在这一问题上，罗尔斯关注的焦点仍然在各种有益的事物上，而不是这些有益的事物对人们会有什么实际影响，罗尔斯还是刻意忽视了人的差异性。对此，罗尔斯的批评者阿玛蒂亚·森看得很明白："罗尔斯仅仅把基本善看作优势的具体体现，而不把它看作人与善之间的一种关系。"[①]而事实上，"在我们将基本善转化为功能存在和幸福的能力方面，的确存在着广泛而普遍的差别"。[②]

尽管罗尔斯确立了"差别原则"，但这在阿玛蒂亚·森看来和"跛脚者的劣势"几乎没有什么联系，"跛脚者"并不会因为自身的劣势而受到"差别原则"的特别关注。罗尔斯的问题就在于将一种并非由于主观原因所造成的劣势混同于由于主观选择所遭受的劣势。[③] 事实上，人与人之间的差别，即使是非常特殊的差别，也要求得到我们强烈的关注，因为它们可能与特别重要的问题相关，比如残疾人的自由移动的自由和自如参与社区生活的自由。人们的各种需要之间的差别是极为普遍的，这种差别的普遍性在任何有关正义的理论中都应处于一种更加中心的地位，如果不这么做，都可能导致犯相反的错误。[④]

（二） 能力理论对人际异质性的强调

无论是以边沁为代表的功利主义还是以罗尔斯为代表的契约主义都不同程度地预设了人的同质性，对人做了极为简单化的处理。就功利主义而言，它所追求的是效用的最大化，在这种目标下只能假设人与人之间是同质的，只有这样才能基于同一个标准在人与人之间进行赋值，最终计算出效用的总量。同样，罗尔斯也在他的"原初状态"中假定了一种同质的人，人的个性化特征被剔除，只有这样他的关于正义的两条基本原则才

---

① 〔印〕阿玛蒂亚·森：《什么样的平等?》，闲云译，《世界哲学》2002 年第 2 期。
② Amartya Sen, "Freedom of Choice," 32 *European Economic Review* 278（1988）.
③ 参见〔印〕阿玛蒂亚·森《什么样的平等?》，闲云译，《世界哲学》2002 年第 2 期。
④ See Amartya Sen, "Freedom of Choice," 32 *European Economic Review* 269–294（1988）.

能被合理地推演出来。而阿玛蒂亚·森所提出的能力方法则重视人的差异，重视人的多维面向。"在我们所珍视的人类的各种功能上，能实现的目标通常是多种多样的，从良好的营养、避免过早死亡，到参与社区生活、培养有利于实现事业抱负的技能。我们所关注的可行能力，是实现各种功能的组合的能力。"① 因此，在能力方法的框架中，人是以立体的形象走出来的。

如果从"手段—目的"的划分上看，能力方法聚焦的是"目的"，即人类现实生活本身；而功利主义和罗尔斯仅仅关注的是实现某种有价值生活的手段。功利主义推崇的"效用"和罗尔斯关于"基本善"（自由和机会、收入和财富、自尊的社会基础）的构思，本质上都是仅仅关注外在于主体的手段，而并不关心手段和主体之间因人而异的特殊关系，而后者恰恰是能力方法关注的焦点。能力方法通过这种手段与主体之间的特殊关系将焦点转向了人们实际的生活机会本身。阿玛蒂亚·森经常举的一个例子是："如果一个人有高收入但容易患病，或有严重的身体残疾，那么此人不一定会只因为其收入高而被视为有很大的优势。他虽然在生活的手段上比较富足（高收入），但却由于疾病和残疾而难以将其转化为一种好的生活（以她有理由感到愉悦的方式来生活）。因此，在这里我们需要关注的是他实际上能够在何种状态上实现良好的健康状况，如果他愿意这样的话，以及保持足够良好的状态来做他认为有意义的事情。"② 这样看来，手段和目的之间实际上存在巨大的差别，从手段转向目的不仅仅是语词之间的简单替换，更是一种方法的革新。

针对上述以边沁为代表的功利主义和以罗尔斯为代表的契约主义对"人"的同质化假设所存在的固有局限，阿玛蒂亚·森提出了一种"能力"（capability）的概念，即人们实际上能够选择他们有理由珍视的生活

---

① 〔印〕阿玛蒂亚·森：《正义的理念》，王磊等译，中国人民大学出版社，2012，第216页。

② 〔印〕阿玛蒂亚·森：《正义的理念》，王磊等译，中国人民大学出版社，2012，第217页。

的现实自由（或机会）。阿玛蒂亚·森将焦点集中在差异化个体的现实"能力"上，不仅有利于克服功利主义的总量排序对差异化个体的忽视，而且，"它把关注点从有益事物转向了有益的事物对人类的现实影响"①上，也有利于克服契约主义所表现出来的浓浓的拜物教倾向。② 表面上看，这一转变仅仅是将罗尔斯的方法向前推进了一步，但正如阿玛蒂亚·森所说，"能力在某种程度上比基本善的拥有具有更直接的价值，因为它显然是通往更加人性化终点的方法"。③

阿玛蒂亚·森对"能力"（capability）的认识有一个过程，"能力"一词的含义在他的研究中经历了前后两个阶段的变化。1979 年 5 月，阿玛蒂亚·森在斯坦福大学的"坦纳讲座"上所做的关于"什么样的平等?"演讲，可以视为他关于"能力理论"的第一次公开表达，他将"能力"界定为："一个人有能力做一些基本的事。"④ 阿玛蒂亚·森关于"能力"的最初看法已经蕴含着权利意蕴。然而，无论是在内涵上，还是在其适用范围上，"能力"概念的权利意蕴都未能充分显现出来。

事实上，阿玛蒂亚·森也并不满足于上述关于"能力"的解释，通过对能力问题的持续关注，他很快发现"能力方法"除了适用于上述经济领域，在不平等、贫困、饥荒、社会排斥、发展等关涉权利问题的解释上仍然能获得比其他普遍流行的理论更大的优势。阿玛蒂亚·森的这一想法在随后出版的著作如《商品与能力》（*Commodities and Capabilities*）、《生活水准》（*Standard of Living*）以及文章如《福利、能动性与自由》（"Well-Being, Agency and Freedom"）（1984 年杜威讲座）、《能力与福祉》（"Capability and Well-Being"）中得到了较为全面的表达，并最终在其集大成之

---

① Amartya Sen, "Equality of What?" 1 *Tanner Lectures on Human Values* 368（1980）. 中译文参见〔印〕阿玛蒂亚·森《什么样的平等?》，闲云译，《世界哲学》2002 年第 2 期。

② See Amartya Sen, "Equality of What?" 1 *Tanner Lectures on Human Values* 367 – 368（1980）. 中译文参见〔印〕阿玛蒂亚·森《什么样的平等?》，闲云译，《世界哲学》2002 年第 2 期。

③ 〔印〕阿玛蒂亚·森：《资源、价值与发展》（下），杨茂林等译，吉林人民出版社，2011，第 283 页。

④ 〔印〕阿玛蒂亚·森：《什么样的平等?》，闲云译，《世界哲学》2002 年第 2 期。

作《正义的理念》（2009）中①，将"能力"概念完整地表述为"一个人选择有理由珍视的生活的实质自由或机会"。②在这里，"能力"被置于一种更为宽广的基础而获得了比以往更为广泛的含义，特别是阿玛蒂亚·森将"能力"和"实质自由"紧密联系起来，"能力"的权利意蕴充分凸显出来了。③

三　能力概念：支持一种宽广的权利基础

立基于人际异质性这一前提，阿玛蒂亚·森将能力聚焦于"一个人选择有理由珍视的生活的实质自由或机会"。这一实质自由或机会不仅意味着个体排除外在干涉的权利消极维度，更意味着个体将优势资源转化为实际生活状态的权利积极维度。因此，同时包含权利的消极维度和积极维度的能力概念不仅拓宽了传统权利的基础，而且为经济、社会权利的合理性提供了有效辩护。

（一）对罗尔斯"自由权优先"的批判

在正义的"一般观念"中，罗尔斯处理了"基本善"的平等分配问

---

① Sen, Amartya K., *Commodities and Capabilities*, Oxford: Elsevier Science Publishers, 1985; Sen, Amartya K., "Well-being, Agency and Freedom: the Dewey Lectures," *Journal of Philosophy*82 (1985); Sen, Amartya K., "Capability and Well-being," in Martha C. Nussbaum and Amartya K. Sen (eds.), *The Quality of Life*, Oxford: Clarendon Press, 1993; Sen, Amartya K., *Inequality Re-examined*, Oxford: Clarendon Press, 1992. 相关中文译文参见〔印〕阿玛蒂亚·森《福利、能动性与自由》，《后果评价与实践理性》，应奇编译，东方出版社，2006，第116~186页；〔印〕阿玛蒂亚·森《能力与福利》，《后果评价与实践理性》，应奇编译，东方出版社，2006，第227~265页；"Capability and Well-being"一文中译也可参见〔印〕阿玛蒂亚·森等《生活质量》，龚群等译，社会科学文献出版社，2008，第35~61页；〔印〕阿玛蒂亚·森《不平等之再考察》，王利文等译，社会科学文献出版社，2006。
② 〔印〕阿玛蒂亚·森：《正义的理念》，王磊等译，中国人民大学出版社，2012，第214页。
③ 在汉语中，根据《汉语大词典》的解释，"能力"一词包含两层含义：一是指能胜任某项任务的条件，才能；二是指力量。（参见《汉语大词典》（第6卷），上海辞书出版社，2011，第1267页）而阿玛蒂亚·森的"能力"含义不仅包括它在汉语中的两层含义，而且还被赋予政治法律上的含义，将它和"实质自由"联系起来。所以，从翻译角度讲，使用"能力"一词并未完整地传达出"Capability"的含义。但由于目前未能找到一个更为恰当的中文对应词汇，所以仍然使用这一约定俗成的译法。

题，但并未在这些善之间进行一个顺序的排列。然而，这极有可能导致人们可以为了某种巨大的经济回报而宁愿放弃某些基本自由权利。这种情况在作为正义的"特殊观念"中得到了改变。在正义"特殊观念"中，"最大平等的自由原则"相对于"差别原则"具有绝对的优先性，因此，也被称为"自由权优先"（the priority of liberty）。"自由权优先"中的基本自由，特指在自由主义的民主国家里普遍得到承认的、那些标准的公民权利和政治权利。①

根据罗尔斯的"自由权优先"观念，不能为了追求经济、社会利益而损害基本权利。自由只能为了自由的缘故而被限制，除非某种特殊的自由可以增加整个社会的自由总量，或者某种不平等的自由安排可以为那些分享较少自由的公民所接受。② 罗尔斯的"自由权优先"观念虽然解决了正义一般观念中的问题，但仍未逃脱阿玛蒂亚·森的批判。为什么只有罗尔斯列举的这些公民与政治类基本权利优先，其他的一些重要的经济、社会权利却不能优先？事实是，在某些条件下一些经济、社会权利具有更为重要的意义。对此，罗尔斯认为"自由权优先"规则的适用存在一定的条件：经济社会的发展达到一定的繁荣程度，民主宪政的体系被普遍认同。

但这种解释依然不够充分，H. L. A 哈特（H. L. A. Hart, 1907—1992）对此批评道："我并不赞同罗尔斯把那些使得优先性规则发生作用的条件，视作一个非常繁荣的阶段。至少相当清楚的是，当达到这一阶段时，任何一个社会中仍然会有一些人，他们想得到更多的物质利益，并且宁愿付出一些基本自由来获得他们。如果物质繁荣在这个阶段真能达到如此地步的话，就不可能有这些人，此时被启动的优先性规则也就不会再作为禁止性规则而运作，因为不再有什么东西需要它来排除。尽管罗尔斯说，'我们无需把那些依然乐意付出基本自由来获取更大经济利益的人们想的太过极

---

① 参见〔美〕约翰·罗尔斯《正义论》（修订版），何怀宏等译，中国社会科学出版社，2009，第47~48页。
② 参见〔美〕约翰·罗尔斯《正义论》（修订版），何怀宏等译，中国社会科学出版社，2009，第237页。

端，比如接受奴隶制。'① 但仅仅可能的是，在一个社会中的有些人，也许是大多数人，甚至是所有人，宁愿付出特定政治权利——因为行使这些权利看起来并不能让他们获得利益——以获得更大好处，并且，如果能够有足够的把握相信政府某些独裁形式的做法能够促进物质繁荣的话，他们也乐意让政府这样做。一旦一个社会达到一个相当适当的、基本自由得到了实际确立并且基本需要得到了满足的阶段，优先性规则禁止的也许也正是人们所乐意去交换的。"②

罗尔斯"自由权优先"观念中的基本自由属于伯林意义上的"消极自由"（negative freedom），这类自由的特征是"免于……的自由"（free from），这类自由固然能在一定程度上保障人们的选择权，但这种选择权只具有形式意义，并不具有实质意义，亦即它对人们实际上能过一种什么样的生活或实际是否有能力享有这种机会并不关心，正如阿马蒂亚·森在《贫困与饥荒》中所揭示的，即使大规模的饥荒也可以在任何人的自由权利（包括财产权）不受侵犯的情况下发生。诸如失业者或赤贫者那样的穷人可能恰恰因为所拥有的完全合法的"法权资格"不能为他们提供足够的食品而挨饿。而其他形式的剥夺（例如缺乏用以治疗那些可治疗疾病的医疗条件）也可以与这类权利得到完全满足的状态并存。③ 这种完全不依赖于结果的消极的"自由权优先"观念在基础上是有缺陷的。④ 罗尔斯的问题就在于没有充分地关注"积极自由"（positive freedom），以及积极自由背后的理念。⑤

在阿玛蒂亚·森看来，"可行能力是和积极自由的概念联系最紧密的一样东西，而且，假如自由是有价值的，那能力本身就可以作为价值和道

---

① 〔美〕约翰·罗尔斯：《正义论》（修订版），何怀宏等译，中国社会科学出版社，2009，第49页。

② 〔英〕H. L. A 哈特：《法理学与哲学论文集》，支振锋译，法律出版社，2005，第257页。

③ 〔印〕阿玛蒂亚·森：《以自由看待发展》，任赜等译，中国人民大学出版社，2013，第56页。

④ 〔印〕阿玛蒂亚·森：《资源、价值与发展》（下），杨茂林等译，吉林人民出版社，2011，第271页。

⑤ 〔印〕阿玛蒂亚·森：《资源、价值与发展》（下），杨茂林等译，吉林人民出版社，2011，第283页。

德重要性的客体……能力的范畴是反映自由观念的天然候选者。……能力范畴确实接近能反映积极意义上的自由"。① 阿玛蒂亚·森进一步认为，"积极意义上的自由概念应根据可行能力得到解释，它意指一个人能够或不能够做的，或者是可以这样或不可以这样。这种自由首先关心的不是人们恰好拥有怎样的物品、收入或资源，也不恰好是人们从这些活动中（或从进行这些活动的能力中）能获得多少愉悦和满足"。② 而是个体在利用这些物品、收入或资源时具有怎样的现实能力。

（二）支持一种更加宽广的权利基础

在关于"积极自由"的经典解释中，伯林认为它是指人在"主动"意义上的自由，即作为主体的人做什么的决定和选择，均基于自身的主动意志而非任何外部力量。当一个人是自主的或自决的，他就处于"积极"自由的状态之中，这种自由是"做……的自由"（liberty to do）。③ 美国联邦最高法院大法官、著名法学家斯蒂芬·布雷耶（Stephen Breyer，1938—）在其《积极自由——美国宪法的民主解释论》一书中，也延续了"积极自由"的这一含义。④ 普林斯顿大学政治学教授史蒂芬·霍尔姆斯（Stephen Holmes，1948—）在其与芝加哥大学政治与法学教授凯斯·R. 桑斯坦（Cass R. Sunstein，1954—）合著的《权利的成本——为什么自由依赖于税》中甚至走得更远，认为所有的权利都是"积极权利"。⑤ 若

---

① 〔印〕阿玛蒂亚·森：《资源、价值与发展》（下），杨茂林等译，吉林人民出版社，2011，第 276 页。

② 〔印〕阿玛蒂亚·森：《资源、价值与发展》（下），杨茂林等译，吉林人民出版社，2011，第 276 页。

③ 〔英〕以赛亚·伯林：《自由论》，胡传胜译，译林出版社，2003，第 200 ~ 204 页。

④ 布雷耶在《积极自由——美国宪法的民主解释论》中指出："当我提到积极自由时，我所想要表达的乃是人民与其政府之间的这种关联——包含责任、参与与能力的关联。而且，积极自由并不是存在于真空中，而是运作在真实的世界内。在真实的世界内，解释的机构与方法在设计时务必使得这一形式的自由既可以历时可持续，又有能力将人民的意志转译为合理的政策。"参见〔美〕斯蒂芬·布雷耶《积极自由——美国宪法的民主解释论》，田雷译，中国政法大学出版社，2011，第 11 页。

⑤ 参见〔美〕史蒂芬·霍尔姆斯、凯斯·R. 桑斯坦《权利的成本——为什么自由依赖于税》，毕竞悦译，北京大学出版社，2011，第 19 ~ 29 页。

从思想史的角度看，阿玛蒂亚·森的"能力"概念显然与"积极自由"的传统解释一脉相承，但若从内容上看，"能力"显然包含了比伯林、布雷耶、桑斯坦意义上的"积极自由"更多的内涵。实际上，能力所关注的个体的实质机会将伯林的关于自由的积极维度和消极维度同时包含了进来。

能力概念支持一种更宽广的自由（权利）基础，消解了以赛亚·伯林所提出的关于自由的"积极/消极"二元区分。[①] 伯林的这一洞见和休谟提出的"事实/价值"的区分有着内在的关联。在休谟那里，"事物实际是怎样的"推断不出"事物应当是怎样的"这一论断，事物若要保持客观性和普遍性，必须摒弃其价值判断。按照这一逻辑，自由若要成为普遍有效的客观事物，也必须避免受到特殊性的价值干扰，而"积极自由"正是这样一种强调"特殊性价值"的自由，不符合普遍性特征，因此，"消极自由"长期以来成为西方政治法律上关于自由的主流看法。在西方近现代自由思想史中，很多著名的学者就持这种观点，如哈耶克（Friedrich August von Hayek，1899—1992）、诺奇克（Robert Nozick，1938—2002）等。

在哈耶克看来，自由或权利若要具有"普遍客观性"，就必须坚持一种"目标无涉"（end-independent）或"结果无涉"（outcome independent）的客观中立态度。[②] 自由或权利只能在消极意义上有效。因此，哈耶克将个体自由视为一种消极观点——不存在强制——的基础。这里的强制是指个人在一个受保护的领域中受到他人有目的的干预。在他看来，这种特征使得对个体自由的评估独立于：（1）个体的需求、机会、欲望以及能力的实现或者实现某种特定目的的能力；（2）客观环境和程序的结果（包括

---

① 以赛亚·伯林（Isaiah Berlin，1909—1997）于 1958 年在牛津大学的就职演说上发表了关于"自由的两种概念"（two concepts of liberty）的著名演说，提出了关于"积极自由"（positive freedom）和"消极自由"（negative freedom）的经典划分，具体内容参见伯林《两种自由概念》，载〔英〕伯林《自由论》，胡传胜译，译林出版社，2003，第 186 ~ 246 页。

② Polly Vizard, "The Contributions of Professor Amartya Sen in the Field of Human Rights," *LES STICERD Research Paper*, No. CASE 091, Jan. 2005, pp. 7 - 8.

竞争性的市场分配的结果，以及发展和增长的社会经济进程的结果）。①

诺奇克的推论较为复杂一些，他的"结果无涉"的方法，认为伦理学中的中立性优势可以通过采取一种推理的"义务论"形式达到，但这种推理和后果评价无关。他的逻辑是观察自由或人权是否与同一种"普适性义务"（universal obligations）有关，即和自由相对性的义务通过无一例外的所有义务承担者获得执行是否存在逻辑上的可能性。若存在这种可能性，那么自由和权利就获得了"普遍的客观性"，它要求的是不干预和不妨碍的消极义务，它被看作和下述义务相联系：（1）涉及不作为和克制的消极行为；（2）不会受到可行性以及资源的限制；（3）从单独以及共同的可行性的意义上来说存在逻辑上的可能性。因此，根据这种推理，需要某些特定的主体履行一种积极的义务（比如援助）的权利的实现就不存在这种逻辑可能性，它也会因为不具备"普遍的客观性"而在政治哲学上不再有意义。在诺奇克这里，全部的个体自由都是为了满足由一组消极权利所组成的状况，这种状况和关于不作为以及克制的排他性的消极义务有关。因此，"免于极端贫困的自由"以及"免于饥饿和饥荒的自由"就不再具有权利的含义。②

阿玛蒂亚·森的能力概念聚焦于"人们实际上能够做/成就……实质自由或机会"，它强调的是个体一系列的进行选择的实质机会。这种对能力的理解包含着以赛亚·伯林意义上的"积极/消极"自由。但能力不是"积极自由"和"消极自由"的简单相加，而是包含着比它们更丰富的内容，因为在伯林那里，无论是"积极自由"还是"消极自由"，强调的仅仅是形式上的资格。而能力概念不仅关注"形式上的资格"，还将焦点聚焦在了这些自由或权利会对人们实际上产生一种什么样的影响上，即人们实际上是否有能力将这些资源转化为一种有理由珍视的生活状态。在这个意义上，"积极自由/消极自由"都被容纳进了能力概念的框架之内。因此，阿玛蒂亚·森的能力概念消解了伯林关于自由的经典二元划分，也超

① 参见〔英〕弗里德里希·冯·哈耶克《自由秩序原理》（上册），邓正来译，生活·读书·新知三联书店，1997，第3~18页。

② 参见〔美〕诺奇克《无政府、国家和乌托邦》，姚大志译，中国社会科学出版社，2008。

越了传统只具有形式意义的自由概念，给自由注入了丰富的实质内涵，从而也为自由（权利）提供了一个宽广的基础。①

（三）支持经济、社会权利的合理性

基于上述看法，在阿玛蒂亚·森的能力框架中，经济、社会权利就具有合理性。阿玛蒂亚·森的这一看法在后来大量的国际、国内法律文件中得到了支持。

如在 20 世纪的世界人权发展中，一个显著的变化就是，大量的"积极自由"作为人类享有的基本权利被写入国际文件②，如《世界人权宣言》（Universal Declaration of Human Rights，简称"UDHR"）、《经济、社会及文化权利国际公约》（The International Convention On Economic，Social And Cultural Rights，简称"A 公约"）、《儿童权利公约》（Convention on the Rights of the Child，简称"CRC"）、《残疾人权利国际公约》（Convention on the Rights of Persons with Disabilities，简称"CRPD"）等。在国内层面上，这类"积极自由"被大量地写入国家的宪法，成为约束一国法律体系的原则。

---

① 回应了一些学者认为"人权无需根基"的说法，参见〔英〕约瑟夫·拉兹《人权无需根基》，岳林、章永乐译，《中外法学》2010 年第 3 期。

② 其中规定了大量的经济、社会和文化权利，包括工作的权利、受教育的权利、免于失业和贫穷的权利、参加工会的权利、获得公正与优惠酬劳的权利，以及为了维持必要的生活水准，获得包括食物、衣着、住房、医疗和必要的社会服务的权利。比如，《世界人权宣言》第 22 条规定："每个人、作为社会的一员，有权享受社会保障，并有权享受他的个人尊严和人格的自由发展所必需的经济、社会和文化方面各种权利的实现，这种实现是通过国家努力和国际合作并依照各国的组织和资源情况。"以及第 25 条第 1 款关于"适度生活水准"的规定："人人有权享受为维持他本人和家属的健康和福利所需的生活水准，包括食物、衣着、住房、医疗和必要的社会服务；在遭到失业、疾病、残废、守寡、衰老或在其他不能控制的情况下丧失谋生能力时，有权享受保障。"以及 26 条第 1 款关于"受教育权"的规定："人人都有受教育的权利，教育应当免费，至少在初级和基本阶段应如此。初级教育应属义务性质。技术和职业教育应普遍设立。高等教育应根据成绩而对一切人平等开放"等。"A 公约"第 11 条第 1 款、第 13 条规定了与《世界人权宣言》相似的"适度生活水准权""受教育权"等，第 11 条 2 款还规定了"免于饥饿的权利"，以及第 12 条规定的："人人有权享有能达到的最高的体质和心理健康的标准"等。根据阿玛蒂亚·森的能力人权观，贫困、饥饿、饥荒、疾病等都是对人类可行能力的剥夺。所以，"免于贫困、饥饿、饥荒、疾病……的权利""受教育权""适度生活水准权"。

　　然而，这类经济、社会权利，遭到了许多政治学者和哲学家的强烈质疑。他们不仅反对在全球范围内采用经济和社会权利，而且对于这些权利在一国范围内的可行性也提出了质疑。比如，哈耶克认为诸如《世界人权宣言》《经济、社会及文化权利国际公约》这类宣言中规定的大量的权利代表的是一种针对某种特定事项的积极主张，尽管宣言规定人人享有这种权利，但由于没有规定特定的义务主体，所以，在一个自由的社会中，这类主张并不能被普遍化，也不能最终实现。相反《公民权利与政治权利国际公约》（International Covenant on Civil and Political Rights，简称"B 公约"）中所规定的权利很容易被人们普遍接受。最强烈的反对者来自莫里斯·克兰斯顿（Maurice Cranston）和昂诺拉·奥尼尔（Onora O'Neill）。[①] 他们的批评存在两种具体的路径。一种是"制度化的批判"（institutionalization critique），这种批判着眼于经济和社会权利，认为真正的权利必须有与其相对应的明确的义务。只有当一种权利得到制度化时，这样一种对应才会存在，昂诺拉·奥尼尔是这一观点的代表。另外一种是"可行性批判"（feasibility critique），它和制度化批判存在一定的关联，它认为即使付出最大的努力，实现所有人的经济和社会权利或许也是不可行的，这一观点的代表是莫里斯·克兰斯顿。

　　第一种批判过于依赖制度的作用，但实际上它的作用并非像人们常常强调的那样重要。因为，一方面，有时大量的侵犯权利的实践就发生在法律体系还比较健全的一些区域；另一方面，历史上大量发生的改善人类权利状况的事件也并非等到制度化以后才出现，事实上在这以前就消除了阻碍权利实现的因素。这也就是说，权利有时无须制度就可以实现。第二种批判仍然不具说服力，在阿玛蒂亚·森看来，因为"不完全可行"就放弃人权主张，其错误就在于一个没有完全实现的权利仍然是权利，只是需要我们采取补救措施。未实现的本身不能使一项权利变为不是权利。相反，它会推动进一步的社会行动。将所有的经济与社会权利从人权的神圣领域

---

① See Maurice Cranston, "Are There Any Human Rights?" Daedalus, p. 112 (Fall 1983), and Onora O'Neill, *Towards Justice and Virtue*, Cambridge: Cambridge University Press, 1996.

中排除，而只是在其中保留其他自由或其他的第一代权利，无异于在沙地中划出一条界线，注定将难以持久。①

上述"积极权利"，必然会对国家、社会组织、个人提出一种对应的"积极义务"，国家、社会组织甚至个人有义务消除能力受到剥夺的种种情况。这一观念甚至影响到一些国家的司法实践，一些国家将政府不积极履行与公民"积极权利"相对应的"积极义务"视为立法不作为进行审查，其效果已引起广泛关注。例如，在南非，"法院虽然否定了个人具有可以直接根据这些条款获得住房、食物和医疗等生存资料的请求权，但承认宪法赋予个人的'合理的政策请求权'……法院可以依此宣告国家的不作为违宪，甚至还可以发布监督性命令和强制性命令"。②

阿玛蒂亚·森的能力理论致力于人们实际上能够做/成就有价值的事物的实质机会（或自由）。因此，能力概念框架同时包含了《公民权利与政治权利国际公约》中规定的大量的"消极权利"及《世界人权宣言》和《经济、社会及文化权利国际公约》中规定的"积极权利"。这两类权利对于扩展人们的能力来说同等重要，它们在人类追求有理由珍视的生活过程中具有同等重要作用，因此，它们都能在阿玛蒂亚·森的能力框架中得到合理解释。

四　能力框架：指向权利实现的理论架构

由于强调权利的消极维度，西方主流权利概念并不内在地包含"人权实现"的面向，但是权利说到底涉及的是每一个体在事实上的生活状态。因此，阿玛蒂亚·森基于"人际异质性"这一前提，提出指向权利实现的能力框架。在这个框架中，差异化的个体不仅要普遍追求体现为实质自由或机会的"能力"，还要同时追求能力的实现，即通过"功能性活动"表

---

① 〔印〕阿玛蒂亚·森：《正义的理念》，王磊、李航译，中国人民大学出版社，2013，第355页。

② 黄金荣：《司法保障人权的限度——经济和社会权利可诉性问题研究》，社会科学文献出版社，2009，第315~317页。

现出来的结果状态。

（一）基本概念及其相互关系

阿玛蒂亚·森的能力理论框架是经由一系列复杂的概念而型构起来的，在这些概念中，处于核心地位的概念除了上文已经提及的"能力"外，还包括"功能"，这两个概念是构成能力理论的一对基础性的概念。在这一对概念的基础上衍生出来的"能力集"（Capability Set）和"功能的 n 元组合"（Functioning n-Tuple）也是构成能力理论极为核心的概念。这两个词分别对应"能力"和"功能"的复数形式"Capabilities"和"Functionings"。

能力（Capability），又常被称为"可行能力"，它是对一个人"可以做些什么（doing），又能够成为什么（being）"这一问题的回答，它涉及的是人们进行选择和行动的机会，是一种"实质性自由"。因此，完整地讲，能力就是人们实际上能够选择他们有理由珍视生活的实质自由。能力的焦点不在于一个人事实上最后做了什么，而在于他实际能够做什么，而无论他是否会选择使用该机会。

功能（Functioning），它是能力方法关注的核心概念，一项功能代表着一个人的成就：他或她试图"做"（doing）或"成就"（being）的事物或状态。如果通过某种给定的商品（比如肉或大米）实现一项功能（比如得到充足的营养），那么，一项功能指涉的是个人通过对商品的利用而达到他的需求。功能聚焦的是一个人"最后实际上做了什么"的问题。

能力和功能是阿玛蒂亚·森能力理论框架中最基础的两个概念。但为了说明真实生活状态的复杂性，阿玛蒂亚·森在这两个概念的基础上还衍生出能力集、功能的 n 元组合这两个概念。

能力集（Capability Set）是复数能力（Capabilities）的另一种表达，它描述的是一个人能够实现功能性活动的能力集合。一个人能够在不同的商品束和大量的利用方式之间进行选择。能力集是通过将所有可行的利用方式运用于所有可以获得的商品束来获得的。阿玛蒂亚·森对能力集的强调反映了他特别重视一个人的现实机会或者在各种可能的生活方式中进行选择的实质自由。

功能的 n 元组合（Functioning n-Tuple）。一项功能的 n 元组合（或 n 元向量）描述的是"行为"（doings）与"状态"（beings）的组合构成一个人的生活状态。功能的 n 元组合源于对可得商品束的利用（通过一种个人的利用函数）。每种功能的 n 元组合代表一种可能的生活方式。功能的 n 元组合实际上就是复数意义上的功能（Functionings）。

强调能力向功能的转化具有极为重要的意义，因为正如纳斯鲍姆所说："如果一个社会只是赋予民众以充分的能力，但民众却从未将能力转化为功能性活动，我们尚不能说这个是一个好的社会。假如民众从未运用其能力，终生都在沉睡，那么能力就是无意义的、被闲置的……能力的推进就是要扩展自由的领域，而这不同于规定民众以既定的方式实现功能性活动。"① 而在功能（Functionings）和能力（Capabilities）之间进行区分同样极为重要，其意义主要体现在以下方面。

第一，即使两个人在表面上来看，实现的功能完全一样，但二者在优势上还是会存在重大不同，因为正是这种差别才会使我们认识到其中一个人的真正劣势。最典型的例子就是在两个营养不良的人之间进行的比较，对于第一个人而言，营养不良是物质匮乏的结果；而第二个人本身是富裕的，但是因为宗教的原因自由选择了节食。就营养的功能来说，他们的成就是相同的，然而非常清楚的是，从一种平等主义的视角来看，他们的境况是非常不平等的。能力概念与功能概念的最大的不同就在于能力的机会与自由面向，而正是这一点才使得我们看清楚上述例子中两人的真正不同。

能力是指一个人选择其有理由珍视的生活的自由或机会，在这一点上其既具有个人意义又具有政治意义。

第二，能力可以最大限度揭示出国家和社会在培育和改善能力上的责任。能力意味着机会与自由，正是在这一点上，国家和社会承担着相应的

---

① 〔美〕玛莎·C. 纳斯鲍姆：《寻求有尊严的生活》，田雷译，中国人民大学出版社，2016，第18页。

责任。比如在现代城市的规划设计中，有关方面有义务为残疾人设计专门的人行通道，而无论是否有人使用。所以，如果站在能力的角度看，一个专为盲人建有盲道，但事实上从未被使用的城市与从未考虑为盲人设立专用通道的城市是不一样的，显然前者对残疾人权利保障的力度更大。

能力、功能以及由此派生出来的能力集、功能的 n 元组合这四个概念之间的关系是：一个人所实现的生活可以看作一些"功能"或"行为与状态"（doings and beings）的组合。给定 n 种不同类型的功能，功能的 n元组合表示一个人在生活中所关注的各种属性，其中的 n 个成分中的每一个反映一种特殊能力得到实现的程度。一个人的"能力"可以用功能 n 元组合所组成的集合来表示，这个人可以从中选择任何一个 n 元组合，于是"能力集"就表示一个人实际上所享有的在他或她可能经历的各种生活之间进行选择的实质自由。①

（二）指向权利实现的理论架构

阿玛蒂亚·森关于"能力"和"功能性活动"的观点实际上最初来源于经济学中有关"商品"和"商品实现自身特征的过程"的看法。若按照这一看法，上述能力、功能以及由此派生出来的能力集、功能的 n 元组合这四个概念之间的关系可用图 1 表示。

图 1　商品转化环节

如图 1 所反映的环节，商品首先转化为商品的特性，比如巧克力的商品特性通常表现为热量、碳水化合物、蛋白质、脂肪、维生素等人体需要的物质，这些内在物质就是商品所表现的"特性"。这些特性是决定巧克力之所以为巧克力的"能力"，但作为商品，巧克力的这种"能力"必须要转化为某种"功能"（比如为人们提供营养）才能体现它的真正价值。

---

① 〔印〕阿玛蒂亚·森：《以自由看待发展》，任赜等译，中国人民大学出版社，2013，第63 页。

正如看待一件商品一样，当把这里的"巧克力"代换成个体的人时，问题就变成了如何看待人的价值实现的问题了，而这是权利必须加以关注的问题。在阿玛蒂亚·森这里，个体的价值主要表现为一系列能力及其相应功能性活动，这里的能力是"一个人能够做（doing）/成就（being）有理由珍视的事物的一系列实质机会或自由"，功能性活动是这种实质机会或自由最终呈现的状态。因此，就个体来说要真正充分实现自身的价值，不仅要普遍追求体现为自由的能力，还要同时追求能力的实现，即通过"功能性活动"表现出来的状态。阿玛蒂亚·森在一件商品的完整转化环节中截取"能力"和"功能性活动"这两个关键概念并用于人的价值实现分析，为全面评估个体的权利状况提供了深刻洞见。[①]

图1仅仅表达的是各个概念之间的理想关系模型，但是在现实生活中必须考虑的是：实现功能性活动——如营养良好，或者具有较长的预期寿命——的可行能力在不同的人身上通常又以不同的方式转化为各种实际成就或生活状态，即功能性活动。那么，在这种情况下，上述概念之间的关系就会涉及更多的影响因素，比如自然环境、社会环境以及个人内在的一系列差异化特征。[②]

自然环境的差异。实际上，人们往往生活在不同的环境中，一些人生来就生活在一种宜居的环境中，而另一些人则生来就生活在一种极为恶劣的环境中。同等条件下，生活在气候条件好、自然灾害极少发生、自然资源极为丰沛的环境中的人的能力在向功能性活动转化中往往比生活在气候恶劣、自然灾害频发以及自然资源匮乏地区的人表现更好，比如一些地区由于气候、水质等因素更为适宜人的生活而使得这个地区的人普遍比其他地方的人更为长寿。

社会环境的差异。这主要包括风俗习惯的差异、政治法律制度的不同、社会为我们提供的生活机会的差异等。比如就风俗习惯的差异对人的

① 董骏：《人权如何实现——阿玛蒂亚·森的人权实现逻辑》，《广州大学学报》2018年第1期。
② 〔印〕阿玛蒂亚·森：《以自由看待发展》，任赜等译，中国人民大学出版社，2013，第59－60页。

影响而言，亚当·斯密在论述生活"必需品"（necessaries）时做了极为生动的描述，他认为一个社会中的必需品"不但包括那些大自然使其成为最低阶级人民所必需的物品，而且包括那些有关面子的习俗，使其成为最低阶级人民所必需的物品"。① 它取决于什么是提供某种最低限度的自由和尊严所需要的，例如并不"羞于走到人面前去"，或融入社会生活的能力。对此，亚当·斯密写到："我所说的必需品，不但是维持生活上必不可少的商品，而且是按照一国习俗，少了它，体面人固不待说，就是最低阶级人民，亦觉有伤体面的那一切商品。例如，严格说来，麻衬衫并不算是生活上必要的。据我推想，希腊人罗马人虽然没有亚麻，他们还是生活得非常舒服。但是，到现在，欧洲大部分，那怕一个日工，没有穿上麻衬衫，亦是羞于走到人面前去的。没有衬衫，在想象上，是表示他穷到了丢脸的程度，并且，一个人没有做极端的坏事，是不会那样穷的。同样的，习俗使皮鞋成为英格兰的生活的必需品。哪怕最穷的体面男人或女人，没穿上皮鞋，他或她是不肯出去献丑的。"②

社会环境中的政治法律制度的不同也是重要的影响因素。比如，即便两个正常人甲和乙有着相同的收入，但由于这两个人生活在不同的环境（甲生活在民主和法律的发展较为成熟的社会，而乙的生活环境远不如前者）中，那么这两个人的可行能力也会显示极大的差异。因为一个人的生活质量不仅体现在收入上，还体现在各种自身就有价值的各种权利上，以及由此而带来的各种生活机会的自由选择上。此外，还有一些外部环境差异是由于自然环境和社会环境的结合而造成的，比如流行病的发生和传播，在不同的地区也有着显著的差异，这些都会影响一个人的能力向功能性活动的转化。

个体自身的内在差异。这主要表现在个体的一些生理特征上，比如性别、身体健康程度、年龄、智力发育程度等，这些差异都会影响一个人的生活质量。比如由于男女性别的不同，往往在体格、新陈代谢能力等方面

---

① 〔英〕亚当·斯密：《国富论》（下卷），郭大力等译，商务印书馆，1974，第431页。
② 〔英〕亚当·斯密：《国富论》（下卷），郭大力等译，商务印书馆，1974，第431页。

会表现出较大的差异，这些差异对能力向功能性活动的转化往往会产生较为明显的影响。再比如，就身体健康程度而言，甲和乙每月都有相同的收入，但是甲的身体存在某些方面的疾病或残疾，而乙身体健康，在这种情况下，在将相同的收入转化为功能性活动（生活质量）的过程中，乙的优势明显优于甲。此外，个体自身在年龄、智力发育程度上的差异等也是重要的影响因素。比如，对于同等条件下的优势资源，新生的婴儿不可能达到像一个正常成年人那样将优势资源转化为功能性活动的水平。

因此，如果将上述因素考虑进来，图1就变成图2所示的内容。

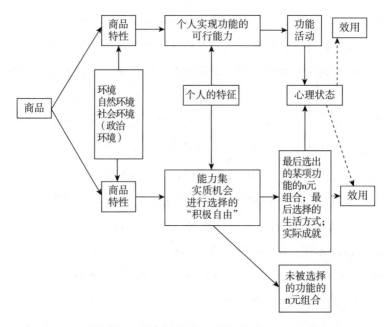

图2　多重因素影响下的商品转化

图2是一个将各类影响因素考虑进来的更为完整的从商品到效用的动态演变图。由于人的心理因素的不稳定性，从商品到效用链条的最后一个环节很薄弱，所以，阿玛蒂亚·森舍弃了以效用来衡量生活水准的做法，他将目光更多地聚焦在中间两个阶段即能力和功能活动部分。而图2的上半部分（中间影响因素以上的部分）已在前文述及，所以，图2最大的特色实际上在下半部分，在这一部分，就能力集和最后选出的某项功能的n元组合而言，前者代表的是进行选择的实质机会，它是一种实质自由；后

者代表的是最终选择的生活方式，它是一种实际成就。这两者虽然都可以成为能力方法的评价焦点，但很显然，这两者所反映的信息基础是不同的，前者是关于一个人有实质自由去做的事，而后者是关于一个人实际做到的事。

然而，对于这二者，传统经济学却认为并不存在实质的差别："一组可选事物的真实价值在于可以对他们做出的最优使用，以及——给定最大化行为和不存在不确定的条件——对它们做出的实际使用。因此，一个机会的使用价值，衍生地来自它的一个成员（即最优选择或实际采用的选择）的价值。在这种情况下，聚集于选中的功能性活动向量，与集中注意可行能力集，二者是等同的，因为后者最终要通过前者来判定。"①

但很显然，传统经济学所做的假设存在问题，因为其假设的"最优使用"和"实际使用"的条件在现实中基本不存在，所以，需要将焦点集中在"实际选择的某项功能的 n 元组合"上的实际情况也就基本不会发生。在阿玛蒂亚·森看来，"最后选择的某项功能的 n 元组合"仅仅部分地体现着可行能力集的价值，若要充分体现可行能力集的价值，还必须将"未被选择的功能的 n 元组合"考虑进来，因为，对其刻意地忽略将造成选择自由的极大损害，如此，"未被选择的功能的 n 元组合"同"最后选择的某项功能的 n 元组合"一样，在阿玛蒂亚·森的能力框架中具有极其重要的现实意义，甚至在某种程度上，正是"未被选择的功能的 n 元组合"决定着是否存在充分的实质自由。

对此，阿玛蒂亚·森进一步强调："既然一个可行能力集的价值并非一定要由最优的或实际采用的选择来反映，可行能力集所反映的自由也可以按照其他方式来使用。我们可以认为，有那些并没有被选中的机会是重要的。如果使结果得以产生的过程自身具有意义，自然就会得出这样的结论。确实，'做选择'自身可以看作是一种可贵的功能性活动，而且，可以合理地把在别无选择的情况下拥有 X，与在还有很多其他可选事物的情

---

① 〔印〕阿玛蒂亚·森：《以自由看待发展》，任赜等译，中国人民大学出版社，2013，第63 页。

况下拥有 X 区分开来。节食与被迫挨饿不是一回事。拥有'吃'这一选择使得节食成为节食，即在可选择吃的情况下选择不吃。"① 阿玛蒂亚·森聚焦于个体的真实机会，它提醒人们在全面评价个体机会的时候，不应仅仅将目光集中在某些后果上，还应当同时关注产生结果的不同机会，哪怕一些机会在导致某种后果中并没有实际发挥作用，但这些机会的拥有与否所带来的性质却是截然不同的。

五　结语

实际上，包括以边沁为代表的功利主义权利观和以罗尔斯为代表的契约主义权利观在内的近代以来主流权利理论都在某种程度上预设了人的"同质性"。对人的"同质性"加以强调的后果是权利的消极维度得到张扬，权利的积极维度被忽略甚至被压制从而离"人的理想"愈加遥远。阿玛蒂亚·森在这一背景下提出的能力理论，从"人际异质性"这一事实前提出发，聚焦于"个体选择一种有理由珍视生活的实质自由（或机会）"，将过去长期以来受到忽视的权利的积极维度重新带回人们的视野。

能力概念支持一种宽广的权利基础，这种基础同时将权利的消极和积极维度考虑了进来。但若就此认为它是积极权利和消极权利的相加，那仍然是对能力理论的简单化理解。因为，站在能力理论的立场上，无论是伯林意义上的消极权利还是积极权利，都仅仅是一种外在的形式上的资格，而能力真正关心的是个体在实际上是否有机会以及在多大程度上拥有这些机会将包括这些形式资格在内的资源转化成自身有理由珍视的生活（功能性活动）的一部分，正是在这个意义上，可以说能力理论本身就蕴含着权利实现的逻辑。

需要强调的是，能力理论在权利问题的思考上有其自身的理论优势，但若就此认为能力理论从此一劳永逸地解决了以往权利理论发展过程中留

① 〔印〕阿玛蒂亚·森：《以自由看待发展》，任赜等译，中国人民大学出版社，2013，第63~64页。

下的所有难题，显然有失客观。事实上，能力理论因其优势而受到人们的普遍关注和它在一些方面存在的不足所引起人们持续而热烈的争论同时存在。能力理论本身仍然是一个不断发展的开放理论。某些概念所存在的模糊之处还需要在未来更清晰地界定其适用范围和边界，而一些论断的偏颇之处则需要在进一步的学术论争中加以修正和完善。但无论如何，能力理论还是在一些有关权利的基础问题上为我们展开进一步的思考创造了更多的可能性。

Abstract：On the presupposition of "individual", rights theory of utilitarianism and social contractarianism represented respectively by Bentham and Rawls, have both regarded it as a homogeneity. All of western theories of rights, including these two schools andtheir corresponding rights theory are inevitably limited, because they have striped interpersonal heterogeneity. The theory of capabilities which emphasizes this kind of interpersonal heterogeneity is connected with right intimitedly since it has been proposed by Amartya Sen. It consists of four mutually different and closely related concepts: including the core concepts of the "Capability" and "functioning", as well as the "Functioning n-Tuple" and "Capability Set" which derived from these two words which in support of a broader concept basis of freedom and human rights. The concept of "Capabilities" deconstructs the traditional positive/negative dichotomy of liberties. The conceptual structure of rights theory of the capability approach determines that its focus is "a series of substantive opportunities or freedoms of a person who manages to do or to be", in other words, rights not only universally pursue the "Capabilities" which manifested as substantial freedom or opportunity, but also pursue the achievement of "Capabilities" the same time, that is, through the "functional activities" to show the results of the state. In this sense, the rights theory of capabilities approach itself contains a complete set of realizing logic of rights.

Keywords：Amartya Sen; the Interpersonal Heterogeneity; Capability; Functioning; Right

人权起源的国际政治学

——评《最后的乌托邦：历史中的人权》

魏磊杰*

摘　要： 作为可从外部批驳主权民族国家之权利的"人权"，与作为本土公民身份之政治观念的"人的权利"存在本质差别。人权既不是对几个世纪以前的西方资产阶级人道精神的传承，也不是对第二次世界大战大屠杀的回应，它在 20 世纪 70 年代能够实现颠覆性逆袭只是因为，其他乌托邦幻想在"冷战"中的破灭以及这些幻想向人权乌托邦的转型为这一突围提供了最强有力的机会。正确理解当代人权理想的历史起源是思考人权这一乌托邦理想和运动所要继续面对的深层次困境的唯一出路。晚近以来，美国新保守主义者的民主促进运动，几乎完全政治化了人权，正因如此，作为最后乌托邦的人权未来可能为新的乌托邦所取代。未来我国人权话语的建构路径，应是在对欧美中心主义进行健康祛魅之同时，谋求一种文明相容的具有更高正统性的人权观。

关键词： 人权；民族国家；乌托邦；"冷战"；文明相容

当人们听到"人权"一词时，他们想到的是至高无上的道德准则和政治理想。这样想是对的。他们的脑海中有一系列熟悉的概念，有关不可或缺的公民自由和时而更为宽泛的社会保护原则。不过，人权还有其他含义。这个词暗示着一项进程，即改善这个世界，进而带来一个全新的世界，在那里，每个人的尊严都将享有可靠的国际保护。它发誓要刺穿牢不

---

　*　魏磊杰，厦门大学法学院副教授、法学博士。本文系中央高校基本科研业务费项目"香港管治困境之症结：法政治学的视野"（20720171010）的阶段性成果。

可破的国家边界，并逐渐以国际法的权威取而代之。它自豪地要为受害者们打造一个新的世界，那里的生活或将更加美好。它立誓要尽可能地与诸国结盟共事，但也会在它们违反最基本的规则时公开谴责。在这个意义上，人权阐明了社会运动与政治实体最崇高的抱负。但就其捍卫的政治标准与其激发的强烈感情而言，这一方案是描绘在一幅尚未被实现的图景之上的。换言之，这是一个乌托邦的方案。

当代历史学家几乎完全一致地对人权的出现表示了庆祝，并为晚近的热忱提供了令人振奋的背景故事。他们运用历史来证明人权出现的必然性，他们之间的主要分歧在于这一真正的突破源自何处：将其归功于希腊人还是犹太人，中世纪的基督徒还是现代早期的哲学家，民族主义的革命家还是废奴主义的英雄以及美国的国际主义者还是反种族主义的空想家。然而，在哈佛大学法学与历史学教授塞缪尔·莫恩看来，此等人权的叙事只是一个被建构的历史神话，我们必须以一种截然不同的方法来揭示这座乌托邦的真正起源，《最后的乌托邦：历史中的人权》一书便是意在达到此目的的拨乱反正之著。[1] 在这本被誉为"至今为止最重要的人权史著作"（保罗·卡恩语）中，他指出，先前的历史打开了许多条不同的通往未来之路，而人权远非世事中激起信念与能动性的唯一道路，它既不是对几个世纪以前的创建者的人道精神的传承，也不是对第二次世界大战血腥残忍的反扑，它只是从历史中偶然浮现出来的，用以顶替诸多业已破产的政治乌托邦的道德替代品，是一个最后的乌托邦。

一　如何妥恰地界定人权？

莫恩认为，一些历史学同仁之所以出现上述问题[2]，主要原因是没有意识到人权与人的权利之间存在的实质差别。在这一点上，他在汉娜·阿

---

① 参见〔美〕塞缪尔·莫恩《最后的乌托邦：历史中的人权》，汪少卿、陶力行译，商务印书馆，2016。
② 此类观点的一个典型代表便是林·亨特的人权史著作，参见〔美〕林·亨特《人权的发明：一部历史》，沈占春译，商务印书馆，2011，第3~15页。

伦特《极权主义的起源》一书中获得了共鸣。根据阿伦特的观点，基于对某一政治集团归属感的早期权利与最终的"人权"之间存在根本性的区别：前者是一种关于本土公民身份的政治观念，而后者则是一种有关境外苦难的政治信仰。为近代早期的革命与 19 世纪的政治提供动力的"人的权利"（droits de l'homme）必须与杜撰于 20 世纪 40 年代且在近几十年才变得如此诱人的"人权"（human rights）严格区分（第 13 页）。人的权利与西方民族国家的构建紧密相关，晚近之前国家一直都是权利得以产生不可或缺的熔炉。人的权利不是独立的论题，也非对抗性的力量，其总是在政体建立之时公之于世，证明它们的崛起，以及崛起赖以成功的暴力革命的正当性。在这个意义上，它是国家的创造，且始终不曾受到国际化带来的国与国之间新型关系模式之影响。相较而言，人权史上的中心事件却是将权利重铸为一种可从外部批驳主权民族国家——而非充当其基石——的法定权利。对于民族国家而言，前者无疑是一种建构性力量，而后者往往充当一种解构性的因素。如果从前到后的变动涉及意义与实践上的彻底改变，那么从一开始就将前者呈现为后者的源头就是错误的。

事实上，在 19 世纪时常被恳切诉求的人的权利总是与国家主权的扩张如影随形，而彼时的自由民族主义者也总是在国家的框架之下坚决捍卫公民的权利。拉法耶特主张，"任何人的普世权利……得到的最佳保护来自拥有主权的民族国家"；马志尼大声疾呼，如果不把民族国家作为首要目标，那么无论采用什么手段，"你都不会有名字，不会有响亮的声音，不会有权利"。德国人在革命的 1848 年争论不休的权利正是与公民身份息息相关的公民权，而其对自由的到来所唱颂的赞歌则与民族沙文主义的爆发紧密勾连。正因如此，黑格尔才得出这样的论断：权利只有"在语境中"——在一个调和自由和社群的国家里——才是值得一提的（第 29 页）。在很大程度上，"自然权利的历史与此后的人的权利的历史同样是一部关于国家的历史，而晚近的'人权'试图超越的却恰恰就是国家"（第 22 页）。而更恰当的说法或许是，"民主共和主义的历史或者说自由主义的断代史更多的是关于人权如何未能出现，而不是关于它们如何出现"的历史（第 23 页）。

本质上，之所以莫恩将"人权"排他性地界定为"国际人权"，主要因为二战之后在福利化体制与选举政治的双重因素推动下，在西方社会内部，国内维度的人权（以美国的民权运动为代表）已经不再是过于急迫的问题，阶级政治已经朝向所谓的"认同政治"（identity politics）转变①，最成问题且最为世人诟病的反而聚焦于人权的国际维度：人权一直是被剥夺者、被迫害者们长期斗争的思想和法律工具，这些人反对那些把他们自己的局部利益说成普遍利益的人们，然而人权的这一初衷却受到欧美大国的逐渐削弱，在"冷战"结束之后，这些政府近乎把人权变成了西方势力输出与扩张的工具。在这一点上，莫恩与专注人权与国际政治问题的知名学者科斯塔斯·杜兹纳、乌戈·马太的理论导向大体相同。② 作为西方学人，他们皆是基于纯粹的学术立场而对西方自身制度进行深刻的反思并力图谋取问题的妥适解决之法，只不过前者主要着眼于对国际人权历史起源的梳理，而后两位学者更多地聚焦对国际人权现实运作逻辑的批判。

部分历史学家虽然赞同莫恩的上述论断，却仍将人权的起源回溯至 20 世纪 40 年代：在这个被视为突破和胜利的关键年代，人权最终作为对二战大屠杀的回应而变得重要起来。然而，对于这一"有关人权起源的最广为传颂的说法"（第 6 页），莫恩认为只是又一个去政治化的历史神话。在真实的历史中，无论在战时的说辞抑或战后的重建中，人权都是被边缘化的，它们对于结果无关紧要；战后也并未广泛产生对于大屠杀的反省，人权不可能是对此做出的回应。无论作为一种诉说战后社会所有原则的表达方式，甚或作为一种超越民族国家的渴望，人权这一概念当时皆未渗透到公共领域，从未像今天一样流传在世界的各个角落，即便是在出台《世界人权宣言》的 1948 年（第 42 页）。为此，他提出，人权的历史必须将其主要挑战放在对于这一现象的解读之上：为何不是在 20 世纪 40 年代，而是在 20 世纪 70 年代中期，人权才开始将人们对未来的希望定义为一场

---

① 参见〔英〕迈克尔·曼《社会权力的来源：全球化（1945—2011）》，郭忠华等译，上海人民出版社，2015，第 106～115 页。

② 就此，可参见〔美〕科斯塔斯·杜兹纳《人权与帝国：世界主义的政治哲学》，辛亨复译，江苏人民出版社，2010，第 206～229 页；〔美〕乌戈·马太、劳拉·纳德《西方的掠夺：当法治非法时》，苟海莹译，社会科学文献出版社，2012，第 166～200 页。

国际运动的根基和一座国际法的乌托邦?

　　战后时代通常被视为人权的突破期,但在这期间,人权这个观念并没有在国际法的规范下取得任何进展。归纳莫恩的分析,第一个原因是得益于联盟政治的继续,民族国家的话语权获得了空前加强而非受到限制,这使得国际法及其主要捍卫对象人权只能被边缘化。战争时代,国际法学家面临的基本威胁,不是因为人权遭受践踏,而是因为他们设想的一切计划都未获得应有的重视。他们其实一点都不在乎人权,而更在乎践行汉斯·凯尔森所言的"通过法律达致和平":新秩序的建立应基于正式化的规则,而非赤裸裸的权力分配(第179页)。但是,联合国的建立向他们传达了这样一个信号,即主权的统治还没有结束。在敦巴顿协议中,人权实际上是被忽略的,而在《联合国宪章》中,人权也只不过是一道点缀。在一个被冷酷的现实主义所主导的时代,在马基雅维利式的国际关系中,就连国际法本身看起来也是多余的,遑论人权。尽管《世界人权宣言》确实是由国际组织宣布的,但如其文本所示,它仍然保留着国家的神圣性,而非将这种神圣性取而代之。就此,一直为人权孤军奋战的国际法学家劳特派特彼时将其斥为"一场令人羞耻的溃败"(第78页)。"这与其说是新时代的宣言,不如说是铺在战时希望之冢上的花圈。"(第2页)

　　人权思想在战后时刻无关痛痒的第二个也是更重要的原因,是它事实上解决不了任何问题。福利主义思想在两次大战之间和战争时期被广泛接纳,这意味着社会保护的可能性赢得了空前的共识。然而,最有前途的社会模式究竟为何? 在这最重大的问题上,人权的话语无法决定如何在美欧经改革过的资本主义机制和苏东革命性的共产主义机制之间做出选择:一边是蓝色角落里的公民与政治权利,而另一边则是红色角落里的经济与社会权利。正是这一事实,导致了人权作为一种新生的意识形态范式在此刻被边缘化了。在1945年雷蒙·阿隆就曾指出,对权利的张扬必然是虚伪的,当面临在互相竞争的社会模式中做出选择时,"他们将毫不犹豫地去牺牲个人自由原则,或是财富平均分配原则"(第69页)。施瓦辛伯格更是指出:"以为能在东西两个世界之间找到一个人权的共同特征,其实是忽略了人民'民主'的真正结构。"(第188页)这实际上是说,在非此即彼的意识形态博弈中，意在整合甚至超越不同"社会体系属性"或"人民民主结构"的普世性人权概念难以可能。杜鲁门主义在 1947 年被公之于众，它要求对"两种生活方式"做出抉择。这意味着，次年通过的《世界人权宣言》似乎肯定是让各方在十字路口保持团结的一种借口，而不会亦不可能具有真正的效力。[①]

与此同时，在美苏之外的第三世界，一个意外的事实是，战后的后殖民主义者竟然也很少援引"人权"一词，或专门诉诸《世界人权宣言》，尽管去殖民化运动正是在其通过的那一刻及其后的时间里爆发的。无论在万隆会议上，还是之后的"不结盟运动"中，没有人认为人权可以在亚非国家的潜在推动下形成一套国际法的机制从而对个人进行保护。无论是苏联还是反殖民主义的力量，都更为坚定地把共产主义和民族主义——这些事关"解放"的集体理想——视作通向未来的途径，而非直接诉诸个人权利或其在国际法上的神圣地位。这是因为，前殖民地国家仍然需要民族国家这一政治形式。为此，它更忠实于早期欧美人对于权利的构想，赋予新民族国家的独立与自主以优先性。正是基于此等倾向，在联合国内得益于这些新兴国家的推动，人权的命运转而开始以"自决"这样的集体权利作为基础。本质上，在反殖民主义的想象中，新的人权被理解为一种颠覆性的工具，其以解放和在全世界范围内建立新民族国家为名来反抗帝国主义的统治。赞比亚首任总统卡翁达于 1963 年就曾说道："我们为基本人权斗争的故事——通向民族独立和自决的自治——还没有体现出和其他许许多多的斗争之间有什么不同。"（第 106 页）这必然意味着，经由去殖民化而出现的新的国家，彻底改变了人权观念的根本含义，更多地将其作为一种战略性话语进行输入，但同时却把真正的人权冷落在世界舞台的角落。

实际上，人权是以与自决形成此消彼长关系之方式进入全球话语体系的：一方兴起以及取得进展的时候，另一方则衰落甚至消失。这就是说，

---

① 其实，两者的对立与争论直到现在仍旧在国际舞台上变相地延续着，只不过对立的一方由苏联变成了第三世界国家：如何融合西方与非西方两种取向不同的人权观进而形成一种可为世界诸文明皆认可的具有更高正统性的人权观，迄今或许仍是一个需要世界范围内的人权研究者继续深入耕耘的核心议题。

只有当自决陷入了危机，人们才有可能从后殖民主义解放的迷梦中醒来。这一转变发生在 20 世纪 70 年代中期的左翼政权国家。当时，传统的反殖民主义作为一项道德与政治计划已经失败的信念四处传起，而主要的造因在于，彼时来自西方的官方援助已被切断，它们的政策以及东亚的经济吸引力又导致他们的国家无法吸引私人贸易与投资，结果这些国家普遍面临经济衰退带来的巨大压力。[①] 当第三世界的领导人致力于巩固权力，并企图采用极端方式推行可能会引起严重后果的社会与经济重建时，人们最初可能会报以同情，"为了创造出能保障人权的社会条件，有选择性地推行独裁政治可能是必要的"，但过了 10 年之后再回头去看，他们就会沮丧地发现，这句话没有一点意义（第 115 页）。当新兴国家对于大量出现在自己领土上的违反人权以及尊严的事件表现出惯有的漠视时，一切旨在反抗殖民主义以及分离主义的正当驱动力在一定程度上自然就会遭受质疑。这种后殖民主义世界的可感危机使得民族国家的全球化作为实现现代自由的唯一路径丧失了吸引力，权利由此最终失去了其与革命之间长期存在的联系（第 212 页）。事实上，人权只是在去殖民化时代衰落并遭到普遍忽略之时，才取代自决并具体化成一套有系统的理想主义的。作为一种潜在的、会对主权权限形成干预力量的乌托邦，对其的狂热最终取代了对其的怀疑，一种从"外部自决"朝向"内部自决"转变的时代于 20 世纪 70 年代中期正式拉开了序幕（第 207 页）。

二　人权起源的国际政治逻辑

莫恩最终意欲回答的是，为何人权既无法在 20 世纪 40 年代以前成为全球理想主义的焦点，在 20 世纪 50 年代和 60 年代的反殖民主义斗争或青年运动中也同样无法渗入其中成为核心，却最终在 20 世纪 70 年代成功实现了逆袭。在他看来，只能将人权置于这样一种矛盾心态交织的时代环

[①] 参见〔挪威〕文安立《全球冷战：美苏对第三世界的干涉与当代世界的形成》，牛可等译，世界图书出版公司，2012，第 346 页。

境中，才能对其进行理解：一方面对乌托邦理想充满了不信任，另一方面又渴望一座乌托邦。"人权能在当时从理想主义的土壤中如此颠覆性地突围是因为，其他乌托邦幻想的破灭以及这些幻想向人权乌托邦的转型为这一突围提供了最强有力的机会。"（第119页）无论立基于国家还是国际主义，"这些信仰体系原本承诺了一种自由的生活，但却通向血腥的沼泽；又或者提出要将人们从帝国和资本中解放出来，却又突然走向黑暗的悲剧而非光明的希望"（第8页）。在这种情势之下，一种围绕个人权利的国际主义涌现，正是因为它被定义为一个意识形态背叛和政治崩塌时代下的完美替代品。可以确定的是，有许多催化剂促发了这场人权风暴。但梳理莫恩的论证思路，除了上述提到的殖民主义的正式结束和后殖民地国家的危机之外，两大阵营各自发生的重大转变以及大赦国际利用这种转变而展开的超越官方政府机构（尤其是联合国）的人权社会运动，无疑在其间发挥了举足轻重的作用。

一方面，伴随民主社会主义道路的破灭，左派的转型使得人权运动为一系列严酷的现实斗争提供了崭新的框架。在苏联阵营内部，"异议"现象真正浮出地表是在赫鲁晓夫推行去斯大林化的政策之后，1956年的"秘密报告"激发了对那个政体排山倒海的批判。虽然反对苏联政体的人权运动方兴未艾，但这绝不意味着人们已经放弃了对社会主义制度的幻想。一些老布尔什维克坚信这个政体只是走了条歪路，它必须回到最初坚持的轨道上去。苏联共产主义可行性的瓦解非但没有导致革命热情的死亡，反而点燃了那种去追求一个更好的、更纯粹的共产主义的决心。在安德烈·萨哈罗夫（与索尔仁尼琴事后成为最著名的两位异议者）看来，"布拉格之春"对于共产主义的民主化运动可能产生的积极作用，正是一次非常值得肯定的社会试验。然而，苏联却在1968年夏天入侵了捷克斯洛伐克，终止了这场由公众领袖杜布切克所推动的共产主义改革。"这一令人震惊的事件为如何在一个毫不容忍异议的极权主义政权下寻找一种能超越业已僵化了的共产主义的乌托邦理想划下了一道不可逾越的界限。"（第134页）民主社会主义的乌托邦破灭了，没有人还会相信共产主义能够改良。如果说以人权面目出现的社会主义凋零于1968年的东欧，那么当 1973 年 9 月智利总统阿连德遇刺时，社会主义在其他地方就算是遭受了致命的挫败。1968 年布拉格事件向世人证明了，在苏联的势力范围内，走修正主义路线的社会主义是不被允许的，而 1973 年的圣地亚哥事件又向他们证明了，在美国的势力范围内，走修正主义路线的社会主义同样也是不被允许的。

在很大程度上，马克思主义式的人道主义希望在整个地区的分崩离析，转而为人权这一完全不同的战略腾出了新的意识形态空间，并使之不仅在 20 世纪 70 年代早期的苏联，而且在之后的其他许多地方都成为核心。那么，实现这种转变的内在动因何在？在莫恩看来，一个最佳的解释是，只有当政治转型的更宏大设想遭遇失败，并且在政治封闭期内，道德批评依然拥有畅通渠道之时，人们才会提出新的诉求。换句话说，人权之所以作为一种替代物而出现，是因为一个失败的政治乌托邦只给道德留下了空间（第 137 页）。左派的大多数人都意识到在空前压迫的浪潮中，留给极端激进主义的空间在当地正不断萎缩，所以他们寻找更为可取的新的方式以延续他们的政治参与，而通过对政治进行道德批判来实现某种纯粹的事业便是他们选中的目标。鉴于几乎无法在本国施展自己的力量，所以他们寻找"中间对话者"，因为这些对话者可向政府施压，要求其放弃对本国左派人士的镇压。长期以来，以道德的乌托邦思想代替政治的乌托邦思想意味着人权的问世，因为这表明乌托邦思想的信徒决定放弃曾经赋予乌托邦魅力——尤其是那种诉诸天翻地覆的改革甚或是革命和暴力的乌托邦——的最高纲领，开始从对社会主义人权观念——只有在革命化的社会经济意义上才能实现人权——的认同转向了对于普世权利概念的接受。

这个"中间对话者"便是一直致力于人权保护的大赦国际，大赦国际活动家们在全球范围内的关注使得苏联和拉美的声音能够被听到，从而造就一种"国内问题国际化"的扩散效应。较之于其他相互竞争的新的社会运动大多数在同一时期内几乎都遭遇了自由落体式的衰败，大赦国际在 20 世纪 70 年代却经历了一场"大跃进"式的发展。归根到底，其成功得益于两个特质。其一，它具备抽离于国际政治场的先天优势。与那些最早的人权团体不同，大赦国际并未将"世人想象中人权准则的唯一看护者"联合国视为拥护人权的最主要场所，而一直都在孤军奋战，通过自身努力，广泛推动人权的公共意识。人权在20世纪70年代的爆发与联合国被边缘化形成了直接的关系。当时由于联合国受挫，在二战中的美国国际主义及其在战后的残留，同样也没有给人们提供任何可循的先例，而大赦国际组织的新的动员形式却在这方面日趋贡献良多（第127页）。其二，它自身提供了一种作为替代的乌托邦理念。"它意味着与20世纪60年代主流的政治激进主义的决裂：热衷于革命、试图以全面的意识形态和技术统治的手段解决社会问题、满怀对变革整套体系和消除两极分化的崇高理想。相反，大赦国际的活动家们实行的是一种最低纲领，采取的是真正实用主义的手段——它们'致力于让这个世界变得稍微不那么邪恶'。"（第145页）也就是说，被集体主义乌托邦的政治伎俩愚弄了许久之后，更有意义的任务是去拯救每一个活生生的人。大赦国际的吸引之处就在于此：它为人们留下了政治乌托邦的理想，并致力于那些规模较小并且更易实践的道德行为。这并不是因为它相信这种力量能够拯救人类，而是因为，没有这种力量，这个世界将会变得更糟。当1968年后已经没有其他道路可走之时，这种投身事业的最低纲领就是诱发条件及其力量的源泉。

另一方面，不可否认，如果没有1975年《赫尔辛基协议》美苏双方对人权的共同承诺，以及后来在1977年1月卡特与人权话语之间"缔结"的生死同盟，那么人权可能依旧是逐渐扩大但声势依旧虚弱的团体组织以及他们的国际成员的独揽之事。首先，欧洲安全和合作会议是超级大国进入"冷战"缓和期的一个产物，利用这一机制，苏联通过发起为期3年（1972~1975）的泛欧谈判，最终达成的《赫尔辛基协议》意在确保国际社会承认他们对东欧过去30年的接管权，从而实现缓和的目的。作为交换，苏联承诺"尊重人权和基本自由"和"不干涉他国内政"，这就意味着它废除了苏联有权为保卫社会主义而干涉别国的勃列日涅夫主义，从而为东欧卫星国不受苏联干涉地修改和推翻他们的"社会主义"政府开辟了道路。^① 事实证明，在赫尔辛基，虽然人权和基本自由首次成了东西方关心和谈判的公认话题，但该协议却意外"改变了冷战的坐标"^②，对苏联而言，在协议中嵌入对人权的承诺成为安放在克里姆林宫下的一枚定时炸弹。^③ 持不同政见者抓住苏联政府做出的承诺，通过与西方同仁建立联盟加快了组织进程，进而扩大他们对共产党统治的批评范围。缓和时代放松了对旅行的限制，当时一个名叫米哈伊尔·戈尔巴乔夫的年轻共产党官员在1976年首次走出苏联阵营，先后访问了法国和意大利，带着对异国他乡的文化、自由和财富的亲身体认和深刻印象返回了家园，为日后直接导致苏联崩溃的新思维改革埋下了伏笔。美国新保守主义杂志《评论》编辑波德霍雷茨曾对赫尔辛基议程大肆抨击，认为承认苏东政府的合法地位，无异于一种基于现实主义政治的"绥靖之举"。但他在2005年承认，这个协议"把一个非常强大的武器交到了持不同政见者的手中，非但未能担保苏联帝国的永久存在，相反，却最终导致了它的灭亡"。^④

其次，在经历了越战的泥淖之后，美国在外交政策上对崭新道德话语的自由主义式转向，对于人权话语的勃兴无疑发挥了直接的牵引作用。当时激进分子抵制的不只是"冷战"，而且还有这期间与苏联的缓和，他们将这些缓和政策看成从国际政治中排除了对道德的关注。尼克松相信，对美国来说重要的只是其他政府的对外行为，而卡特却坚称，国家的内部行为也是美国人乃至整个世界所应关心的问题。1976年的总统大选变成了针对"冷战"缓和政策的全面表决，奉行道德超越政治立场的卡特最终取得胜利。就广义而言，他的当选为人权在整个美国政治版图上的迸发开辟了道路。1977年被称为人权年，开始于1月20日的卡特就职典礼，而在大赦国际于12月10日接受诺贝尔和平奖时达到高潮。"因为我们是自由的，

① 〔美〕诺曼·里奇：《大国外交：从第一次世界大战至今》，时殷弘译，中国人民大学出版社，2015，第338页。
② 〔英〕佩里·安德森：《美国外交政策及其智囊》，李岩译，金城出版社，2017，第89页。
③ 〔美〕托马斯·鲍斯泰尔曼：《二十世纪七十年代：从人权到经济不平等的全球史》，乔国强、乔爱玲译，商务印书馆，2015，第183页。
④ 〔美〕托马斯·鲍斯泰尔曼：《二十世纪七十年代：从人权到经济不平等的全球史》，乔国强、乔爱玲译，商务印书馆，2015，第184页。

所以我们永远无法漠视自由在其他地方遭受的命运"，卡特在国会大厦的台阶上如此声明道，"我们对于人权的承诺必须是无条件的"（第 154 页）。

在卡特的政策中，"人权"一词所带来的象征性意义是最重要的，因为他第一次把这个词深深地植入了大众意识与日常话语之中。对于人权的主张是由一个超级大国的领袖所提的，外加人权本身又是作为超级大国施展力量的指导性原则，所以，这样的道德主张就会明显区别于来自底层阶级的诉求。可以说，卡特在正确的时间和正确的地点，把人权从处于底层的游离状态推升至了全世界话语的核心。"在这个深陷于道德泥潭如此之久的世界里，这种转向对于这个国家的道德以及政府信用的重建无疑赋予了一种基于权利的国际主义的美国式意义。"（第 158 页）也正是在如此晚近的时刻之后，人权才开始定义今天。以其历史学家特有的对文献的缜密分析与系统整合，莫恩完满地论证了这一点：人权是在其他乌托邦理想的危机中降临世界的，而非如以往常识所假定的那样具有历史的必然性和道德自明性；意识形态的冲突、政治实用主义的算计和随机发生的事件看来要比原则和理想主义对人权史的影响更大。

三　人权史的祛魅与人权未来之走向

无论导致人权出现的原因是与反殖民主义式的民族主义无法和谐共存的亚一级的国际主义（典型代表就是泛阿拉伯主义和泛非主义），还是共产主义以及通过马克思主义去挽救共产主义的各种尝试，关键在于：一方面是民族国家发生了信仰的危机，另一方面则是另一种对于超越民族国家的许诺导致了民族国家的枯竭，而这一允诺正是人权在后来的 30 年里扮演重要角色的原因。正如许多人权运动推进者在 20 世纪 70 年代清晰意识到的那样，人权可能会在那个年代获得突破，因为当时的思想风气已经成熟到可以不通过政治立场的表达，而是通过超越政治的方式来释放不同的主张。道德具有潜在的全球性，其能够成为人类共同渴望的事务。但是，使人权能在那个年代存活下来并在其他乌托邦理想衰落之时依然能繁荣起来的那种特殊的中立环境，后来也给人权带来了沉重的负担。人权作为最后的乌托邦在前辈和对手们纷纷溃败之际现身，虽然它生来就是宏伟的政治使命的替代选项，甚至是对政治的道德批判，却不得不面对一系列先前已被其他方案以及相互竞争的乌托邦理念处理过的问题，被迫担负起一项宏伟的政治使命：为我们重新定义何谓善的生活，并且为了能实现这种生活向我们提供一套方案。也就是说，它必须被迫逐渐而又明确地承担起正是通过回避才赢得的东西，承受其原本可能无法完全承受的生命之重。

详言之，底线主义和乌托邦主义的合二为一，最初使得人权能在这个世界上具有一席之地，但维持两者结合的条件随着时间的推移迅速消逝。现今，通过诉诸作为底线的伦理规范避免大灾难与通过诉诸作为最高理想的政治眼光来构建乌托邦，两者之间存在难以消弭的差异。人权从对于"无权者的权力"的主张中诞生，抱持超越政治的渴望，如今却与"有权者的权力"紧密绑定（第228页），成为新的人类政治的核心话语。从里根时代开始，美国新保守主义者对外推行的民主促进运动，几乎完全以自己的标准重新定义了人权，而道德介入外交政策引发的效应就是造就了在当时以及自那之后围绕人权应否本土化而产生的诸多悲剧性后果：人权能否同时既是西方的又是普世的？是否不同地方的普罗大众必须均以西方受众的可接受性为标准来择取他们的要求，或者说，他们是否能以各种创造性的方式，依循自下而上的路径使用人权这一话语。在人权政治议程的设定者看来，答案是且只能是前一个，这才是问题的要害，因为任何一种话语霸权的生成逻辑基本上是如此。

"冷战"的结束，宣告了人权的大获全胜，而这一现实在实质意义上直接强化甚至固化了上述欧美中心主义人权观的霸权性。从那个时候开始，人权不再是在全球冲突或卫星国之间的地方性争端中的批判的武器，而是在全球化的市场中做生意和交朋友的主要沟通工具，并一跃成为街头巷尾唯一的意识形态、"意识形态的终结"后的意识形态、"历史的终结"后的唯一价值观。① 对此，科斯塔斯·杜兹纳进行了生动但不失深刻的反

---

① 〔美〕科斯塔斯·杜兹纳：《人权与帝国：世界主义的政治哲学》，辛亨复译，江苏人民出版社，2010，第2页。

思："今天，人权这枚公章既变大又变小了。它变大了，因为在概念和名义上接受人权的标准和管理机构是必要的先决条件，是进入世界分配的入场券。藐视这些规则，说得确切一点，藐视大国对于它们的解释，不再意味着国际论坛上的外交谴责和为了媒体利益的戏剧性抨击，而是意味着轰炸、入侵和占领……伊拉克业已显示，人权可能是至高无上的，而人却不是。"[①]

既然在不对等的国际政治格局中人权话语易被强权滥用这一议题早已被诸多国际法学者所深入关注，那么，本书的比较优势与独特价值又在何处呢？莫恩给出的答案是，更好地理解人权如何在乌托邦理想的危机中降临世界，而非秉持其如常识所假定的那样具有长期的必然性和道德自明性，不仅可以明晰人权历史的真正来龙去脉，而且亦是"思考人权这一乌托邦理想和运动所要继续面对的深层困境的唯一出路"（第214页）。如今，我们必须面对这一深层困境，但是颂扬人权起源的历史不会有助于此。这便是此书的终极依归与独特价值所在。因为倘若人权被认为天生的，或是处于长期准备之中的，人们就不会直面那些使得人权变得如此强大的真实理由，也不会检验这些理由现今是否仍能自圆其说。相反，真实还原这段历史，可令我们得出这样的判断：在当今这个已然与人权晚近降临的世界极为不同的世界里，人权与其说是要被保存下来的遗产，毋宁说是要被重新改造甚至抛弃的发明（第9页）。这就意味着，如果它被发现存在缺陷，那么就可能会有另一座乌托邦在未来兴起，就像人权曾经在其前辈的残骸上冒出来一样。人权生来就是最后的乌托邦，但或许在某一天，还会出现另外一座。言尽于此，莫恩的结论其实已经呼之欲出：既然以国际人权面目作为根本表征的"人权"话语，容易沦为国际政治倾轧的精致工具，既然它的这个缺陷业已被认定，那么就像人权曾经在其前辈的残骸上冒出来一样，另一个取代这种人权的乌托邦肯定会在未来兴起。这是一个否定之否定式的渐进轮回。

---

① 〔美〕科斯塔斯·杜兹纳：《人权与帝国：世界主义的政治哲学》，辛亨复译，江苏人民出版社，2010，第36页。

诚如上文所言，莫恩的这部著作是针对西方场域存在的现实问题而写给西方读者看的，乃是西方学人基于理论自觉而对西方文明之缺陷所作的自我反省甚或精神涤罪，这应当成为我们中国学人对此书进行批判阅读时需要把握的核心基点。那么，他的这本《最后的乌托邦：历史中的人权》的中国意涵又在何处呢？一方面，莫恩将"人权"单向度地限定为国际人权，进而以此为基础来深入检讨此等"人权"的历史起源，并最终得出问题丛生的这个乌托邦终将被取代的结论。置于西方的问题语境之中，这当然可以自圆其说，毕竟之于欧美诸国域内民权问题基本上已经不再成为问题（至少不再是重大问题）。但是，若然将其投射到中国现实语境，此等立场便很可能造就这样的理论误判：片面强化对人权普适性的民族主义式的批判与攻击，而相应忽视和弱化积极采用人权的思想与制度来抵制国家、社会以及强势个人对于域内弱势者基本价值的侵害。进一步说，单纯聚焦人权国际维度的阴暗面也并不能呈现问题的全貌，我们不能不看到，人权思考以及以此为基础的制度设计，在实现人的精神和物质福利上具有巨大力量，所谓"取法人际，天道归一"，这种类同"天道"的观念对于非欧美诸国的普罗大众也同样具有莫大的诉求力。事实上，任何一种话语霸权往往是一种垄断性的体系构造，不对其进行反抗是不可能的，但反思甚至反抗并不等于简单地否定。我们现在如欲克服人权观念上存在的自由权中心主义和欧美中心主义，首先就必须站在通盘考量与客观评判其所起到的历史性作用的基础之上。

另一方面，现代人类为最大限度实现基于人的物质欲望所形成的生存欲念采取了资本主义，并在主权国家体制下进行了为生存的组织化，同时，为了节制两大力量在思想上和实践上都尝试了各种制约方式。社会主义、无政府主义、社会集体主义、伊斯兰政教合一的政治社会制度、各种各样的宗教集团共同体、世界联邦运动等等。这些尝试，有的取得部分成功，有的无果而终，但它们都促使人们对资本主义和主权国家的存在方式进行反省，为缓和其残酷性起到了一定的作用。但是，就迄今为止的人类经验来说，在全面并广泛保障被只身扔进主权国家和资本主义市场经济的人之价值和利益方面，像人权那样有效的思想和制度尚不存在。① 简言之，在现代主权国家政治体制和资本主义经济体制下，人权是至今以保障个人权利来实现人的福祉之最有效的手段。但这并不意味着其将来也必定是最有效的手段。接续莫恩的结论，如果其缺陷极为深刻，人们寻找到了其他更为有效的方法，那么就可能用它来取代人权，或者用更有效方法来矫正甚至重塑人权。

尽管现今国际社会中占支配地位的人权观依然表现为欧美中心主义，但与过去相较它已日趋开始重视非欧美国家的主张、思想和文明，其成了一种文明相容（inter-civilization）的人权观。在这种情势构造下，借用日本著名国际法学家大沼保昭的倡言，我们可以为中国未来的当为之道做如此规划："要着实推进这一趋向，如中国这样，具有优越文明传统、于国际社会具有巨大影响力的国家，就必须更深一步地理解人权理论和思想，在国际社会中积极展开立足于自己文明遗产的主张。……为此，中国就不能只是将欧美的'人权干涉'作为'干涉内政'来排斥，而必须向欧美及其他国家积极主张自己的人权观，通过思想的争搏和思想的交流来使人权思想真正获得普遍性。这也是拥有卓越的文明、对 21 世纪全球社会的存在方式将产生巨大影响的国家——比如中国——所具有的历史性责任。"② 要达至在国际和文明相容方面具有更高正统性的人权，置于更大的理论框架中，本质上就是在对欧美中心主义的偏狭世界观进行健康祛魅之后，如何进一步谋求类同于世界主义式但具有更高可行性的替代之法的问题，就是如何从"法律东方主义"（Legal Orientalism）迈向所谓的"东方法律主义"（Oriental Legalism）的新法治话语的建构问题。③ 虑及中国当下的软硬实力对比严重失衡之不佳现状，这无疑是一个漫长的过程，却是一个应为且必为的现实路径。

---

① 参见〔日〕大沼保昭《人权、国家与文明》，王志安译，生活·读书·新知三联书店，2014，第 322~323 页。
② 〔日〕大沼保昭《人权、国家与文明》，王志安译，生活·读书·新知三联书店，2014，中文版作者序第 3 页。
③ 参见〔美〕络德睦《法律东方主义：中国、美国与现代法》，魏磊杰译，中国政法大学出版社，2016，第 231~234 页。

Abstract: Samuel Moyn's argument in The Last Utopia suggests that the i-
dea of individual "human rights", as a "utopian program" to transcend national
boundaries, far from being an ancient tradition dating back to the French Revo-
lution, or even the Universal Declaration of Human Rights, is a phenomenon of
much more recent vintage, specifically of the mid – 1970s, and that the reason it
arose when it did was that it filled a void left by the collapse of alternative, col-
lective notions of human emancipation such as communism, fascism, and social-
ism. This language of "last utopia", while noble in conception, has revealed it-
self as all too readily hijacked by rights-negating militarists like George W. Bush
and too limited in its effectiveness, and may indeed require a renewal of more
collective notions of utopia in order to realize its ideal promises. This book tell us
to how to theoretically construct the future discourse system of Chinese human
rights, that is, we should seek for a new conception of inter-civilization human
rights with greater legitimacy and inclusiveness after disenchanting the deeply-
rooted American-European centered human right thoughts.

Keywords: Human Rights; Nation-state; Utopia; "the Cold War"; Inter-
civilization

尊严与人权的概念重构[*]

劳拉·瓦伦蒂尼 著　何晓斌 译^{**}

摘　要：人权通常被定义为人类基于其固有尊严价值而享有的权利。这种人权与固有尊严之间的概念联系虽然流行，但毫无意义。它引发了关于什么赋予人权固有尊严的哲学争议，并分散了人权的核心功能，即对强权者特别是国家施加限制。为了回应该难题，我以最大限度服务人权目的的方式对人权与尊严进行概念重构，区分了"固有尊严"和"身份尊严"，并将人权与后者而非前者联系起来。首先，我认为人权表明了尊重主权权力下人民的身份尊严而遵守的标准，而不是人之为人的内在尊严。其次，我认为不只个人，组织也拥有身份尊严。特别是国家侵犯人权会丧失其身份尊严，因此易受干预。

关键词：人权；固有尊严；身份尊严；权力；概念分析

一　引言

最近几十年来，很少有理论能像人权一样广受关注。但人权究竟是什么？一个流行的说法认为，它是人类基于其固有尊严并独立获得法律和社

＊　本文受国家留学基金委资助。

＊＊　劳拉·瓦伦蒂尼，伦敦政治经济学院。感谢罗恩·克拉夫特、蒂莫西·恩迪科特、克里斯汀·李斯特、匿名审稿人、人权与人的尊严工作坊的参加者（芝加哥，2015年5月），尤其是亚当·埃廷森、巴勃罗·吉拉伯特和本·劳伦斯的细致评价和讨论。何晓斌，中国政法大学人权研究院博士研究生。本文原载于《牛津法学研究》2017年第37卷第4期。

会承认的一种权利。① 这种将人权与尊严建立理论联系的界定，在学术界、人权文件和政治演讲中越来越普遍。② 例如 1948 年《世界人权宣言》多次提到尊严，《公民权利与政治权利国际公约》（1966）和《经济、社会及文化权利国际公约》（1966）也是如此。③

尽管受到热捧，将人权与尊严联系在一起，非但没有提供什么有用信息，更糟糕的是产生相反的效果。它成了一个筐，基于不同哲学传统的不同属性都用作人权的依据。④ 援用固有尊严同样会产生反作用，把人权推向纯粹哲学争论的泥潭，分散了他们的政治功能——对权力主体施加限制。⑤

本文将提出一种理解人权与尊严关系的新方式，以加强而非削弱人权驯服权力的功能。为此，我区分了作为身份的尊严与作为个体固有价值的尊严：前者包含了独特的规范性要求，后者则论证选定某一特定身份的合理性。二者并不总是相伴相随，有人之所以享有身份尊严是出于财产价值而非固有尊严。一直以来，对人权的界定往往关注

---

① 尊严表现为人权的必要依据或必要且充分依据。我也注意到，人权经常被界定为"基于人类价值"享有的权利。我把这种表述粗略地等同于尊严，因为从纯粹生物特性出发，作为智人的人类并不是人权的合理理据。参见〔美〕M. 德威《人的尊严：概念、讨论与哲学视角》，M. 德威与他人合编的《剑桥手册之人的尊严：跨学科视角》（CUP 2014）33。

② See e. g. J. Griffin, On Human Rights（OUP 2008）44 – 6；J. Tasioulas, "Human Dignity and the Foundations ofHuman Rights," in C. McCrudden（ed.）, *Understanding Human Dignity*（OUP/British Academy 2013）292, 304；R. Dworkin, *Justice for Hedgehogs*（Harvard UP 2011）335；J. Habermas, "The Concept of Human Dignity and the Realistic Utopia of Human Rights," （2010）.

③ 引用尊严概念的人权文件目录可以参见 D. Schroeder, "Human Rights andHuman Dignity：An Appeal to Separate the Conjoined Twins," （2012）15 *Ethical Theory and Moral Practice* 323, 325；C. McCrudden, "Human Dignity and Judicial Interpretation of Human Rights," （2008）19 EJIL 655.

④ 麦克拉登强调在起草《世界人权宣言》过程中引入尊严的重要价值，因为"它在其他基础共识缺失的时候为人权运动提供了理论基础"。参见〔美〕C. McCrudden, "Human Dignity and Judicial Interpretation of Human Rights," （2008）19 EJIL 655, p. 677。不同复杂道德原则的追随者们只能用他们喜欢的方式对尊严进行简单解释。然而，这加深了我对尊严空虚化以及对其进行内容填充时存在分歧的担忧。

⑤ See C. McCrudden, "Human Dignity and Judicial Interpretation of Human Rights," （2008）19 EJIL 655.

固有尊严，但我认为应当转变为身份尊严，特别是相对于强势的国家权力的个体身份尊严，从而为人类内在价值的其他依据预留空间或为那些身份论证。

我将从以下几个方面展开论述。第二部分，我提出一种思考尊严的一般概念框架，区分了身份和固有尊严、消极尊严和积极尊严。第三部分，为人权的政治性进路辩护，因此，人权责任的主要承担者是国家权力主体。在第四部分，我将讨论前两部分中的争议，并认为人权是国家在对待其公民时应遵守的身份尊严标准。不尊重人权，作为共同道德代表的国家，不但侵犯了其公民的身份尊严，也失去了国家自身的身份尊严，因此应承担责任。第五部分，我分析了可能存在的反对意见。第六部分是结语。

前述内容表明，我的观点至少具有两项修正意义。第一，人权表明尊重国家权力对象的身份尊严应符合的标准，而不是人类的固有尊严；第二，身份尊严概念不仅可以适用于个体，也可以适用于共同体，比如国家，国家会因侵犯人权而丧失身份尊严。如果我的观点正确，我们就有充足的理由认真对待上述两项修正。

正文开始之前，需要事先说明两点。一是我仅关注应当如何理解人权和尊严，比如它们该如何界定，至于二者各自的正当性依据何在，我持不可知的态度。本文的核心观点是对人权的界定应当尽量区别于正当性论证。先前人权概念之所以误入歧途，正是因为在概念界定时多此一举地对人权进行正当性论证，比如将其建基于人的固有尊严上。[①] 二是我将从政治道德出发，以一种规范的个人主义视角进行分析。我对为何享有身份尊严持不可知论的态度，固有尊严常常作为备选依据。

---

① 我所说的"概念"和"正当性"相当于塔斯奥拉斯对"性质"和"理据"的区分。See J. Tasioulas, "On the Nature of Human Rights," in G. Ernst and J-C Heilinger (eds.), *The Philosophy of Human Rights: Contemporary Controversies* (De Gruyter 2012) 19. 我更喜欢使用"概念"这个表述，它使我更不像实在论者或本质主义。同样，我在文中谈论"个体凭借何种价值而享有人权"这一问题时交叉使用"人权的正当性"和"人权的理据"。

二 尊严与人权

尊严概念并不是变动不居的。近些年，对它的起源和固有含义多有讨论。① 我将在该部分提出思考尊严的概念框架，并将其带入当下对尊严与人权关系的讨论之中。

（一）尊严

首先，我将区分两种尊严概念：身份尊严和固有尊严。身份尊严是指一个主体具有的身份，包含严格的规范要求②；固有尊严则指个体的一种内在价值，可用其论证某一特定身份。③ 需要注意的是，在抽象概念的层面，不同层级的主体拥有前述何种尊严是一个开放的问题。并且根据我对二者的理解，身份尊严与固有尊严是独立的。有人可能认为非人类生物因其作为智慧生物之价值可以享有身份尊严（即存在如何对待它们的严格的

---

① See e. g. J. Waldron, *Dignity, Rank, and Rights* (M. Dan-Cohen ed. , OUP 2012); J. Waldron, "Is Dignity the Foundation of Human Rights?" in R. Cruft, SM Liao and M. Renzo (eds.), *Philosophical Foundations of Human Rights* (OUP 2015); G. Kateb, *Human Dignity* (Harvard UP 2011); M. Rosen, *Dignity: Its History and Meaning* (Harvard UP 2012); C. McCrudden (ed.), *Understanding Human Dignity* (OUP/British Academy 2013) 292, 304; cf CR Beitz, "Human Dignity in the Theory of Human Rights: Nothing but a Phrase?" (2013) 41 *Philosophy & Public Affairs* 259.

② 我把"身份"作为"规范地位"的同义词。规范地位指的是一系列可适用于个体行为的规范性标准，例如获得公民、父母、雇员、朋友等身份的标准。身份都与特定规范标准相联系，对公民、父母、朋友等身份都有特殊的道德要求，因此每一身份都是独一无二的。关于尊严的"身份概念"和"有价值的身份"可分别参见 J. Waldron, "Dignity the Foundation of Human Rights?" 133; J. Tasioulas, "Human Dignity and theFoundations of Human Rights," 305. 沃尔德伦也认为，尊严作为一种身份概念指的是一系列权利（因此也是严格的规范性要求），而非提供权利的基础。See Waldron, "Is Dignity theFoundation of Human Rights?" pp. 134 – 135. 巴勃罗·吉拉伯特也用"身份尊严"，但用来表达人类的内在价值。因此，对吉拉伯特来说，身份尊严更贴近于我所说的固有尊严。See PGilabert, "Human Rights, Human Dignity, and Power," in Cruft, Liao and Renzo, 199.

③ 米歇尔·罗森区将尊严分为四类：（1）一种身份；（2）一种内在且先验的核心；（3）一种有尊严的行为价值；（4）一种对待人民的标准（以尊严相待）。我对身份尊严和固有尊严的划分更接近罗森的前两种区分。See M. Rosen, "Dignity: The Case Against," in McCrudden（脚注 2）153 – 4. 对尊严的其他分类，see e. g. Schroeder, 332; Dü well, 26; Gilabert, "Human Rights, Human Dignity, and Power,"; Gilabert, *Human Dignity and Human Rights*。

规范性标准）。依此观点，虐待非人类生物，比如把狮子关进小笼子里，就可能侵犯其尊严，并且不符合其身份所要求的对待标准。当然，这还存在争议。但这种身份并不需要固有尊严来论证其正当性，感知力和意识也可以充作正当性理据。

尽管身份尊严和固有尊严是独立的，但人类被假定为兼而有之。经常有人认为人类因具有固有尊严价值而享有（我所说的）身份尊严。对于固有尊严我将稍后再谈，现在让我们先看一下身份尊严。人类的身份尊严，意指人类享有的身份，包含严格的规范要求。在人类作为道德推论主体的意义上，这种规范要求具有双重性：一是人类要求他人如何对待自己，二是人类应当达到什么行为标准。我分别称之为消极身份尊严和积极身份尊严。当一个人没有受到其应得对待时，我们就可以认定他的身份尊严受到了侵犯；当他未能达到他应达到的行为标准时，他的身份尊严就全部或部分丧失了。

下面的例子可以说明这一点。根据所有貌似可信的道德标准，刑讯人对无辜者施加残酷和有辱人格的对待，侵犯了受害者的身份尊严。刑讯人未能以无辜者身份所要求的标准对待他，相应地，刑讯人的此种行为也导致其自身丧失部分身份尊严。这些对待方式（比如某些形式的身体伤害和对自由的限制）原本也不允许用来对待刑讯人，他却以此对待他人，这就是刑讯人应当承担责任的原因。他的行为与人们所期待的道德主体的行为相违背。

同样，吸毒者也被认为（可能是短暂地）丧失身份尊严：对外来药物的依靠及其对自主性的影响，使得可允许的对待发生了变化。比如，对瘾君子的家长式管理是可允许的，但对那些自主性和道德推理能力没有问题的人来说却不可接受。

我认为应当按照该方式来理解人的身份尊严。相应地，这一观念的不同概念可以从与该身份相联系的不同道德标准那里寻得。① 下文中，我将尽量避免对这些标准进行充分的实质性解释，而是专门讨论人权是否有助

---

① 对"概念"和"观念"的区分已经在正义问题的讨论中出现过，see J. Rawls, *A Theory of Justice*（OUP 1999）5，沿用了 HLA Hart, *The Concept of Law*（Clarendon Press, 1961）。

于详细说明这些标准。

（二） 尊严与人权

关于人权的讨论都涉及身份尊严和固有尊严。人权通常被界定为基于人的固有尊严价值所应当获得的对待标准。在我看来，它们只是因人的固有尊严而享有的消极身份尊严所要求的标准。将固有尊严置于人权概念之中，似乎是普适性道德权利显示其独特性所必需的。

假设我们都拥有在街上不被推倒的权利，即使如此，如果因某人粗鲁推我而认定其侵犯我的人权也是怪异的。对这种判断的一个看起来颇有道理的解释是，尽管被推会不开心，甚至这一行为可能是错误的，但并没有侮辱我的固有尊严，因此不构成对"尊严主义者"所认为的以此为理据的人权的侵犯。同样，被朋友辱骂可能会痛哭并受到冒犯，但我们也不太会称之为侵犯人权，就像前面所说的，没有侮辱人的固有尊严。

建立人权与固有尊严的理论联系，起初可能是有益的，但仍存在问题。① 与身份尊严不同，固有尊严具有形而上的内涵。"固有尊严"是一个空洞概念，并且有一种难以言说的简陋，在人权争论中援用这一概念将迫使人们在什么赋予人类"内在且先验的核心"②（米歇尔·罗森语）问题上表明立场。该问题一旦出现，便会争论不休。

康德哲学的支持者将固有尊严视为人类自主性的基础。在人权语境下，该观点的问题在于将缺乏自主能力的人排除出人权主体范围，比如儿童和严重的残障人士。③ 反对把尊严与自主性相联系的观点坚持认为，人的固有尊严源自人与上帝的特殊关系。但这注定会引发进一步的争论：上帝为何重要？④ 如果仅因人类具有感知力即赋予固有尊严，那么其他几种非人类动物也应被认定享有固有尊严，并成为人权规范的受益者。⑤

---

① Schroeder.

② Rosen, 154.

③ Griffin, 92; Schroeder, 330.

④ For a discussion see Tasioulas.

⑤ cf A. Cochrane, "From Human Rights to Sentient Rights," (2013) 16 *Critical Review of International Socialand Political Philosophy* 655.

如前所述，建立人权与固有尊严之间的联系，会把人权争论转变为关于人类或者其他生物的道德哲学的纯哲学争论。这种拙劣的转换，不但会引发分歧，而且分散了人权所独具的政治功能。当前的人权理念，正如《世界人权宣言》所宣称的，脱胎于限制国家和类国家主体行为的共同需要。用查尔斯·贝茨的话来说，人权构成世界范围内的规范性实践，其核心关注是保护个体免遭政府某些行为和疏忽的伤害。① 重要的是，这并不会削弱人权的理论价值，它只是更强调该研究领域中的政治性理论意义。

这些反思造成两个直接后果。一个是否定人权的政治功能，并接受在人权理据上具有深层哲学争议的人权概念；另一个则意味着在思考人权时应抛弃尊严概念。下文中我将表明，这两个答案都不令人满意。我将在第三部分为人权的政治功能辩护，并认为该功能应当反映到我们对人权的界定中。在第四部分，我将以一种强化而非削弱该功能的方式分析尊严与人权的概念联系。特殊之处在于，援用人的固有尊严虽然没用，我们仍可以保留身份尊严概念来解释，以增强人权的政治功能。

三　人权的政治功能

在过去的十几年中，关于如何定义人权已经议论纷纷。争论的核心是所谓的传统理论和人权的政治性概念之间的竞争。前者将人权视作人类基于人性价值（或固有尊严）而享有的特定权利群，包括私人、国家、组织在内的其他道德主体以恰当行为保障其实现。② 后者将人权视作实现具有特殊政治功能的行为准则——对政治机关尤其是国家的行为施加限制。③ 根据第二种理论，人权对应的义务主体是国家或类国家主体。国家承担保

---

① CR Beitz, The Idea of Human Rights（OUP 2009）14.

② See e. g. Griffin, Tasioulas, P. Gilabert, "Humanist and Political Perspectives on Human Rights,"（2011）39 *Political Theory* 439.

③ See e. g. Beitz, J. Rawls, "The Law of Peoples: With The Idea of Public Reason Revisited,"（Harvard UP1999）; J. Raz, "Human Rights without Foundations," in S. Besson and J. Tasioulas（eds.）, *The Philosophy ofInternational Law*（OUP 2010）; cf T. Pogge, *World Poverty and Human Rights: Cosmopolitan Responsibilities and Reforms*（*Polity* 2008）; Dworkin, 332 - 9.

障人权的主要责任；而国际共同体承担次要责任，即有责任防止国家不能承担主要责任。① 私人主体原则上不可能侵犯人权。②

在这些不同的研究进路背后，是人权如何实现的不同方法论立场。传统理论认为人类基于其人性价值（即固有尊严）应当享有一系列普世性道德权利，而用"人权"来表述这一权利群最为恰当。③ 在他们看来，同时代的人权文化对这一普世性权利群具有根本性的影响。

相反，支持政治进路的理论家则倾向于认为人权理论应当忠诚于人权实践。④ 他们认为在人权实践中，人权功能是由国家、非政府组织、国际法庭和决定其概念域的其他相关主体实现的。⑤ 既然在实践中人权是限制国家行为的主要方式（尽管不是唯一方式），那么人权概念就应当照此进行界定。

这两种进路中哪种更令人信服？从前文的讲述中可知，我支持人权的政治进路，但我也发现了支持该观点的一些典型论点并不具有信服力，尤其是作为其基础的方法论。人权实践者往往按照自己对人权的理解而不是应然理解对人权进行概念化。毕竟，我们应当允许在实践中对某一特定概念产生误解和该概念毫无用处的可能性。⑥ 然而，政治进路的方法论及其重要衍生版本似乎排除了这一可能。

下文，我将为人权的政治进路辩护，并非从人权实践的优先性出发，而是着眼于可以引导我们界定普遍存在争议的概念，特别是人权概念的更

---

① Beitz（n. 16）109. 关于正义的主要主体和次要主体之间的区分，参见 O. O.'Nei，"A-gents of Justice,"（2001）32 *Metaphilosophy* 180. On "remedial" responsibility, ie the type of human-rightsresponsibility often associated with the international community, see D. Miller, "Distributing Responsibilities,"（2001）9 *Journal of Political Philosophy* 453。

② 这是对两种相近观点比较宽泛的表述，忽略了一些在重要细节上的差异。进一步的分析参见 Tasioulas, L Valentini, "In What Sense Are Human RightsPolitical? A Preliminary Explora-tion,"（2012）60 *Political Studies* 180。

③ 值得注意的是，这种表述与作为人权的必要却不充分理据的内在尊严是一致的。See Ta-sioulas（n. 2）.

④ 塔斯奥拉斯支持传统观点的同时，也赞同"与实践保持一致"的观点，尽管我并不清楚这在他的人权解释中扮演何种重要角色。See Tasioulas（n. 6）.

⑤ See especially Beitz, cf A Sangiovanni, "Justice and the Priority of Politics to Morality,"（2008）16 *Journal of Political Philosophy* 137.

⑥ Tasioulas, 18.

宏大的理论思考。^① 我先简要介绍这些理论思考，进而表明它们为何支持政治进路。

（一）如何才能更好地界定人权^②

人权的可接受的界定应当符合以下要求。

一是独特的道德价值。人权概念表明了一种独特的道德现象。该要求意味着人权概念应区分出在性质上存在差异的其他道德现象。换句话说，侵犯人权必须是一种特殊的不正义，只有这样构建一种特殊道德范畴才是有意义的。

二是与日常用语保持一致。人权概念与日常语言应用适度统一。当然，人权实践并不能决定人权概念，因此日常语言无助于我们理解人权。但如果对人权的界定能识别出具有独特道德价值的事物，这种界定越是贴近日常语言，就越容易理解。除非必要，否则不应对语言的使用方式做出重大改变。

三是对形而上学的不可知论。人权概念尽可能对与之相关的形而上学争论持不可知的态度。该要求可能最富争议，这意味着对人权的界定不应从纯哲学理论出发。对于那些认为人权原则应作为国际社会共同道德法则的人来说，这一要求当然也是合乎情理的。但是，人权独自作为世界道德准则，哲学上的启发对于概念界定是恰当的，但不能为概念所指称的现象提供理据或正当性。当我们深入论证人权的正当性时，形而上学可能是不可避免的，但将正当性纳入人权的界定却是不明智的。此举会造成人们因其理据和正当性的分歧而无法对人权概念达成一致意见。^③ 换言之，它将

---

① 相关争议概念，See W. B. Gallie, "Essentially Contested Concepts," (1955) 56 *Proceedings of the Aristotelian Society* 167.

② 一个人权的好的定义并不能涵盖所有有关人权的哲学理论。在另一篇文章中，我尝试表达一种基于康德政治思想的理论。但在此过程中，我混淆了"定义"与"正当性/理据"。See L. Valentini, "Human Rights, Freedom, and Political Authority," (2012) 40 *Political Theory* 573. 正如本文所澄清的，我认为二者应当分开。也有人提出不同的要求清单，与我所讲的部分重合（特别是第一项要求），See Tasioulas, 18.

③ See Beitz, 103 – 4; cf the notion of "overlapping consensus," in J. Rawls, *Political Liberalism* (Columbia UP 1996).

减少人们对于人权正当性的有意义的讨论。[1]

（二）为何最好用政治性进路理解人权

现在我们可以以上述三项要求来评判传统进路和政治性进路。传统进路宣称可以识别独特的道德现象，貌似有道理：人类因固有尊严价值而享有相对他人的特定权利。这一现象也有其他表述方式，比如个体的基本道德权利或自然权利，但不用担心同义词问题。"人权"可以很好地识别独特的道德现象，其他表述也可识别同一现象，但这并不构成反对传统理论的人权界定的有力理由。通过类比，用"自由"或"权利"来识别同一对象似乎也没有太大问题。那么为何人权与基本道德权利成为同义词会困扰我们？

当涉及后两个要求时，传统理论就会出现明显的问题。它与日常用语只是部分一致。比如，依传统观点，母亲对孩子照顾不周、暴徒殴打陌生人、政治抗议者阻止选民到投票站都被视为侵犯人权（分别侵犯了生存权、身体健康权和投票权）。该观点似乎可信，但与日常用语中将"侵犯人权"用来表述政治性权利侵犯存在些许差别。[2] 我们可以设想一个案例，原本秩序井然的社会发生一起显然的非政治性谋杀，凶手明显侵犯了被害人的权利，并剥夺了一项确定无疑的重要人权——生命权。然而，我们并不倾向于称之为侵犯人权，而是侵犯与之相对应的基本权利。

至于第三项要求，传统观点中的许多版本都遇到难题。一些传统理论将宽泛的正当性理由纳入人权界定之中，比如我们常见到的，人权是基于其固有尊严价值或人性价值而享有的相对于其他主体的普世性权利。[3] 应当注意到，该界定中所提到的人权理据过于宽泛。事实上，这种宽泛使得

---

[1] cf Tasioulas, 20.

[2] This is pointed out in Pogge, s 2. 3.

[3] Tasioulas, "On the Nature of Human Rights," "On the Foundations of Human Rights," 292. 有趣的是，塔斯奥拉斯认为"我们应当拒绝把对人权理据的完整解释这类东西纳入人权的属性中"。Tasioulas, "On the Nature of Human Rights," 20, emphasis added. 这里的"完整"一词非常重要。塔斯奥拉斯将人权界定为人类基于"人性价值"享有的权利，从而在人权定义中加入了对其理据的宽泛的或不完整的解释。

援用该理据并不会与形而上学中的不可知论矛盾，其他理论家仍可以用他们偏爱的哲学观点论证人类权利持有者身份的正当性，可能是自主能力、上帝的爱或其他什么东西。①

我对这一回答持怀疑态度。首先，如果"固有尊严"和"人性"宽泛到可以做出多种不同解读，那么援用它们就是多此一举，它并不会告诉我们关于人权的任何有用信息。其次，援用像"尊严"和"人性"这样如此宽泛的理据会招致哲学争论。只要有人提出"人类为何享有尊严"或"人性有何特殊之处"这类问题，我们就会重新陷入深刻的分歧之中。因此，为满足第三项要求，对人权的界定就应当对"人类因何特殊内在精神价值而享有人权"这一问题保持沉默。

传统理论可能支持该建议，并在界定人权时放弃了对人类固有尊严（或其他类似理据）的援用。② 人权既而被表述为人相对于其他适格主体具有的绝对道德权利。但该转变以丧失人权的独特性为代价。依传统理论，侵犯人权是一种特殊的不正义，因为它侮辱了人的固有尊严。一旦不再援用固有尊严，人权作为一种道德现象（一种特殊的普世性道德权利群）的独特性开始逐渐消失。不带任何政治色彩在街上被粗鲁地推倒或被陌生人辱骂就构成侵犯人权。这表明传统观点可能满足第一个要求或第三个要求，但难以同时满足二者。

传统理论可以在不诉诸人类内在价值的情况下保持人权的独特性。比如，他们可以将人权界定为人享有的相对于其他任何适格主体的权利，人权的功能就在于保护我们免受最严重的利益伤害。依传统观点的这一说法，在打斗中被抓伤侵犯了身体完整权，而非人权；相比之下，相同情形下被刺伤并且伤情严重属于侵犯人权。上述两个案例中我们面对的都是对身体完整权的侵犯，后一情形只因后果更严重而被认定为侵犯人权。

该方案并不能让人完全满意，因为它将人权的独特性简化为权利侵犯的严重性。依此观点，侵犯人权并不存在性质上的差别，而只是后果严

---

① McCrudden.

② 感谢蒂莫西·恩迪科特提出的这种可能性。

重。此外，严重性并非数量概念，当决定对一项普世性权利侵犯到何种程度才构成侵犯人权时，还需要找到一个特定的临界值。这项工作极具挑战性，也许持传统理论的人会成功找到，但将侵犯人权在性质上区别于其他侵权的观点，要比以侵犯人权的严重性作为其独特性更有说服力。

采用政治进路理解人权可以避免传统进路遭遇的难题。前面提到过，根据政治性进路，人权的主要责任由国家或类国家主体承担，次要责任由国际组织承担，当国家怠于履行职责时要求其进行干预。

对于第一项要求，政治性进路认为，不同于以固有尊严为基础的基本权利现象，人权表明了一种独具特性的道德现象，处理国家权力与人民之间的特殊道德关系。在当今世界，这种关系成为国家与管辖范围内人们之间关系的典型，尽管不是唯一的一种。[1]

国家具有事实权威，即国家可以要求并获得部分人民的遵从。此外，国家拥有主权，这意味着它们可以拒绝部分外来者的干预，在各自管辖范围内是最终裁决者。这些事实特权以正当性为必要条件，并且只有在国家合理对待其人民时才是正当的。依我所理解的政治性观点，人权具体表现为合理对待的相关标准。

作为人权责任主要承担者，国家是侵犯人权并造成这种独特不正义的主要原因。国家权力以增加人民利益为条件，当国家侵犯人权，就无法承担其特殊责任，因此构成特殊的不正义。[2]

我们可以将父母杀害自己孩子这种特殊犯罪与陌生人杀害不相关的孩子进行类比。两种行为都大错特错，但父母与孩子之间特殊的权利关系使得第一种行为在道德上更加恶劣。父母被委以保护其儿童安全的责任，结果却把孩子杀了。同样，绑架并折磨一个无助的路人也可以与国家公职人员任意拘留行政相对人并侮辱其人格进行比较。[3] 尽管两种行为都属于严

---

[1] The next four paragraphs draw on ideas in L. Valentini, "Human Rights, the Political View, andTransnational Corporations: An Exploration," in T. Campbell and K. Bourne (eds.), *Political Approaches to HumanRights* (*Routledge forthcoming*); and Valentini, 587–8.

[2] See e. g. C. Barry and N. Southwood, "What Is Special About Human Rights?" (2011) 25 *Ethics & International Affairs* 369.

[3] See Pogge, 66.

重的不公正，即使我们假定两种情形对被害人造成的伤害是一样的，后一种不公也显得尤为特殊，因为国家与其人民之间存在权力关系。

与此相关，对于为何侵犯人权会特别引起国际关注，主权为我们提供了解答的切入点。① 之所以如此，是因为权力主体（比如国家）享有的事实上不干涉是对其人民履行义务时的道德制约。当义务没有履行时，外部关切是完全恰当的，同样的道理，当父母忽略或虐待孩子，来自外部的关切当然也是合理的，不论是来自其他家庭成员还是国家。

依政治进路，人权表明了一种特殊的道德现象。但与传统观点不同，很难为其想出一个同义词。我们虽然可以轻易用基本道德权利替代传统观点中的人权，却无法找到类似的词来替换人权的政治观点所表述的道德现象。这也为我们以政治性进路理解人权提供了理由。另外两个要求会使我们更坚信这种理解进路。

前面已经很好地表明政治性进路满足日常用语一致的要求，至少在用人权话语表达一些核心问题时是如此。根据政治进路的界定，侵犯人权的主体只能是国家和权力主体，所以私人谋杀不属于侵犯人权，而国家处决政敌则构成对人权的侵犯。

与通常做法不同，政治性观点认为一国公民的人权只会被本国侵犯。这可能会招来反对意见。专制国家任意关押外国游客却不构成侵犯人权，这是违反常理的。该结论并不准确。事实上，本国公民会遭遇强大的国家权力，在其领域内的其他居民包括游客也要受该权力的影响，尽管影响范围要小一些，比如游客可能不需要缴纳所得税。此种情形下，根据我所提出的政治性进路，非公民性质的个体原则上也成为侵犯人权的受害者。②

最后，对于第三项要求，人权的政治进路有效避免了纯哲学争论。它

---

① Beitz, 109.
② 一名匿名审稿人指出，在加拿大，适用于私人雇主间的反歧视法也被视作人权法。果真如此，政治性进路就与日常用语不协调了。我承认该方法无法涵盖所有日常用语。但这并不是该方法的缺陷，只有在"人权"表明一种特殊道德现象、"侵犯人权"表明一种特殊不正义时，与日常用语的一致才是有意义的。政治性进路关注相对于主权权力的人民享有的权利，符合独特性要求，并与日常用语的核心要求高度一致。将概念扩展出其核心要求，比如用来表示雇员相对于雇主的权利或私人之间相互的权利，会造成道德上特殊性的丧失。

并不用个体的特殊理念来界定人权，而是把它与特别的义务承担者概念联系起来。人类享有的人权为何偏偏针对有权主体，这始终是一个开放的问题，不同的政治道德传统会作出不同的回答。此外，根据政治性进路，保持该问题的开放性并不会削弱人权表达独特道德现象的能力，即权力主体对其人民滥用或不当使用权力构成一种特殊的不公正。

下面的分析将进一步表明，统治者和有权的政治主体（主要是国家）对其统治下的主体承担人权相关义务。它表明了侵犯人权所造成的不公正在性质上的独特性，同时与日常用语保持一致，并避免了哲学上的窘境。确定的是，传统进路与政治进路的争论仍在继续，我的论证也不会是最终答案。但它们至少应认真对待并支持人权的政治属性。接下来我将展开分析第二部分提到的人权为何应从身份尊严的角度进行理解。

四 尊严、人权与国家权力

人权的政治进路看起来没有为尊严概念留下空间，实则不然。我认为人权的定义应当远离固有尊严，但我绝不反对其与身份尊严之间建立概念联系。本部分就将讨论二者的关系。

从政治性视角来看，人权并没有表明作为人的个体尊严标准，而是提供国家权力尊重人民消极身份尊严的普遍标准，和国家权力为维持其积极身份尊严而遵守的普遍标准。该人权定义方式及其与身份尊严的联系，具有两重修正性：其一，它表明人权的规范性标准不只存在于人的内在价值或内在精神价值（比如作为一种有感知的生物、一种具有自主性的生物、一种具有固有尊严的生物），同样存在于相关属性价值（比如作为国家权力的对象）；其二，它表明不仅个体享有身份尊严，国家之类的共同体同样享有。上述两种修正无疑会招致对从尊严与人权联系出发进行概念化的可行性与利弊的怀疑，却可以经受反复检验。事实上，他们相当可信，并且巩固了人权限制国家（和类国家）权力的功能。下面我将依次进行讨论。

（一）尊严不只是人性

身份尊严是主体享有的一种特殊身份，尽管对该身份的精神价值持不可知论的态度。该价值通常由某些个体内在属性进行填充，罗森称之为"内在先验核心"[1]。正如我们看到的，援用这些内在属性引发了各种哲学上的分歧。

但是并没人能说清楚为何身份尊严的理据只有内在属性，而不包括其他相关属性。内在属性是特殊主体独自享有的如何与身份相联系的价值，后者则属于主体与身份之间关系具有价值。[2] 比如，个体的下列属性，包括身高两米、女性、有感知力属于内在属性，而不是相关属性。相比之下，小镇首富、身高比他人高、属于某政治权力的对象、成为首相则属于相关属性。

将相关属性作为身份尊严的理据理由非常充分。毕竟，我们通常认为不同主体基于相互间的不同关系适用不同的对待标准，职业关系、家庭关系、朋友关系等等。这也反映到我们对尊严的判断中。

比如，当老板拿其员工乔伊开玩笑，我们可以说老板侵犯了乔伊的身份尊严，这源于二者相互之间的特殊关系所具有的价值。老板对作为员工的乔伊的嘲笑并不恰当，使乔伊丧失尊严，表现了其作为老板对权力的滥用。但如果乔伊的朋友在老友聚会互相取乐时开同样的玩笑，则不构成对乔伊身份尊严的侵犯。作为朋友的对待标准不同于其作为员工的对待标准，我们对尊严的判断也会因此而改变。事实上，我们可以根据一个人的不同身份而划分出多种类型的身份尊严，比如朋友、家庭成员、同事、人权组织成员等。

基于上述原因，个体作为人应受的对待区别于其作为特定政治权力对象而受到的对待。尽管没人有权杀害无辜者，哄骗或虐待他人，个体因权

---

[1]　Rosen, 153 – 4.

[2]　关于内在价值与基于身份的价值之间的区分，See F. Dietrich and C. Li, "Reason-Based Choice and Context-Dependence: An Explanatory Framework," (2016) 32 *Economics & Philosophy* 175。

力主体宣称对其行使权力而享有某些基本自由和物质利益。当这些权力主体无法达到相关行为标准时，就构成一种特殊的尊严上的不正义。

　　想想下面这个例子。我未能给远方的玛丽和鲍勃提供他们急需的基本社会经济物资，但这并不构成对其身份尊严的侵犯。我可能有能力帮助他们，但决定通过其他帮助他们的慈善事业来给两位社会上的贫困者资助，这并不会侵犯他们的身份尊严。

　　如果对玛丽和鲍勃进行统治的国家忽视他们的诉求，资源并没有用来改善非权力对象的生活条件或装进腐败官员的口袋，情况会大不一样。玛丽和鲍勃的国家因忽视二人作为统治对象而获得特殊关注的权利侵犯其身份尊严。授予国家权力的目的在于服务像玛丽和鲍勃这样的人的利益，却被误用于服务其他人的利益。在这个例子中，尊严上的不正义是因权力关系的存在而发生的，没有这一关系便不会发生。

　　私人主体之间也会出现侵犯尊严的情况，但这种侵犯在性质上不同于权力的侵犯。让我们重回绑架并虐待无辜者那个刑事案例中，并与国家公职人员任意拘留行政相对人的案例进行比较。[1] 在两个案例中我们都面对身份尊严的侵犯。第一个案例中，我们可以说绑架者侵犯了受害人作为人的身份尊严，因为违反了对待他人应遵守的规范性要求。但第二个案例则是出于其他原因：授予公职人员以保护人民的权力被用来压迫人民。不仅他们作为人的身份尊严遭到侵犯，更重要的是，作为人民，本应用于维护其利益的权力背叛了他们。

　　由上述讨论可知，我们有理由认定身份尊严的标准部分取决于相关属性，并因身份的不同而有所区别。更重要的是，对于人民尊严的判断与对人权的判断密切相关。我资助科尔斯顿和艾伦并不会侵犯玛丽和鲍勃的人权，但忽视他们的政府则构成侵犯人权。同样的结论也可以适用于绑架和任意拘留的案例中。总而言之，这些观察支持了我的意见，即人权为保障作为权力对象的个体的消极身份尊严设定了标准。

---

[1]　See Pogge, 66.

(二) 作为共同体积极身份尊严标准的人权

正如我所指出的，讨论国家和更一般意义上的共同体的身份尊严很有意义。① 在很多人看来，这与主题相去甚远。作为终极道德关注，尊严是只有个人才能享有的身份。将国家和类国家主体认定为身份尊严的享有者可能会导致一个棘手的结论，不仅个人，团体也可以成为终极道德关注。

该说法并不准确。共同体的身份尊严，特别是主权国家，并没有将个人置于集体的终极道德价值中，相反，它为我们提供了更多规范共同体行为的理由。

身份尊严不应与固有尊严相混淆。固有尊严通常与内在道德价值相联系；而身份尊严只是表明对待某一主体的严格的规范性要求，如果该主体为道德主体，也适用于其自身行为。所以，身份尊严的归属并不能代表内在价值归属。

这与权利争论中的一系列推理有些类似。社会组织具有权利和义务，并将这些权利和义务的正当性归结为组织为个体利益服务，这种推断完全可能。② 我们通常将一些私人组织，比如俱乐部、协会，视作权利享有者和义务履行者，但其作为权利持有者的最终正当性来自这些组织有助于成员追求自己的人生目标。他们是成员的重要代理人。同样，我们通常认为国家拥有排除第三方干预的权力，对于个体和其他国家的相关行为标准依条件而定。这些条件继而又通过赋予国家权力以增加人民利益的方式获得正当性。这些权力的正当性是个人主义的。

如此，我们可以轻而易举地调和组织的权利属性（比如它们应当受到某种特殊对待的诉求）与一种规范的个人主义道德观之间的关系。因此，当我们转向身份尊严概念，并将其适用于国家一类的道德性组织时就不会

---

① 关于组织体，See e. g. C. List and P. Pettit, Group Agency: The Possibility, Design, and Status of Corporate Agents (OUP 2011); PA French, Collective and Corporate Responsibility (Columbia UP 1984); R Tuomela, Social Ontology: Collective Intentionality and Group Agents (OUP 2013)。
② List and Pettit, ch. 8.

出现任何问题。①

国家的积极身份尊严，即国家主权，取决于国家行为与一系列相关标准的一致程度，其中包括调整权力与人民之间关系的人权标准。但人权不是国家积极身份尊严的唯一决定因素，除此之外还包括国家在对待不在其管辖范围内的个体和组织关系时应当遵守的行为标准。国家如果侵犯人权或从事侵略行为会导致丧失部分或全部身份尊严，而不再要求典型的国家主权的对待标准。比如，以权力要求其人民服从或因主权要求局外人不干预可能都不再是合法的诉求。②

反之，当被其他国家甚或自己的人民攻击、嘲弄或威胁，国家的身份尊严也会被侵犯。如美国联邦最高法院在 2002 年的一份法庭意见中说，国家主权豁免的目的在于赋予国家与其主权身份相符的尊严。③ 当国家的（合法性）主权被侵犯，就构成了不正义。但要想从道德的角度最终解释这种不公正，就要将其归因于国家关系到并服务于个体利益，比如保护个体的人权、致力于和平且公正的国际秩序。

虽然有时与我的用法不一致，在公共话语中谈及国家尊严是很常见的。比如，以色列斯德洛特经常受到来自加沙的火箭攻击，据报道其市长评论称"以色列失去了尊严。国家也有尊严，任何允许主权在一天内被侵犯 50 次的国家最终会衰败"。④ 以色列对该城市受到火箭攻击的回应不力引发该市长的叹息。同样，驻巴基斯坦美军击毙本·拉登行动中没有巴基

---

① 比如认为国家具有"角色尊严"，即尊严成为为个体或组织发挥重要作用的方式。Discussed in J. Resnik and J. C. Suk, "Adding Insult to Injury: Questioning the Role of Dignity in Conceptions of Sovereignty," (2003) 55 *Stan L. Rev.* 1921, 1927.

② 道德上存在"缺陷"而要求不干涉或遵守，对于不遵守和/或外部干预来说是必要，但并不能充分论证其正当性。此外，干涉概念不能解释得过窄，它不仅包括军事干预（可能仅在极端情况下具有正当性），也包括外交制裁和公开批评。

③ Cited in Resnik and Suk, 1923. 在这份意见书中，联邦最高法院特别指出了国内案件中私人案件的豁免。(Federal Maritime Commission v. South CarolinaState Ports Authority) 正如 Resnik and Suk 所观察到的，在跨过案件中，尊严与主权也存在关联。特殊之处在于，在涉及主权国家（其身份已经获得广泛承认并且无须加强）时，他们对尊严的使用非常谨慎，会在较弱意义上使用。

④ A. Mizroch, "Sderot Mayor: State of Israel Has Lost Its Dignity," The Jerusalem Post (Jerusalem, 26 February2008), www.jpost.com/Israel/Sderot-mayor-State-of-Israel-has-lost-its-dignity, accessed 31 March 2016.

斯坦的参与，并怀疑巴基斯坦一直保护本·拉登，伊姆兰·汗（巴基斯坦
板球运动员、政治家）认为"巴基斯坦丢掉了尊严"。[1] 当进步党左翼联
盟 2015 年 1 月最终赢得希腊大选，《财富》杂志发布了一条新闻，标题为
《左翼联盟的胜利：重建希腊尊严》。[2] 意指左翼联盟将开启希腊的新时
代，弥补希腊腐败造成的尊严损失，最重要的是弥补由于三大政党实施财
政紧缩政策对尊严的侵犯。

　　将身份尊严概念用于国家，对研究尊严和人权的学者来说可能并不常
见，但在公共话语中很常见。[3] 诚然，国家尊严经常被看作国家主权、权
力和国际地位的一项功能。外部施加的人权义务甚至可能以相反的方式理
解。但这仅表明在国际上流行的事实上的国家身份尊严概念是错误的。本
文从理论上论证了主权国家的（积极）身份尊严与人权标准的联系，与主
权和强权政治无关。

　　这并不会使我们得出国家本身拥有人权的荒谬结论。人权设置了国家
权力统治下人民的消极身份尊严要求的标准，同时决定了这些权力主体的
积极身份尊严享有的（部分）标准。相比之下，用人权来表述国家权力的
消极身份尊严并不令人信服。尽管这不是本文的主题，我们可以合理假
设，国家的消极身份尊严要求人民的遵从以及对非权力对象的个体和其他
国家的尊重。

　　如果这些都正确的话，承认身份意义上的国家尊严在理论上具有正当
理由，并且具有修辞上的优势：它与规范的个人主义一致并且不致得出荒
谬的结论。

　　我把人权归纳为尊重主权国家人民消极身份尊严应遵守的普适性标准

---

[1] I. Khan, "Pakistan Has Lost Its Dignity and Self-Esteem," The Independent (London, 3 May 2011), www. independent. co. uk/voices/commentators/imran-khan-pakistan-has-lost-its-dignity-and-self-esteem – 2278033. html, accessed 31 March 2016.

[2] Frances Coppola, "Syriza's Victory：Restoring the Dignity of Greece," Forbes (Jersey City, 27 January 2015), www. forbes. com/sites/francescoppola/2015/01/27/syrizas-victory-restoring-the-dignity-of-greece/, accessed 31 March 2016.

[3] 也就是说，学者开始经常性地将道德话语用于个人和组织体。For an interesting example involving "integrity", see S. Nili, "Liberal Integrity and ForeignEntanglement," (2016) 110 A-merican Political Science Review 148. On the dignity of states, see also Resnik and Suk.

和国家权力积极身份尊严要求的普适性标准。该观点除了具有修正性，还有其他价值。我确信通过下面的讨论，反对者将会很快注意到先前观点的缺陷。

五 反对意见

我对尊严与人权关系的概念化可能会招致两种反对意见。一种是关于我对尊严的理解，另一种是我的人权理念。

（一）尊严

对我所讨论的身份意义上的尊严可能有两种意见。首先，反对者可能认为，既然我认为尊严不可剥夺，那么我的解释就是有问题的。反对者可能会问，人是否可能丧失不被杀害、损伤或虐待的权利。这种对尊严的思考方式不是对一般意义上的生命尊严，特别是人权的嘲弄吗？我认为绝非如此。

首先，身份尊严只是尊严的一种，尽管我认为它是定义人权最有成效的一种。从概念上看身份尊严可能会丧失，但与不可剥夺的固有尊严并不矛盾。因此，我对尊严的定义与基于个体内在价值的不可让渡的尊严是一致的，只不过在界定人权时不再援用固有尊严。

此外，我们有充足的理由认为身份尊严是可以让渡的。"权利丧失"充分证明了这一点，我们在讨论权利时经常提到它，并且表明权利与尊严理念联系紧密。我们默认人类享有人权，并因此可以要求获得特殊对待；但也承认，如果个体未能实现对其要求的行为标准，获得合理对待的权利可能会丧失。一个有罪的袭击者至少在某一特定时期内可能会丧失不被伤害的权利和一系列自由（比如被关押，但并不因此侵犯其权利）。[①] 否认权利丧失的可能性可能导致如下结论，法律因侵犯人权而不得实施，或稀释权利概念使其成为具文。关押罪犯虽侵犯其权利，但因对社会有利而具

---

① C. H. Wellman, "The Rights Forfeiture Theory of Punishment," (2012) 122 *Ethics* 371.

有正当性，这种解释没有多大意义，令人信服的规范的个人主义道德并不会接受。[①]

但如果有理由相信权利可能丧失，并且权利是尊严要求的一种重要形式，我们就必须接受国家意义上的尊严也存在部分或全部丧失的可能性。[②]事实上，在日常用语中可以轻易发现这种观念，比如我们经常听到"你已经尊严扫地"这样的表述。此外，与丧失权利类似，丧失身份尊严并不自动意味着受到严酷的对待。即使他人因其不道德行为（短暂）丧失身份尊严和权利，我们也应继续履行不伤害他人的义务。

第二种反对意见表达了对道德话语将尊严当作策略的批评。[③] 批评家可能认为，按照我的框架，尊严概念对于讨论人权毫无助益。国家侵犯人民的身份尊严与侵犯人民的人权所表达的意思是一样的，国家丧失身份尊严与国家未能实现包括（但不限于）人权在内的核心道德要求也是同义反复。因此，援用身份尊严显得多余。[④]

在涉及固有尊严的情况下，这种反驳可能还有一定说服力，但对于我所说的身份尊严却不是这样。为了说明这一点，我们可以与另一富有争议和价值的概念"正义"进行比较。不同理论家针对正义的标准发展出很多著名的不同观点。比如约翰·罗尔斯针对正义要求而提出的原则，比如平等的基本自由、机会平等和差异原则。[⑤] 可以想象，会有人以罗尔斯的正义原则没有丰富对该问题的讨论而反对他。罗尔斯已经告诉我们他的原则设定了权利和义务，那么当我们说它们是正义的标准时我们会获得什么？

我还未曾发现有人以此来反对罗尔斯，这种反对听起来也非常武断。值得注意的是，这与常见的对尊严空洞化的批评在结构上如出一辙，他们

---

① cf Griffin as discussed in Tasioulas, 24.

② cf Gilabert.

③ See e. g. S. Pinker, "The Stupidity of Dignity," （2008）New Republic, https://newrepub-lic. com/article/64674/the-stupidity-dignity, accessed 1 April 2016; R. Macklin, "Dignity Is a Useless Concept" （2003）327 *British Medical Journal* 1419; cf Rosen.

④ cf the discussion in Waldron, "Is Dignity the Foundation of Human Rights?" 134 – 5.

⑤ Rawls.

认为把尊严标准加入人权概念是毫无意义的。

无论罗尔斯的正义原则还是人权，这种添加都是有意义的。对罗尔斯来说，通过援用正义我们可以直观感受到其理论所属的特殊概念域，这些原则关系到公民权利，违反这些原则对于权利而言是严重的不正义，而不仅仅是慈善、仁爱或其他道德的失败。

尊严概念同样如此。"人民的尊严"表明我们在概念空间中站在相对于权力的个人立场上，在处理两者关系时标准最为严格，防止国家对个人的权力滥用。即使正义原则也处理这些关系，但只有部分不正义侵犯人的尊严，因为并不是全部不正义都源自国家权力的误用或滥用。

比如，根据罗尔斯的标准，违反差异原则属于不正义。一个国家虽未能满足该原则的要求，却仍然维护其公民的民事和政治权利，满足公民的社会经济需求，也不会被认为侵犯了他们的尊严。正义指的不是滥用权力并忽视对人民的责任，而可以理解为真诚履行这些责任，尽管人们对于国家是否应遵守罗尔斯提出的完美正义标准仍存在合理分歧。① 相比之下，国家侵犯公民的身体完整权不仅不正义，而且是对其尊严的冒犯，对其相对于权力的特殊身份价值的误识。

正如把违反差异原则作为不正义可以让我们直观感受到不正义，把侵犯人权作为侵犯人民身份尊严的一个特征，有助于我们直观并清晰地表达其所代表的不正义。同样，当我们说国家丧失其身份尊严时，我们可以清晰地告诉对方国家未能达到主权权力合理行为的最严格标准。

尊严话语不仅不多余，就像正义话语一样，它提供了丰富的信息并且具有修辞上的力量。

（二）人权

可能有人批评我对人权的解释太过严格，主要有以下两点：一是国家只能侵犯其人民的人权，但我们认为国家也会侵犯非人民主体的人权；二

---

① 德沃金提出了一个相同的测试国家是否尊重人权的方法，比如国家的行为是否可以被解释为真诚地尊重公民的尊严。Dworkin, 332 - 9.

是原则上侵犯人权的主体只有国家而不包括其他组织。我将依次进行回应。第一，在我看来，国家只能侵犯受其权力统治的人民的人权。至于这是否会破坏我对人权的解释，尚不清楚。确定的是，国家会对不属于其人民的个人，比如战时无辜的外国公民，做出不道德行为。但这种不道德行为不同于国家对本国人民的不正义。后者具有特殊性，并且足以用人权概念进行表述。国家对无辜的非公民主体造成的不正义可以用管控战争行为的道德原则和更一般意义上的（与人权相对应的）基本道德权利来表达。第二，根据我的解释，人们可能觉得只有国家才可以成为人权主要义务的承担者。这一认识并不准确。并非所有国家都属于合格的主权权力主体，并且除国家以外事实上存在其他权力，比如在弱治理领域的一些强大的跨国组织，也可以成为人权责任的承担者。① 同样，强大的超国家机构在某一特定领域内拥有主权权力（比如欧盟），也可以成为人权义务的承担者。总之，之所以认为该解释严格，是因为将人权义务主要施加于合格的权力主体；它不是实质上的国家主义，因此并不像初看时那么严格。②

六　结语

本文中，我探讨了尊严与人权界定之间的联系，并提出了关联二者的新方式。我论证了人权的政治性进路，并认为人权提供了主权权力积极身份尊严要求的标准和主权权力下的人民的消极身份尊严要求的标准。尽管这一结论是修正性的，但有充足的论点支持该结论。

除了表明服从关系是人享有人权的必要条件，我还没有来得及讨论人

① D. Karp, "Responsibility for Human Rights: Transnational Corporations, " in Imperfect States (CUP 2014); Valentini.

② 一名匿名审稿人反对人权义务与主权权力之间的联系，认为其并不令人信服。根据他的观点，侵犯人权之所以不正义是因为受害人所遭受的权力滥用，与侵权者是不是主权权力无关。该观点的问题在于"权力滥用或误用"过于宽泛，未能体现侵犯人权作为一种不正义的特殊性。事实上，所有的侵犯人权都可以看作事实权力的滥用（考虑到前文提到的绑匪）。所以，尽管我承认权力的滥用属于不正义，但仍无法将它们全部看作人权的不正义。只有当通过保障公民利益以获得权力正当性的主权权力对公民滥用权力时，将其称为侵犯人权才是恰当的。

权的理据。① 人权的全面哲学理论应当更多地表明其理据，这与对概念的
解释及与尊严理念的关系刚好相反。按理说，光有服从关系是不够的。

　　我们在定义人权时应当避免被正当性解释中漏掉的部分带回基本的哲
学争论中，重新讨论人类的终极道德身份。这是一个古老并尚未解决的哲
学问题，它不仅影响人权，还影响一连串核心政治概念，包括正义、权力
和民主。如果在基本哲学争论没有解决的情况下仍可以对不同正义、民主
和权力概念进行复杂分析，那么人权也应当可以。

Abstract：Human rights are often defined as entitlements that human be-ingspossess just by virtue of their inherent dignity. This conceptual link between humanrights and inherent dignity is as popular as it is unhelpful. It invites meta-physicaldisputes about what, exactly, endows human beings with inherent digni-ty, anddistracts from the core function of human rights：placing constraints on powerfulactors, especially states. In response to this difficulty, I reconceptualise therelationship between human rights and dignity in a way that maximally serve-shuman rights' purpose. I do so by distinguishing between 'inherent dignity' and 'status dignity', and by linking human rights to the latter, not the former. First, Iargue that human rights articulate standards for respecting the status dig-nity of thesubjects of sovereign authority, rather than the inherent dignity of hu-man beingsqua humans. Secondly, I suggest that not only individuals but also corporate agentspossess status dignity. In particular, states that violate human rights lose their statusdignity, thereby becoming liable to interference.

Keywords：Human Rights；Inherent Dignity；Status Dignity；Authority；Con-ceptualanalysis

---

① 在这个意义上，我的观点与汉娜·阿伦特的观点联系起来，她认为人权预设了某些政治性资格。See her discussion of "the right to have rights" in H. Arendt, *The Origins of Totalitari-anism* (new ed. with added prefaces, Harcourt Brace Jovanovitch 1968) ch. 9.

一种请求权的混合理论[*]

戈珀尔·史瑞尼瓦森 著　刘小平 译　任颂瑶 校[**]

摘　要：在本文中，我提出并捍卫了一种对请求权的新分析。我提议的是，一种对两种最著名的分析——意志理论和利益理论——加以混合的理论。基于良好的理由，这两种理论之间的论辩通常被看成一个僵局。这是因为，意志理论对于利益理论之最好的异议（不可剥夺的权利和无行为能力权利持有者）并没有做出令人满意的回答，而利益理论同样也不能对意志理论的最好异议（第三方受益人）提供令人满意的回应。在回顾了这些不同异议，以及批判了某些试图回应这些异议的最近尝试之后，我引入了我自己的替代方案，一种混合理论，并解释了这一混合理论如何为所有这些异议提供了一个满意的解决方案。

关键词：请求权；意志理论；利益理论；相关关系

---

[*] 本文最初源出于我 2001 年春季学期在乔治城大学的一个关于权利的研究生研讨课程。后续的版本曾被提交给在耶路撒冷希伯来大学举办的一个关于权利的学术会议、多伦多的约克大学的一个哲学研讨会，以及墨西哥城的墨西哥国立自治大学举办的一个关于当代问题的学术会议。感谢所有这些场合中的听众所提出的有益讨论。我也要感谢 Brian Kierland、Robert Myers、Hanoch Sheinman、Martin Stone、Wayne Sumner、Judith Thomson 以及 Leif Wenar 对此前版本所做出的评论。我尤为感谢 Alon Harel 和 Horacio Spector，他们分别在耶路撒冷和墨西哥城充当本文的评论人。原文参见 Gopal Sreenivasan，" A Hybrid Theory of Claim-Rights," *Oxford Journal of Legal Studies*，Vol. 25，No. 2，2005，pp. 257 – 274。

[**] 戈珀尔·史瑞尼瓦森（Gopal Sreenivasan），美国杜克大学哲学教授；译者刘小平，吉林大学法学院理论法学研究中心副教授，法学博士；校者任颂瑶，杜克大学哲学系博士候选人。本文系教育部重点研究基地重大项目"权利视野下法治政府建设的理论与实践研究"（16JJD820005）阶段性研究成果；吉林大学基本科研业务费项目"需要一种权利理论：后权利本位论时代的权利研究"（2016QY020）阶段性研究成果；吉林大学基本科研业务费项目"论现代社会中的法律争议"（2011QY086）阶段性研究成果。

一

权利语言无处不在。然而，正如威斯利·霍菲尔德很久以前所抱怨的，尽管权利语言被广泛地加以使用，但它也是"不加区别的"和"不精确的"①。为了预防混淆，霍菲尔德致力于区分"一项权利"的若干不同意义，对此他编排了四组法律上的对等关系（equivalences）或相关关系（correlatives）。在这些关系当中，他自己把权利与义务相对应的这一对等关系看成"最严格意义上"对权利的设定。

如果 X 对 Y 享有一项 Y 应当远离前者土地的权利，那么，对应（对等）的是，Y 处于一项对 X 的远离这一土地的义务之下。如果看起来可欲的是，我们应当为在这一限定和特有意义下的"权利"这一词语寻找一个同义词的话，那么，可能"请求"（claim）这一词语会被证明是最佳的。②

现在很少有人怀疑，霍菲尔德所说的"请求"至少标示出了"一项权利"的中心和重要的意义。③ 实际上，按照霍菲尔德的对等关系模型来界定请求权（如他们更为经常的称谓）是完全标准的做法。

X 享有一项要求 Y 做 φ 的请求权，当且仅当 Y 处于一项对 X 做 φ 的义务之下。④

---

① W. N. Hohfeld, *Fundamental Legal Conceptions*, W. W. Cook（ed.）, New Haven: Yale University Press, 1919, p. 36.

② W. N. Hohfeld, *Fundamental Legal Conceptions*, W. W. Cook（ed.）, New Haven: Yale University Press, 1919, p. 38.

③ 某些人质疑权利有"一种"最严格的意义。例如，参见 L. W. Sumner, *The Moral Foundation of rights*, Oxford: Clarendon Press, 1978, ch 2。

④ 按照霍菲尔德的对等关系模型来界定请求权的做法，可参见 J. Feinberg, Social Philosophy, Englewood Cliffs, N. J.: Prentice-Hall, Inc., 1973, ch. 4; J. Waldron, "Introduction" to his（ed.）, *Theories of Rights*, Oxford: Oxford University Press, 1984, 8; Sumner, 25 - 27; J. Thomson, *The Realm of Rights*, Cambridge, Mass.: Harvard University Press, 1990, 41 43; M. Kramer, N. Simmonds and H. Steiner, *A Debate Over Rights*, Oxford: Clarendon Press, 1998。

如此界定下，一个人享有一项请求权对应于其他人具有一项义务，而且是一项具有同样内容的义务。①

但就此而言，无论是这一事实还是霍菲尔德所说的其他任何事情，都没有告诉我们，如何去确定这一对相关的人（the relevant pair of persons）。如果我对某一块土地享有一项请求权，那么，其他人具有一项远离这块土地的义务。但是确切地说谁具有这项义务？类似地，如果我具有一项交税的义务，那么，可以追问的是，谁——如果有任何人的话——才拥有相应的请求权？在特定的情形中，我们可能认为这很容易指出来。比如，就我在土地上的请求权来说，我们可以认为相关义务的承担者是任何人。但是在其他情形下就不会这么容易了。一般而言，我们如何去确定与一项既定的请求权相关的义务之承担者？或者如何确定与一项既定义务相关的权利之持有者？如果正如标准定义所显示的那样，在权利拥有者和义务承担者之间的一种相关关系属于请求权的性质，那么，对请求权的一个适当理解，就要求理解这一相关关系之基础。

两种完善的权利理论，即意志理论和利益理论，各自对这一相关关系提供了竞争性的解释。② 然而在我看来，这两种理论最终都未能令人满意。首先我将介绍这两种理论及它们各自所面临的主要问题。在我看来，每一种理论都无法回答对方所提出的最好异议。更为建设性的是，接下来我将提出一种结合这两种理论的混合理论。我将指出，这一混合理论解决了意志理论和利益理论所面临的主要问题。因此，我们将会更愿意接受这一混合理论。

---

① 在霍菲尔德的例子中，请求权和义务共享了"Y 远离 X 的土地"这一内容。基于习惯用语，或者我们也可以说，它们共享的内容是通过"Y 远离 X 的土地的行为"而得以实现的一项内容。

② 它们按照对请求权持有者和义务承担者之间的相关关系的解释，来呈现这两种理论争论时，我参照的是 Waldron 的"Theories of Rights"（pp. 8 - 9）以及 Sumner 的"The Moral Foundation of rights"（p. 24 和 pp. 39 - 45）。虽然有其他的方式来勾勒这一争论，但我并不认为，对框架的选择能够影响这一争论的任何一点。我的选择建立在独立的依据之上，对此我在本文的姊妹篇《各种义务及其指向》当中有所讨论。

二

让我们从意志理论开始。① 以下的粗略陈述将会有助于我们的目的。

（意志理论）假定 X 具有一项做 φ 的义务。只有在 Y 对 X 负有的义务具有一定程度的支配的条件下，Y 才拥有一项要求 X 做 φ 的请求权。

要解释对一项义务的"一定程度的支配"是什么意思，我们应当转向 H. L. A·哈特，意志理论最重要的支持者之一。按照哈特的观点，对 X 负有的义务之完全程度上的支配包括以下三种能力（powers）：

（i）免除或不免除 X 所负义务的能力；

（ii）鉴于 X 已经违反了其义务，强制或不强制实施 X 所负义务的能力；

（iii）免除 X 负有的补偿义务的能力，这一补偿义务是由其最初对义务的违反所引起的。②

注意（ii）中强制实施 X 所负义务的能力，既包括起诉 X 要求补偿的能力，也包括起诉要求一份针对 X 的禁令的能力。

我认为，可以说我们关于请求权的最清楚的典范，是在财产和合同法当中所认识到的那些请求权。意志理论很大程度上建立在这些典范之上。实际上，它主张，这些典范呈现了持有请求权的必要和充分条件。因此理所当然的是，在财产和合同当中，与请求权相应的义务，是请求权持有者通常通过从（i）到（iii）中的能力加以充分支配的那些义务。

Y 对 X 做 φ 的义务具有充分的支配力，这使"X 的义务是对 Y 负有的"这一陈述变得易于理解，并且因此也使"正是 Y 持有指向 X 的相应请求权"这一陈述易于理解，这是意志理论的显著优点。而较少程度的支配可以被接受为接近于充分支配的情形。由此，正如哈特指出的："与权

① 自始至终，在我的讨论中，我将忽略道德权利和法律权利之间的区分。也就是说，我将不对这一区分做特别的关注。尽管这有时会使我陷入一些（小的）不适，但它使我能够方便地聚焦于一项请求权的各种核心特征，它们在法律和道德中都是共通的。

② H. L. A. Hart, "Legal Rights" in his *Essays on Bentham*, Oxford: Clarendon Press, 1982, pp. 183 – 184.

利相应的义务是属于权利持有者的一种规范性所有权（normative proper-ty），而要理解这一意象，可以参考一个持有这一权利的人，被法律所赋予的对一项相应义务的特定形式的支配。"①

但意志理论面临两个重大的异议。一是涉及不可剥夺的权利。② 有时一项请求权的持有者被禁止（be disabled from）免除与其请求权相应的义务。通常来说这是为了权利持有者自身的好处和保护。此外，如尼尔·麦考密克所注意到的，这一保护式的无能力也通常被看作对这一请求权的强化。一个引人注目的例子是不被奴役这一请求权。而不那么瞩目的例子则包括未经知情同意而不做手术的请求权③，以及不得在不安全的工作条件下工作的请求权（在某些方面，这些不那么瞩目的例子实际上更为重要，因为它们呈现了这样一个事实，即不可剥夺的请求权不必对应于极其重要的义务。因此，由一种保护式的无能力所增加的强度，在这一意义上与原初请求权的分量相区分④）。无论如何，我们很可能既不希望否认 Y 享有一项指向 X 的不得奴役 Y 的请求权，也不希望否认 Y 享有一项指向 X 的不得在不安全的工作条件下雇佣 Y 的请求权。值得强调的是，这里关键的问题关涉不可剥夺的请求权之可能性的问题，而非事实问题。意志理论使得不可剥夺的请求权在原则上不连贯。

二是关涉无行为能力的成年人。⑤ 假定 Y 在运用任何一种从（i）到

① H. L. A. Hart, "Legal Rights" in his *Essays on Bentham*, Oxford: Clarendon Press, 1982, p. 185.

② D. N. MacCormick, "Rights in Legislation" in P. Hacker and J. Raz (eds.), *Law, Morality, and Society*, Oxford: Clarendon Press, 1977, pp. 195–199.

③ 确切地讲，这里的不可剥夺的请求权，是（在做手术或其他医疗对待时）一项优先于同意的、受到标准信息公开的请求权。在美国法律中，这项请求权可能不是不可剥夺的，因为看起来一位医生的信息披露义务实际上能够被免除。See J. W. Berg, P. S. Appel-baum, C. W. Lidz and L. S. Parker, *Informed Consent: Legal Theory and Clinical Practice*, New York: Oxford University Press, 2nd edn, 2001, ch. 4. 但是鉴于对知情同意之各种必备要件的标准分析——按照标准分析，这些必备要件包括对标准信息公开的理解——一个病人拥有免除医生信息披露义务的能力，这是不连贯的。因此，基于这一标准分析，这一请求权是不可剥夺的。

④ 第二个不那么瞩目的例子也清楚地表明，保护性的无能力所保护的，无须是自主性，尤其是权利持有者的自主性。

⑤ 这一异议的一个更为人所知的变种关涉儿童。但我认为，有充分理由表明，这一变种易于受到更大的争议。

（iii）的能力上，是无行为能力人，因此，在相关的意义上缺乏这些能力，举例来说，是因为 Y 陷入昏迷中。我们希望说 Y 不再享有一项指向 X 的不得攻击 Y 或偷窃 Y 的东西的请求权吗？或者说 X 不再对 Y 负有不攻击 Y 或偷窃 Y 的东西的义务吗？想必不是如此。但是意志理论暗含着，某人没有对一项义务的某种程度的支配，则不享有相应的请求权。

在一项请求权的各种典型范例当中，归根结底，权利持有者的利益是通过这一事实而得到增进的，即他或她被赋予了免除相应义务的能力。看待这些异议的一种方式是：它们呈现了这样一些事例，其中上述权利持有者的利益总体来说，并不是通过赋予此种能力的方式加以增进的。实际上，它们呈现的事例是，那些权利持有者的利益总体而言，要么是通过并不拥有免除相关义务的能力加以增进的（第一个异议），要么是通过其他人拥有这种能力而得到增进的（第二个异议）。然而，把不能免除相关义务的人仍然看作持有相应请求权，这看来是符合直觉的。

那么，意志理论的基本困难是，它阻止我们把一项请求权的观念从典型范例一般化至不可剥夺的权利及无行为能力这些事例当中，我们很明显应能把这一观念推广至这些事例。在我看来，这一困难不能被克服。

作为例证，让我考量一下奈杰尔·西蒙兹（Nigel Simmonds）最近对不可剥夺的权利这一异议的回应。① 西蒙兹分别讨论了部分不可剥夺的权利和完全不可剥夺的权利。在部分不可剥夺的情形中，主体缺乏（i）免除一项义务的能力，但保留有（ii）起诉要求强制执行的能力和（iii）免除补偿的能力。在完全不可剥夺的情形中，主体在任何情况下都不具有对义务的支配。在这方面西蒙兹的讨论关涉刑法上禁止谋杀和袭击。

西蒙兹认为，意志理论事实上在部分不可剥夺的情形中，的确赋予主体一项相应的请求权，因为他们保留了正如哈特所描述的那种对义务的剩余程度的支配。进而言之，他否认，这种充分支配在程度上的下降与对请求权的强化是前后不一致的，理由是，把某人请求权的强度与她对相应义务

---

① M. Kramer, N. Simmonds and H. Steiner, *A Debate Over Rights*, Oxford: Clarendon Press, 1998, pp. 225 – 232.

的支配程度相等同，这过于简单了。为了应对完全不可剥夺之权利的情形，西蒙兹援引了法律权利和道德权利之区分。在法律权利方面，他愿意确认意志理论的含义是，刑法并没有赋予不得谋杀或袭击的请求权；而在道德权利方面，他乐于坚持，不得谋杀和不得袭击的义务确实能够被免除。

这些回应都经不起推敲。的确，意志理论赋予那些对义务还保留有剩余程度的支配的主体一项相应的请求权。但是至少在意志理论的请求权概念下，不能严肃地主张，权利持有者支配程度的下降与对她请求权的强化是前后一致的。某人对我做 φ 的义务仅仅保留有剩余程度的支配，他就缺乏以某些方式运用其意志的能力，尤其是不能够运用其意志，致使我不做 φ 并不算作对我的义务的违反。这如何能够不削弱她运用其意志的能力，以及由此而不削弱她基于意志理论的请求权呢？

西蒙兹的第二个回应与我讨论的问题无关。无论是法律还是道德中，人们可以争辩一项特定的请求权是否完全不可剥夺。让每个人都选取他最喜欢的例子吧。就当下的目的而言，在由此引发的论辩中，不管主张哪一种立场是正确的，都不过是不相干的。问题是这一论辩本身是不是连贯的；而正是西蒙兹能够参与论辩这一事实，表明了这一论辩是连贯的。但是这与意志理论相矛盾，它排除了宣称任何请求权都是完全不可剥夺的这一断言的连贯性。

三

让我现在介绍一下利益理论。下面的粗略陈述将服务于我们最初的目的。

（利益理论）假定 X 负有一项做 φ 的义务。只有在这一条件下，即 Y 处于一种从 X 做 φ 当中受益的被认可的地位时，Y 才拥有一项要求 X 做 φ 的请求权。

这一表述稍微有点奇怪。但它允许利益理论得以覆盖利益理论基本构造下的许多微妙的变种。就当下而言，我们可以把"处于从 X 做 φ 中受益的位置"以及"意图从 X 做 φ 中受益"看成被认可的地位。利益理论也使"X 的义务是对 Y 负有的"这一陈述变得易于理解，并且因此使得下面的陈述易于理解，即正是 Y 持有指向 X 的相应请求权，也就是说，这一义务是为了 Y 的利益。

在两个重要的方面上，利益理论较之意志理论更具一般性。首先，较之意志理论，它把一项请求权的观念扩展至范围更为广泛的情形当中。尤其是，利益理论扩展了请求权观念，使之得以覆盖不可剥夺的权利和无行为能力这两种情形，而正是这二者引发了对意志理论的异议。基于一个看似合理的假定，即 X 对 Y 的奴役，或在一个不安全的工作环境下雇佣 Y，或袭击处于昏迷中的 Y，都损害了 Y 的利益，利益理论导致了这样的结论，即 X 仍然对 Y 负有不得实施任何这些行为的义务，并且由此 Y 仍然持有相应的请求权。

利益理论为请求权的正当性提供了一个更具一般性的解释。基于与意志理论相关联的解释，对赋予 Y 免除与其请求权相关义务的能力，以及由此赋予其以请求权的正当性证成，在于这一事实，即如此做有利于 Y 在自主选择上的利益。① 在这些典型范例当中，赋予 Y 免除这一义务的能力，也在总体上增进了她的利益。相反，基于与利益理论相关联的解释，对 Y 的规范性地位构造的正当性证成，如我们所论述的，在于总体上增进 Y 的利益这一更为一般的事实。它并不依赖于促进 Y 在自主选择中的利益这一更为特定的事实。② 当这些事实恰好一致时，正如在典型范例中所发生的

① H. L. A. Hart, "Legal Rights" in his *Essays on Bentham*, Oxford: Clarendon Press, 1982, pp. 188 - 89. 基于意志理论的某些版本，证成 Y 免除义务的能力之正当性理由的特征，根据她在自主选择上的利益加以刻画，这是有异议的。但是至少出于我的目的来说，不会采用这一提法。我也有可能把与意志理论相关联的正当性证成，描述为"以某种方式诉诸"（个人）自主性的价值。文中的这一提法使得与利益理论相关联的正当性证成所具有的更大的一般性，在这两种解释中更为凸显。然而，关于哪一种解释更具一般性的事实，对这一提法保持独立（见下面的注释）。

② 与利益理论相关联的对请求权的正当性证成，能够使得（个人）自主性价值无论它是什么——它构成了与意志理论相关联的正当性理由之依据——在支持赋予 Y 以免除 X 做 φ 的义务的能力上，具有重要性。利益理论更大的一般性在于这一事实，即它也允许其他一些因素——独立于其自主性的 Y 的福利的各方面——在赋予 Y 免除这一义务的能力上，具有重要性。只要你和我如此做了，它就与这一主张并不相干，即意志理论的倡导者是否会赋予这些其他因素以正当性证成意义上的重要性。

那样，利益理论导向了与意志理论一样的结果。① 但是当这些事实彼此背离的时候，正如在那些正引发对意志理论之异议的事例中所发生的那样，利益理论把那些增进 Y 的利益的义务划为对 Y 负有的义务，即使 Y 对这些义务并没有任何程度的支配，只要 Y 对于这些义务的无能力总体上增进了她的利益。

利益理论至少面临一个重大的异议。这关涉第三方受益人的问题。② 简单来说，这一问题犹如下述。假定你向你兄弟允诺，支付 100 元给你的姐妹。通常来说，我们会说你兄弟现在享有一项指向你的请求权，或者说你现在对你的兄弟负有一项支付给你姐妹 100 元钱的义务。哈特问道，利益理论是否会导向这一结论。③ 但无论如何，利益理论肯定会导向的结论是，你支付给你姐妹 100 元的义务（也）是对你姐妹负有的，并且由此你姐妹（也）拥有一项指向你的请求权，因为她受益于这 100 元钱。哈特也主张，这一结论是不正确的。④ 然而无论如何，如果你支付给你姐妹 100 元的义务也是对你姐妹的孩子负有的——让我们假定——她将把这钱花在她孩子身上，由此她的孩子拥有一项指向你的请求权，那么，可以肯定这是一个错误的结论。但是利益理论显然好像会导向这一结论。

更为一般的是，这一异议是，在直觉上，在一个三方允诺或合约之

---

① D. N. MacCormick, "Rights in Legislation" in P. Hacker and J. Raz (eds.), *Law*, *Morality*, *and Society*, Oxford: Clarendon Press, 1977, pp. 207–208.

② 尤其参见 H. L. A. Hart, "存在任何自然权利吗？" in J. Waldron (ed.) *Theories of Rights*, Oxford: Oxford University Press, 1984, pp. 81–2; 同时也参见 H. L. A. Hart, "Legal Rights" in his *Essays on Bentham*, Oxford: Clarendon Press, 1982, pp. 187–88。

③ 同上，某些利益理论家通过确认这一点而加以回应，即你的兄弟在你履行对他的允诺上具有一种利益，在这一情形下，利益理论将会赋予他一项指向你的请求权。例如，参见 D. Lyons, "Rights, Claimants, and Beneficiaries" (1969) reprinted in his *Rights*, *Welfare*, *and Mill's Moral Theory*, New York: Oxford University Press, 1994, 42–44; and M. Kramer, "Rights Without Trimmings" in M. Kramer, N. Simmonds and H. Steiner, *A Debate Over Rights*, Oxford: Clarendon Press, 1998, pp. 79–80。

④ 参见 H. L. A. Hart "存在任何自然权利吗？" in J. Waldron (ed.) *Theories of Rights*, Oxford: Oxford University Press, 1984, pp. 81–82。参见 H. steiner, *An Essay on Rights*, Oxford: Blackwell, 1994, pp. 61–62。克莱默提出异议，指出它回避了问题的实质，而否认你的姐妹拥有一项指向你的请求权，参见 M. Kramer, N. Simmonds and H. Steiner, *A Debate Over Rights*, Oxford: Clarendon Press, 1998, pp. 66–68; 也参见 D. Lyons, *Rights*, *Welfare*, *and Mill's Moral Theory*, New York: Oxford University Press, 1994, pp. 37–41。

下，对义务所指向的那些人有着一个人数上的限制，由此对所产生的请求权也存在数目上的限制。实际上，对于许多义务来说，对义务所指向的人们有着一种直觉上的数目限制。因此，利益理论对于一项请求权观念的一般化，能否适当地限制了它归类为相应请求权的持有者的人数，这是一个关于利益理论的妥适性条件。然而，在大多数情况下，这一妥适性条件并没有得到满足。①

作为例证，让我们考量最近马修·克莱默（Matthew Kramer）所提出的对利益理论的一个有希望的捍卫。② 值得赞扬的是，马修·克莱默直面核心问题，他坦率地承认：我们不得不把相关受益人与其福祉可能通过执行这一合约而得到增进的其他人区分开来……（利益理论必须）把权利归之于任何可能从执行这一合约中受益的人吗？如果这里的回答是"yes"，那么利益理论作为一种严肃的权利理论，将不会值得任何进一步的考虑。③

克莱默所捍卫的理论，与利益理论稍微有所不同。特别是，他为持有一项请求权提出了不同的充分条件（sufficient conditions）。克莱默基于依据法律分配权利的边沁标准（Bentham's test）——如哈特所注解的那样④——改造了他所偏好的充分条件。按照哈特的看法，边沁的标准识别与一项既定义务相应的请求权持有者，是通过追问这一点，即对于确认义务承担者违反一项义务来说，何种结果是必须的（necessary）。尤其它追问的是，对于确立一种对义务的违反来说，对候选的权利持有者之损害，是不是必须的。克莱默通过把"必须"替换为"充分"而改造了这一标准。⑤

---

① 麦考密克回应道，第三方受益人异议也可以加以改造而对意志理论不利，由此证明了太多。参见 D. N. MacCormick, "Rights in Legislation" in P. Hacker and J. Raz (eds.), *Law, Morality, and Society*, Oxford: Clarendon Press, 1977, pp. 208 – 209. 碰巧，麦考密克的改造并不有效。即便有效，这仍然不会表明利益理论本身满足了妥适性条件。

② M. Kramer, N. Simmonds and H. Steiner, *A Debate Over Rights*, Oxford: Clarendon Press, 1998, pp. 66 – 68, 79 – 84.

③ M. Kramer, N. Simmonds and H. Steiner, *A Debate Over Rights*, Oxford: Clarendon Press, 1998, pp. 80 – 81.

④ H. L. A. Hart, "Legal Rights" in his *Essays on Bentham*, Oxford: Clarendon Press, 1982, pp. 177 – 179.

⑤ M. Kramer, N. Simmonds and H. Steiner, *A Debate Over Rights*, Oxford: Clarendon Press, 1998, pp. 81 – 82.

这样，基于克莱默的标准，如果对 X 的损害足以确立义务承担者违反了义务，那么 X 就持有一项相应的请求权，否则就没有。[①] 就我们的例子来说，我们要追问，何种结果足以确立你已经违反了支付给你姐妹 100 元的义务。既然这一证据，即你的姐妹遭受到了"你未能支付 100 元"所造成的损害，足以确立你违反了这一义务，那么基于克莱默的标准，由此可推出她持有一项与你所负义务相关的请求权。相反，这一证据，即她的孩子遭受了"并没有收到 100 元的礼物"的损害，并不足以确立你违反了所负义务。因此，她的孩子并不持有一项相关的请求权。所以克莱默的标准肯定会把某些受益人排除出请求权的持有者当中，并且看起来甚至可能在正确的地方画上了一条界线。

然而，表象可能会是误导性的。首先，我们应当问的是，基于克莱默的标准，你的兄弟即受允诺人，是如何有资格作为一项请求权的持有者的。想必，这是因为他在看到他的愿望得到实现上所具有的利益。[②] 这一观念就是，你的兄弟未能看到其姐妹得到 100 元时利益上所受的损害，这一证据将会足以确立你违反了所负义务。但是尚不清楚这是如何实现的。设想你的祖母在看到她的孙辈举止规范、获得利益等方面具有一种利益，那么对她的损害之证据——在没能看到她的外孙女得到 100 元上——将会足以确立一种你对所负义务的违反吗？如果是这样，你的祖母将也会持有一项相应的请求权。

关于持有请求权的一个妥适性标准，应当在你的祖母和兄弟之间画一条界线。然而，克莱默的标准如何能把前者排除出去而又不至于排除后者，这仍然是不清楚的。我能够辨认出三个可能的选项，其中任何一个都不符合要求。第一，你的祖母可能因为她不是这一允诺的一方当事人而被排除出去。但这不能把她和你的姐妹区分开来，而后者据称持有一项相关的请求权。第二，你的祖母可能因为其利益是寄生的——它夹带自你姐妹

[①] M. Kramer, N. Simmonds and H. Steiner, *A Debate Over Rights*, Oxford: Clarendon Press, 1998, p. 82.

[②] M. Kramer, N. Simmonds and H. Steiner, *A Debate Over Rights*, Oxford: Clarendon Press, 1998, pp. 79 – 80.

处所受的损害——而被排除在外。但是这不能把她和你的兄弟区分开来，否则后者就不能持有一项相关的请求权。① 第三，你的祖母被排除在外，可能是因为其利益并不是足够重要的。但是这一清晰的解释这一选择的方式，并不为克莱默所采用。人们可能要求，这一损害是如此重要，以至于这一利益受损的证据对于确立对相关义务的违反是必需的。然而，这将采用的恰恰是哈特所注解的那种边沁标准之构造，对此克莱默明确予以拒绝。

进而言之，如果我们稍微更贴近地检视这一观念，即什么"足以确立"一种对义务的违反，那么，很快就会出现一种不同种类的麻烦。考虑这一特定的情形，其中你兄弟免除了你对你姐妹的支付义务。② 此时，你姐妹的损害不"足以确立"你对所负义务的违反。既然已看到这一点，那么，我们应当认识到，即便你兄弟并未免除你的义务，他的损害也并不充分，因为他本可以这么做。事实上，甚至你兄弟的寄生性损害也并不真正足以确立你对义务的违反，因为严格地说，对他这一方有损害，并不代表他必定不会免除你的义务。克莱默的标准因此并不能赋予这一无争议的权利持有者——受允诺人——以一项指向你的请求权。

四

一种版本的利益理论貌似被认为免于关于第三方受益人的异议。我想，约瑟夫·拉兹的版本可能被认为已经解决了这一问题，这稍微有点讽刺意味，因为据我所知，他并没有讨论这一问题。③ 尽管如此，为了这一

---

① 在对你兄弟的利益的描述上的变化，能够通过你祖母利益上的变化而反映出来。原则上，对你兄弟的利益的描述不应该明确地关涉违反或履行你的承诺，因为这会使克莱默的标准无意义。然而，就此而言，你祖母可能也在允诺她的孙子女得到照顾上有一种利益。

② 克莱默有时的确会偷偷滑向"无故损害"（unexcused detriment）这一限定性条件（例如，参见 M. Kramer, N. Simmonds and H. Steiner, *A Debate Over Rights*, Oxford：Clarendon Press, 1998, pp. 82 - 83），这可能会被利用来覆盖各种义务被免除了的情形。但这会使得他的标准毫无意义。比较这一相同的观念，即违反义务造成的损害（detriment in breach），这明显地抽干了标准的内容。

③ J. Raz, *The Morality of Freedom*, Oxford：Clarendon Press, 1986.

目的，让我简单地改造一下他对权利的界定。[①]

（拉兹）在其他条件都相同的情况下，只有在这一条件下，即 Y 的福祉（他的利益）的一个方面是使 X 负有一项做 φ 的义务的一个充分理由时，Y 才享有一项要求 X 做 φ 的请求权。

在其他条件都相同的情况下，Y 的利益必须本身足以证成 X 负有的义务，这一门槛性要求也许被认为是强大的，足够对与 X 做 φ 的义务相应的请求权持有者之人数做出适当限制。例如，在其他条件都相同的情况下，你的侄子或侄女在这 100 元钱上的利益，本身是否足以构成你这一方负有一项义务的充分理由？想必没有。

到目前为止还不错。然而，拉兹的解释如他自己所承认的，面临着另一个问题。[②] 我相信，拉兹对这一其他问题的解决方案是会引起异议的。此外，有证据表明，拉兹解决第三方受益人问题的构造，迫使他进入了这一解决方案的有异议的面相。由此，当拉兹避免了针对利益理论的异议时，最终其为这一解决方案所付出的代价高得难以承受。

拉兹承认他所面对的问题是，解释很多权利的分量与权利持有者之相应利益的分量之间存在的明显不匹配的问题。一项请求权的分量——也就是，与其相关的义务的分量——由此看来经常要远远超过权利持有者之利益的分量。例如，一个新闻记者要求隐去提供新闻来源的人之姓名的请求权。[③] 我们可能认为，与这一请求权相关的各种义务——那些保护新闻自由的义务——有着极大的分量。相反，一个新闻记者个人在保护其新闻来源上所具有的利益，经常——如果不总如此的话——相对来说是微小的。但不清楚的是，怎么会是这样，鉴于对于拉兹来说，这一新闻记者的利益必须足以证成相应的义务（即不得要求新闻记者公开他们的新闻来源）。

简而言之，拉兹的解决方案可能被描述为一个借力式（piggy-backing）的解决方案：他容许这样一种情况，即出于评定他在证成其他人所负义务

---

① J. Raz, *The Morality of Freedom*, Oxford: Clarendon Press, 1986, p. 166.

② J. Raz, "Rights and Individual Well-being" in his *Ethics in the Public Domain*, Oxford: Clarendon Press, 1994, p. 45.

③ J. Raz, *The Morality of Freedom*, Oxford: Clarendon Press, 1986, pp. 247 – 248.

上所具有的贡献这一目的，有时一个人的利益的重要性能够经由把第三方利益考虑在内而得到增大。特别是，只有在这一条件下，即第三方的利益恰恰通过助益于上述个体的相关利益而得以维护时，这一个人利益能够由此而得到增强。也就是说，只有在第三方利益能够附加（piggy-back）于其上的条件下，个人利益的重要性才能够被增强；并且由此通过把借力于其上的第三方利益的分量计入在内，这一个人利益的重要性得到增强。

适用于新闻记者这一事例当中，拉兹的解决方案是要允许一般大众在新闻自由上的利益——包括其生活在一个通过新闻自由而形成的社会中的利益——在支持新闻记者的请求权上具有分量；并且这样去做正是因为，公众的利益恰恰是通过确保新闻记者在保护其新闻来源上的自身利益而得到维护的。更为一般的是，拉兹主张，许多基本公民权利和政治权利的重要分量，要通过这一事实而加以解释，即一种自由文化之独特的公共善正借助的是与这些权利相应的个人利益。

我对这一解决方案的异议是，它使个人作为权利持有者的身份被工具化了。[①] 通过利用个人而使其他人能够高举权利的旗帜来装点他们的事业，拉兹的解决方案不能足够严肃地对待权利持有者的身份。赋予这一身份——也就是说，赋予一个个人以一项既定的请求权——除了体现持有权利的个人之内在地位外，不应体现其他任何东西。[②] 因此，如果请求权是基于个人利益的分量而被赋予的，正如拉兹那里发生的那样，那么，为了这一目的，这一个人利益必须仅仅就其本身而言是具有分量的。在新闻记者的事例当中，换言之，如果她保护其新闻来源的请求权在社会计算中获胜，并且是由于新闻记者作为一个权利持有者的身份而获胜，那么，这必定是因为，新闻记者自身的利益有着足够的分量，去击败其他人在获悉其

---

① 比较西蒙兹的观点，见 *A Debate Over Rights* 一书，第 195～200 页；以及 Thomson 的观点，见 *The Realm of Rights* 一书，第 152 页。

② 在最低限度上，这一要求对一种请求权理论来说是必须具备的，它源于这一目标，即保持权利语言和自由主义的个人主义之间的关联。在最弱的版本上，我反对拉兹理论的观点是，它使这一要求落空了，而（如我们将要看到的）我的混合理论这一替代性方案则满足了这一要求。我实际上更为强烈地相信，文中所陈述的这一要求，是一种对请求权理论的妥适性条件。但在此我将不会对这点展开论证。

新闻来源人之身份上所具有的利益。① 如果新闻记者的利益缺乏这一分量，那么，要么她不得不透露其新闻来源，要么看来更为合理的是，新闻自由将不得不被看作（至少在很大程度上）一个净社会效益的问题，而不是一个个人权利的问题。

需要注意的是，关于权利持有者的身份仅仅体现了相关个体之内在地位的主张，对于这一内在地位实际上具有什么意义这一点，是完全开放的。特别是，一个人自己的利益是否（总是）有着足够的分量胜过社会计算的攻击，这一点仍然是开放的。可能没有任何个人利益能够有那么高的价值。我并不知道——这是另一个问题。但是如果它不值那么多，我们就不应该假装个人请求权具有我们通常所假定的那样重的分量。② 此外，一种权利理论不应该维护这一借助外部助力的矫饰。

拉兹避免了那种挫败了利益理论的异议，因为它要求在其他条件相同的情况下，为了使 Y 享有相应的请求权，Y 的利益需要足以证成 X 负有的义务。然而，鉴于那些特定请求权的相应义务通常具有的重要分量，与能够被正当地赋予任何个人利益的有限分量之间的不匹配，拉兹的理论构造给出的解释，就面临着一个困境。要么 Y 的利益严格基于自身而具有分量，要么不是如此。如果是前者，那么 X 负有的义务必须本身具有有限的分量，这与在特定重要事例中我们的通常假定相矛盾。如果不是的话，那么 X 负有的义务与 Y 的请求权之间的相关性，是由于个人利益与特定第

---

① 在这里必须具有足够分量的新闻记者的利益，是它作为一个单独个体（person）（虽然这个人是一个新闻记者）所具有的利益。正如一个匿名的仲裁员所注意到的，这一新闻记者也可以被认为作为一个特定职位的承担者而具有利益（比如，新闻职务的承担者），这种利益独立于它作为一个个人而具有的利益，它体现了——通过（对职务的）界定，而不是通过工具性的结盟——第三方在新闻自由上的利益。我们不必去确定，这一替代性的分析是否提供了对新闻自由的一个更好的解释。即使它是这样，它所提供的解释要么对于新闻记者作为一个权利持有者的身份（区别于他作为一个职位的承担者的身份）毫无吸引力，要不然，它也使得对这一权利持有者身份的赋予，反映了除了新闻记者作为一个个体的内在地位之外的其他东西。在这第一种（更有可能的）情形中，所提供的解释不像拉兹的解释那样足以帮助他；而在第二种情形中，就像拉兹的解释那样，它反映了太多的东西以致不能满足我们的必备要件（即体现持有权利的个体之内在地位——译者注）。

② 要么这样，要么我们应当拒斥拉兹的理论，也就是说，我们应当否认，赋予个人请求权是建立在个人利益足以证成相应的义务这一基础上的。但这一选择对拉兹是不可能的。

三方利益之间的一种工具性的——尽管是非偶然的——结盟。拉兹显然采纳了这一困境的第二端（the second horn）。但是这二者都没给我特别舒服的印象。

五

那么，在我看来，我们对意志理论和利益理论之间的争论，缺乏一种令人满意的解决方案。因此，我们对权利持有者和义务承担者之间的相关关系——这构成了请求权的性质——缺乏一种令人满意的理解。我想要提出一种新的理解。我所提出的解释是一种对意志理论和利益理论的混合理论。首先，我将呈现一种相对粗略的混合理论，然而这足以应对意志理论和利益理论所面临的异议。然后，我将改善我的方案，并且解释它怎样避免我对拉兹理论所做出的异议。

考量请求权的一个简单混合理论模型。

（简单混合理论）假定 X 负有一项做 φ 的义务。只有在如下条件下，Y 才拥有一项要求 X 做 φ 的请求权：

要么 Y 拥有免除 X 做 φ 的义务的能力；

要么 Y 没有免除 X 做 φ 的义务的能力，但（这是因为）Y 的无能力总体上增进了 Y 的利益。

这一模型有着胜过意志理论的诸多优势。第一，简单混合理论能够处理经典的不可剥夺的权利。例如，一项不受奴役的请求权或一项不处于不安全工作条件下的请求权。在这些情形当中，强加给 Y 一种无能力境地，归根结底是为了确保 Y 自己的地位，并且是标准化地实施以增强 Y 的请求权。第二，简单的混合理论能够处理在免除义务上的各种无行为能力形式，而无须消解相应的请求权。在此，在免除相关义务上的无能力又一次在总体上确保了个体自己的地位。在这两种情形当中，Y 基于第二个条件支项，而有资格成为一项请求权的持有者。

这一简单混合理论模型也有着一项胜过利益理论的重要优势。简单混合理论的优势是，它解决了声名狼藉的第三方受益人问题。假定 B 允诺 A

去做某些事情，这些事情明显地有利于 C 并且暗中有利于 D（如果 B 做这些事情的话，碰巧 C 会有利于 D）。按照这一简单混合理论，A 基于第一个条件项，有资格成为一项请求权的持有者，因为我们可以认为，A 有着免除 B 的义务的能力。D 并没有资格成为一项请求权的持有者，因为他两个条件支项都不符合。一般来说，可以同样将这两个条件支项运用到 C 身上。

把利益理论的优点看成它较之意志理论更具一般性，这是自然而然的。然而，同样很有可能的是，它的缺点恰恰可以被看作它从意志理论出发的走向过于一概而论了。正确的理论很明显必须比意志理论更具一般性，因为存在意志理论未能处理的那些请求权的重要情形。那么，一种处理请求权理论问题的方法，是寻求到这样一种方式，它从意志理论处理合同和财产权利之典型事例出发进行一般化，而又设法不至于做得太过分。利益理论在这一点上失败了，因为它授予了过多的请求权。我坚信，这一简单混合理论通过下述方法而获得了成功，即它对意志理论加以一般化而又只限定在一个明确的限度之内。

简单混合理论还有一个通用的优势，亦即，一个无论是相对于意志理论还是利益理论都具有的优势。关于在刑法之下是否有个人请求权这一问题，简单混合理论为我们提供了某个独立的立足点。这一问题被标准地认为仅仅是一个判断问题。那些认为在刑法之下明显有着请求权的人，把他们的判断当成一个批判意志理论的基础[1]，而那些认为在刑法之下显然并不存在——至少在大多数情况下不存在——请求权的人，把他们的判断当成一个批判利益理论的基础。[2] 简单混合理论对这一问题的回答，为赋予公诉机关以对刑法义务的支配提供了各种理由。如果公诉人具有这种支配，是因为这是所能确保一般公众当中个体成员之利益的最佳做法，那么，刑法义务确实与个人请求权相关。但是，举例来说，如果赋予公诉人以支配的正当性理由是要确保司法中的一致性，那么，刑法义务就不与个

---

① 例如，麦考密克在《立法中的权利》以及克莱默在《不加修饰的权利》文中的观点。
② 例如，哈特在《法律权利》文中的观点。

人请求权相关。

如果这两种正当性理由都适用的话，那会怎么样？那么我们应当考虑，一个既定的正当性理由本身，是否足以推翻一个基于另一正当性理由而达致的相反结论？例如，假设通过赋予个人以免除刑法义务的能力，个人在安全上的利益得到最好的增进，但是相反通过把这种能力赋予公诉人，司法能够得到最好的发展。在这一情形下，何种正当性理由会获胜？如果后者获胜，那么，即使个人安全和司法都能够通过赋予检察机关以支配而得到增进，后一种正当性理由就是所能解决问题的东西。因此，按照简单混合理论，刑法义务并不与个人请求权相关，既然个人被禁止免除这些义务，并不是因为它总体上增进了他们的利益。

需要注意的是，从这一观点来看，相关义务的分量与他们是否与请求权相关这一问题并不相干（至少，它不是一个充分条件）。在我看来，假定那些并不对个人负有的重要义务与个人的请求权并不相关，这里并不存在不协调之处。

现在让我们考虑在简单混合理论与它的诸多复杂变化之间，进行一系列的两两比对，这有助于发现简单混合理论的缺陷，从而我们可以改进它。简单混合理论的诸多变种以粗体表示。

变种 A。**假定 X 有义务做 φ**（is duty-bound to φ）。只有在如下条件下，Y 才享有一项要求 X 做 φ 的请求权：

要么 Y 拥有免除**一项 X 负有的做 φ 的义务**的能力；

要么 Y 没有免除**一项 X 负有的做 φ 的义务**的能力，但（这是因为）Y 的无能力总体上增进了 Y 的利益。

简单混合理论可能提出或暗含，要么 X 只能负有一项有着既定内容的义务——例如做 φ 的义务——要么，为了让 X 对 Y 负有一项做 φ 的义务，Y 必须有导致 X 根本就不负有任何做 φ 的义务的能力。相反，我们通常认为，某人能够对不同的人负有一项相同内容——甚至相同的、非指示性内容——的义务。例如，我能够对我的未婚夫和我的妈妈同时负有一项及时赶到教堂的义务。变种 A 阐明了，X 对 Y 负有一项做 φ 的义务，并不排斥 X 也对 Z 负有一项做 φ 的义务。同样地，Y 对 X 做 φ 的义务的免除，不必导致 X 不负有做 φ 的义务。例如，很有可能的是，X 仍然对 Z 负有一项做 φ 的义务。对 Y 免除一项 X 做 φ 的义务的这一能力上的"限制"，并不妨碍 Y 的能力能够使得，至少 X 做 φ 的义务中有一项是对 Y 负有的，并且由此并不妨碍 Y 享有一项相应的请求权。

变种 B。假定 X 负有一项做 φ 的义务。只有在如下条件下，Y 才享有一项要求 X 做 φ 的请求权：

要么 Y 对 X 做 φ 的义务有着**某种程度上的支配**；

要么 Y 对 X 做 φ 的义务**不具有任何支配**，但（这是因为）Y 的无能力总体上增进了 Y 的利益。

回想一下，哈特在由意志理论认识到的对一项义务的"完全程度"的支配当中，区分了三个方面的支配。简单混合理论仅仅集中在第一方面的支配上，而变种 B 的范围则更宽一些。按照这一变种 B，一个合约的主要非缔约方受益人——如我早前例子中的 C——也可能有资格成为一个权利持有者，如果他或她具有强制执行这一义务的能力的话，即使他或她缺乏免除义务这一能力本身。①

变种 C。假定 X 负有一项做 φ 的义务。只有在如下条件下，Y 才享有一项要求 X 做 φ 的请求权：

要么 Y 拥有免除 X 做 φ 的义务的能力；

要么 Z **拥有**免除 X 做 φ 的义务的**能力**，但（这是因为）**赋予 Z 这样的能力**总体上增进了 Y 的利益。

当 Y 有免除 X 的义务的行为能力，而被禁止这么做时，简单混合理论允许 Y 基于第二个条件支项而有资格成为一个权利持有者，只要 Y 的无能力最终确保他自己的地位。在这些情形当中，最终通过阻止他运用这一能力损害他自己，Y 的地位得到确保。当 Y 无行为能力时，就无须阻止他运用任何这类能力。简单混合理论的第二个条件支项能轻松地得到满足，并且由此不过是充当了维持 Y 的相应请求权的功能。但是简单混合理

---

① H. L. A. Hart, "Legal Rights" in his *Essays on Bentham*, Oxford: Clarendon Press, 1982, p. 187.

论由于对 X 负有的义务可否在任何情形下被免除不置一词，由此看来把无行为能力的情形同化为了不可剥夺的情形。这导致这一情形被缺失掉了，在其中 Y 不具有免除 X 的义务的行为能力，但通过赋予某一第三方 Z 以一种免除 X 的义务的能力，最终增进了 Y 的利益。变种 C 明确了这一点，即免除的能力能够以托管的方式加以运用，并且那些其免除的能力基于其利益而被加以托管的人，仍然有资格成为请求权的持有者。[1]

变种 E。假定 X 负有一项做 φ 的义务。只有在如下条件下，Y 才享有一项要求 X 做 φ 的请求权：

Y 免除 X 做 φ 的义务的能力（或无能力），与这一结果相匹配（通过设计），即（拥有或不拥有能力）最终增进 Y 的利益。

这较之简单混合理论具有两项优点。第一，它整合了选言命题式的表述。括号中作为补充说明的设计参考，是意图保持简单混合理论对证成 Y 之地位的正当性理由的敏感性。第二，由这一整合所产生的一个内容上的小变化，实际上是一种改进。按照简单混合理论，拥有免除 X 做 φ 的义务的能力，足以使 Y 有资格成为一项请求权的持有者，而不管拥有这项能力是否最终增进了 Y 自身的利益。相反，根据变种 E，拥有免除 X 之义务的能力，只有在这种能力最终增进了 Y 自身利益的条件下（而这也是证成 Y 之能力的正当性理由），Y 才有资格成为一项请求权的持有者。这样，某人为他人而运用一项被托管的免除能力——例如，临床护理中的一位代理决策者或一位家长——根据简单混合理论，由此会被看作一项请求权的持有者，但根据变种 E 却不是如此。我在更为偏爱变种 E 的同时，认为，代理人或家长被赋予一项免除能力，目的是最终增进其他人的利益，也就是说，那些无行为能力的病人或未成年人的利益。变种 E 对意志理论具有进一步的优势，在此意志理论会与简单混合理论观点一致。

---

[1] 我们也可以考虑一个变种 D：除了"Z"被解释成包括了第三方以及不存在的一方（null part）——亦即"no one"——以外，变种 D 与变种 C 一样。变种 D 把变种 C 的基本原理扩展至包括这样一种情形，即当根本没有任何人拥有免除 X 做 φ 的义务时，Y 的利益最终得到增进。

　　尽管变种 E 所引发的内容上的改变毫无疑问是一种改进，但它也轻微地使混合理论对第三方受益人问题的解决方案变得复杂化。我将解释仅仅关涉受允诺人身份（亦即第二方）的这一点。在讨论简单混合理论时，我表明，我们可以假设，受允诺人拥有免除允诺人履行其允诺之义务的能力。既然这一假定的根据在于，如通常所理解的，它反映了允诺的一个标准特征，我将继续把它看成我们有资格做的一个假定。正如此前所解释的，根据简单混合理论，这一假定足以使受允诺人有资格成为一项请求权的持有者。然而，按照变种 E，它却不足以如此。基于变种 E，正如我们已经看到的，受允诺人（就像任何其他人一样）只有在她免除允诺人义务的能力最终增进了她自身的利益（并且这一能力在这一基础上得到证成）的条件下，才有资格成为一项请求权的持有者。

　　那么，这一轻微的复杂化就在于，变种 E 对第三方受益人问题之解决方案的妥适性，有赖于对赋予受允诺人免除允诺人之义务的能力的正当性证成，并且这转而有赖于我们所偏好的允诺理论。为了避免在此不得不进入这一主题，让把这一复杂之处重述如下：变种 E 因为受允诺人自身的利益最终通过拥有这一能力而得到增进这一点，而限制了允诺（或合约）理论赋予受允诺人免除允诺人义务的能力。我之所以把它描述为一种轻微的复杂化，是因为在我看来，任何貌似合理的允诺理论都将满足这一限制①。

六

　　我们现在把简单混合理论模型及其变种 A 到变种 E，合成一个综合性的表述，或者说复杂混合理论模型：

　　（复杂混合理论）假定 X 有义务做 φ。只有在如下条件下，Y 享有一

---

①　或者，更准确地说，要么正确的允诺理论将满足这一限制，要么它将准许我们抛弃这一通常的假定，即受允诺人拥有一项指向允诺人的请求权。需要注意的是，关于如何不得不对允诺人的义务进行正当性证成，这一限制没有说明任何东西。由此，涉及一个允诺理论的核心任务，根本没有任何限制。

项要求 X 做 φ 的请求权：

Y 对 X 做 φ 的一项义务加以支配的程度（并且如果 Y 有一个代理人 Z，Z 支配的程度），匹配于（通过设计）最终得以增进了 Y 的利益的支配的程度。

我主张，复杂混合理论避免了拉兹理论对权利持有者的身份加以工具化的问题。要看到这一点，首先我们应当注意，复杂混合理论把一项既定义务是否与一项个人请求权相关这一问题，与对这一既定义务进行正当性证成的问题，看成两个独立的问题。① 尤其是，相关性问题——并且由此对权利持有者身份的赋予——独立于对既定义务的存在及其分量进行正当性证成的问题。

在已经分离了这些问题之后，接下来，复杂混合理论把影响了这个人是否被赋予免除一项既定义务的能力的那些权衡（the trade-offs），限定在同一个人之利益的范围内。解决这一问题的利益权衡，只不过是一种对个人自己利益的权衡。这样，那些影响一个人作为一项请求权之持有者的身份——作为一项特定义务所指向的某人——的权衡，就不需要与第三方利益结盟。这些权衡也不必与内在于社会计算中的各种更大权衡的任何其他方面结盟。这一工具化的危险由此得以避免。

当然，一项特定义务之证成理由的性质，将不可避免地限制正在讨论的上述问题，即既定个人是否能被正当地赋予免除这一义务的能力的问题。由此，Y 将被正当地赋予免除 X 所负的做 φ 的义务，只有在两个进一步的条件都得到满足的条件下：

（i）证成 X 有做 φ 的义务的正当性理由，与 X 没有做 φ（X's not φ-ing）是前后一致的；并且

（ii）对于条件（i）在任何既定的情形下是否适用，Y 是一个良好的评判者。

（如果我们想要 Y 被唯一性地赋予免除 X 所负义务的能力，那么我们

---

① 实际上，我的混合理论的所有版本都开始于诸如这样的表述"假定 X 有义务做 φ"。这是想要表明，对做 φ 的义务的正当性证成被认为是给定的。

不得不增加一个条件：

（iii）对于条件（i）在任何既定的情形下是否适用，Y 是唯一的良好评判者。）

现在，多种情形下都可以满足这些进一步的条件。最为人熟知的情形是，在 X 有做 φ 的义务的正当性证成上的决定性考虑因素，不过是最终能增进 Y 的利益的东西。鉴于这一传统的自由主义信条，即一个人是增进他或她自身利益之问题的最好评判者，Y 将轻易地满足条件（ii）。实际上，Y 也将满足附加条件（iii），并且因此被唯一地赋予免除 X 负有的义务的能力。

条件（i）和（ii）能够被满足的第二种情形，是第三方利益在证成 X 负有做 φ 的义务上（例如，在解释其重要分量）起着重要作用的情形，但在这些情形中，第三方利益正是通过最终增进 Y 的利益而得到维护。我们可以称之为"受限制的借力式方案"，因为它描述了拉兹借力式情形的一个子集，亦即，那些也符合条件（i）和（ii）之限制的情形。严格来说，这只不过是前一种情形的一个微妙的例子。① 它因此避免了对个人作为权利持有者的身份加以工具化的担忧，因为为了赋予 Y 对 X 负有的义务以支配而进行的对各种利益的决定性权衡，仍然是一种对 Y 自身的利益的权衡。需要注意的是，在此，X 做 φ 的义务之分量，取决于各种第三方利益，但按照复杂混合理论，Y 作为请求权持有者的身份却并不取决于此。Y 的身份独立于任何与诸多第三方利益的结盟。

最后，可能存在这样一些情形，其中对 X 做 φ 之义务的正当性证成，与 Y 的利益没有任何关系，但尽管如此，在这些情形中条件（i）和（ii）是由于 Y 卓越的判断能力而得到适用。例如，Y 可能是对社会功用（utility）的一个出色的评判者。这些情形很有可能以某种方式产生了关于工具

---

① 在这一情形中，证成 X 的义务的决定性考量因素是第三方利益。然而，据推测，这些决定性的利益正是通过有助于 Y 自身利益的权衡而得到维护。这致使对 Y 的利益的平衡对于证成 Y 的义务来说，是决定性的，这就是为什么这一情形实际上不过是前一种情形的一个例子的原因。也可参见下文中关于艺术家对其作品完整性权利的讨论。

化 Y 的担忧。然而，我们对此不必担忧，因为在这些情形中，复杂混合理论并不会赋予 Y 一项相应请求权。

考量一个受限制的借力式方案的例子可能是有用的。基于技术性的理由①，在这一语境下，之前讨论过的新闻记者的例子不再适合于检验这一方案。所以，让我们考量一个结构上近似的事例作为替代，假定，艺术家对它们作品之完整性的请求权。② 这一完整性权利相应于一项不得歪曲、肢解或篡改一件艺术作品的义务。例如，这一对作品完整性的请求权可能被一个冰箱的所有者所侵犯，这个冰箱购于一个巴黎的慈善拍卖会上，贝尔纳·布菲（Bernard Buffet）③ 在它的六块镶板上画下了一幅作品。虽然布菲把这六块镶板看作一个单一的作品（且只在其中一块上签名），但冰箱所有者在半年之后的另一个拍卖会上单独出售其中一块镶板（布菲提起诉讼以阻止对这些镶板的分开出售，并且赢了官司）。

这一对作品完整性的权利维护了诸多不同的利益。显然，这些利益包括了艺术家个人的利益，比如他们在交流和名誉上的利益。但是完整性权利也有利于重要的第三方利益。除了观众的利益之外，这些第三方利益极为重要地包括了共同的社会利益，例如，在维护一种文化的艺术遗产上的利益。④ 在一件艺术遗产上的共同利益和观众利益一起，共同借力于艺术家的个人利益，因为他们正是通过保护个人在交流和名誉上的自身利益

---

① 新闻记者隐瞒其新闻来源的名字的权利，实际上是一束权利。也就是说，是隐瞒（或公开）这些名字的自由权和不被要求公开这些名字的请求权这两种意义上的权利的结合。这是一种为人所熟知的安排，其中的请求权有助于保护这种自由权。然而，就我们的目的而言，这使得二者之间的关系——一种免除相应的（不得要求公开的）义务的能力和这里新闻记者的主要利益（例如隐瞒或公开相关名字的自由）之间的关系——变得毫无必要的复杂起来。这对拉兹来说不是一个问题，区别于一项自由权的一项请求权的特定观念，对他来说并不是关注的重心所在。

② 对于这一权利的讨论，（例如）参见 J. H. Merryman, "The Refrigerator of Bernard Buffet" (1976) *Hastings Law Journal* 27, pp. 1023 - 1049. 文中呈现的案例细节见之于第 1023 页。这一案例及注释我转引自 Charles Beitz。

③ 贝尔纳·布菲（1928—1999），是法国表现主义画派的代表人物，战后对抗抽象绘画的"具象派"的著名艺术家。——译者注

④ 对比 Merryman 的观点：国家机器可用来保护"私人"权利，部分是因为人们认为这么做时存在某种一般利益。由此艺术家个人及观众的利益只不过是这个故事的一部分。艺术是我们当前文化和我们历史的一部分，它有助于告诉我们，我们是谁，从哪儿来。去修正、审查或改善艺术作品，就是在篡改文化的一个方面。

（例如，布菲的利益）而得到维护。①

这一对作品完整性的权利，更为特别地阐明了这一受限制的借力式方案吗？首先，它取决于在一件艺术遗产上的共同善或观众的利益，与艺术家个人在他们认为适宜的时候对这一保护他们自己作品完整性的义务的免除行为是否相一致。假设第三方利益与这一结果并不一致。在这一情形下，我们将不得不放弃这一观念，即艺术家享有一项对他们作品的请求权。因为艺术家由此应被禁止免除相关的义务，并且他们的无能力将不被设计为增进他们自身在权衡之下的利益。相反，这种无能力不过是由第三方利益的更高分量所要求的，这种第三方利益与艺术家拥有的免除这一义务的能力并不一致。因此，基于复杂混合理论，艺术家个人将不享有请求权。

但现在假定——这并非难以想象——公共善和观众利益（至少在权衡之下），实际上与艺术家个人被赋予免除不得歪曲、肢解或篡改其作品的义务的能力相一致。基于社会计算的观点，艺术家拥有这一能力将不再存在任何阻碍。然而，当赋予艺术家免除这一义务的能力由此具有正当性时，这却并不足以赋予他们一项请求权：基于复杂混合理论，仍然很重要的是，这一免除能力是否最终增进了他们自身的利益。简单起见，让我们假定，艺术家拥有免除相关义务的能力，并且假定（这是因为）它最终增进了他们的利益。② 那么复杂混合理论将赋予他们一项对他们作品完整性的请求权，并且这一请求权将例示了这一受限制的借力式方案。

这里的复杂之处标示出了一个重要的关键点。当请求权持有者的身份并非被工具性地对待时，借助外力仍是一种相当危险的事业。要坚持完整性的权利，第三方利益就必须不只是与一个艺术家在切实保护其作品完整

---

① 为了与新闻记者的请求权进行严格的比较，看来合理的是，我们能够假定，这些第三方利益在社会计算中，较之艺术家个人的利益有着更大的分量。

② 在某些司法管辖范围内（例如，法国），对完整性的权利实际上是部分不可剥夺的。艺术家不具有免除不得歪曲其作品之义务的能力，但保留有强制或不强制实施这一义务的能力（如布菲所做的）。这一安排仍然本着复杂混合理论的精神，因为它体现了对权衡艺术家的利益的同样的关注（参阅 Merryman 的文章，第 1044 页）（在此我们不必追询什么样的对这一义务的支配程度更好地满足了这一关注）。

性上的利益结盟。更确切地说，它们必须与之结盟的，是这一次级联盟（sub-alignment）——艺术家基于是否可以拥有选择来保护作品完整性，而进行的自身利益权衡。艺术家选择上的自由，必须一方面既有益于对他自身利益的权衡，另一方面又有益于共同善和观众利益（的权衡）。按照复杂混合理论，没有第一种结盟关系，艺术家将没有资格成为相应请求权持有者；而没有第二种结盟关系，赋予她免除一项具有如此重要分量的义务的能力，将不能得到正当性证成。换言之，如果这一精致而复杂的利益联盟确实适用，那么，保护艺术家利益的各种义务就较之艺术家的利益本身所能证成的，具有更为重要的分量，而这又不会使她作为相应请求权持有者的身份被工具化了。

Abstract：In this article, I propose and defend a new analysis of claim-rights. My proposal is a hybrid of the two best known analyses, the Will theory and the Interest theory. For good reason, the debate between these theories is often regarded as a stand-off. That is because the Will theory has had no satisfactory answer to the Interest theory's best objections (inalienable rights and incompetent right-holders), while the Interest theory has likewise had no satisfactory answer to the Will theory's best objection (third party beneficiaries). After reviewing these various objections and criticizing some recent attempts to meet them, I introduce my hybrid alternative and explain how it provides a satisfactory solutiont

Keywords：Claim-rights；Will Theory；Interest Theory；Correlation

《人权研究》第 21 卷约稿启事

《人权研究》创刊于 2001 年，系山东大学人权研究中心主办的学术理论性刊物，现任主编为齐延平教授。

第 21 卷（2018 年第 2 卷）的征稿工作已经开始，本刊欢迎以人权、基本权利为主题的历史研究、比较研究、跨学科研究、案例评析、书评及译文，亦欢迎涉及刑事法、行政法、国际法、环境法等部门法的相关研究。来稿应见解独立、论证清晰、资料翔实、文风清新。

论文以 2 万 ~3 万字为宜，案例评析、书评及译文不受此限；附中英文摘要、关键词及目录。另附作者信息及通讯方式。来稿两个月内未接到刊用通知者，敬请自行处理。来稿请以电子版发送至编辑部收稿邮箱：rqyj2001@163.com，稿件请勿投寄个人。本卷投稿截止日期为 2018 年 11 月 30 日。

刊物实行每页重新编号的脚注注释体例。引用性注释必须真实、必要。对观点的引用，应注重代表性；对事件、数据的引用，应注重资料来源的权威性。限制对非学术性书籍、非学术性期刊及报纸文章和网络资料的引用。说明性注释以必要为限，并应尽量简化表达。

欢迎学界同仁不吝赐稿！

《人权研究》编辑部
2018 年 7 月

图书在版编目（CIP）数据

人权研究. 第二十卷 / 齐延平主编. -- 北京：社
会科学文献出版社，2018.12
　ISBN 978 - 7 - 5201 - 3377 - 7

　Ⅰ.①人… 　Ⅱ.①齐… 　Ⅲ.①人权 - 研究 　Ⅳ.
①D082

中国版本图书馆 CIP 数据核字（2018）第 204876 号

人权研究（第二十卷）

主　　编／齐延平
执行主编／郑智航

出 版 人／谢寿光
项目统筹／刘骁军
责任编辑／关晶焱　张　娇

出　　版／社会科学文献出版社·集刊运营中心（010）59367161
　　　　　　地址：北京市北三环中路甲29号院华龙大厦　邮编：100029
　　　　　　网址：www.ssap.com.cn
发　　行／市场营销中心（010）59367081　59367083
印　　装／三河市尚艺印装有限公司

规　　格／开本：787mm × 1092mm　1/16
　　　　　　印张：28.5　字数：432千字
版　　次／2018 年 12 月第 1 版　2018 年 12 月第 1 次印刷
书　　号／ISBN 978 - 7 - 5201 - 3377 - 7
定　　价／98.00 元

本书如有印装质量问题，请与读者服务中心（010 - 59367028）联系